JN411084

교황이 극찬한 "성모 마리아의 정원"

루마니아 여행

박정오 지음

HU:iNE

이 책은 한국외국어대학교 2020-2021년 연구지원비로 출판되었다.

교황이 극찬한 "성모 마리아의 정원"

루마니아 여행

한국외국어대학교 | 박정오 지음

HU:iNE

책머리에

1980년대 말, 동유럽에서 공산체제가 붕괴하고 난 이후 이내 루마니아로 유학을 떠났다. 당시, 세계 이목은 민주주의로 첫발을 딛고 있던 동유럽 국가들에 집중되고 있었으며, 특히 루마니아는 그동안 북한과 긴밀한 외교 관계를 유지했던 터라 유학 도중 한국의 여러 언론사와 국가 기관으로부터 루마니아 소개에 대한 부탁을 많이 받았지만 기본 지식이 많지 않아 애를 먹었던 기억이 난다. 그래서 외국인들이 쉽게 이해할 수 있는 간략한 루마니아 소개서를 집필할까 생각하였지만, 관련 서적이 많지 않아 이내 포기하고 말았다.

사실, 루마니아는 유럽 내에서도 관광잠재력이 아주 큰 나라이다. 하지만 그동안 루마니아에 대한 외국인들의 인식은 그렇지 않았던 것 같다. 그래서 처음에 책 제목을「루마니아! 그동안 편견을 가져서 미안해」라고 생각해 보았지만, 1999년 루마니아를 공식 방문한 교황 요한 바오로 II세(Pope Ioannes Paulus II, 1978-2005)가 루마니아를 "성모 마리아의 정원(Garden of the Blessed Mary)"이라고 말한 것을 인용하여「교황이 극찬한 "성모 마리아의 정원", 루마니아 여행」으로 정하였다.

생각해보면, 루마이아인들 자신을 자랑하거나 적극적으로 홍보하는 그런 민족은 아닌 것 같다. 루마니아 학자들이나 대학교수들은 말할 것 없고, 유명 정치인이나 기업인들을 만나서 이야기해 봐도 아주 친절하고 겸손해 이내 친한 친구를 만난 느낌이 든다. 자신에 관해 이야기하기에 앞서 상대방을 더 경청하기 때문이다. 하지만 이로 인해 책이 완성되기까지 더 많은 시간이 걸렸다. 집필에 필요한 뭔가 특별한 내용을 물어보면 별 대수롭지 않은 듯 그제야 말해주기 때문에 이 책에 수록된 많은 내용은 직접 알아내야만 했다.

1989년 루마니아 혁명 이후, 모르긴 해도 족히 40번 이상 루마니아를 방문한 것 같다. 그런데 최근 들어서는 루마니아의 높은 경제성장으로 사회 전체가 꿈틀대는 역동성을 느낀다. 그래서 4년 전, 평생 루마니아를 연구하고 가르치는 한 사람으로서 1990년대 말에 접어 둔 외국인을 위한 간략한 루마니아 소개서를 다시 집필하기로 마음을 먹었다. 이후, 주말에도 연구실에 나와 집필에 매진하였고, 방학 때에는 루마니아로 건너가 전국을 네 차례 돌며 필요한 사진을 찍었다.

책에 수록된 내용은 루마니아 주요 도시들과 자연환경 그리고 음식문화를 비롯하여 루마니아 정치와 경제, 사회와 문화, 종교와 신화, 역사 등 거의 모든 분야를 망라하다 보니 500쪽이 훌쩍 넘어버려 어쩔 수 없이 1권과 2권으로 나누었고, 먼저 제1권을 출판하려고 한다. 근 25년 동안 대학 강단에서 가르쳤던 내용도 포함되어 있어 일반 관광객들에게 다소 전문적이지 않을까 하는 생각도 들지만, 루마니아에 대한 많은 내용을 알려주고 싶은 욕심에 분량이 늘어났다. 집필 도중 루마니아 출판사로부터 영어나 루마니아어로 출판하자는 제의가 들어와 결국 제1권은 영어로 번역하여 출판하게 되었다. 이 책이 루마니아를 여행하는 사람들에게 조금이나마 도움이 되었으면 하는 바람이다.

이 책이 출판되기까지 정말 많은 사람의 도움이 있었다. 지면으로나마 모든 분께 감사의 마음을 전한다: 페트루 둔카(Petru Dunca), 이오반 드레헤

(Iovan Drehe) 클루즈-나포카 공대 교수; 소린 드러기치(Sorin Drăghici) 캐나다 몬트리올 칼리지 교수; 미르체아 제오르제스쿠(Mircea Georgescu), 미하이 불라이(Mihai Bulai), 알렉산드루 쭈구이(Alexandru Țugui) 알렉산드루 이오안 쿠자 대학교 교수; 마르첼 로만(Marcel Roman) 게오르게 아사키 공대교수; 트라이안 루카(Traian Ionuț Luca) 바베쉬-보여이 대학교 교수; 이오안 그르보니(Ioan Coriolan Gârboni) 티미쇼아라 바나트 필하모닉 오케스트라 단장과 아들 블라드 그르보니(Vlad Gârboni); 콘스탄틴 스푸르카치우(Constantin Spurcaciu) 아우렐 스트로에(Aurel Stroe) 문화 센터장; 실비우 바르부(Silviu-Gabriel Barbu) 루마니아 총리실 감찰국장; 로베르트 카잔치욱(Robert-Marius Cazanciuc) 전 루마니아 상원 의장; 실비우 후르두제우(Silviu Hurduzeu) 루마니아 상·하원 공동 상임위원회 부회장; 바이다 프란치스크(Vaida Francisc) 전 루마니아 하원의원; 루마니아 인류학자 클라우디아 우누(Claudia Unu) 교수; 루마니아 여류 시인 제오르지아 미쿨레스쿠(Poetess Georgia Miculescu); 사진작가 다니엘라 이오니처(Daniela-Ana Ioniță); 폽 시미온(Pop Simion) 부데쉬티 시장, 게오르게 로므누(Gheorghe Românu) 아니나 시장과 크리스티안 리비우(Mosoroceanu Cristian-Liviu) 부시장; 페트레 파네스쿠(Petre Panescu) 오크나 데 피오르 시장과 타르부잔 콘스탄틴(Tarbuzan Constantin) 부시장; 오비디우 큼페안(Ovidiu Cîmpean) 클루즈-나포카 시청 지역개발 국장; 아드리안 퍼트루츠(Adrian Pătruț) 루마니아 초심리학회 회장; 마리우스 라진(Marius Lazin) 호이아-바치우 프로젝트 팀장; 안드레아 그로수(Andreea-Elena Grosu) 카라쉬-세베린 주의회 회장 고문; 니나 꾸리짜(Nina Curița) 바나트 지방 신문 기자; 루마니아 조각가 베노네 올라루(Benone Olaru); 이리나 모라르(Irina Morar) 루마니아 도로공사 국장; 단 베라(Dan Bera) 코르빈성 박물관 관리 소장; 치프리안 드라고쉬(Ciprian

Dragoş), ZiarMM 편집장; 데니스 코바치(Denis Covaci)와 아드리안 토포란(Adrian Toporan), 클루즈-나포카 공대 박사과정 학생; '즐거운 공동묘지 교회'의 그리고레 및 이우스틴 루짜이(Grigore and Iustin Luțai) 부자(父子) 신부; 바실레 및 코스민 페트로바이(Vasile and Cosmin Petrovai) 부자(父子) 신부; 단 베린데(Dan Berinde) ICF 회장; 안드레이 픈자루(Andrei Pînzaru) T-md Company 대표이사; 두미트루 둠브라바(Dumitru Dumbrava) 인텔 큐브 컨설팅(Intell Cube Constulting) 대표이사; 리비우 올로스(Liviu Olos) 로프트렉(SC Loftrek SRL) 대표이사; 코르넬리아 아페트로아이에(Cornelia Apetroaie) 후마니타스 출판사 매니저; 미할라케 알렉산드루(Mihalache Alexandru) 카우플란트 매니저; 도시공학자 알렉산드루 코바치(Alexadru Ovidiu Covaci); 소마르 카드하노운(Somar Kadhanoun); 라우렌치우 다비드(Laurențiu David); 러즈반 러둘레스쿠(Răzvan Rădulescu); 커털린 보토시네아누(Cătălin Botosineanu); 발렌티나 쉐르버네스쿠(Valentina Şerbănescu) 등. 이 외에도 한국외대 루마니아학과 이호창 교수와 부카레스트 대학교 구민정 박사, 알렉산드루 이오안 쿠자 대학교 유학재 박사 그리고 티미쇼아라와 브라쇼브 대학에서 어학연수를 한 배문경, 류미소 학생에게도 고맙다는 말을 전한다.

터르터리아 점토판

현재의 루마니아 지역에 인간이 거주하기 시작한 것은 약 2,000,000년 전이며, 크리쉬(Criş) 지역과 투르다쉬(Turdaş), 쿠쿠테니(Cucuteni) 그리고 하만지아(Hamangia)

등지에서 점토로 만든 다양한 조각상들이 발견되었다. 그중 원시 보편예술의 걸작으로 평가되는 '생각하는 사람(The Thinker)'과 '앉아있는 여인(The Sitting Woman)'은 유네스코 위원회가 "지구상에서 절대 사라져서는 안 되는 세계 10개 유물"에 포함시켰고, 세계적인 수메르 역사학자 키피신(A. Kifisin)는 이 조각상의 가치를 다음과 같이 언급하였다.

> "이 조각상으로, 루마니아는 그리스와 이집트, 수메르 그리고 중국 등 그동안 고대 역사로 대표되는 국가의 반열에 올랐다."

이 외에도, 신석기 시대에 제작된 '터르터리아 점토판(Tărtăria Tablets, BC 5500)' 그림문자 모티프는 유럽 최초의 문자로 평가받고 있다.

참조 1961년 고고학자 니콜라에 블라사(Nicolae Vlassa)는 터르터리아 마을[알바 이울리아(Alba Iulia)시에서 약 30km 떨어진 곳에 위치]에서 기원전 5500년경에 제작된 것으로 추정되는 점토판을 발견하였다. 이 점토판에 새겨져 있는 기호는 그간 고고학자들 사이에서 논란의 대상이 되었다. 일부 학자들은 이 기호가 인류 역사상 최초의 문자로 간주하는 수메르 문자(Sumer: 바빌로니아 남부에 위치하며 현재까지 밝혀진 세계 최고의 문명이 발생한 지역)보다 앞선다고 주장하고 있다.

1959년 루마니아 흑해 연안의 만갈리아(Mangalia)시에서 발견된 파피루스 고문서(Papyrus) 역시 그리스의 데르베니 파피루스(Derveni Papyrus: 2015년 유네스코 세계 기록 유산 등재), 이탈리아의 헤르쿨라네움 파피루스(Herculaneum Papyrus)와 함께 유럽에서 가장 오래된 것으로 간주한다. 만갈리아 파피루스는 고대 그리스어로 적혀있으며 기원전 4세기에 제작된 것으로 추정된다.

◇ 세계 최초로 3단 로켓 설계 [콘라드 하스(Conrad Haas), 1555년]: "로켓(rocket, rachetă)"이라는 단어를 세계 최초로 사용한 사람은 콘라드 하스이다.

◇ 세계 최초로 만년필 제작 [페트라케 포에나루(Petrache Poenaru), 1827년]
◇ 세계 최초로 비유클리드 기하학 창시 [야노시 보여이(János Boyai), 1831년]
◇ 세계 최초로 세균학 관련 논문 출판 [빅토르 바베쉬(Victor Babeş), 1885년]
◇ 세계 최초의 법의학연구소(Forensic Institute, 1892-1985년) 설립
◇ 세계 최초로 비행기 제작 및 비행 [트라이안 부이아(Traian Vuia), 1906년]
◇ 세계 최초로 근대 신경학 기초 확립 [게오르게 마리네스쿠(Gheorghe Marinescu, 1909년]
◇ 세계 최초로 제트기 제작 [헨리 코안더(Henri Coandă), 1910년]
◇ 세계 최초로 인슐린 개발 [니콜라에 파울레스쿠(Nicolae Paulescu), 1921년]
◇ 세계 최초로 비행기 조종사 방출 좌석 고안 [아나스타세 드라고미르(Anastase Dragomir), 1930년]
◇ 세계 최초로 장거리 탄도미사일 제작 [헤르만 오베르트(Hermann Oberth), 1942년]
◇ 세계 최초의 안티에이징 연구소인 국립 아나 아슬란 노인의학 연구소 설립 [Ana Aslan National Institute of Gerontology and Geriatrics, 1952년]
◇ 세계 최초로 리보솜과 마이크로솜을 발견하여 노벨상 수상 [제오르제 에밀 팔라데(George Emil Palade), 1953년]
◇ 세계 최초로 국제 수학 올림피아드 개최(1959년)
◇ 유럽 최대의 바이올린 생산 및 수출국

위에서 언급한 것들은 모두 다 루마니아와 연관이 있다. 이 외에도 세계 역사에서 루마니아인들에 의해 이루어진 흥미로운 예들이 많이 있다. 1857년 부카레스트에 세계 최초로 '등유 가로등'이 설치되었으며, 티미쇼아라(Timişoara)시는 1884년 유럽 최초인 동시에 세계에서 뉴욕 다음으로 '전기 가로등'을 설치하여 도시 전체(면적 10㎢)를 밝힌 도시로 유명하다.

부카레스트에는 세계에서 가장 무거운 동시에 세계 두 번째로 큰 '의회궁'이 있으며, 통일광장에는 2019년 월드 레코드 아카데미에 등재된 세계 최대 규모의 '춤추는 분수(길이 1.4㎞, 면적 16,000㎡)'가 있어 주말마다 분수 쇼가 열린다. '부카레스트 온천' 역시 유럽 최대 규모를 자랑하며, 그리고레 안

분수 쇼[1][Author, Apa Nova]

티파(Grigore Antipa) 자연사 국립박물관에 전시된 '매머드 화석(Deinotherium giganteum: 지구 역사상 가장 큰 매머드 종)'도 세상에서 가장 완벽한 형태로 발견된 화석으로 간주된다.

시나이아(Sinaia)시에는 유럽 최초로 전기를 사용한 펠레쉬성(Peleş Castle)이 있으며, 부쉬테니(Buşteni)시의 카라이만봉(Caraiman Peak)에는 '세상에서 가장 높은 곳에 있는 십자가(해발 2,291m: 2014년 기네스북, 2019년 월드 레코드 아카데미 등재)'가 있다.

또한, 브라쇼브(Braşov)시에는 유럽에서 3번째로 좁은 '로프 스트리트(Rope Street)'가 있고, 시비우(Sibiu)시 근교에는 유럽 최대인 동시에 세계에서 두 번째로 큰 아스트라 야외 박물관(ASTRA Museum)이 있다. 알바 이울리아(Alba Iulia)시에 있는 알바 카롤리나 요새(Alba Carolina Citadel)도 남·동부 유럽에서 최대 규모를 자랑하는 보방 요새이다.

2020년, 월드 레코드 아카데미는 브란체아(Vrance)주의 '머러세쉬티(Mărășești) 마을에 있는 영묘'를 세계 최대 규모의 세계대전 영묘[靈廟: 제1차 세계대전 때 사망한 루마니아 군인 5,073명 안치]로 등재하였고, 또한 콘스탄틴 브랑쿠시(Constantin Brâncusi)가 조각한 '키스의 문(Kiss Gate: 너비 6.45m, 높이 5.13m, 두께 1.69m)'도 세상에서 가장 큰 키스 기념비로 등재하였다.

바나트(Banat) 지방에는 유럽에서 2번째로 건설된 '오라비짜-아니나 산악철도(Oravița-Anina, 길이 33.8㎞)'와 2,000년의 역사를 자랑하는 '헤르쿨라네 온천(Herculane Baths)'이 있다. 유럽 최초의 문자인 '터르터리아 점토판'이 루마니아에서 발견된 것처럼, 유럽에서 가장 오래된 '호모 사피엔스 화석', 즉 "최초의 유럽인"도 루마니아 바나트 지방의 포노르(Ponor) 동굴에서 발견되었다. 이 외에도 루마니아는 유럽에서 황금이 가장 많이 매장되어 있어 "유럽의 엘도라도(El Dorado)"라고 불리며, 그 명성에 맞게 오늘날 바나트 지방의 브라드(Brad)시에는 유럽에서 유일한 '황금 박물관'이 있다.

BBC는 이아쉬(Iași)시에 있는 바실레 알렉산드리 국립극장(Vasile Alecsandri National Theater)을 세계에서 2번째로 아름다운 극장으로 선정하였다. 1993년 유네스코 세계문화유산 등재된 부코비나(Bucovina) 지방의 8개 수도원은 세계에서 유일하게 교회 내벽은 물론 외벽에도 벽화가 그려져 있다.

루마니아 최북단에 있는 마라무레쉬(Maramureș) 지방에는 세계 유일의 '즐거운 공동묘지(Merry Cemetery)'와 유럽에서 가장 오래된 목조 교회인 '성모 탄생 교회(Church of the Nativity of the Mother of God, Ieud-Deal, 1364년)', 기네스북에 등재된 세계에서 가장 높은 목조 건축물 '서픈짜-페리 교회(Săpânța-Peri Church: 높이 78m)' 그리고 오늘날 유럽에서 운행되고 있는 마지막 '증기

기관차'가 있다. 이 외에도 시게투 마르마치에이(Sighetu Marmației)시에 있는 '공산주의 희생자들을 기리는 세계 최초의 추모관(Memorial to the Victims of Communism and Resistance, 1997년)'은 1998년 유럽 평의회(Council of Europe)에 의해 '유럽의 3대 기념관(아우슈비츠 기념관, 노르망디 평화 기념관)'으로 선정되었다.

몰도바공화국에는 2007년 기네스북에 등재된 세계 최대 규모의 '밀레쉬티 미치 와이너리(Mileştii Mici Winery: 총 길이 200㎞)'가 있다. 전체 면적이 경상남북도보다 좀 더 큰 몰도바공화국에는 총 400㎞가 넘는 지하 와이너리가 있는데, 이는 경부고속도로 지하 전체가 와인 저장고로 만들어져 있다고 생각하면 이해가 쉽다.

2014년, CNN은 '트란스퍼거러샨 도로(Transfăgărăşan Road)'를 세상에서 가장 아름답고 위험한 도로로 선정하였고, 소바타(Sovata)시에 있는 '곰 호수(Bear Lake)'는 2019년 월드 레코드 아카데미에 의해 세계에서 가장 큰 태양열 호수로 등재되었다. 이뿐만 아니라 아푸세니산맥(Apuseni Mountains)에는 유럽에서 두 번째로 큰 지하 빙하인 '스커리쇼아라 동굴 빙하(Scărişoara Cave Glacier)'가 있으며, 부저우(Buzău)주의 '베르카 진흙 화산군(Muddy Volcanoes of Berca)'은 유럽 대륙에 있는 유일한 화산군으로 간주된다.

영국의 가디언(Guardian)은 루마니아를 "2020년 대체 목적지" 중 하나로 선정하였다. 이 일간지에 의하면, 루마니아는 "야생에서 포유동물을 볼 수 있는 유럽 최고의 장소" 중 하나이며, 그곳에 있는 약 700만 헥타르(약 212억 평)의 산림지대에는 야생 불곰과 들소, 늑대, 여우, 스라소니, 붉은 사슴 그리고 샤모아(chamois: 유럽·아시아 산간 지방의 영양류) 등과 같은 야생동물이 서식하고 있어, 2018년 카르파티아 보호재단(Foundation Conservation Carpathia, FCC)이

"유럽 최대 규모의 국립공원을 조성하려는 야심 찬 계획"을 발표하였다고 전하였다.

37세까지 전 세계 국가들(198개국)을 여행하여 기네스북에 오른 노르웨이의 젊은 여행가 거너 가포스(Gunnar Garfors)는 루마니아를 "지구상에서 꼭 방문해야 할 12개 나라 중 1위"로 선정하였다.

"그동안 루마니아는 과소평가되었기 때문에 대부분의 유럽 사람들은 루마니아를 방문하지 않았어요. 하지만 영국의 찰스 왕세자(Charles Windsor)가 루마니아 홍보대사가 된 이후 그것이 기폭제가 되어 최근 많은 서유럽 사람들이 루마니아를 방문하기 시작했어요. 나는 루마니아 농촌 마을의 독특하고 평화로운 풍경과 대도시에서 느낄 수 있는 역동적인 에너지 사이의 상이함에 놀랐어요. 사람들은 트란실바니아 지방에「드라큘라」신화가 숨 쉬고 있다는 것만 알고 있지만, 사실은 아름다운 자연경관과 웅장한 카르파티아산맥 그리고 중세에 건축된 성과 요새들이 많이 있어요. 이에 반해, 부카레스트에 머무를 때는 밤 문화가 아주 인상적이었어요. 늦은 밤에도 영업하는 많은 레스토랑을 보면서 아주 도시적이라는 느낌을 받았거든요."

카르파티아산맥에는 13개가 있지만, 해발 2,000m 이상은 무려 255개나 된다. 인상적인 것은, 유럽 전역에 있는 원시림의 약 65%가 루마니아에 분포하고 있으며 그중 일부 지역이 2017년 유네스코 세계자연유산으로 지정되었다.

1991년 유네스코 세계자연유산에 등재된 다뉴브 삼각주는 호주의 그레이트 배리어 리프(Great Barrier Reef)와 에콰도르의 갈라파고스 군도(Galapagos archipelago)에 이어 세계에서 3번째로 다양한 생물(5,500종 이상)이 서식하고 있다. 따라서 이 분야의 세계 학자들은 다뉴브 삼각주를 "인류가 미래 세대에게 물려주어야 할 보편적 자연유산"이며 돈으로 "환산할 수 없는 가치를 지닌 천연 유전자은행"이라 주장하고 있다. 실제로 이곳에는 세계 최대 규모의 갈대숲과 수천 마리의 야생마 그리고 유럽에서 가장 많은 수의 펠리컨이 서식하고 있다.

2019년 월드 레코드 아카데미는 다뉴브강에 있는 다치아 왕국 데체발루스 왕(Decebalus, 재위 AD 87-106)의 얼굴을 조각한 거대한 돌 조각상을 '강변에 조각된 세계 최대의 돌 조각상'으로 등재하였다. 이 조각상은 뉴욕의 자유의 여신상보다 6m 낮지만, 리우데자네이루(Rio de Janeiro)의 예수상보다 8m 높다.

루마니아 출신의 노벨상 수상자는 총 4명이다. 제오르제 에밀 팔라데(George Emil Palade, 1912-2008)는 노벨 생리의학상(1974년)을 수상하였고, 엘리 위젤(Elie Wiesel, 1928-2016)은 노벨 평화상(1986년), 헤르타 뮐러(Herta Müller, 1953-현재)는 노벨 문학상(2009년) 그리고 슈테판 헬(Ştefan W. Hell, 1962-현재)은 노벨 화학상(2014년)을 받았다.

한국과 루마니아의 역사를 간략하게 비교하여 살펴보면, 우선 과거 요동과 한반도 서북부 지역에 고조선(BC 2333-BC 108)이 설립된 것처럼, 루마니아도 기원전 82년 부레비스타 왕(Burebista)이 다치아 왕국(Dacia: BC 82-AD 106)을 건설하였다. 또한, 중세 때 고구려와 백제 그리고 신라가 있었다면, 루마니아에는 트란실바니아(Transylvania) 지방과 짜라 로므네아스커 공국[Ţara Românească, 1330-1859: 외국 문헌에 왈라키아 공국(Wallachia)으로 기록] 그리고 몰도바 공국(Moldova, 1346-1859)이 존재하였다.

왈라키아 공국은 1330년 문테니아 지방[Muntenia: 수도 부카레스트(Bucharest)가 있는 곳]에 설립되었고, 몰도바 공국은 1346년 몰도바 지방에 설립되었다. 당시 트란실바니아 지방은 합스부르크 제국의 지배하에 있었지만,

루미니이 지도

위의 두 공국은 중세 봉건국가의 형태를 갖추고 있었다.

676년, 김춘추(태종무열왕, 604-661)가 다진 기반으로 문무왕(626-681)이 삼국통일을 이룩한 것처럼, 1600년 미하이 비테아줄 영주(Michael the Brave: Mihai Viteazul, 1558-1601) 역시 루마니아 세 지방(트란실바니아, 문테니아, 몰도바)을 통일하여 알바 이울리아(Alba Iulia)를 수도로 정하였다. 하지만 1601년 오스만제국의 지원을 받은 트란실바니아 지방의 헝가리 귀족들이 미하이 비테아줄 왕을 살해함으로써 중세 루마니아 통일왕국은 채 1년도 지나지 않아 막을 내리고 말았다.

대개, 한국을 세계에서 유일한 분단국가라고 말하지만, 오늘날 루마니아도 몰도바공화국과 분단 상태에 있다. 중세 몰도바 공국은 지금의 루마니아 몰도바 지방과 몰도바공화국(Republic of Moldova)을 포함하고 있었지만 제2차 세계대전 이후 중세 몰도바 지방의 약 ⅓이 소련에 병합되고 또한 1991년 소련이 해체되면서 몰도바공화국으로 독립하여 오늘날에 이르고 있다.

루마니아는 아직 우리에게 낯선 나라이다. 하지만 몇 년 전부터 루마니아를 찾는 외국인 관광객 수가 눈에 띄게 증가하고 있다. 최근 통계자료를 보면, 매년 루마니아를 찾는 방문객 수는 1,500만 명 정도이며, 그중 약 500만 명이 외국인이다. 이들 중 74.2%가 유럽 출신이며, 국가별로는 독일과 이스라엘, 이탈리아, 프랑스, 헝가리 그리고 미국 순이다. 최근에는 영국과 폴란드 관광객 수가 증가하고 있으며, 한국인은 1년에 약 15,000명이 루마니아를 방문한다.

에어비앤비(Airbnb)에 따르면, "루마니아에는 훼손되지 않은 자연과 옛 전통 그대로를 간직하고 있는 시골 마을이 곳곳에 있어 관광지화되지 않은 한적한 여행지를 찾는 사람들에게 완벽한 선택이 될 것"이며, 특히 "유럽에서 손꼽는 수준의 원시림을 보유하고 있어 2018년 환경 성과지수(Environmental Performance Index) 생태계 활력(ecosystem vitality) 부문에서 세계 15위에 올랐다"라고 언급하였다.

루마니아를 방문한 외국 관광객들의 여행 후기를 보면 대다수가 "처음에는 별로 기대하지 않고 왔다가 끝날 때쯤 생각했던 것보다 볼 것이 많아 더 머물고 싶은 나라"라고 말한다. 외국인을 환대하는 루마니아인들과 저렴한 물가, 맛있는 음식, 중세요새와 건축물들 그리고 아름답고 평화로운 시골 마을과 환상적인 자연환경 등은 루마니아를 찾아오는 외국 관광객들을 매료시키는 요소들이다.

참조 루마니아를 여행하다 보면 목적지나 건물 등을 찾을 때 검색 엔진을 사용해야 하므로 지명과 건물명을 가능한 루마니아어로도 표기하였다. ă, ş, ţ와 같은 루마니아 특수문자는 그냥 a, s, t로 검색하면 된다. [예, 펠레쉬성(Castelul Peleş ⋯→ Castelul Peles)]

구간별 거리 및 소요시간을 알고 싶다면, www.distanta.com에 접속하여 왼쪽 상단에 있는 “De la (From), Pana la (To)”에 각각 출발지와 도착지를 루마니아어로 적으면 된다.

이 책에서 [1], [2], [3], [4] 표시가 있는 사진은 각각 Wikimedia Commons, Wikipedia, Iris Club, 그리고 Hotel Capitol 공식 홈페이지(https://hotelcapitol.ro)에서 다운로드한 것이며, 오라데아(Oradea)시와 관련한 사진 대부분은 오라데아 시청의 허가를 받아 페이스북 사이트 ‘Visit Oradea’에서 가져온 것이다.

RECOMANDATION

I am honored to say that Professor Park Jeong O is one of my dearest and oldest friends. Our friendship started as of the beginning of the 90', when both of us were studying at the University of Bucharest. Since the moment we met, a lot has changed, but the Professor's love and passion for the Romanian culture, the Romanian language, and the country itself remained adamant. It is admirable that he invested such a big amount of time, energy, and research in order to develop his passion and to fully understand Romanian culture.

The first volume of the "Garden of the Virgin Mary" is a tremendous tourist guidebook, which is individualized by a comprehensive approach. Its lecture offers a challenging incursion through Romanian history, as well as a virtual tour of the greatest tourist attractions in Romania. The ability of the author to harmoniously blend the juicy parts of myths and legends, which raise the interest of tourists, with concrete, historically proven facts is commendable. The manner in which the biggest urban attractions of Romania and the surroundings thereof are presented herein demonstrates the thoroughness of the author and his attention to detail. The aforementioned presentation is not limited to the "commercial" tourist perspective, but, on the contrary, one may easily notice the variety thereof.

The author focuses on the local, authentic traditions and the objectification of the close relationship between the Romanian people and the religion, but, at the same time, does not neglect the particularities of the architecture or the worldwide known Romanian personalities. Moreover, this guidebook offers interesting information with respect to Romanian cuisine, as well as a variety of recommendations for those who seek accommodation or restaurants nearby the main tourist attractions presented herein.

For those passionate about nature, the author provides a broad description of the beautiful and balanced natural environment of Romania, by presenting the natural reservations, the rivers, the coast of the Black Sea, or the abundant natural resources of the country. As mentioned hereinabove, this book comprises highly valuable information about Romania. Notwithstanding, surprisingly the most impressive aspect hereof is not the information itself, but the capacity of the words herein to enable the reader to see and understand Romania through the eyes of the author, overwhelmed by love and passion for the country

This guidebook is the result of great effort and ambition materialized into long research performed in over three decades by the Professor, which allowed him to overcome any cultural barriers and differences between the South Korean and the Romanian culture and to become one of the greatest foreign ambassadors of Romania.

I recommend this guidebook for each and every tourist willing to see behind any cultural differences and to explore the authenticity of Romania - this beautiful country.

Silviu-Gabriel BARBU Ph.D.
Associate Professor of Transylvania University of Braşov, Romania
State secretary at the Control Department of the Romanian Government

차례

1

루마니아는 어떤 나라인가요?

루마니아 국호는 '로므니아(România)'이지만 우리는 영어식 표기인 '루마니아(Rumania)'에 익숙하다. 루마니아는 2004년과 2007년 각각 나토(NATO)와 유럽연합(EU)에 가입하였다. 루마니아 인구는 27개 EU 회원국 중 6번째(약 2,000만 명)이고 국토면적은 8번째(대한민국의 약 2.37배)이지만 몰도바공화국까지 포함할 경우 순위는 더 올라간다.

유럽연합 공식 통계기구인 유로스타트(Eurostat)에 의하면, 루마니아 자가(自家) 비율은 2016년 기준 96%이다. 이는 유럽연합 회원국 중에서 1위이며, 전 세계에서도 가장 높은 편에 속한다. 영국(63.4%)이나 프랑스(64.9%) 그리고 독일(51.7%) 등과 같은 유럽의 주요국들은 물론 한국(2016년 기준 56.8%)에 비해서도 상당히 높은 편이다.

현재 외국에서 거주하는 루마니아인은 약 1,000만 명에 이르며, 그중 디아스포라(Diaspora: 본국을 떠나 타지에서 자신들의 규범과 관습을 유지하며 살아가는 민족 집단)는 5백 6십만 명에 이른다. 국가별로 Top 10을 살펴보면, 이탈리아(1백

브뤼셀에 있는 나토(NATO)[1][Author, Swadim]

유럽연합(EU)

유럽연합 집행위원회 본부

30만 명)와 스페인(68만 명), 독일(66만 명), 이스라엘(50만 명), 미국(48만 명), 영국(46만 명), 프랑스(30만 명), 캐나다(24만 명), 브라질(20만 명) 그리고 우크라이나(16만 명) 순이다.

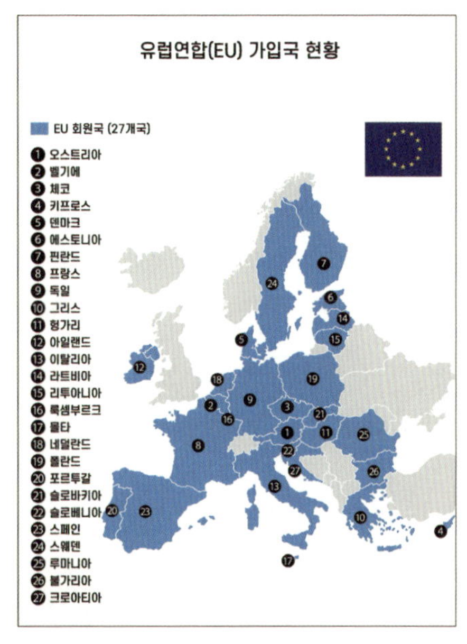

오늘날 유럽에 있는 많은 민족 중에서 루마니아처럼 선사시대부터 현재에 이르기까지 유구한 역사를 계속 이어가고 있는 민족은 그리 많지 않다. 역사적으로 볼 때, 삼면이 바다로 둘러싸여 있는 대한민국은 반도 국가임에도 불구하고 지난 2천 년 동안 993번의 크고 작은 외침이 있었다고 한다. 루마니아의 경우, 이와 관련한 정확한 내용은 알 수 없지만, 국토의 한 면이 흑해(Black Sea)와 접하고 있고 또한 인류 역사상 전쟁이 가장 잦았던 곳이 유럽임을 고려할 때 한국보다 훨씬 더 많은 외세침략이 있었던 것으로 짐작된다. 한 예로, 중세 때 루마니아 공국들은 근 400년 동안 오스만제국과 약 570번의 전투를 치렀다. 어쨌든 역사적 관점에서, 루마니아와 한국의 공통점은 두 나라 민족 모두 다 자신의 정통성을 지켜가면서 유구한 역사를 이어가고 있는 "강인한 민족"임에 틀림없다.

루마니아 지도를 보면 북쪽으로 트란실바니아 지방이 있고 또한 남쪽과 동쪽으로 각각 문테니아 지방과 몰도바 지방이 있다. 기원전 82년, 부레비스타 왕(Burebista: 100-44 BC)이 다치아 왕국을 건설하지만 서기 106년 로마 제국에게 정복되었다. 이후 로마제국은 274~275년까지 약 169년 동안 다치아 지방을 지배하지만 북쪽에 있던 서고트족들이 현재의 루마니아 지역으로 남하하면서 로마제국의 군대와 행정부는 274~275년 다뉴브강 이남(현재 불가리아)으로 철수하였다. 이후, 약 1,000년 동안 현재의 루마니아 지역에는 국가가 형성되지 않았으나 14세기에 들어서면서 왈라키아 공국과 몰도바 공국이 설립되었다. 1600년, 비록 짧은 기간이지만 미하이 비테아줄 영주가 이들 두 공국과 트란실바니아 지방을 통일하지만 1601년 헝가리 귀족들에게 살해되어 중세 루마니아 통일왕국은 막을 내렸다.

1859년, 왈라키아 공국과 몰도바 공국이 통일[첫 번째 통일(First Union)]하

1918년 대루마니아[1][Author, Andrei Nacu]

여 처음으로 '로므니아(România)'라는 국호가 사용되었고, 초대 영주로 알렉산드루 이오안 쿠자(Alexandru Ioan Cuza)가 추대되었다. 또한, 1877~1878년 오스만제국(1299-1922)으로부터 독립한 이후에는 정치와 경제, 사회 그리고 문화 등 모든 분야에서 커다란 발전을 이룩하였다.

루마니아 역사에서 1918년은 아주 중요한 해이다. 왜냐하면, 제1차 세계대전 이후, 루마니아가 트란실바니아 지방과 부코비나 지방(Bucovina, 몰도바 지방의 북부지역) 그리고 현재의 몰도바공화국까지 통일[대(大)통일(Great Union)]하여, 마침내 1918년 12월 1일 '대(大)루마니아(Greater România)'를 이룩하였기 때문이다. 하지만 제2차 세계대전이 종결되면서 부코비나 지방의 북부지역과 몰도바 지방의 동부지역[베사라비아(Bessarabia) 지방: 현재 몰도바공화국]은 다시 러시아에 병합되면서 오늘날의 루마니아로 남게 된다.

1. 루마니아 젊은 세대에서 미래가 보인다.

유럽의 남·동부지역에 위치하는 루마니아는 한국인들에게 다소 낯선 나라이다. 루마니아와 관련하여, 대개 우리나라 사람들은 드라큘라(Dracula)나 나디아 코마네치(Nadia Comăneci, 1961-현재) 그리고 루마니아 독재자 니콜라에 차우셰스쿠(Nicolae Ceauşescu, 1918-1989) 등을 떠올린다.

이 외에도 루마니아와 관련한 것으로는, 소설 「25시」(The 25th Hour, 1949)의 작가 콘스탄틴 게오르기우(Constantin Virgil Gheorghiu, 1916-1992)가 루마니아 사람이며, 한국 최초의 대중가요로 간주하는 「사의 찬미」(노래 윤심덕, 1929년) 역시 루마니아 작곡가 이오시프 이바노비치(Iosif Ivanovici, 1845-1902)의 왈츠곡인 「다뉴브강의 물결」(Waves of the Danube, 1880)의 번안곡이다.

팬플루트의 거장 게오르게 잠피르(Gheorghe Zamfir, 1941-현재)도 루마니아 출신의 작곡가, 연주가이며, 루마니아의 아드주드(Adjud)시에서 태어난 안젤라 게오르규(Angela Gheorghiu, 1965-현재)도 디아나 담라우(Diana Damrau, 1971-현재), 안나 네트렙코(Anna Netrebko, 1971-현재)와 더불어 현존하는 세계 3대 소프라노로 불린다. 국제 비평가들은 그녀의 목소리가 제2차 세계대전 이후 소프라노와 오페라 무대를 대표하는 라이벌인 마리아 칼라스(Maria Callas, 1923-1977)와 레나타 테발디(Renata Tebaldi, 1922-2004)의 목소리를 합친 것과 같다고 호평한다. 2009년, 안젤라는 백악관에서 버락 오바마 미국 대통령과 영부인 미셸 오바마가 참석한 가운데 독주회를 가졌다. 영화 「드라큘라」(Dracula)와 「타잔」(Tarzan)의 주인공인 벨라 루고시(Bela Lugosi, 1882-1956)와 조니 바이스뮐러(Johnny Weismuller, 1904-1984)도 루마니아 출신의 세계적인 영화배우이다.

◆ 체조요정 나디아 코마네치

20세기 최고의 스포츠인 중 하나인 나디아 코마네치(Nadia Comăneci)는 1961년 11월 12일, 루마니아 바커우(Bacău)주 오네쉬티(Oneşti)에서 태어났다. 6세 때 벨라 카롤리(Béla Károlyi) 코치의 눈에 띄어 체조를 시작하였으며, 9세 때 처음으로 참가한 루마니아 전국 청소년 체조선수권 대회에서 13위를 기록하였다. 하지만 이후 1년 동안 폭풍 성장을 하여 10세가 되던 해 같은 대회 전 부분에서 금메달을 획득하였고, 11세 때에는 이미 루마니아 여자체조선수 랭킹 1위에 올라 있었다.

1976년 몬트리올 올림픽 때 코머네치 모습
[1] [Author, Unknown (Comitetul Olimpic si Sportiv Roman)]

코마네치가 청소년이 아닌 일반 선수자격으로 처음 참가한 대회는 1975년 노르웨이 시엔(Skien)에서 개최된 유럽선수권 대회였다. 당시 코마네치는 4개의 금메달과 1개의 은메달을 획득하여 그동안 유럽선수권을 5차례나 제패한 바 있는 소련의 류드밀라 투리스체바(Ludmilla Tourischeva)를 제치고 개인 종합 1위에 올랐다. 또한, 1976년에는 14세의 나이로 몬트리올 올림픽 대회에 출전해 올림픽 체조 역사상 최초로 10점 만점을 받았다. 따라서 그녀는 당시 공산국가였던 루마니아에서 국민 영웅이 되어 '사회주의 노동자 영웅'이라는 칭호를 받았으며, 부상(副賞)으로 루마니아 자동차 다치아(Dacia 1300)와 35만 레이 상당의 수표 그리고 부카레스트 코트로체니(Cotroceni) 지역의 고급 빌라를 받았다. 코트로체니 지역은 세계 여행 사이트 코지 트래블러(Cozy Traveler)가 선정한 "유럽에서 가장 멋진 지역 20곳" 중 18위를 차지한 곳으로 현재 루마니아 대통령궁이 있는 곳이다.

코마네치는 뛰어난 체조 실력만큼이나 별명도 많았다. 너비가 10㎝밖에 되지 않는 평균대를 나비처럼 날고 이단평행봉에서 여자선수로는 세계 최초로 공중돌기를 뒤로하는 고난도 기술을 선보일 때는 '냉정한 작은 벼룩'으로 불리었고, 미국의 시사 잡지 타임은 "인간의 몸을 빌려 지상에 나타난 요정"이라고 극찬하였다. 올림픽에서만 일곱 차례 만점을 기록한 코마네치는 세계선수권과 올림픽에서 총 21개의 금메달을 목에 걸고 1984년 은퇴하였다.

루마니아 혁명 발발 직전인 1989년 11월, 미국으로 망명한 이후 1996년 미국 체조선수인 바트 코너(Bart Conner)와 결혼을 하여 지금은 오클라호마(Oklahoma)에서 체조아카데미를 운영하고 있다. 코마네치는 1999년 UN에 초청되어 연설한 세계 최초의 여성 스포츠 선수이며 지금은 세계 자선 활동에 헌신하고 있다.

오늘날 루마니아는 유럽은 물론 전 세계에서 인터넷 속도가 가장 빠른 나라 중 하나이며, 인구수 대비 최다 IT 기술자를 보유하고 있어 정보통신 분야 다국적 기업들이 가장 선호하는 아웃소싱 목적지로 간주된다. 특히, 정보보안 소프트웨어 분야에서의 루마니아 기술 수준은 세계 최고로 평가받고 있다.

미국 시애틀에 있는 Microsoft社에는 현재 약 200명 이상의 루마니아 연구원들이 근무하고 있어, 사내에서 영어 다음으로 루마니아어가 많이 사용된다고 한다. 최근 들어서는, 마이크로소프트를 비롯하여 아마존(Amazon)과 휴렛팩커드(Hewlett-Packard), 오라클(Oracle), 노키아(Nokia), SAP, 인텔(Intel), 와이프로(Wipro) 등 정보통신 분야 주요 다국적 기업들이 부카레스트와 이아쉬

(Iaşi), 클루즈-나포카(Cluj-Napoca) 그리고 티미쇼아라(Timişoara)와 같은 루마니아 주요 도시에 지사를 세워 현지에서 직접 루마니아 인재들을 채용하고 있다.

참조 오늘날 루마니아에서 '직원 수가 가장 많은 TOP 10 기업'을 살펴보면 대부분 IT분야 기업들이다: (1) Oracle, (2) Continental, (3) Microsoft, (4) IBM, (5) Amazon, (6) OMV Petrom, (7) Renault, (8) vodafone, (9) Google, (10) BOSCH이다. *삼성과 화웨이는 각각 54위와 56위이다.

부카레스트에 있는 마이크로소프트

1999년 루마니아 과학자 에우젠 파벨(Eugen Pavel)은 Hyper CD-ROM을 발명하여 특허를 획득하였고, 2001년 부카레스트에서 설립된 세계적인 인터넷 보안 소프트웨어 업체 비트디펜더(Bitdefender)도 오늘날 한국을 포함하여 100개국 이상의 지역에 진출해 있다.

루마니아 최초의 유니콘(Unicon: 기업가치 10억 달러 이상 비상장 기업)으로 간주되는 유아이패스(UiPath, 자산 가치 약 70억 달러)는 세계 1위의 로봇 프로세스 자동화(Robotic Process Automation) 솔루션 업체이다. 이 업체는 2016년 부카레스트에서 설립된 후 현재 뉴욕에 본사를 두고 있으며, 오늘날 한국을 포함하여 북미와 유럽, 아시아 지역 14개 국가에 진출해 있다. 이 외에도 2017년 핏비트(Fitbit, 미국 실리콘 밸리의 벤처기업)는 배터리 수명을 자랑하는 루마니아 스타트업 벡터 와치(Vector Watch)를 인수하였다.

핏비트는 2007년 하버드대 컴퓨터 공학과에 입학했지만, 창업에 뜻을 품고 학업을 중도 포기한 재미교포 제임스 박(James Park)과 에릭 프리드먼(Eric Friedman)이 공동으로 설립한 회사이다. 프리드먼은 파이낸셜 타임스와의 인터뷰에서 루마니아의 스타트업 생태계와 관련하여 다음과 같이 언급하였다.

> "(루마니아 스타트업과 관련하여: 역주) 가장 인상적이고 안심할 수 있는 것은, 루마니아에 젊은 기술 기업가들 즉 글로벌 스타트업 생태계에 도전하는 20대 젊은이들이 많다는 사실이에요. 이들은 풍부한 상상력과 잠재력을 가지고 있어 그동안 루마니아 기술 스타트업은 많이 진화했어요."

오늘날 루마니아는 ICT 분야 외에도 자동차부품산업과 화학공업 분야에서 많은 발전을 이룩하고 있다. 루마니아 경제 수준은 아직 유럽의 주요 선진국들과 비교할 순 없지만, 그동안 실로 엄청난 발전을 이룩하였다. 지난 10년 동안 루마니아 경제성장률과 소비증가율은 EU 내에서 1~2위를 기록하였으며, 루마니아의 1인당 국내총생산도 2017년 13,000불을 돌파하였다. 루마니아 국내총생산(GDP)은 이미 헝가리와 그리스, 포르투갈 그리고 체코를 넘어섰으며, 수년 내 오스트리아를 추월할 기세이다.

IMF는 루마니아 1인당 국민소득이 2026년에 이르러 유럽연합 평균의 76%에 이를 것으로 전망하였다. 그해 통계자료에는 루마니아 국내총생산(GDP)이 헝가리와 세르비아 그리고 불가리아를 합친 것과 비슷한 것으로 나타난다.

1980년대 아시아의 네 마리 용 중 하나였던 대한민국은 고도의 경제성장으로 "한강의 기적"을 이룩하였다. 루마니아 역시 그동안 지속적인 경제성장으로 "발칸의 호랑이"로 불리었으나, 2017년부터 '동유럽의 호랑이'로 불리고 있다. 오늘날 루마니아는 1980~1990년대 한국처럼 높은 경제성장률을 이룩하고 있어, 향후 "올트강의 기적(Miracle on the Olt River)"이라는 말이 생겨나길 기대해 본다.

올트강

2. 양차 대전 사이 세계 8위의 무역 강국

과거 루마니아는 유럽 내에서도 상당한 부국이었다. 제1차 세계대전 전후, 루마니아의 무역 규모는 세계 8위였다. 한 예로, 1938년 루마니아 국내총생산(GDP)은 세계 7위 그리고 유럽 4위를 기록하였다. 당시 유럽의 주요 국가들 국내총생산은 독일, 프랑스, 영국, 루마니아 그리고 이탈리아 순이었다. 이처럼, 루마니아는 제2차 세계대전 이전까지만 해도 동유럽 국가들은 물론 그리스나 포르투갈보다 부유한 나라였지만, 1947년 12월 30일 공산주의가 도입된 후 차우셰스쿠 부부가 처형되는 1989년 12월까지 근 42년 동안 공산체제가 지속함으로써 1989년대 말 루마니아 경제는 파탄 지경에 이르렀다.

1960년대 들어 루마니아 공산주의자들은 자국 경제의 근대화를 위하여 스탈린식 경제모델을 채택하였다. 게오르게 데즈(Gheorghe Gheorghiu Dej, 1901-1965) 루마니아 노동당 제1서기는 1964년 노동당 대회에서 루마니아를 중화학공업 중심의 국가로 발전시켜야 한다고 선언하였다. 당시 루마니아 노동당이 탈소자주노선을 걷기 시작한 것은 루마니아에 민주주의를 정착하려했던 것이 아니라 루마니아를 농업국으로 전락시키려는 흐루시초프의 '노동부문에서 국제사회주의 분할' 정책에 반대하면서 단지 스탈린식 경제모델을 추구하기 위함이었다.

사전에 아무런 조사 없이 채택된 루마니아 3대 주력산업(철강업, 기계공업, 중화학공업)은 70~80년대에 이르러 규모 면에서 엄청난 성장을 이룩했지만, 질적인 차원에서는 그렇지 못했다. 한 예로, 1980년대 루마니아의 1인당 철강생산량은 영국을 추월하여 세계 3위를 기록했지만, 면도날 하나를 생산하지 못해 외국에서 수입하였다. 당시 면도날 수입금지 조치를 내린 차우셰스쿠는 국민에게 이발소에 가서 면도하라고 지시하였다.

루마니아 경제가 급속하게 몰락하게 된 이유는 여러 가지 있겠지만 그중 차우셰스쿠의 북한 방문도 주된 요인으로 꼽힌다. 총 4차례(1971, 1978, 1982, 1985년) 북한을 방문한 차우셰스쿠는 김일성 공산 독재체제에 깊은 감명을 받아 다음과 같이 4가지 정책을 도입하였다.

(1) 평양을 모델로 하는 부카레스트 현대화 사업

(2) 북한식 우상숭배

(3) 족벌독재체제 구축

(4) 부자세습

1980년대, 루마니아에는 서유럽에서 상상할 수 없는 어처구니없는 일들이 진행되고 있었다. 차우셰스쿠는 도시 거주 퇴직자들을 농촌으로 그리고 농촌에 거주하는 청년들을 도시로 이주시켰다. 또한, 계속되는 경제위기 속에서 국민의 불만이 고조되자 루마니아 공산당은 '다방면으로 발전된 사회주의 사회(multilateral developed socialist society)' 건설에 박차를 가하였고, 이를 위해 '농촌 체계화 사업'을 실시하였다. 이 사업은 옛 농촌가옥을 허무는 대신 현대적인 고층아파트를 건설하는 것으로, 얼핏 보면 그럴듯해 보였지만, 아파트 내에 상하수도 및 난방시설이 갖추어 있지 않아 농민들은 많은 불편을 감수해야 했다. 어쨌든, 이 사업으로 루마니아에는 500개 이상의 농촌-산업 중심지(agro-industrial center)가 생겨났고 대표적인 곳이 부카레스트 근처에 있는 오토페니(Otopeni) 지역이다. 물론 루마니아 공산당은 "농촌과 도시의 생활수준 차이가 크게 줄어들었다"며 대대적으로 선전하였다.

루마니아 3대 주력산업은 엄청난 에너지를 소비했기 때문에 1980년대 내내 심각한 에너지 부족난을 겪어야 했다. 따라서 1985년 겨울, 루마니아 공산주의자들은 일반 가정을 포함하여 학교와 상점 그리고 사무실 등의 실내 온도를 12℃ 이하로 정함으로써 국민은 혹독한 추위에 떨어야 했고, TV 방영 시간 역시 하루에 2시간만 허용되었다. 또한, 에너지 절약을 핑계로 자동차와 버스 운행을 제한하는 '보행인의 달'이라는 정책이 시행되어 일반 사람들은 걸어 다녀야 했다. 물론, 외국인이 많이 거주하던 부카레스트는 예외였고 구급차나 소방차는 정상적으로 운행되었다. 이 외에도 서유럽국가들이 무상으로 보낸 성경책이 재처리되어 화장실용 휴지로 사용되었고, 빵 배급 쿠폰제(하루 한 개)와 타자기 소유 신고제가 시행되었다. 당시 타자기를 가진 사람들은 매년 해당 관할경찰서에 자진 신고를 해야 했는데, 이것은 타자기마다 가지고 있는 고유의 글자체 굵기와 농도를 대조하여 반체제 전단을 뿌리는 사람을 색출하기 위함이었다.

이처럼, 1980년대 루마니아는 전혀 산업이 발전하지 않은 나라라는 인상을 주었다. 루마니아 공산당 기관지는 농민들에게 농기구 대신에 육체노동을 그리고 트랙터나 트럭 대신에 마차를 이용하라고 권하였고, 상점 주인에게는 물건을 운반할 때 자전거를 이용하라고 지시하였다. 냉장고와 세탁기 사용이 금지되었으며, 전력을 사용하는 제품 대신 석탄용 화덕이나 석유램프 사용이 권장되었다. 자동차는 물론 비행기와 헬리콥터를 생산하는 나라에서 자동차 운행이 금지되었으며, 역사상 유례없는 밀 수확량을 기록했지만 정작 국민에게는 빵 배급제가 실시되었다.

루마니아가 경제위기를 자초하게 된 근본적인 요인으로는 수익성 없는 산업 분야의 과도한 투자와 방만한 기업운영, 부카레스트 현대화 사업 그리고 다뉴브강과 흑해를 잇는 운하건설 등 경제적 가치가 없는 대규모 공사 등을 언급할 수 있다.

차우셰스쿠가 북한을 방문하면서 가장 깊은 감명을 받은 것은 다름 아닌 '김일성 우상숭배'였다. 또한 그는 자신의 족벌체제를 강화하기 위하여 1973년 자신의 부인 엘레나 차우셰스쿠(Elena Ceaușescu, 1916-1989)를 당 서열 2위에 올렸으며, 왕조처럼 대를 이어 통치하는 북한을 모방하여 막내아들 니쿠 차우셰스쿠(Nicu Ceaușescu, 1951-1996)를 자신의 후계자로 준비하였다. 결국, 루마니아는 한때 동유럽 국가들은 물론 그리스와 포르투갈보다 부유한 나라였으나 북한식 공산 독재체제가 도입됨으로써 1980년대 말 유럽에서 가장 가난한 나라 중 하나로 전락하고 말았다.

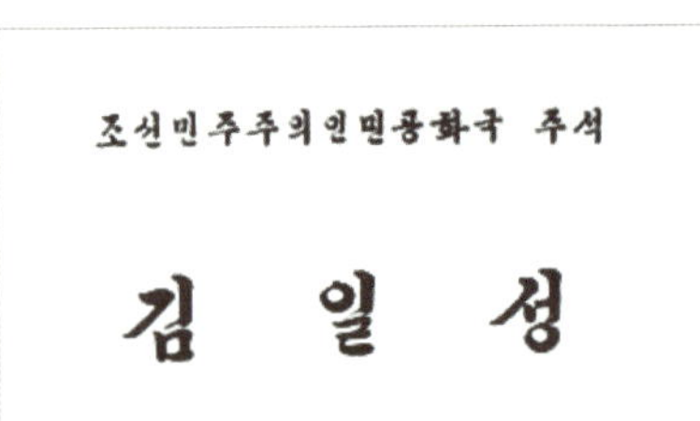

김일성 주석 명함

1984년 6월 19일 루마니아를 공식 방문한 김일성 주석이 차우셰스쿠와 함께 루마니아 민속춤 호라(Hora)를 추는 모습

1971년 6월 9-15일 북한을 공식 방문한 차우셰스쿠와 김일성 모습

3. "성모 마리아의 정원"

자연적인 측면에서, 유럽에서 가장 균형 잡힌 국가를 꼽으라면 프랑스와 루마니아, 이탈리아 그리고 스페인 등이 떠오를 것이다. 폴란드 출신의 교황 요한 바오로 II세는 1999년 루마니아 정통 가톨릭교회(한국 정교회는 동방정교회를 "정통 가톨릭교회"로 정의하기 때문에 이후 그렇게 표기한다)를 공식 방문하면서 자연이 아름다운 루마니아를 "성모 마리아의 정원(Garden of the Mother of God)"이라고 극찬하였다.

◆ 교황 요한 바오로 2세

폴란드는 인구와 영토 그리고 경제 규모에서 중·동부 유럽에서 가장 큰 국가이며, 전체 인구의 95% 이상이 천주교 신자인 가톨릭 국가이다. 대개 폴란드라고 하면 교황 요한 바오로 2세와 아우슈비츠, 바웬사, 퀴리 부인 그리고 쇼팽 등이 떠오르지만, 한국 축구 국가대표팀이 월드컵 출전 사상 첫 승을 거둔 경기 역시 2002년 한국월드컵 당시 폴란드와의 경기에서였다.

요한 바오로 2세는 1920년 5월 18일 폴란드 남부의 작은 도시인 바도비체(Wadowice)에서 태어나 1978년 교황으로 선출된 이후 약 27년 동안(1978~2005) 재임한 제 264대 가톨릭 교황이다. 역대 교황 중 '최초의'라는 수식어가 가장 많이 따라 다녔으며, 네덜란드 하드리아노(Hadrianus) 6세 이래 비(非)이탈리아계로서는 455년 만이자 역사상 최초의 슬라브계 교황 그리고 최초의 공산주의 국가 출신의 교황이었다. 그는 전임자 요한 바오로 1세를 기려 자신을 요한 바오로 2세라 칭하였다.

1980년 독일을 방문한 교황[1]
[Author, Lothar Schaack]

요한 바오로 2세가 칭송받는 이유는 오랫동안 계속된 종교 간의 불신을 털고 대화와 용서 그리고 화해를 추구했기 때문이다. 예를 들어, 1981년 그는 필리핀 마닐라에서 "힌두교, 불교 그리고 이슬람교에 담겨 있는 진리와 덕목들을 인정한다"고 선언하였고, 가톨릭 지도자로서는 처음으로 1982년 티베트의 불교 지도자인 달라이 라마(Dalai Lama)를 만나기도 하였다. 따라서 1999년 5월 루마니아 정통 가톨릭 총대주교는 그동안 종교 간의 화합을 위해 힘쓴 그의 업적을 높이 사 루마니아 총대주교로 정식 초대했는데, 이로써 그는 로마 가톨릭 수장 최초로 루마니아를 방문하였다. 이 외에도 그는 2001년 역대 교황으로는 처음으로 다마스쿠스(Damascus)시에 있는 이슬람 사원과 정통 가톨릭교회의 본고장인 그리스를 방문했으며, 특히 그의 그리스 방문은 1054년 크리스트교가 정통 가톨릭과 로마 가톨릭이 갈라진 '대분열(Great Schism)' 이후 처음 있는 일이었다.

요한 바오로 2세는 폴란드의 진정한 애국자였다. 대학 시절 발표한 그의 시집에는 조국 폴란드에 대한 깊은 사랑이 묘사되어 있다. 암울한 폴란드 현대사에서 교황의 탄생은 지칠 대로 지쳐있던 폴란드인들에게 한줄기 불빛이자 커다란 희망이었다. 1979~2002년 사이 총 8차례 폴란드를 방문한 그는 급변하는 현대사에서 폴란드 민족의 정신적 근간이 되었다. 1980년 바웬사가 그단스크(Gdańsk) 조선소 노동자들과 함께 결성한 공산 폴란드 최초의 자유 노조인 '연대(Solidarity)'는 만약 1년 전 교황의 폴란드 순례가 없었더라면 아예 탄생 자체가 불가능했을지도 모른다.

교황이 된 후 그는 저녁 식사 때 이탈리아의 대표적인 음식인 피자와 스파게티 특히, 마트리치아나(Matriciana) 스파게티를 좋아했던 것으로 알려져 있나. 오늘날 이탈리아에는 그의 이름을 붙인 '보이티와 피자'가 있다고 한다.

요한 바오로 2세는 1984년과 1989년 한국을 두 차례 방문해 우리와도 인연이 깊다. 그는 가톨릭이 한국에 전래한 지 200년이 되는 1984년 여의도 광장에서 대대적인 시성식(諡聖式)을 거행하였다. 당시 103명의 한국인이 성인(聖人)의 반열에 올랐으며, 이것은 2000년 가톨릭 역사상 처음 있는 일이었다. 어쨌든 이로써 한국은 세계에서 4번째로 성인이 많은 나라가 되었다.

◆ 교황의 첫사랑

역사상 이토록 많은 사람으로부터 존경과 신망을 받은 사람은 없을 것이다.

"나는 행복합니다. 여러분도 행복하세요."

이 말은 2005년 교황 요한 바오로 2세가 선종하기 전에 한 말이다. 그는 1920년 군장교 출신의 아버지와 교사인 어머니 사이에서 2남 중 막내로 태어났다. 어릴 적부터 외국어와 문학은 물론, 특히 스포츠에 재능을 보여 고교 시절 축구 경기에서 골키퍼로 뛰었으며 대학 때에는 스키와 하이킹 그리고 카누 등을 즐겼다. 그래서 그는 역대 교황 중 가장 운동을 좋아한 교황으로도 유명하다. 한 예로, 1978년 교황으로 선출된 후 자신의 취임식을 오전 10시에 해야 한다고 고집을 부렸는데, TV로 중계되는 축구 경기를 보기 위해서였다고 한다.

잘생긴 용모에다 활달하고 온화한 성격의 카롤은 타인에게 배려심이 많았으며 연극과 노래에도 소질이 있어 여학생들에게도 인기가 많았다고 한다. 13세 때, 그는 학교에서 연극 활동을 하며 만난 어린 소녀 할리나 크비아트코프스카(Halina Kwiatkowska)와 함께 소포클레스(Sophocles)의 대표작인 고대 비극 「안티고네」(Antigone)의 주인공 역을 맡았다. 아버지를 죽인 오이디푸스 왕과 그의 어머니 사이에 태어난 딸 안티고네! 안티고네 공주 역은 할리나가 그리고 안티고네를 사랑하는 하이몬(Haemon) 역은 카롤이 맡았는데 어쩌면 이것은 그들의 예견된 운명이었는지도 모른다. 왜냐하면, 안티고네와 하이몬의 사랑은 결국 두 사람이 죽음으로써 끝나는 비극적 사랑이기 때문이다. 어쨌든, 몇 년 후 두 사람은 야기엘론스키 대학교 문학과에 입학하였고 그들의 사랑은 연극 활동을 계속하면서 계속 커져갔다. 그런데 누군가 이들을 시기했는지, 두 사람의 사랑은 단 10년 동안 허락되었다.

즉, 1939년 제2차 세계대전을 일으킨 나치 독일이 폴란드를 침략하자 야기엘론스키 대학은 휴교에 들어갔다. 당시 대학 2학년에 재학 중인 카롤은 학업을 중단하고 채석장에서 돌을 캐는 인부로 일했다. 그런데 1941년, 그동안 믿고 의지했던 아버지마저 심장병으로 사망하자 그는 이 세상에 홀로 남게 되었다. 아버지의 갑작스러운 죽음은 카롤의 인생에서 커다란 전환점이 되었다. 그는 아버지의 시신 옆에서 12시간 동안 기도하면서 자신의 모든 삶을 성직자로 봉사하겠다고 다짐하였다. 이로써 카롤과 할리나의 인생길도 갈라지는데 할리나는 배우의 길을 그리고 카롤은 배우의 꿈을 포기하고 사제의 길을 걷게 되었다.

바도비체(Wadowice)

그로부터 약 30년 후인 1978년 10월 16일, 카롤은 59세의 나이에 교황으로 선출되었고 그의 모습은 TV로 생중계되어 전 세계로 퍼져 나갔다. 그 사실을 알게 된 할리나는 너무 감격하여 단숨에 바티칸으로 달려갔다. 그동안 폴란드 최고의 여배우로 성공했지만 지난 세월 한 번도 카롤을 잊은 적이 없던 그녀! 이번에는 꼭 한번 그를 만나보고 싶었다. 하지만 이미 바티칸은 새로운 교황을 알현하기 위하여 수백만 명의 신도들이 모여 있어 교황을 만나기는커녕 먼발치에서 지켜보는 것도 어려웠다. 한참을 고민한 끝에 할리나는 교황의 시선을 끌기 위해 그들이 처음 만났었던 두 사람의 고향인 바도비체를 힘껏 외치기 시작하였다. 하지만 이렇다 할 반응은커녕 얼마 후 교황은 자리를 떠나 건물 안으로 들어가 버렸다. 오랜 세월 가슴속 깊이 간직한 첫사랑이건만 카롤은 이제는 어느 한 사람의 연인이 아니라 전 세계의 가톨릭 신자들이 존경하는 교황이 된 것이다.

실망한 할리나는 자리를 뜨지 못한 채 한참을 서성이다 힘없이 돌아서는데 갑자기 리무진 한 대가 다가와 멈춰 섰다. 운전사는 "성하(聖下)께서 아침 식사를 함께하자고 하십니다"라는 초대의 메시지를 그녀에게 전했다.

다음 날 아침 할리나는 바티칸 교황청으로 갔다. 환한 미소로 그녀를 맞이한 교황은 "진정해요, 할리나 나의 안티고네!"라고 말하며 그녀의 두 손을 꼭 붙잡아 주었다. 교황은 옛 추억을 떠올리며 그녀의 얼굴을 부드럽게 쓰다듬어 주었다. [최성은 저 (2004), 「안녕하세요 교황님」, 바다출판사 참조]

바티칸에 있는 요한 바오로 2세 무덤

2018년 미국의 허핑턴포스트(Huffington Post)는 루마니아를 "유럽에서 가장 아름다운 나라"라고 극찬하였다.

"Is Romania Europe's prettiest country? 루마니아는 유럽에서 가장 예쁜 나라인가? It just might be. 실제로 그럴 거야."

이 저널리즘은 트란스퍼거러샨 도로(Transfăgărășan Road)와 부카레스트의 세계적인 건축물들, 트란실바니아 지방의 요새교회들, 브란성(Bran Castle: 드라큘라 성)과 펠레쉬성(Peleș Castle), 카르파티아산맥(Carpathia Mts.)과 흑해 그리고 다뉴브강과 다뉴브 삼각주 등을 주요 관광지로 언급하였다. 이외에도 루마니아에는 빙하 호수와 소금산, 소금 동굴, 유럽에서 유일한 소바타(Sovata)시의 태양열 소금 호수, 얼음동굴, 진흙 화산군 그리고 천연진흙 등 유럽에 있는 모든 자연 요소들이 존재하고 있으며, 루마니아인들은 이를 자랑스럽게 생각하고 있다.

루마니아에 있는 13개 국립공원과 13개 자연보호구역은 전 국토면적의 20%에 해당하며, 그 안에는 '31개의 유네스코 보호지역과 400개 이상의 보호구역'이 있다. 루마니아 지형은 산맥(31%)과 구릉 지대(33%) 그리고 평야 지대(36%)로 이루어져 있어 다양한 종류의 동식물들이 서식하기에 아주 좋은 자연환경을 갖추고 있다. 따라서 현재 카르파티아산맥에는 유럽에서 가장 많은 야생 곰(약 6,000~8,000마리)과 늑대들(약 4,000~5,000마리)이 서식하고 있다. 또한, 다뉴브 삼각주은 유럽에 있는 조류의 약 50%가 서식하고 있는 것은 물론 세계적으로도 가장 많은 종류의 새들이 살고 있어 '새들의 천국'으로 불린다.

그동안 인류 문명이 발전하면서 전 세계의 원시림은 급속도로 파괴되었다. 루마니아 원시림도 최근 20년 동안 많이 파괴되어 1974년 약 12%였던 것이 지금은 3%에 불과하다고 한다. 그런데도 오늘날 루마니아에는 유럽 전역에 있는 원시림의 약 65%가 분포하고 있으며, 그중 일부는 2017년 유네스코 세계

도로를 걷던 아기 곰이 잠시 경계하는가 싶더니 자동차로 다가와 앞발을 사이드 미러에 얹고는 먹이를 달라고 한다. 결국 과자를 얻어먹는 아기 곰.

자연유산으로 등재되었다.

루마니아는 유럽에서 몇 안 되는 산유국인 동시에 황금 매장량 역시 유럽 1위이다. 서기 106년, 다치아 왕국을 정복한 로마제국은 이후 약 169년 동안 500~1,000t에 이르는 엄청난 황금을 채굴하여 로마로 가져갔다고 한다. 2011년, 루마니아 국립 광물자원청은 로시아 몬타너(Roșia Montană) 지역에 매장되어 있는 황금만 해도 그 가치가 6조 3천억 달러에 달한다고 발표하였다.

황금 외에도 루마니아에는 다양한 천연자원이 매장되어 있다. 특히 루마니아 미네랄워터는 질적인 측면에서 유럽 최고로 평가받고 있는 것은 물론 양적인 면에서도 유럽 전체 매장량의 약 60%가 루마니아에 있다. 오늘날 루마니아 전역에 분포된 2,000곳 이상의 광천지에서 미네랄워터가 솟아나고 있으며 만성 염증 질환과 대사성 소화 장애 그리고 신장 및 방광질환에 탁월하다고 알려져 있다. 특히 "부코비나 산맥의 기적"으로 불리는 세계 유일의 천연 황금수(Natural Gold Water)는 금과 은을 비롯하여 칼륨과 마그네슘 등이 함유되어 있을 뿐만 아니라 건강에 좋은 자연 알칼리수(pH 8.25)로 유명하다. 아우라(AUR'A)라는 이름으로 판매되고 있는 천연 황금수는 2016년부터 2021년까지 6년 연속 'iTQi 국제 우수 미각상' 3 Star를 수상하였고, 도라(DORA)는 특히 황금 성분이 많이 함유된 것으로 알려져 있다.

이 외에도 한때 루마니아는 세계 11위의 목재 수출국이었으며, 옥수수와 밀 그리고 해바라기 씨앗 생산량은 오늘날 유럽에서 각각 1위, 2위, 3위 그리고 자두 생산량은 세계 3~4위이다.

루마니아 천연 황금수 아우라(AUR'A)와 도라(DORA)

4. "미스 유럽 선(善)"

앞에서 언급한 것처럼, 약 200만 년 전 현재의 루마니아 지역에서 사람들이 거주하기 시작하였다. 루마니아는 유럽에서 토지가 비옥할 뿐만 아니라 천연자원이 풍부하고 자연환경도 아름다운 나라이다. 따라서 자연적인 요소만을 두고 볼 때, 프랑스가 "미스 유럽 진(眞)"이라면 루마니아는 "미스 유럽 선(善)"이라고 볼 수 있다. 물론 스위스와 이탈리아, 스페인, 오스트리아, 노르웨이 그리고 체코 등 유럽의 모든 국가가 아름답지만 '자연적으로 얼마만큼 균형 잡혀 있느냐?'는 조건에서 볼 때, 개인적으로 프랑스와 루마니아가 각각 1위, 2위라고 생각된다.

대개 사람들은 미스 코리아가 되면 아주 행복할 거로 생각한다. 그런데 어떤 미스 코리아는 젊은 시절 뭇 남성들의 시선이 좋았지만, 나이가 들면서 계속되는 관심 때문에 부담스러울 때가 많다고 한다.

비옥한 토지와 풍부한 지하자원 그리고 인간이 거주하기에 좋은 기후조건을 갖춘 루마니아는 지난 2,000년 동안 주변 국가들로부터 많은 관심과 시선을 받아왔다. 하지만 여기서 한 가지 주지하고 싶은 것은, 역사적 측면에서 국가 간의 관심과 시선은 그동안 뺏고 빼앗기는 전쟁으로 이어졌다는 사실이다. 즉, 루마니아가 인간이 살기에 좋은 조건을 갖춘 땅이라는 사실을 알게 되면서 주변 민족들이 하나둘 침략하기 시작한 것이다. 그동안 루마니아를 침공한 민족과 국가로는 그리스와 로마제국을 포함하여 서고트족과 훈족, 아바르족, 롬바르드족, 슬라브족, 타타르족, 마자르족(헝가리인), 폴란드족, 오스만제국과 합스부르크 제국, 러시아 그리고 독일 등 아주 다양하다.

서기 1세기, 로마제국이 다치아 왕국으로 침공한 것은 루마니아에 매장되어 있던 황금 때문이었고, 제2차 세계대전 때 독일이 루마니아를 침공한 것도 원유 때문이었다. 당시 독일은 자국의 전차부대를 움직이기 위하여 루마니아에 매장되어 있는 원유가 필요했다. 역설적이지만, 만약 루마니아에 황금과 원유 등 천연자원이 풍부하지 않았더라면 주변 민족들로부터 좀 더 자유로울 수 있었지 않았나 하는 생각이 든다.

중세에는 오스만제국이 루마니아를 침공하였다. 1453년 5월 29일, 콘스탄티노플(Constantinople: 현재 이스탄불)을 정복한 오스만제국은 그 기세를 모아 합스부르크 제국의 수도인 비엔나로 향했다. 그 과정에서 불가리아와 구(舊)유고슬라비아 그리고 헝가리 등과 같은 국가들은 이렇다 할 저항도 해보지 못하고 이내 병합되어 결국 오스만제국의 속주(州)로 전락하고 말았다. 하지만 왈라키아와 몰도바 공국 그리고 트란실바니아 지방의 루마니아 영주들은 오스만제국에게 격렬하게 저항함으로써 속주로 병합되지 않았다.

당시 오스만제국에 저항한 대표적인 루마니아 영주로는 드라큘라의 원조로 널리 알려진 블라드 드라큘라 영주(Vlad Dracula: Vlad Țepeș, 1431-1476)와 몰도바 공국의 슈테판 대제(Stephen the Great: Ștefan cel Mare, 1433-1504) 그리고 트란실바니아 지방의 이안쿠 데 후네도아라 영주(Iancu de Hunedoara, 1407-1456) 등을 언급할 수 있다.

슈테판 대제는 1475년 1월 10일, 바슬루이(Vaslui) 전투에서 오스만제국의 솔리만 파샤(Soliman Pasha)가 이끄는 대군을 물리쳤다. 당시 로마교황은 그를 유럽의 크리스트교를 수호한 "그리스도의 투사(Athlete of Christ)"라고 칭하면서 찬사를 아끼지 않았다. 이안쿠 데 후네도아라 영주 역시 오스만제국의 침공으로부터 크리스트교를 구한 유럽의 영웅이었다. 1456년 그는 비엔나로 진격하는 오스만군대를 베오그라드(Beograd)에서 격퇴하였다. 당시 바티칸은 후네도아라 영주의 승리를 기념하기 위하여 매일 정오에 전 세계 모든 가톨릭 성당에서 타종할 것을 촉구했으며, 이 전통은 오늘날까지 이어지고 있다.

앞에서 언급한 것처럼, 지난 2,000년 동안 한반도에 993번의 외침이 있었다. 루마니아의 경우, 이와 관련한 정확한 자료는 없지만, 시기를 중세로 국한시킬 경우, 루마니아 공국들은 근 400년 동안 오스만제국과 약 570번에 걸쳐 전투를 치렀다. 따라서 루마니아는 오스만제국이 서유럽에 진출하는 데 있어 강력한 "유럽의 방어벽" 역할을 하였다고 볼 수 있다. 다시 말해, 루마니아는 계속되는 이주민족들의 침입으로 자국의 과학기술 문명을 발전시킬 수 없었지만, 오스만제국의 유럽 진출을 저지함으로써 서유럽국가들이 인류의 과학기술 문명을 발전시키는 데 간접적으로 일조했다고 볼 수 있다.

5. 루마니아에는 마음이 따뜻한 사람들이 살고 있어요.

1989년 차우셰스쿠 공산 독재체제가 붕괴한 이후 30년이 넘는 세월이 흘렀다. 루마니아 1인당 국민소득은 체코와 폴란드에 비해 아직까지 낮은 편이며, 한국 기업의 대루마니아 투자 역시 이들 국가에 비해 저조하다. 하지만 최근 들어 루마니아 경제성장률이 유럽에서 1~2위 그리고 세계 10위 전후를 기록함으로써 루마니아에 대한 한국 기업들의 관심이 높아졌으며, 한국인 관광객들이 늘어나면서 자연스럽게 루마니아에 대한 인식도 많이 바뀌었다.

외국을 여행할 때 최우선으로 두어야 할 것이 건강과 안전이며 그다음이 관광이라 생각된다. 물론 루마니아를 여행할 때도 마찬가지이다. 루마니아의 치안은 우리의 생각과는 달리 유럽은 물론 세계적으로도 상당히 좋은 편에 속한다. 유럽에서 치안이 불안한 곳은 파리나 브뤼셀, 제네바, 바르셀로나 그리고 로마 등 외국 관광객들이 많이 방문하는 세계적인 관광 도시들이며, 그 이유는 중국인과 아랍인 그리고 로마인(집시)들이 많이 거주하기 때문이다.

최근의 루마니아 경제성장은 괄목할 만하지만, 아직 전반적인 국가 수준은 한국의 2000년대 초 정도이지 않을까 하는 생각이 든다. 그래서 도심을 제외할 경우 부카레스트의 밤은 한국의 주요 도시에 비해 어두워 루마니아를 처음 방문한 한국인들은 이런 낯선 환경에 두려움을 느낄 수도 있을 거라 생각된다. 물론 부카레스트 북역 주변에는 지금도 집시들이 전혀 없는 것은 아니므로 조심해야겠지만 부카레스트는 강력범죄가 거의 없는 도시이며 외국 관광객이 많지 않아 유럽의 주요 도시에 비해 소매치기도 거의 없는 편이다. 사람들이 붐비는 부카레스트 구시가지에는 매일 루마니아 경찰이 지키고 있으며, 부카레스트 북역과 클루즈-나포카 역 등 루마니아의 주요 기차역에는 사설 경비업체가 상주하고 있다.

그동안 한국인을 비롯한 많은 외국인이 루마니아에 대하여 편견을 가졌던 것 같다. 하지만 그동안 상황이 많이 바뀌었고 최근에는 여행하면서 만난 친절한 루마니아 사람들에게서 감동했다는 외국인도 많이 있다. 어쨌든 거듭 강조하지만, 루마니아를 포함하여 외국을 여행할 때 매사 조심해서 나쁠 것이 없으며 건강과 안전에 특히 신경을 써야 할 것으로 생각된다.

현재 한국외국어대학교 루마니아어과에는 많은 학생이 루마니아어를 공부하고 있다. 그들은 하계어학연수나, 장·단기 어학연수 그리고 인턴십을 하기 위해 매년 루마니아를 방문한다. 그런데 그들 중 일부는 다시 루마니아에 가길 원하거나 아예 졸업 후 그곳에 정착하려고 한다. 이유야 다양하겠지만 낮은 물가로 인한 생활 만족도와 외국인을 환대하는 루마니아인들의 따뜻한 마음이 주된 요인일 것이다. 실제로 루마니아인은 천성이 착하며, 외국인에게 아주 친절한 편이다. 유럽에서 한국인을 진정으로 "리스펙트"하는 민족은 아마도 루마니아인이 유일하지 않을까 하는 생각도 든다. 근자에 와서는 한류 때문인지 루마니아인의 한국 사랑이 더 뜨겁다. 몇 년 전에는, 한 주 동안 최소 8개의 한국드라마가 루마니아 TV 채널에서 방영되기도 하였다. 루마니아 농촌지역으로 가면 더욱더 그렇다. 한적한 루마니아 시골을 여행하다 보면 음식 대접은 물론 아예 자기 집에 재워주려고 한다. 처음 만난 이방인인데도 말이다. 마치, 조선 시대에 길을 가던 한 나그네가 해가 저물자, 민가를 찾아가 "하룻밤 유할 수 있습니까?"라고 물어볼 때, 음식과 잠자리를 내주는 것은 물론 총각일 경우 혼처도 알아봐 주는 우리의 옛정서와 비슷하다. 따라서 조선왕조실록에는 루마니아를 "늑마니(勒瑪尼)"로 표기하면서, "먼 서쪽에 있는 늑마니라는 나라는 집안의 대문을 걸어 잠그는 일이 없으며 누구든 손님으로 융숭히 대접한다"라고 기술되어 있다.

넘베오(Numbeo)가 발표한 세계 치안순위(Crime Index by Country 2022)에서, 루마니아는 세계 142개 국가 중에서 26째로 안전한 나라로 선정되었다. 카타르와 아랍 에미리트가 각각 1위와 2위를 차지하였고, 루마니아와 랭킹이 비슷한 국가로는 오스트리아(20위)와 대한민국(21위), 덴마크(22위), 핀란드(23위), 싱가포르(24위), 그리고 네덜란드(25위) 등이 있다. 그 외의 주요 국가로는 폴란드(29위)와 스페인(40위), 헝가리(41위), 룩셈부르크(42위), 독일(43위), 캐나다(60), 이탈리아(68위), 벨기에(69위) 그리스(83위) 그리고 미국(86위) 등이 있다.

오늘날 루마니아는 도로 인프라가 열악해 여행하는 데 있어 다소 불편함이 따르지만, 우리가 생각하는 것처럼 그렇게 위험한 나라는 아니라는 사실이다. 루마니아에는 천성이 착하고 마음이 따뜻한 사람들이 살고 있다.

2

루마니아 도시 관광

공항에서 부카레스트 시내로 들어가기

루마니아는 세계 15위의 철도망(22,298km)을 가지고 있으며, 수도 부카레스트(Bucharest: București)는 서유럽의 주요 도시들과 연결된다. 하지만 그동안 부진한 철도 인프라 개선사업으로 시간이 오래 걸려, 가능하면 비행기로 입국할 것을 추천한다. 부카레스트에는 헨리 코안더 국제공항(Henri Coandă International Airport)과 부카레스트 최초의 버네아사 국제공항(Băneasa International Airport)이 있지만, 후자는 오늘날 일반 공항으로 사용되지 않는다. 헨리 코안더 국제공항에서 부카레스트 시내로 들어가기 위해서는 버스나 택시 혹은 기차를 이용해야 한다. 공항에서 시내 중심(부카레스트 대학교)까지의 거리는 약 18㎞이다.

헨리 코안더 국제공항 [www.bucharestairports.ro]

부카레스트의 국제공항 이름은 원래 오토페니(Otopeni) 국제공항이었으나, 2004년 헨리 코안더 국제공항으로 바뀌었다. 코안다 공항의 규모는 그리 크지 않지만 한 해 공항 이용객 수는 약 1,500만 명에 이른다. 제1터미널과 제2

헨리 코안더 공항 핑거터미널[1] [Author, Curimedia]

터미널이 있으며, 특히 2011년 3월 개장한 제2의 핑거 터미널(Finger Terminal)은 이탈리아 회사 아스탈디(Astaldi)가 설계한 것으로, 2019년 월드 레코드 아카데미에 의해 '기타 모양으로 건축된 세계 최초의 공항터미널(World's First Guitar-Shaped Airport Terminal)'로 등재되었다.

◆ 루마니아 16개 국제공항

(1) 부카레스트 헨리 코안더 공항(舊 오토페니 국제공항) (2) 클루즈 아브람 이안쿠(Cluj Avram Iancu) 공항 (3) 티미쇼아라 트라이안 부이아(Timoşoara Traian Vuia) 공항 (4) 이아쉬(Iaşi) 공항 (5) 시비우 인테르나치오날(Sibiu Internațional) 공항 (6) 크라이오바(Craiova) 공항 (7) 바커우(Bacău) 공항 (8) 수체아바(Suceava) 공항 (9) 오라데아(Oradea) 공항 (10) 콘스탄짜 코걸니체아누(Constanța Kogălniceanu) 공항 (11) 사투 마레(Satu

Mare) 공항 (12) 아라드(Arad) 공항 (13) 부카레스트 버너아사(Bucureşti Băneasa) 공항 (14) 툴체아(Tulcea) 공항 (15) 트르구 무레쉬 비드라서우(Târgu Mureş Vidrasău) 공항 (16) 바이아 마레(Baia Mare) 공항

1. 버스

공항에서 부카레스트 시내로 가는 버스노선은 두 개가 있다:

(1) Express Line 783번

(2) Express Line 780번

(1)번 노선은 부카레스트 시내 중심지역인 로마광장(Roman Square), 부카레스트 대학교 그리고 통일광장(Union Square)과 연결되며, (2)번 노선은 북역(Northern Railway Station)과 연결된다.

◆ 공항버스 운행노선

(1) 783번 버스: 헨리 코안더 터미널(1) ···› 헨리 코안더 터미널(2) ···› 버네아사 공항 ···› ICSITMUA ···› 오토페니 시청(Otopeni City Hall: Primăria Otopeni) ···› AMCO ···› Pasaj C.F.R. Otopeni ···› Bucureşti-Ploieşti 107 Street ···› Aleea Privighetorilor ···› Inst. Meteorologic ···› 자유언론광장(Free Press Square: Piaţa Presei Libere) ···› 개선문(Arch de Triumf) ···› 빅토리아 광장(Victoria Square: Piaţa Victoriei) ···› 로마광장(Roman Square: Piaţa Romană) ···› 부카레스트 대학교 ···› 통일광장(Union Square: Piaţa Unirii)

(2) 780번 버스: 헨리 코안더 터미널(1) ···› 헨리 코안더 터미널(2) ···› 버네아사(Băneasa) 공항 ···› 자유언론광장(Free Press Square: Piaţa Presei Libere) ···› 클러부체트(Clăbucet) ···› 북역(Northern Railway Station: Gara de Nord) ···› 플루비울루이(Fluviului)

공항버스 카드는 계속 충전해서 사용할 수 있는 악티브(Activ) 카드와 한번 사용하고 버리는 물티플루(Multiplu) 카드가 있다. 카드는 공항 1층 버스정류장 옆에 있는 매표소에서 구입할 수 있으며 4가지 종류가 있다.

공항 매표소와 액티브(Activ) 버스카드

(1) 2회 사용 승차권: 7lei (한화 약 1,911원)
  1회 승차권은 없고 최소 2회 승차권부터 판매된다.

(2) 10회 사용 승차권 악티브: 27lei

(3) 10회 사용 승차권 물티플루: 27lei

(4) 1개월 정기권: 80lei

공항에서 구입한 버스카드는 부카레스트 교통공사(Bucharest Transit Corporation)에 속한 시내버스와 트롤리버스(trolleybus) 그리고 시가전차(tram)를 이용할 수 있지만, 지하철을 이용할 경우 역에서 따로 승차권을 구입해야 한다.

부카레스트 대중교통(시내버스, 트롤리버스, 시가전차, 지하철) 요금은 한국과 비교하면 아주 저렴한 편이다. 버스의 경우, 시내 구간과 시외구간은 각각 1.3lei, 1.5lei(한화 약 355원, 410원)이고, 공항으로 가는 버스(Express Line)는

3.5lei(약 956원)이다. 부카레스트에는 아직 환승의 개념이 없어 버스를 탈 때마다 요금을 지불해야 한다.

◆ 화폐개혁과 환율계산

루마니아 화폐는 그동안 많은 변화를 겪었다. 루마니아 국가 통화가 등장하기 이전에 지금의 루마니아 지역에는 여러 유형의 화폐가 유통되었다. 1867년, 루마니아 최초의 공식 통화인 레우(LEU: 복수 LEI)가 등장하였고 또한 1레우는 100바니(bani: 단수 ban)로 세분되었다. 1952년 시행된 화폐개혁으로 인해 루마니아 화폐단위는 레우에서 롤(ROL: "두 번째 Leu")로 그리고 2005년에는 롤(ROL)에서 론(RON: "세 번째 Leu")로 바뀌었다. 2005년 당시 화폐가치는 제로를 4개 제거하여 10,000ROL을 1RON으로 정하였다. 현재 루마니아 공식 화폐는 론이지만, 지금도 많은 루마니아 사람들은 습관적으로 레이라고 말한다. 루마니아에는 동전 1, 5, 10, 50 바니와 지폐 1, 5, 10, 50, 100, 200, 500 레이가 사용된다.

루마니아에서 물건을 살 때 한화로 얼마인지 알고 싶다면 1론 혹은 1레우를 대략 300원[1leu = 약 273원 (2021년 8월 매매기준율)]으로 계산하면 쉽다. 예를 들어, 루마니아에서 30lei짜리 물건을 살 때 한화로 얼마인지 알고 싶으면, 30lei에 300원을 곱하면 9,000원이고, 정확한 금액은 30lei x 273원 = 약 8,190원이다.

루마니아 화폐

2. 택시

루마니아 택시는 원칙상 유로나 달러를 받지 않기 때문에 공항에서 환전하든가 아니면 우리나라 신용카드로 ATM기에서 루마니아 돈을 찾아야 한다. 공항에서 시내(부카레스트 대학교)까지 택시요금은 교통 체증이 없을 때 약 40~50lei(약 10유로)이지만 출퇴근 시간(오전 7:30~9:30, 오후 4:30~7:30)에는 2~3배가 나올 수도 있다. 교통 체중 시, 간혹 어떤 택시 기사들은 웨이저(WAZE: 이스라엘 웨이즈 모바일에서 만든 내비게이션 앱으로 대다수의 루마니아인이 사용)를 승객에게 보여주면서 시간이 단축되는 외곽순환도로를 타고 시내로 들어갈지 물어보기도 한다. 물론, 이럴 때 시간은 단축되지만, 요금은 좀 더 많이 나온다.

Greenfy e-cap

출퇴근 시간 때 일반 택시를 이용을 원치 않는다면 다음의 3가지 방법을 생각할 수 있다.

1) 공항버스 이용: 교통체증으로 시간이 오래 걸리지만, 요금이 저렴하다.
2) 공항 기차 이용: 부카레스트 북역에 도착한 후 다시 택시나 지하철로 갈아타야 하는 번거로움이 있지만 일단 시내까지 쉽게 들어갈 수 있다.
3) Greenfy e-cap 택시 이용: 확정 요금(100 RON = 약 20유로)이라 교통체증으로 인한 요금 증가와 상관없이 부카레스트 시내 어디든지 갈 수 있다. 이용 조건은 최대 탑승 인원 3명에, 1인당 각각 기내 여행용 가방(hand luggage)과 위탁 여행용 가방(checkin luggage)을 하나 씩 실을 수 있다.

ATM기와 택시 승차번호표 뽑는 기기

AEROPORTURI BUCUREȘTI

SPEED Taxi 9477

RECEIPT OF TAXI

#512062108 @ 09:21 12 05 2018

TAXI:SPEED TAXI

Taxi car ID:	715
Registration number:	B-37-GIP
Estimated arrival time:	3 minute
Taxi fare:	1.69 RON/km
Dispatcher phone number:	021.9477
Complaints phone number:	021.9477

Complaints email: reclamatii@speedtaxi.ro

Please keep the receipt issued to identify the ordered taxi and to make complaints and suggestions afterwards. We are not responsible for the company chosen, route and the final cost

We are not responsible for the company chosen, the route taken and the final cost of transportation by taxi

Suggestions and complaints Otopeni Airport

택시 승차번호표

부카레스트에서 택시를 이용하다 보면 가끔 거스름돈이 없다고 말하는 기사들이 있다. 그래서 달러나 유로를 환전하거나 혹은 ATM기에서 루마니아 화폐를 찾을 때 가능하면 100레이(한화 약 27,300원)나 200레이 지폐보다는 50레이나 10레이 등 소액권을 여러 장 준비하는 것이 좋다. 물론 최근에는 신용카드로 요금을 지불할 수 있는 택시가 늘어나고 있다. ATM기는 공항 세관을 지나 대기실로 나오면 있다.

루마니아 화폐를 확보했으면, ATM기 옆에 있는 기기에서 택시 승차번호표(Receipt of TAXI)를 뽑은 다음 공항 건물 밖으로 나와 해당 택시를 찾으면 된다. 택시는 사진에서 보는 것처럼 두 줄로 기다리고 있다. 오른쪽 줄은 번호

두 줄로 대기하고 있는 공항 택시들

주유구 위에 적혀있는 택시 고유 번호 C34

표를 뽑은 사람들이 타는 콜택시이고 왼쪽 줄은 그렇지 않은 일반 손님이 이용하는 택시이다. 또한, 사진에 승차번호표가 715번으로 표시되어 있는 것처럼, 택시 주유구 위에 적혀있는 715번 택시를 찾아 승차한 다음 기사에게 번호표를 주면 된다.

이러한 공항택시 시스템은 택시를 이용하는 외국 승객의 안전과 편리를 위하여 오래전부터 시행되고 있다. 만약 한국에서 우버 택시를 이용한 적이 있다면, 한국 우버 앱을 이용하여 헨리 코안더 공항에서 루마니아 우버 택시를 부를 수 있다.

참조 만약 헨리 코안더 국제공항에서 루마니아 화폐를 확보하지 못했다면, 달러나 유로 그리고 신용카드로 지불이 가능한지 물어봐야 한다. 일단 루마니아에 도착하면, 공항이나 기차역 그리고 도시의 주요 광장 등 어디를 막론하고 호객행위를 하는 택시는 이용하지 않는 것이 좋다. 헨리 코안더 공항은 늦은 밤이라도 안전한 곳이기 때문에 긴장할 필요가 없으며, 만약 영어 소통에 어려움이 있으면, 택시를 기다리고 있는 주위 루마니아 사람들에게 부탁하면 친절하게 도와줄 것이다.

◆ 공항 택시

헨리 코안더 공항에서 줄지어 있는 택시는 루마니아 정부가 공인한 택시이며, 시간대에 따라 요금은 다음과 같다.

(1) 일반 요금 (Day Tariff: 06:00 ~ 22:00): 최고 요금 1.99lei/㎞
(2) 심야 요금 (Night Tariff: 22:00 ~ 06:00): 최고 요금 2.29lei/㎞

2020년 현재, 헨리 코안더 공항에는 사진에서 보는 것처럼 심야 요금이 적혀있긴 하지만 아직 시행되지 않고 있다.

택시요금은 아주 저렴한 편이나 도시와 택시회사에 따라 다양하다. 택시요금은 사이드미러 아래에 적혀 있으며, 회사에 따라 킬로미터당 요금이 1.95lei/㎞, 1.99lei/㎞, 2.99lei/㎞ 그리고 3.50lei/㎞ 등 다양하다. 추천하는 택시는 1.95lei/㎞나 1.99lei/㎞인 택시이며 2.99lei/㎞나 3.50lei/㎞는 요금이 많이 나올 수 있으므로 될 수 있으면 이용하지 않는 것이 좋다.

부카레스트는 유럽에서 교통체증이 심한 도시 중 하나이다. 그래서 지리를 잘 아는 부카레스트 시민들이나 택시 운전사들은 도심의 중앙대로 대신 체증이 심하지 않은 좁은 골목길을 선호한다. 이럴 경우, 우리 외국인들로서는 많이 당황할 수 있지만, 해당 운전사는 자기가 알고 있는 가장 빠른 길을 가고 있으므로 너무 걱정하지 않아도 된다.

브라쇼브(Braşov) 택시

이아쉬(Iaşi) 택시 요금표

부카레스트(인구 약 190만 명)는 유럽연합 내에서 대도시에 속하지만, 그 외 브라쇼브(Braşov)나 클루즈-나포카(Cluj-Napoca), 티미쇼아라(Timişoara) 그리고 이아쉬(Iaşi) 등은 한국으로 치면 30~40만 정도의 중·소도시들이다. 따라서 이들 도시의 시내 구간 거리는 상대적으로 짧아 킬로미터당 택시요금이 부카레스트에 비해 조금 더 비싸다. 예를 들어, 브라쇼브시의 택시요금은, 위의 사진에서 보는 것처럼, 낮과 밤 요금이 각각 2.19lei/㎞, 2.60lei/㎞ 그리고 카드결제 가능(plata cu card)이라고 표시되어 있고, 이아쉬 택시요금은 각각 2.46lei/㎞, 2.66lei/㎞로 적혀있다.

1) 택시 이용 시 주의사항

부카레스트 시내에는 터무니없는 가격을 요구하는 택시 기사들도 간혹 있다. 그래서 가능하면 택시회사 애플리케이션을 다운받아 일반 콜택시나 우버(Uber) 택시를 불러 이용하는 것이 좋다. 몇 년 전, 우버와 같은 전문 콜택시가 부카레스트에 도입되면서 이들과 경쟁해야 하는 일반 택시 기사들의 서비스가 이전보다 나아졌다곤 하지만, 아직까지 우리의 기대치엔 못 미친다.

앞에서 언급한 것처럼, 헨리 코안더 국제공항이나 부카레스트 북역 그리고 부카레스트 시내 어디든 간에 호객행위를 하는 일반 택시는 이용하지 않는 것이 좋다. 만약 어쩔 수 없이 이용해야 한다면, 그곳에서 손님을 기다리고 있는 택시보다는 손님을 내려주고 막 떠나려는 택시를 잡아 이용하는 것이 좋다. 승차 전에는 택시 사이드미러 밑에 적혀있는 요금을 한번 확인하기 바란다. 간혹 사이드미러 밑에 아예 요금이 적혀있지 않거나 혹은 작은 글씨로 비싼 요금이 표시된 택시가 있기 때문이다. 특히, 부카레스트 로마광장(Roman Square: Piața Romană)에 정차하고 있는 택시는 이용하지 않는 것이 좋다.

2) 택시요금 지불 시 알아둘 것

부카레스트에서 일반 택시로 목적지에 도착한 다음 요금을 지불할 때, 택시 기사가 거스름돈이 없다고 말하면 기분이 언짢을 수 있다. 예를 들어, 택시요금이 13lei가 나와서 15lei를 내려고 하는데, 간혹 거스름돈 2lei(한화 약 546원)가 없다고 말하는 택시 기사도 있다. 이럴 경우, 대개 루마니아 사람들은

2lei를 팁으로 주지만, 팁 문화에 익숙하지 않은 우리로서는 살짝 기분이 언짢은 것도 사실이다. 개인적으로는 팁 문화가 있는 유럽이라 2~3lei를 주지만, 만약 원치 않는다면 평소에 1lei 지폐를 넉넉하게 준비해 두면 된다.

◆ 택시미터기

택시미터기는 루마니아어로 타리프(Tarif)라고 한다. 택시미터기는 회사에 따라 조금씩 다르지만, 미터기를 자세히 보면 윗부분에 'OCUPAT'라고 표시되어 있고 또한 아랫부분에는 'T1/㎞'와 'T1/ora'가 번갈아 표시된다.

OCUPAT는 영어로 'ocupied (사용 중인)' 즉 지금까지 부과된 택시요금을 의미하고, T1/㎞는 1㎞당 요금, 그리고 T1/ora는 '미터기를 1시간(ora: 영어 hour) 동안 켜두고 있을 때 부과되는 요금'을 의미한다.

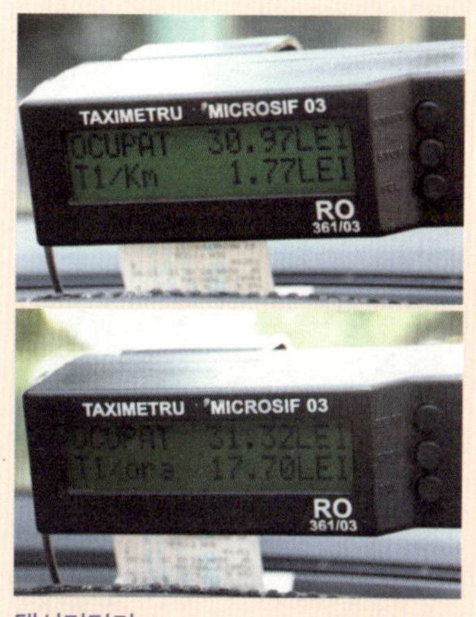

택시미터기

위의 두 사진은 동일한 미터기를 시차를 두고 찍은 것이다. 즉, T1/㎞는 1.77lei이고 T1/ora는 17.70lei 그리고 손님이 지불해야 하는 택시요금은 각각 30.97lei와 31.32lei(한화 약 8,600원)로 표시되어 있다. 물론 이것은 부카레스트에서 제법 먼 거리를 주행한 금액이다. 참고로, 부카레스트 시내에서 교통량이 많지 않은 시간에 적당한 거리(6~8㎞)를 타고 갈 때 대략 10~15lei 정도 생각하면 된다.

3) 유심칩 구입과 콜택시 앱 설치

헨리 코안더 공항에서 수하물 찾는 곳에 도착하면 패스워드 없이 인터넷 사용이 가능하다. 하지만 루마니아를 여행하면서 안정적으로 인터넷을 사용하기 위해서는 유심칩을 구입하는 것이 좋다. 유심칩은 전화번호의 유무에 따라 전화번호가 있는 카드(Cartela cu numărul)와 전화번호가 없는 카드(Cartela fără numărul: 데이터만 사용)로 나뉜다. 루마니아에서 유심칩을 살 경우, 루마니아 현지 전화번호가 없으므로 가능하면 전화번호가 있는 카드를 구매하는 것이 좋다.

루마니아 사람들은 유심칩을 심(SIM)이라고 말한다. 유심칩 가격은 사용 조건에 따라 다양하지만, 한국과 비교하면 아주 저렴하다. 예를 들어 28일 동안 인터넷을 무제한 사용할 수 있는 유심칩(59GB) 가격은 약 5~6유로이다.

◆ 유심칩 구입

(1) **한국**

한국에서 구입한 유심칩은 루마니아는 물론 다른 유럽 국가들에서도 사용할 수 있다. 일반적으로 유심칩은 EE유심과 쓰리심 유심 그리고 오투(O2) 유심이 있다. 이들 유심칩에 대한 평가는 개인에 따라 다양하지만 대개 EE유심을 선호한다.

(2) **루마니아**

루마니아에서 유심칩을 구입할 경우, 최대 장점은 저렴한 가격이며 속도도 빠른 편에 속한다. 다만 자동으로 인식되는 한국 유심칩보다 초기 설정이 다소 복잡한 것이 단점이지만 이 또한 구입 시 루마니아 매장 직원이 간단히 해결해 준다.

1989년 루마니아 혁명 이후, 부카레스트 일반 택시는 다른 동유럽 도시들과 마찬가지로 바가지와 불친절로 악명 높았다. 물론 지금은 많이 개선되었다곤 하지만 그래도 부카레스트를 처음 여행할 경우 택시 기사 때문에 기분이 언짢을 가능성은 상당히 높다. 그래서 앞에서 언급한 것처럼, 부카레스트 여행 시 될 수 있는 대로 전화나 애플리케이션을 이용하여 일반 콜택시나 혹은 우버(Uber), 택시파이(Taxify)와 같은 전문 콜택시를 호출하여 이용하는 것이 좋다. 물론 관광객이 많은 부카레스트와 브라쇼브 그리고 콘스탄짜 등을 제외한 다른 도시들에 가보면 일반 택시 기사들도 친절한 편이다.

루마니아에서 택시를 부르는 것은 아주 일반적이어서 대부분의 루마니아 사람들도 전화로 일반 콜택시를 불러 이용한다. 물론, 외국인들에게 가장 인기 있는 콜택시는 우버이다. 우버 택시를 부르면 스마트폰의 화면에 목적지까지의 요금이 미리 계산되어 표시되는 것은 물론 동 시간대에 콜이 많을 경우(출퇴근 시간이나 눈, 비가 올 경우), 요금이 비싸게 책정된다는 내용도 화면에 표시된다. [만약 우버 택시를 부른 다음 일정 시간(약 3분)이 지나고 난 다음에 취소할 경우 이미 택시가 출발했기 때문에 약간의 취소요금(약 6lei)을 지불해야 한다.]

한국인들에게는 우버 택시가 더 친숙하지만, 루마니아 사람들은 할인 혜택이 많은 택시파이(Taxify)를 선호한다. 만약 부카레스트에 장기간 머무를 계획이라면 택시파이를 추천한다. 우버 택시는 부카레스트와 클루즈-나포카, 이아쉬 그리고 콘스탄짜시에서 이용할 수 있는 데 반해 택시파이는 부카레스트와 클루즈-나포카에서만 이용할 수 있다. 이 외에도 루마니아에는 최고의 서비스를 자랑하는 블랙 캡(BlackCap)이 있지만, 우버나 택시파이에 비해 요금이 비싸므로 굳이 이용할 필요는 없을 거라 생각된다.

일반 콜택시 애플리케이션은 메리디안 택시(Meridian Taxi)와 크리스 택시(Cris Taxi), 스피드 택시(Speed taxi), 클리버 택시(Clever Taxi), 코벌체스쿠(Cobalcescu Taxi) 그리고 스타 택시(Star Taxi) 중에서 한두개 선택하여 설치하면 되고, 우버 택시나 택시파이도 비슷한 방법으로 설치하면 된다.

◆ 콜택시 애플리케이션 설치

(1) 우버 택시

구글 플레이 스토어[혹은 아이폰 앱스토어(App Store)]에서 Uber를 클릭 및 설치 ··· 열기 ··· 위치정보 허용 ··· 전화번호 입력(한국 전화번호 입력 가능) ··· 문자로 받은 Code 입력 ··· 원하는 비밀번호 입력 ··· 이름, 성 입력 ··· 결제수단 선택(1. 신용/체크카드 2. 현금)

(2) 일반 콜택시

구글 플레이 스토어[혹은 아이폰 앱스토어(App Store)]에서 Clever Taxi 다운로드 ··· 왼쪽 상단 얼굴 부분 클릭 ··· Facebook 계정으로 생성[혹은 Great Account 생성 ··· 로그인]

콜택시 애플리케이션 설치가 번거롭다면, 전화를 걸어 일반 콜택시를 부르면 된다.

(1) 메리디안 택시(Meridian Taxi): ☎ (+40)21.9444 혹은 (+40)21.9888

(2) 크리스 택시(Cris Taxi): ☎ (+40)21.9461 혹은 (+40)21.9466

(3) 스피드 택시(Speed Taxi): ☎ (+40)21.9477 혹은 (+40)21.9488

루마니아에서 유심칩을 구입한 후, 전화로 위의 메리디안 택시를 부르고 싶다면 그냥 021.9444를 누르면 된다. 전화가 연결되면 교환원에게 루마니아어(혹은 영어)로 콜택시를 원한다고 말하면서 자신이 있는 곳(호텔 등 주요 건물 이름이나 아파트 주소 등)을 정확하게 말해주면 된다. 그러면 교환원은 택시 기사를 찾은 후 택시 번호를 말해주면서 언제 도착할지 알려준다.

3. 공항 기차

공항 기차는 헨리 코안더 국제공항과 부카레스트 북역(Northern Railway Station: Gara de Nord) 사이를 운행한다. 또한, 북역은 부카레스트 지하철 4호선과 연결된다.

4. 부카레스트 지하철

앞에서 언급한 것처럼, 부카레스트 시내에서 지하철을 이용할 경우 지하철역에서 직접 승차권을 사야 한다. 승차권을 달라고 하면 '1회 승차권'은 없으므로 대개 지하철을 두 번 이용할 수 있는 2회 승차권(5lei)을 준다. 승차권은 부카레스트 지하철역에 설치된 자판기에서 살 수도 있다. 만약 부카레스트를 여행하면서 지하철을 종종 이용할 계획이라면 10회 승차권을 구입하는 것도 하나의 방법이다.

루마니아의 행정구역은 아래와 같이 크게 8개 지역(region)으로 나뉘지만, 이것은 공식적인 행정구역이 아니라 편의상 만들어진 것이다.

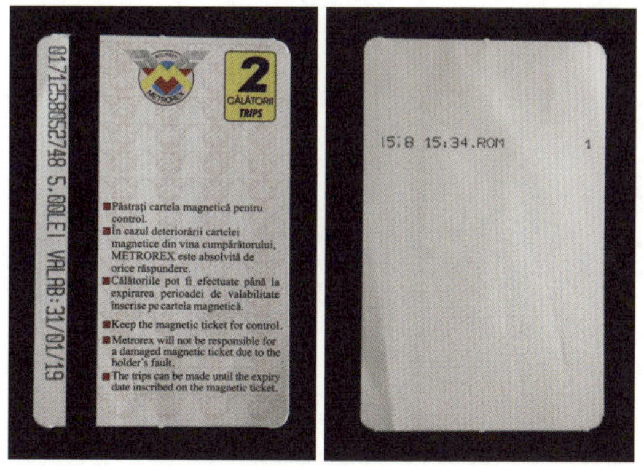

부카레스트 지하철 2회 승차권 앞면과 뒷면. 뒷면에 한번 사용한 날짜와 시간이 찍혀있다.

부카레스트 지하철 노선도[1][Author, Mliu92]

티탄(Titan) 지하철역[1][Author, Mihai Petre]

◆ **루마니아 8개 지역**

(1) 부카레스트와 일포브 주(Bucureşti şi Ilfov): 중심도시 부카레스트
(2) 중부지역(Center): 중심도시 브라쇼브(Braşov)
(3) 북·동부지역(Northeast): 중심도시 이아쉬(Iaşi)
(4) 북·서부지역(Northwest): 중심도시 클루즈 나포카(Cluj-Napoca)
(5) 남부지역(South): 중심도시 컬러라쉬(Călălaşi)
(6) 남·동부지역(Southeast): 중심도시 콘스탄짜(Constanţa)
(7) 남·서부 지역(Southwest): 중심도시 크라이오바(Craiova)
(8) 서부지역(West): 중심도시 티미쇼아라(Timişoara)

루마니아는 수도 부카레스트와 41개 주(county)로 구성되며, 그 안에는 총 263개 도시[city and town: 그중 80개는 자치도시(municipality)]와 2,685개 코뮌[commune: 중세 유럽 제국의 최소 행정구역으로 한국의 면 단위에 해당하며 총 12,957개 마을로 구성되어 있다]이 있다. 부카레스트 외에 인구가 10만 명 이상인 도시는 17개이며, 그중 7개 도시는 인구가 30만 명 이상이다. 수도 부카레스트는 6개 구역(district: sector)으로 나뉘어 있다.

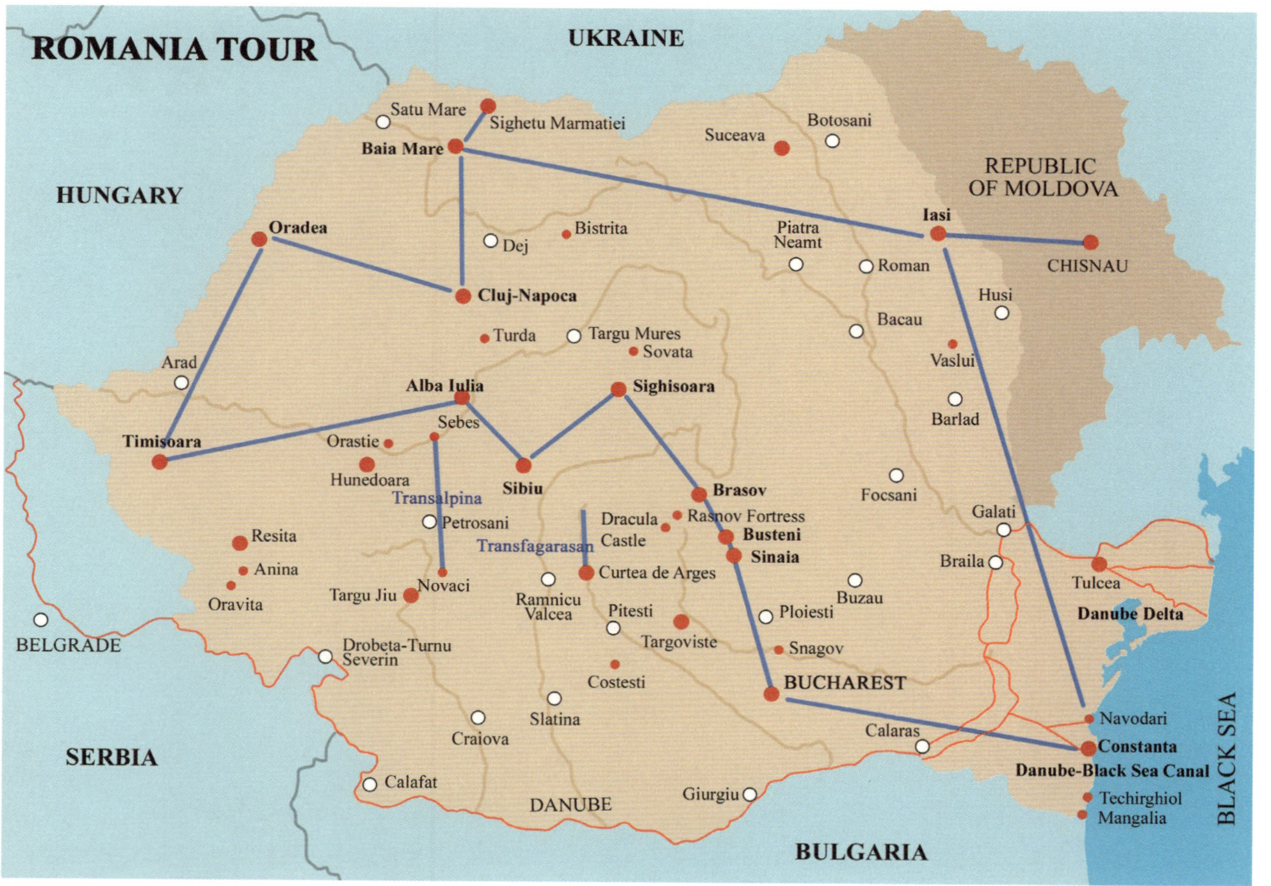
ROMANIA TOUR
UKRAINE
HUNGARY
REPUBLIC OF MOLDOVA
CHISNAU
Satu Mare
Sighetu Marmatiei
Baia Mare
Suceava
Botosani
Iasi
Oradea
Dej
Bistrita
Piatra Neamt
Roman
Cluj-Napoca
Husi
Bacau
Turda
Targu Mures
Sovata
Vaslui
Arad
Alba Iulia
Sighisoara
Barlad
Sebes
Timisoara
Orastie
Hunedoara
Sibiu
Brasov
Focsani
Transalpina
Dracula Castle
Rasnov Fortress
Busteni
Sinaia
Galati
Petrosani
Transfagarasan
Resita
Braila
Tulcea
Anina
Curtea de Arges
Oravita
Targu Jiu
Novaci
Ramnicu Valcea
Pitesti
Buzau
Ploiesti
Danube Delta
Targoviste
Snagov
BELGRADE
Drobeta-Turnu Severin
Costesti
BUCHAREST
Slatina
Navodari
Craiova
Calaras
Constanta
Danube-Black Sea Canal
SERBIA
Calafat
DANUBE
Giurgiu
Techirghiol
Mangalia
BLACK SEA
BULGARIA

루마니아 여행지도

"두 얼굴의 도시" 부카레스트

도시의 기원

루마니아 수도 'Bucureşti'의 한글 표기는 외래어 표기법상 부쿠레슈티이지만, 부쿠레쉬티가 더 정확하다. 하지만 이 책에서는 영어식 발음인 부카레스트(Bucharest)로 표기한다. 부카레스트의 기원과 관련하여 여러 가지 설이 있지만 가장 설득력이 있는 것은 '부쿠르(Bucur)'라는 이름의 목동이 듬보비짜(Dâmboviţa) 강가에 정착한 이후 시간이 지나면서 도시가 형성되었다는 것이다. 즉, 어느 날 목동 부쿠르가 양 떼를 몰고 목초지가 넓게 펼쳐있는 부카레스트 듬보비짜강변에 도착하였고, 이후 시간이 지나면서 그곳에 좋은 목초지가 있다는 소문을 들은 다른 목동들이 하나둘씩 모여 들면서 도시가 형성되었다는 것이다. 실제로, 루마니아 수도 부쿠레쉬티(Bucureşti)라는 말은 언어학적으로 '부쿠르(Bucur)가 사는 지역'을 의미한다. 이외에도 부쿠레쉬티는 '기쁨'과 '환희'를 뜻하는 루마니아어 '부쿠리에(bucurie)'와 연관이 있어 '기쁨과 환희의 도시'를 의미하기도 한다.

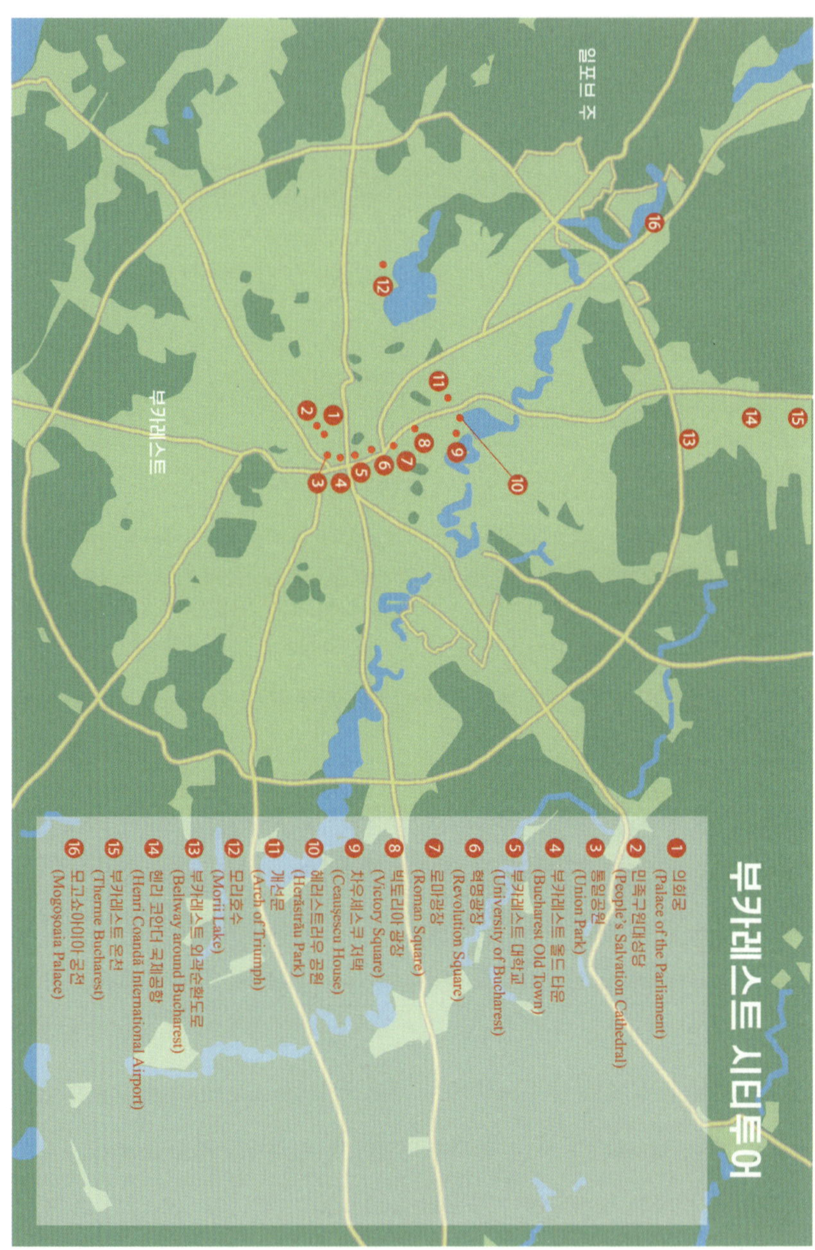
부카레스트 시티투어
1 의회궁 (Palace of the Parliament)
2 민족구원대성당 (People's Salvation Cathedral)
3 통일공원 (Union Park)
4 부카레스트 올드 타운 (Bucharest Old Town)
5 부카레스트 대학교 (University of Bucharest)
6 혁명광장 (Revolution Square)
7 로마광장 (Roman Square)
8 빅토리아 광장 (Victory Square)
9 차우셰스쿠 저택 (Ceausescu House)
10 헤라스트러우 공원 (Herăstrău Park)
11 개선문 (Arch of Triumph)
12 모리호수 (Morii Lake)
13 부카레스트 외곽순환도로 (Beltway around Bucharest)
14 헨리 코안더 국제공항 (Henri Coandă International Airport)
15 부카레스트 온천 (Therme Bucharest)
16 모고소아이아 궁전 (Mogoşoaia Palace)
일포브 주
부카레스트

부카레스트 시티투어

부카레스트의 두 얼굴

과거와 현재가 공존하는 듯한 부카레스트는 두 얼굴을 가지고 있다. 실제로 이 도시를 여행하다 보면 화려하고 고풍스러운 모습도 찾아볼 수 있지만, 공산주의 시절의 흔적도 남아있다. 그래서 2018년 뉴욕타임스 트레블(New York Times Travel)은 "당신은 이 도시를 정말 사랑하게 되거나 아니면 정말 싫어하게 될 것입니다"라고 언급하였다. 이처럼 부카레스트를 여행한 사람들의 여행 후기를 보면 호불호가 갈라진다. 하지만 부카레스트에서 장기간 머문 외국인들은 "시간이 지나면서 마음이 편안해지고 차츰 정이 가는 도시로 바뀐다"고 언급한다.

앞에서 언급한 것처럼, 오늘날 부카레스트의 모습은 1990년대보다 많이 나아졌지만, 아직 공산주의 시대의 잿빛 흔적이 남아있어 과거와 현재가 공존하는 아주 독특한 분위기를 가지고 있다. 이 때문인지, 2017년 부카레스트와 루마니아 남부의 항구도시 콘스탄짜(Constanța)는 영화 「월요일이 사라졌다」(What Happened to Monday?)의 촬영지로 선정되었다.

양차 대전 사이, 부카레스트는 리틀 파리(Little Paris)라고 불릴 정도로 아름다운 도시였다. 그 이유는, 파리의 주요 건축물을 설계한 프랑스의 유명 건축가들이 부카레스트 시내의 여러 건축물을 설계함으로써 도시의 모습이 파리와 비슷해서 그렇게 불리었고, 또한 당시 부카레스트가 유럽에서 파리 다음으로 콘서트와 미술 전시회 등이 많이 개최되는 예술의 도시였기 때문이었다.

CNN은 "부카레스트: 루마니아 수도를 보아야 하는 9가지 이유(Bucharest: 9 Reasons to see Romania's Capital)"라는 제목으로 다음의 장소를 선정하였다.

◆ **부카레스트: '루마니아 수도를 보아야 하는 9가지 이유'**

(1) 젊어진 구시가지(A rejuvenated Old Town)

(2) 드라큘라 백작의 중세왕궁(The princely past of Count Dracula)

(3) 거대한 의회궁(The vast Palace of the Parliament)

(4) 루마니아 아테네 음악당에서 열리는 콘서트(Concerts at the Romanian Athenaeum)

(5) 아름다운 스타브로폴레오스 교회(The beautiful Stavropoleos Church)

(6) 리틀 파리의 흔적들(The remnants of Little Paris)

(7) 비길 데 없는 야외 박물관(A peerless outdoor museum)

(8) 수 마일에 걸쳐 펼쳐진 공원들(Miles of parks)

(9) 유럽 최고의 서점?(Best bookshop in Europe?)

특히 '리틀 파리의 흔적들'에서 CNN은 빅토리 애버뉴(Victory Avenue: Calea Victoriei)에 가보면 아직까지 벨 에포크(Belle Époque) 시기의 많은 건물이 있으며, 오늘날 제오르제 에네스쿠 국립박물관(George Enescu National Museum)으로 사용되고 있는 칸타쿠지노 궁전(Cantacuzino Palace)이 대표적인 건물이라고 언급하였다.

한때, 부카레스트는 세계에서 가장 밝은 도시 중 하나였다. 1857년 5월 31일, 부카레스트 도심에 세계 최초로 '등유 가로등'이 설치되어, 파리와 베를린은 물론 뉴욕보다 밝고 화려했다. 나중에 언급하겠지만, 바나트(Banat) 지방의 중심도시인 티미쇼아라(Timişoara) 역시 1884년 '전기 가로등'을 설치하여 도시 전체(면적 10㎢, 731개 램프)를 밝힌 유럽 최초의 도시였다.

인구

인구 190만 명의 부카레스트는 유럽연합(EU)에서 6번째로 큰 도시(베를린, 마드리드, 로마, 파리, 아테네 순)이다. 오늘날 부카레스트 인구는 1990년대 초와 비교하면 줄어든 것 같지만, 실은 도심의 낡은 아파트에서 살던 많은 사람이 부카레스트 근교의 일포브주(Ilfov County)로 대거 이주해 그렇게 보인다. 현재 부카레스트와 일포브주의 인구는 약 250만 명이지만 거주지를 등록하지 않은 채 생활하는 사람을 합치면 300만 명이 넘을 것으로 예상된다. 그래서 오늘날 부카레스트는 교통체증으로 몸살을 앓고 있다.

2017년, CNN은 부카레스트를 "퇴근 시간에 교통체증이 가장 심한 세계 15개 도시" 중 3위로 선정하였고, 2019 톰톰 교통지수(TomTom Traffic Index)는 유럽 4위 그리고 세계 14위로 선정하였다.

◆ 루마니아 10대 도시 (2020년)

(1) 부카레스트(Bucureşti: 190만 명), (2) 이아쉬(Iaşi: 39만 명), (3) 클루즈-나포카(Cluj-Napoca: 31만 6천 명), (4) 티미쇼아라(Timişoara: 약 31만 5천 명), (5) 크라이오바(Craiova: 30만 4천 명), (6) 콘스탄짜(Constanţa: 30만 3천 명), (7) 갈라찌(Galaţi: 약 29만 4천 명), (8) 브라쇼브(Braşov: 27만 6천 명), (9) 플로이에쉬티(Ploieşti: 22만 8천 명), (10) 브러일라(Brăila: 21만 3천 명)

1. 의회궁

1984년, 루마니아 경제가 어려운 시기에 시공된 루마니아 의회궁(Palace of the Parliament)은 신고전주의 양식으로 건축되었다. 건물의 원래 이름은 공화궁(House of the Republic)이었으나, 1989년 혁명 이후 잠시 인민궁전(People's House)으로 불리다가 오늘날의 의회궁이 되었다. 이 건물은 루마니아에서 가장 상징적인 건물인 동시에 건축학적 관점에서 가장 모순적인 건물 중 하나로 간주된다. 당시 건축공사를 총괄한 건축가 안카 페트레스쿠(Anca Petrescu,

의회궁

1949-2013)는 영국 버킹엄 궁전과 프랑스 베르사유 궁전 그리고 평양 주석궁의 건축 양식이 혼합되어 있어 아주 모순적이라고 언급하였다.

의회궁의 높이는 지상 12층(높이 84m), 지하 7층(16m)이며 건축 면적은 총 365,000㎡(약 11만 평)에 이른다. 또한, 건물 내에는 총 1,000개가 넘는 객실이 있으며, 그중에는 440개 회의실과 30개 이상의 홀과 라운지, 4개의 레스토랑, 3개의 도서관, 지하 주차장 그리고 콘서트홀 등이 있다. 특히, 지하 7층은 핵 공격에도 견딜 수 있게 설계되어 있다고 한다. 건물의 가로세로 길이(270m x 245m)는 골프선수 타이거 우즈의 드라이버샷 거리와 비슷해 상상만으로 그 규모를 짐작할 수 있다.

2015년, BBC와 미국의 월드 레코드 아카데미(World Record Academy)는 의회궁을 "세계에서 규모가 가장 크고 가장 비싸고 또한 가장 무거운 행정건물"이라고 발표하였다. 즉 "일반 행정건물로는 세계 1위이지만, 군사용 건물을 포함할 경우 펜타곤 다음인 세계 2위이며, 또한 부피를 기준으로 할 때 이집트 피라미드보다 큰 세계 3위"라고 발표하였다. 기네스북에도 세계에서 가장 큰 민간용 행정건물인 동시에 가장 비싼 행정건물 그리고 가장 무거운 건물로 등재되어 있다. 흥미로운 것은, 건물의 무게가 410만 톤에 달해 매년 6mm씩 가라앉는다고 한다.

1970년대 북한을 방문한 차우셰스쿠는 당시 평양의 근대화된 모습에 감동하여 부카레스트 듬보비짜 강변의 스피리 언덕(Spirii Hill)에 정치·행정 중심 센터를 세우는 동시에 그 앞에 현대적인 신시가지를 건설하려 하였다. 이 계획은 1977년 부카레스트에 발생한 리히터 규모 7.4~7.7도의 지진으로 도시가 파괴된 후 1980년대 초 본격화되었다. 따라서 부카레스트 시내의 많은 가옥이 철거되었으며, 당시 철거된 면적(길이 4.5㎞ x 너비 2㎞)은 부카레스트 전체 면적의 약 ⅙에 해당하며 이는 베네치아시의 면적과 비슷하다고 한다.

루마니아 학자들은 당시 부카레스트에 있던 30개의 교회가 철거된 것은 물론 약 3만 채의 가옥이 철거되면서 5만 7천 가구가 강제 이주하였다고 주장하고 있다. 이 시기에 철거된 대표적인 건물로는 버커레쉬티 수도원(Văcărești Monastery)과 브른코베아누 병원(Brâncovenesc Hospital), 세계 최초의 법의학 연구소(Forensic Institute, 1892-1985), 통일 회관(Union Hall), 상원 광장에 있던 오페레타 건물(Operetta), 무기 저장고(Army Arsenal Building), 국립문서보관소(National Archives) 그리고 국립 군사박물관(National Military Museum) 등이 있다. 하지만 역사적 보존가치가 높은 12개 교회는 건물 밑에 레일을 깔아 철거 지역 옆으로 이동시킴으로써 오늘날까지 "살아남을 수" 있었다.

의회궁을 포함하여 부카레스트 신시가지가 완성되기까지 약 700명의 건축가와 총 10만 명 이상의 노동자들이 투입되었다. 공사가 많을 때는 매일 2만 명이 24시간 3교대로 작업하였고, 특히 1984~1990년에는 약 1만 2천 명의 군인이 투입되기도 하였다.

루마니아 건축가들은 건축 분야에 문외한 차우셰스쿠 부부를 위해 1/1,000로 줄인 부카레스트 모형물을 제작한 후, 그 위로 다리를 만들어 도시 전체가 한눈에 내려다보일 수 있게 하였다. 하지만 매주 그곳을 방문한 이들 부부는 공사현장에서 직접 "귀중한 지시"를 내림으로써 건축설계는 계속 변경되었고, 결국 의회궁은 당초 계획했던 것(80,000㎡, 약 24,200평)보다 다섯 배나 큰 건물로 완성되었다.

원래 의회궁의 공사 기간은 총 2년(1984~1986년)이었으나 공사 지연으로 루마니아 혁명이 발생한 1989년까지 약 60%의 공정률을 보였으며, 혁명 이후에도 공사는 계속되었으나 오늘날까지 미완성으로 남아있다. BBC는 건물 유지 비용만 해도 매년 약 6백만 달러(약 70억)에 달하지만, 아직 건물의 약 70%가 공실로 남아있으며, 1시간 동안 관광객들이 건물 내 이곳저곳을 둘러보지만 실제로 관람하는 곳은 전체 면적의 약 10%에 지나지 않는다고 보도하였다. 건물 내 중앙 복도에 깔린 수백 미터에 이르는 양탄자(22만㎡, 66,550평)도 외부에서 가져온 것이 아니라 수송상의 어려움 때문에 공사가 진행되는 동안 건물 안에서 제작되었다고 한다.

의회궁 내의 홀과 라운지 이름은 루마니아의 역사적 인물들을 기리기 위하여 붙여졌다. 그동안 CNN을 비롯한 많은 외국방송사는 특히 의회궁 내에서 규모가 가장 큰 통일의 홀(Union Hall: 2,226㎡, 53 x 42m)에 대하여 집중 보

통일의 홀

도하였다. 이 홀은 루마니아를 방문하는 외국 정상들의 접견 장소로 설계되어, 2008년 나토 정상회담이 개최되었다. 홀 내부(면적 673평, 높이 40m)에는 7,000개의 전등으로 만든 샹들리에(무게 3t)가 있으며, 바닥에 깔린 양탄자도 크기와 무게가 각각 1,100㎡(약 333평)과 3t에 달한다. 홀 내부에 있는 유리 천장은 개폐식이며 헬리콥터 무게를 지탱할 수 있게 설계되어 있다.

명예 갤러리(Gallery of Honor)와 공식 출입 홀(Hall of the Official Entrance)은 복도의 길이가 무려 150m에 이르며, 로세티 홀(C. A. Rosetti Hall: 1,420㎡)에 있는 샹들리에는 의회궁에 설치된 총 2,800개의 샹들리에 중 최대 규모(무게 5t)를 자랑한다.

로세티 홀

통일의 홀 다음으로 규모가 큰 곳은 루마니아 통일 공국의 첫 번째 통치자의 이름을 붙인 알렉산드루 이오안 쿠자 홀(Alexandru

Ioan Cuza Hall, 1820㎡, 65 x 28m)이다. 홀 내부는 브른코베아누 양식으로 장식되어 있으며 금실로 장식한 커튼도 있다. 홀의 면적은 2,000㎡이지만 길이는 통일의 홀보다 긴 65m이며, 1,200명 이상이 동시에 입장할 수 있다. 그곳에서 발코니로 나가면 통일대로(Union Boulevard)를 내려다볼 수 있다.

의회궁 베란다에서 바라본 헌법 광장과 통일대로

니콜라에 벌체스쿠 홀(Nicolae Bălcescu Hall: 378㎡, 27 x 14m)은 루마니아의 위대한 정치가이자 혁명가의 이름을 붙인 곳이다. 홀 내부에는 도리스 양식의 기둥이 있으며, 출입문은 의회궁에서 유일하게 모부투 세세 세코(Mobutu Sese Seko) 자이르(현재 콩고 민주공화국) 대통령으로부터 선물 받은 외국산 마호가니 목재로 제작되었다.

니콜라에 이오르가 홀(Nicolae Iorga Hall: 462㎡, 22 x 21m)은 1930년 루마니아 총리를 역임한 루마니아 천재 역사가의 이름을 붙인 곳이다. 이오르가는 평생 1,003권의 서적(volume)과 12,755개의 기사(article) 그리고 4,963개의 논평(review)을 저술하였으며, 알바니아 정부의 요청으로 알바니아 역사책을 대신 저술해 주기도 하였다.

1994년에는 의회궁 내에 국제회의센터가 설립되면서, 오늘날 국제회의는 물론 심포지엄과 콘서트 등 다양한 학술 및 문화행사가 개최된다.

1993년, 총대주교 대성당(Patriarchate Palace) 내에 있던 루마니아 하원이 의회궁으로 옮겨왔고, 2004년에는 구(舊) 루마니아 공산당 중앙위원회 건물에 있던 루마니아 상원이 이곳으로 이전하였다. 따라서 의회궁은 1980년대 차우셰스쿠 독재체제의 상징이었지만 오늘날 루마니아 상원과 하원을 비롯하여 입법위원회와 헌법재판소 위원회 등이 이전하면서 루마니아 민주주의를 상징하는 건물로 탈바꿈하였다.

2008년, 부카레스트에서 NATO 정상회담이 개최되면서 유럽의 많은 언론은 의회궁에 들어간 공사비용에 관하여 관심 있게 보도하였다. 오늘날 의회궁은 '세계에서 가장 비싼 행정건물'로 옮겨왔고, 총 40억 달러의 공사비용이 들어간 것으로 추산된다. 하지만 루마니아 PROTV는 의회궁에 들어간 건축자재(토지가격 및 노동비용 제외)만 하더라도 약 40억 달러[약 4조 6천억 원: 잠실 제2롯데월드 총 공사비용 3조 8천억 원]에 달한다고 언급하였다. 2015년 BBC도 "세상에 알려지지 않은 경이로운 세계 7대 건축물"이라는 제목에서 "의회궁을 건축하는 데 있어 수치상으로는 33억 유로가 들었지만, 부카레스트에 있던 많은 국가 기관 건물과 약 3만 채의 가옥이 철거되었기 때문에 실제로는 그보다 훨씬 더 큰 비용이 들어갔다"고 보도하였다.

그동안 의회궁은 조지 부시 대통령과 푸틴 대통령, 메르켈 총리, 마이클 잭슨 등 많은 세계 정상들과 유명 인사들이 방문하였다. 현재 이곳에서 일하는 사람은 약 500명에 이르며 그중 200명은 건물 경비를 맡고 있다. 의회궁 앞에서 알바 이울리아 광장(Alba Iulia Square)까지 이어지는 통일대로(Union Boulevard, 약 4㎞)는 파리의 샹젤리제(Champs Élysées) 거리보다 약 1m 정도 도로 폭이 넓다고 한다.

[의회궁: www.cic.cdep.ro; ☎ (+40)213.160.300; 주소: Strada Izvor 2-4; 매일(09:00~17:00); 최소한 하루 전에 전화나 인터넷으로 예약할 것(준비물: 여권)]

2. 코트로체니 대통령궁 및 박물관

1) 350년 역사의 코트로체니 궁전

원래 코트로체니(Cotroceni) 언덕에는 수도사들이 거주하는 코트로체니 데 수스(Cotroceni de Sus)라는 이름의 작은 암자가 하나 있었다. 1669년, 왈라키아 공국의 쉐르반 칸타쿠지노 영주(Șerban Cantacuzino, 1640-1688)는 암자 주위의 숲을 개간하여 수도원과 궁전을 짓기 시작하였다. 건축공사는 콘스탄틴 브른코베아누 영주(Constantin Brâncoveanu, 1654-1714)의 통치기에도 계속되었고, 1688년 마침내 바로크 양식의 웅장한 코트로체니 궁전(Cotroceni Palace)이 완공되었다. 또한, 그로부터 164년 후인 1852년에는 바르부 쉬티르베이 영주(Barbu Dimitrie Ştirbei, 1799-1869)가 궁전을 현대적으로 보수하여 자신의 여름 별장으로 사용하였다. 이 궁전은, 1860년 코트로체니 궁전에서 도심과 연결되는 도로가 만들어지면서 오늘날 도로를 사이에 두고 부카레스트

수목원(1860년 설립)과 분리되어 있다.

코트로체니 지역은 루마니아 근·현대사에서 역사적인 장소이다. 1821년, 투도르 블라디미레스쿠(Tudor Vladimirescu, 1780-1821)가 주도하는 혁명 세력의 중심지였으며, 1859년에는 왈라키아 공국과 몰도바 공국이 통일하면서 루마니아 통일 공국의 중심지가 되었다.

1866년 왕위에 오른 카롤 I세는 프랑스 건축가 폴 고테로(Paul Gottereau, 1843-1904)에게 새로운 궁전을 세우라고 주문하였고, 1893~1895년 고전적 베네치아 양식의 웅장한 코트로체니 궁전이 건축되었다. 1918년 이곳에서 부카레스트 평화조약이 체결되어 마침내 루마니아는 트란실바니아 지방과 통일하여 대(大)루마니아를 형성하였다. 1947년, 루마니아에 공산주의가 도입되면서 파이오니아 궁전(Palace of the Pioneers)으로 이름이 바뀌었고, 1977년 대지진 때 많이 파손되어 대대적인 복원작업이 진행되었다. 복원 당시 코트로체니 궁전 옆에는 현재 루마니아 대통령 직무실로 사용되고 있는 코트로체니 대통령궁이 신축되었다.

17세기 칸타쿠지노 영주가 세운 오리지널 코트로체니 궁전은 오늘날 코트로체니 국립박물관으로 사용된다.

2) 코트로체니 교회

코트로체니 교회는 1679년 브른코베아누 양식으로 건축된 코트로체니 수도원 내에 있다. 이 교회는 칸타쿠지노의 선조인 네아고에 바사랍 영주(Neagoe Basarab, 1459-1521)가 세운 쿠르테아 데 아르제쉬(Curtea de Argeș) 교회와 건축양식이 비슷하다. 1682년, 칸타쿠지노 영주는 코트로체니 수도원을 그리스 아토스산(Athos Mt.)에 있는 수도원 공동체에 헌납하였다. 따라서 아토스산에서 파견된 신부들이 직접 수도원을 운영하였으며 매년 수도원의 수입 일부가 아토스로 보내졌다.

코트로체니 교회는 1688년 칸타쿠지노 영주가 안치되면서 칸타쿠지노 가문의 공동묘지가 되었다. 1947년 공산주의가 도입되면서 코트로체니 궁전은 국가의 관리 하에 들어갔고 교회도 폐쇄되었다. 1977년 대지진으로 많이 파손되어 이내 복원되었지만, 1984년 교회와 주변 건물들의 양립 불가능을 주장한 루마니아 공산주의자들에 의해 철거되었다. 하지만 2008년 칸타쿠지노 가문은 철거된 옛 교회의 모습을 살려 오늘날의 교회로 신축하였다.

3) 코트로체니 국립박물관

앞에서 언급한 것처럼, 원조 코트로체니 궁전은 1977년부터 코트로체니 국립박물관(Cotroceni National Museum)으로 사용되고 있다. 그곳에 가면 코

코트로체니 박물관[2][Author, Britchi Mirela]

트로체니 수도원을 비롯하여 페르디난드 I세(Ferdinand I, 1865~1927)와 마리아 여왕(Maria, 1875-1938)이 거주하던 구(舊)왕궁을 관람할 수 있다.

[코트로체니 박물관: www.muzeulcotroceni.ro; ☎ (+40)213.173.107; 주소: Bulevardul Geniului 1]

3. 1980년대 "살아남은" 12개 교회들

1980년대 부카레스트에 의회궁과 신시가지가 건설되면서 수많은 건물과 교회들이 철거되었다. 하지만 그중 역사적 보존가치가 높은 12개 교회는 건물 밑에 레일을 설치하여 새로 건설되는 중앙대로 옆으로 건물을 통째로 옮김으로써 "살아남을 수" 있었다. 당시 프로젝트 총괄 책임자는 에우제니우 이오르더케스쿠(Eugeniu Iordăchescu, 1929-2019)였다.

1) 세인트 니콜라스 주교 교회

원래 듬보비짜 강변의 미하이 보더(Mihai Vodă) 언덕에는 세인트 니콜라스 주교 교회[St. Hierarch Nicholas Church: 미하이 보더 교회(Mihai Vodă Church)라고도 불림]가 요새처럼 자리 잡고 있었다. 이 교회는 1591년 미하이 비테아줄 영주(Mihai the Brave)가 올테니아(Oltenia) 지방에서 귀족이던 당시 건축한 것으로, 1985년 루마니아 공산주의자들로 인해 철거 위기에 처하였다. 하지만 루마니아 정통 가톨릭교회의 격렬한 반대로, 결국 수도원 내의 교회(3,100t)와 종탑(800t)이 미하이 보더 언덕에서 약 289m 떨어진 지금의 장소로 옮겨졌다.

교회 안에는 알바 포스터바리(Alba Postăvari) 교회에서 가져온 기적의 아이콘이 있다. 전설에 의하면, 어느 날 미하이 비테아줄 영주가 알렉산드루 첼 러우 영주(Alexander the Bad: Alexandru cel Rău, 1570-1597)의 명령으로 사형장으로 끌려가고 있었는데, 기도를 하자 아이콘이 그를 보호해 주었다고 한다.

[세인트 니콜라스 교회: 주소: Strada Sapienței nr. 4, sector 5]

세인트 니콜라스 주교 교회

◆ 정통 가톨릭교회

일반인들에게 정교회(정통 가톨릭교회)는 '동방정교회(Orthodox Church)'로 더 잘 알려져 있다. 오늘날 정교회는 크리스트교 역사상 가장 오래된 교회인 동시에 초기 교회의 원형을 충실하게 잇는 교회로 평가받고 있다. 오르토독스(Orthodox)는 '진리 혹은 올바름'이라는 의미의 오르토스(Orthos)와 '믿음'이라는 독사(doxa)가 합쳐 '올바른 믿음'을 뜻한다.

동방정교회라는 말은, 330년 로마제국의 콘스탄티누스 대제가 제국의 수도를 콘스탄티노플(현재 이스탄불)로 옮기면서 자연스럽게 불리기 시작하였다. 동방교회라는 말은 서방교회, 즉 로마교회와 대비되는 의미로 주로 서방에서 사용하였다. 오늘날 한국 정교회는 동방정교회의 공식 명칭을 "정통 가톨릭교회"로 정의하고 있다.

로마교회는 초대 교회의 다섯 교구[로마(Roma)와 콘스탄티노플(Constantinopol), 안티오키아(Antiochia: 터키 도시), 알렉산드리아(Alexandria: 이집트 도시), 예루살렘] 중 수석 교회를 자처하였으나 서로마제국이 멸망한 이후에는 오랫동안 정치권력의 보호를 받기 어려웠다. 이에 반해, 콘스탄티노플 교회는 동로마제국 황제의 보호 아래 있어 로마교회보다 더 우월한 위치에 있었다. 시간이 지나면서, 두 교회는 신학상의 여러 논쟁을 거쳐 대립하기 시작하였고 9세기까지 수차례에 걸친 공의회를 통해 이견을 조정코자 하였다. 하지만 결국 1054년 동서교회가 분열됨으로써 콘스탄티노플은 정통 가톨릭교회의 중심이 되었다.

동서교회가 분열하게 된 가장 중요한 쟁점은 이른바 필리오케(Filioque) 문제와 콘스탄티노플 교회의 로마교황 수장권 인정 여부와 관련된 것이었다. 필리오케란 "그리고 아들로부터(and from the Son)"라는 뜻의 라틴어이다. 콘스탄티노플 교회는 이 말을 그대로 사용하여 "성령은 성부에게서 나온다"라고 설파하였지만, 로마교회는 9세기 신약 성서와 니케아 공의회의 결정문을 라틴어로 번역하는 과정에서 '성자'를 추가하여 "성령은 성부와 성자에게서 나온다"라고 주장하였다. 따라서 콘스탄티노플 총대주교는 로마교회를 이단이라고 비난하였고, 효모가 들어가지 않은 빵을 성찬으로 제공한 것도 공개적으로 문제 삼았다. 이 외에도 로마교회는 자신이 수석 교회이며 모든 교회의 어머니라고 주장하였지만, 콘스탄티노플 교회는 인정하지 않았다.

1453년, 동로마제국이 오스만제국에게 멸망한 후 러시아가 정통 가톨릭교회의 중심으로 발전하였고 그 선례를 따라 각국의 정통 가톨릭교회는 독립 총대주교구와 독립교회의 명칭을 가지면서 독자적 조직을 가지게 되었다. 따라서 오늘날에는 4개의 전통 총대주교구(콘스탄티노플, 안티오키아, 알렉산드리아, 예루살렘)와 14개의 현대 총대주교구(루마니아, 러시아, 세르비아, 불가리아, 조지아 등)가 있다. 기존의 로마 총대주교구는 2006년 교황청(바티칸)이 '서양의 총대주교(Patriarch of the West)'라는 칭호를 포기하면서 지금은 총대주교구로 간주되지 않는다.

2) 안팀 수도원 내의 건물들

안팀 수도원(Antim Monastery)은 1713~1716년 왈라키아 공국의 관구장 주교 안팀 이비레아눌(Antim Ivireanul, 1650-1716)이 건축하였다. 또한, 1912년 완공된 '최고 종교 회의 궁전(Palace of Holy Synod)' 안에는 '최고 종교 회의 교회'가 있었다.

안팀 수도원은 1985년 1월, 영하 18도의 추운 날씨에 작업이 진행되어 약 10m가량 옮겨졌고, 교회 역시 그로부터 한 달 후인 2월 20.35m 옮겨졌다. 당시 부카레스트에서 "살아남은 12개의 교회" 중 가장 무거웠던 '최고 종교 회의 궁전(길이 52.51m, 너비 22.80m)'은 건물 무게만 해도 9,000t에 달했는데, 홍미로운 것은 궁전 내 도서관(1,000t)에 있던 10만 권의 책도 같이 옮겼다고 한다.

[안팀 수도원: 주소 Strada Mitropolit Antim Ivireanul, nr. 29, Sector 5]

3) 수녀들 암자 교회(Church of the Hermitage of the Nuns: Biserica Schitul Maicilor, 1726)

[주소: Strada Mitropolit Antim Ivireanu, nr. 47]

4) 세인트 엘리야 교회(St. Elijah Church: Biserica Sfântul Ilie: Rahova, 1706)

[주소: Strada Sfântul Ilie]

5) 세인트 이오안 첼 노우 교회(St. John the New Church: Biserica Sfântul Ioan cel Nou, 1774)

[주소: Bulevardul Ion C. Brătianu 39]

세인트 이오안 첼 노우 교회

6) 올라리 교회(Olari Church: Biserica Olari, 1758)

[주소: Strada Olari 6]

7) 세인트 슈테판 교회(St. Stephen Church: Biserica Sfântul Ştefan (Cuibul cu barză), 1760)

[주소: Strada Știrbei Vodă]

8) 세인트 조지 교회(St. George Church: Biserica Sfântul Gheorghe: Capra, 1877)

[주소: Șoseaua Pantelimon 131]

위의 8개 교회 중에서 가장 오래된 1)번 교회는 듬보비짜강 근처에 있고, 5)번 교회는 통일백화점(Union Store: Magazinul Unirii)에서 인터콘티넨탈 호텔 방향으로 가다 보면 라이파이젠(Raiffeisen) 은행 건물 바로 옆에 있다.

참조 이 시기에 트란실바니아 지방의 알바 이울리아(Alba Iulia)시에서는 7,600t에 이르는 아파트 한 동이 통째로 옮겨지기도 하였다. 자료 화면은 유투브에서 blocul mutat de ceaus-escu(의미 '차우셰스쿠가 옮긴 아파트 블록')를 검색하면 볼 수 있다.

◆ 루마니아 정통 가톨릭교회 조직과 구조

루마니아 정통 가톨릭교회는 하나의 총대주교구[Patriarchate: 총대주교(Patriarch)]와 6개 관구장 주교구[Metropolis or Metropolitanate: 관구장 주교(Metropolitan bishop)], 12개의 대주교구[Archbishoprics or Archepiscopates: 대주교(Archbish-op)] 그리고 15개의 주교구[Bishoprics or Episcopates: 주교(Bishop)]로 구성된다.

2006년 통계자료에 의하면, 루마니아 전역에 총 631개의 수도원과 14,500개 이상의 교회가 있었으며, 신부(priest)와 부제(deacon)의 수는 총 14,513명이었다. 루마니아의 총대주교는 2007년 9월 30일 루마니아 제6대 총대주교로 임명된 다니엘(Patriarch Daniel of Romania)이다.

일반적으로, 루마니아 정통 가톨릭교회의 내부구조는 3개 구역, 즉 교회 입구인 나르텍스(narthex)와 중앙에 있는 본당(nave) 그리고 신부님만 들어갈 수 있는 제단(altar: 교회당 끝에 내민 반원형의 부분)으로 나눠진다. 이 외에도 대부분의 교회에는 입구로 들어가기 전에 현관(porch)이 있다.

4. 루마니아 총대주교 대성당

루마니아 총대주교 대성당(Romanian Orthodox Patriarchal Cathedral)은 루마니아 정통 가톨릭교회의 상징이다. 이곳에는 '총대주교 대성당'을 비롯하여 '총대주교 궁전'과 '총대주교 저택'이 있다.

총대주교 대성당은 1656~1658년 콘스탄틴 바사랍 영주(Constantin Şerban Basarab, 1654-1682)가 쿠르테아 데 아르제쉬 교회(Curtea de Argeş Church)를 모델로 하여 건축하였다. 또한, 대성당 입구에 있는 아이콘(1665년)에는 성 콘스탄티누스(Saint Constantine I)와 성녀 헬레나(Saint Helena)의 모습이 그려져 있다. 루마니아 사람들은 성인(수호성인)이 자신들을 보호해 준다고 믿기 때문에 교회 이름을 지을 때 성인의 이름을 사용한다.

총대주교 대성당[1][Author, Ștefan Jurcă]

총대주교 궁전[1][Author, Alexandru Panoiu]

◆ 「명인 마놀레」 신화와 아르제쉬 수도원

「명인 마놀레」 신화

「명인 마놀레」(The master-builder Manole: Meşterul Manole) 신화는 쿠르테아 데 아르제쉬 수도원(Curtea de Argeş Monastery)과 연관이 있다. 내용을 살펴보면, 어느 날 네그루 보더 영주(Negru Vodă, 왈라키아 공국 초대 영주)는 명인 마놀레에게 세상에서 가장 아름다운 수도원을 세우라고 주문하였다. 그래서 마놀레는 다른 건축공들과 함께 아르제쉬 강 인근에 수도원을 짓기 시작하였다. 하지만 밤이 되면 낮에 쌓은 벽이 무너져 내리는 것이었다. 그러던 어느 날 마놀레는 살아있는 사람을 벽에 넣고 쌓으면 수도원을 완성할 수 있다는 꿈을 꾸었다. 이후 그는 다른 건축공들에게 꿈 이야기를 해주면서 다음 날 아침 맨 먼저 음식을 가져오는 그들의 아내와 누이 중 한 명을 희생시키자고 제안하였고 모두가 동의하였다. 다음 날 아침, 누가 올지 궁금했던 마놀레는 주변의 높은 곳에 올라가 아래를 내려다보고 있었다. 그런데 그의 아내 아나(Ana)가 올라오고 있었다.

놀란 마놀레는 "하느님! 아나가 이곳으로 오지 못하게 커다란 나무가 뿌리째 뽑히는 강한 바람을 보내주십시오!"라고 기도하기 시작하였다. 이후 나무가 통째로 뽑히는 거센 바람이 불었지만 아나는 계속 올라오고 있었다. 마놀레는 다시 기도하였다. "하느님! 하느님! 사랑하는 나의 아내가 이곳으로 올라오지 못하게 커다란 홍수를 일으키는 커다란 비를 내려주십시오!" 하지만 아나는 사랑하는 남편에게 따뜻한 음식을 주기 위해 엄청난 폭우에도 묵묵히 올라오고 있었다. 결국, 아나는 마놀레의 마음을 헤아리지 못한 채 그곳에 도착하였다. 어쩔 수 없이 마놀레는 "내 사랑 아나! 지금 내가 하는 것은 우리가 놀이를 하는 것이니 안심해요!"라고 말하면서 그녀 주위로 벽돌을 쌓기 시작하였다. 남편을 믿었던 그녀는 몸 주위로 벽돌이 쌓아 올라오자 애원하기 시작하였다.

"마놀레, 마놀레! 벽돌이 나를 조여와요!
마놀레, 마놀레! 벽돌이 내 온몸을 조여와요!"

아나의 애원에도 불구하고 마놀레는 벽돌을 계속 쌓아 올렸고 마침내 세상에서 가장 아름다운 수도원이 완성되었다. 이후, 마놀레와 건축공들은 수도원 지붕 위로 올라가 네그루 보더 영주를 맞이하였다. 영수는 수도원을 보고 매우 흡족해하녀 이보다 더 아름다운 수도원을 만들 수 있는지 물어보았다. 그러자 그들은 한껏 뽐을 내며 "우리가 힘을 합친다면 이보다 훨씬 더 아름답고 훌륭한 수도원을 만들 수 있습니다."라고 대답하였다. 하지만 세상에서 가장 아름다운 수도원을 갖길 원했던 영주는 건축공들이 그곳에서 내려오지 못하게 사다리를 치워버렸다. 내려올 길이 막막했던 그들은 지붕 위의 나무판자로 날개를 만들어 한 명씩 뛰어내렸으나 모두 죽고 말았다.

그런데 마놀레가 떨어진 곳에 샘물이 생겨났다. 루마니아 사람들은 사랑하는 아내를 희생시킨 마놀레의 눈물이 샘물로 되었다고 생각하고 있다. 오늘날, 이 샘물은 '마놀레의 샘'이라 불리며 아르제쉬 수도원 입구에서 그리 멀지 않은 곳에 있다.

500년 역사의 쿠르테아 데 아르제쉬 수도원

이 수도원은 쿠르테아 데 아르제쉬 시내 공원 안에 있다. 원래 이 수도원이 있던 곳에는 1359년 건축된 왈라키아 공국의 관구장 주교구(Metropolis)가 있었으나 시간이 지나면서 건물이 파손되어, 1515~1517년 네아고에 바사랍 영주(Neagoe Basarab, 1459-1521)가 아르제쉬 수도원을 건축하였고, 1875~1886년 프랑스 건축가 앙드레 르꽁트 뒤 노위(André Lecomte du Noüy)에 의해 오늘날의 모습으로 복원되었다.

교회는 전체적으로 비잔틴 양식으로 되어 있지만 아르메니아와 페르시아, 그루지야 그리고 아랍 양식이 조화롭게 혼합되어 있다. 그래서 가브릴 프로툴(Gavriil Protul, 아토스

아르제쉬 수도원 주교교회

마놀레 부인 아나(Ana)가 묻힌 교회 외벽에 붉은 색으로 표시되어 있다.

산 수도사 공동체 지도자)과 알레포의 바울(Paul of Aleppo: 오스만 시리아 정통 가톨릭교회 성직자)은, 비록 이 교회가 기원전 957년 건축된 예루살렘 솔로몬의 성전(Temple of Solomon)이나 360년 비잔틴 제국의 콘스탄티누스 2세가 건축한 아야소피아 성당(Hagia Sophia)만큼 웅장하진 않지만, 아름다움은 "그 이상"이라고 언급하였다. 1517년 8월 14~15일 거행된 교회봉헌식에는 콘스탄티노플의 총대주교인 테오리프트(Theolipt)가 참석하였고, 당시 대공의회와 모든 대주교 그리고 거룩한 아토스산 수도원장이 동행하였다.

교회 안에는 17세기 말 쉬테판 칸타쿠지노 영주 시대에 제작된 성화(聖畫)와 카롤 I세와 엘리사베타 여왕의 초상화 그리고 엘리사베타 여왕이 황금으로 글자를 새긴 복음서가 있다. 나르텍스[narthex: 고대 크리스트교 교회의 본당(nave) 입구 앞의 넓은 공간]에 있는 꽃문양으로 화려하게 장식된 12개 기둥은 십이사도를 상징하며 건물 중앙의 커다란 탑과 두 개의 작은 탑을 지지한다. 특히, 두 개의 작은 탑은 회전하는 모양으로 만들어져 있어 마치 하늘과 연결되어 있다는 인상을 준다.

나르텍스에는 수도원 설립자인 네아고에 바사랍 영주의 무덤을 비롯하여 카롤 I세와 엘리사베타 왕비 그리고 페르디난드 I세와 마리아 왕비 등의 무덤이 있다. 루마니아 마지막 국왕인 미하이 I세와 안느 왕비(Anne de Bourbon-Parme)는, 2009~2016년 수도원 내 새로 건축된 성당 인에, 각각 2017년과 2016년에 안치되었다.

[쿠르테아 데 아르제쉬 수도원: ☎ (+40) 248.722.223; 주 소: Bulevardul Basarabilor, nr.1]

◆ 로마 황제 콘스탄티누스 I세와 성녀 헬레나

313년, 밀라노 칙령으로 크리스트교를 공인한 콘스탄티누스 I세(Constantinus I, 306-337)는 크리스트교 역사에서 콘스탄티누스 대제로 통칭하며, 정통 가톨릭교회는 그를 성인으로 추대하여 성 콘스탄티누스로 칭한다.

324년, 그는 비잔티움(Byzantium: 기원전 667년에 설립된 고대 그리스 도시로 이후 로마 시대 때 콘스탄티노플이라는 이름으로 비잔틴 제국의 중심지가 됨)을 '새로운 로마(Nova Roma)'로 공표하였고 330년에는 로마제국의 새로운 수도로 지정하였다. 비잔티움은 337년 '콘스탄티누스의 도시'라는 의미의 콘스탄티노폴리스로 개명된 이후 세계 최초의 크리스트교 도시로서 천년이 넘는 세월 동안 동로마제국의 수도로 남았다.

콘스탄티누스 1세의 어머니 성녀 헬레나(Helena, 250-330)는 고대 그리스어로 태양을 의미한다. 그녀와 관련하여 수많은 이야기가 전해 내려오지만 그중에서 그녀가 예수 그리스도의 십자가를 발견했다는 전설이 가장 유명하다.

루마니아 총대주교 대성당 안에는 부카레스트 수호성인 디미트리에 첼 노우(Dimitrie the New: Dimitrie cel Nou)의 성유물이 있다. 그의 탄생일인 10월 27일에는 루마니아 전역에서 많은 사람이 방문한다.

총대주교 궁전은 공산주의 시대 때 루마니아 국회로 사용되었으며 또한 1989년 루마니아 혁명 이후부터 1996년 사이에는 루마니아 하원이 사용하였다.

[총대주교 대성당: ☎ (+40)213.350.656; 주소: Aleea Dealul Mitropoliei, nr. 25]

5. 루마니아 민족구원 대성당

1877~1878년, 루마니아는 오스만제국과의 전쟁에서 승리하여 독립을 이룩하였고, 그로부터 3년 후인 1881년 루마니아 왕국이 설립되었다. 당시 루마니아에는 '테데움(Te Deum: 찬미의 노래) 감사예배'에 참여하는 사람들을 모두 수용할 수 있는 교회가 없어 루마니아 문화와 정체성을 대표하는 정통 가톨릭 교회를 건축하려는 본격적인 논의가 있었다. 하지만 루마니아 왕국의 초대 국왕으로 추대된 카롤 I세는 제1차 세계대전 도중 사망하였고, 이후 왕위를 계승한 페르디난드 I세(Ferdinad I, 1865-1927)도 "우리 민족의 화합을 상징하는 민족구원교회를 부카레스트에 건설하기를 희망한다"라고 언급하였지만 두 차례의 세계대전과 1947년 루마니아에 공산주의가 도입되면서 공사는 계속 지연되었다.

1989년 루마니아 혁명 이후, 민족구원 대성당(People's Salvation Cathedral: Catedrala Mântuirii Neamului: 가로 126.1m, 세로 67.7m, 높이 127m)을 건축하려는 논의가 재개되었고, 마침내 2010년 공사가 시작되었다. 총 11헥타르(약

33,000평)의 부지에 건설된 민족구원 대성당은 규모 면에서 유럽에서 바티칸 성당(Basilica Vaticana, 높이 138m)과 가우디가 설계한 사그라다 파밀리아 성당(Templo de la Sagrada Familia, 높이 172m) 다음으로 웅장하며, 정통 가톨릭 성당 중에서는 세계 최대 규모를 자랑한다. 실제로, 이 성당은 상트페테르부르크(Sankt Petersburg)의 성 이삭 대성당(St. Isaac's Cathedral, 높이 102m)은 물론 모스크바의 구세주 그리스도 대성당(Cathedral of Christ the Savior, 높이 105m)보다 규모가 크다.

멀리서 대성당과 주변 건물들을 바라보면 마치 포도주를 담는 성배 모양을 하고 있으며, 대성당의 모습은 십자가 모양의 돛대가 달린 '노아의 방주'가 연상된다. 성당 안, 67m 높이에 걸려 있는 세계에서 가장 무거운 종(무게 25.19t)은 지름과 두께가 각각 3.355m, 27.3cm이며, 타종 시 15㎞ 떨어진 곳에서 들린다고 한다.

공사중인 루마니아 민족구원 대성당

대성당 입구에 있는 우물은 세례를 상징하며, 성배 모양을 따라 설치된 가로등은 세례 후 주교나 사제가 성사를 거행할 때 바르는 성유를 상징한다. 이것은 성령(Holy Spirit)을 통해 성스러워지는 것처럼, 가로등 불빛을 통하여 대성당이 성스러워짐을 의미한다.

[루마니아 민족구원 대성당: ☎ (+40)21.406.8279; 주소: Calea 13 Septembrie nr 4-60]

◆ 성찬식(聖餐式)과 도유식(塗油式)

성찬식

성찬식 때 사용되는 성배는 예수 그리스도와의 교제를 상징한다. 성찬식은 예수의 수난을 기념하는 크리스트교 의식으로, 예수의 최후를 기념하여 회중(會衆)이 예수의 살과 피를 상징하는 빵과 포도주를 나눠 먹는 의식이다. 성찬식을 의미하는 유카리스트(Eucharist)는 그리스어 유카리스티아(εὐχαριστία: 의미 '감사하는 마음을 갖다')에서 유래하는 전례 용어로, 직역하면 감사 예식이다. 성찬식을 가리키는 말로는 성찬례(聖餐禮), 영성체, 성체성사, 성만찬, 성찬의 전례, 주님의 만찬(Lord Supper), 파스카(πασχα, 유월절), 감사제 등 아주 다양하다.

도유식

도유식은 옛 종교의식 중 하나로 기름을 바르는 것을 의미한다. 과거에는 세속적인 종교와 구별하기 위하여 사람이나 사물에 올리브기름을 발랐다. 구약성서에는 왕들이 하느님의 은총으로 성령을 받은 거룩한 자들이라는 표시로 도유식을 거행하였고, 그때부터 이스라엘의 구원자 메시아(Messiah: 신약 성서에서 예수 그리스도를 이르는 말)는 '기름 바른 자'라는 이름으로 호칭되었다. 하지만 신약시대에 와서 기름 바른 자라는 호칭은 사도들에 의하여 그리스 말로 바뀌면서 '그리스도'라고 호칭하였다. 이처럼, 세례식 때 물로 씻는 예식을 한 다음 이마에 성유를 바름으로써 보통 사람에서 하느님께 속한 사람, 즉 그리스도인이 되는 것이다.

민족구원 대성당 안에는 정통 가톨릭 신자들에게 아주 중요한 프로드로미짜(Prodromița)라는 이름의 성모 마리아 아이콘과 "위대한 3대 주교" 중 한 명인 세인트 요한 크리소스토모스(Ioannes Khrysostomos, AD 347-407)의 성유물이 있다. 프로드로미짜는 아토스 성산 자치국(Autonomous Monastic State of the Holy Mountain)의 세례 요한 루마니아 수도원(Hermitage of St. John the Baptist)에 있는 성모 마리아 아이콘(1866년)을 그대로 모방하여 제작한 것이며, 성 요한 크리소스토모스 성유물은 1997년 이탈리아 추기경이 루마니아 정통 가톨릭교회에 기증한 것이다.

성모 마리아 아이콘과 성 요한 성유물

◆ 성 요한 크리소스토모스 성유물(聖遺物)

성유물은 예수나 성인(聖人)의 행적이나 기적과 관련된 유물을 말한다. 성 요한 크리소스토모스(Ioannes Khrysostomos, AD 347-407) 성유물은 민족구원 대성당 외에도 부카레스트의 다르바리(Darvari) 수도원과 네암츠(Neamț)주의 세쿠(Secu) 수도원 그리고 크라이오바(Craiova)의 관구장 대성당(Metropolitan Cathedral)에 보관되어 있다.

일반적으로 성유물을 말할 때, 성인의 머리와 손이 더 중요시된다. 성 요한의 머리와 오른쪽 귀 그리고 오른손은 각각 그리스 아토스산(Athos)의 바토페드(Vatoped) 수도원과 필로테우(Filoteu) 수도원에 있다. 성 요한 크리소스토모스는 콘스탄티노플의 대주교(Archbishop of Constantinople), 즉 오늘날로 치면 총대주교였다.

그리스 아토스산에 있는 세례 요한 루마니아 수도원은 프로드로무 수도원(Prodromu Hermitage)으로도 불린다. 루마니아어로 '프로드로미짜(Prodromița)'라는 말은 프로드로무(Prodromu)의 축약형으로 예수보다 '앞에 가는 사람(the one who goes forward)'을 의미한다. 그동안 아토스산에 있는 성모 마리아 아이콘은 아픈 사람들을 치료해 주는 등 많은 기적을 일으켰다고 한다. 그래서 루마니아 신자들은 이 아이콘이 사람이 아닌 다른 성스러운 무언가에 의해 그려졌을 것으로 믿고 있으며, 이와 관련하여 다음과 같은 전설이 전해진다.

"1863년, 신앙심이 깊고 예술적 재능이 뛰어난 한 화가가 아이콘을 그리기 시작하였다. 당시의 전통에 의하면, 아이콘은 아침 식사 이전에만 그릴 수 있었다고 한다. 그래서 그는 매일 아침 조금씩 옷과 손 그리고 얼굴을 그려나갔지만, 어느 날 그만 얼굴을 잘못 그리고 말았다. 그림 실력이 예전 같지 않다고 느낀 그는 심적으로 커다란 고통을 느끼며 며칠 동안 아무것도 먹지 못하였다. 그래서 매일 아이콘을 잘 그릴 수 있게 해달라고 기도를 올린 후 다시 작업을 시작하려는데, 기적처럼 아이콘이 완성되어 있었다고 한다."

◆ 아토스산

그리스 칼키디키(Khalkidhiki) 반도에 위치하는 아토스산(Athos: 해발 2,033m)에는 20개의 수도원이 있다. 오늘날 거룩한 성산(聖山)으로 일컫는 아토스산과 그곳에 있는 모든 수도원은 1988년 유네스코 세계문화유산으로 지정되었다. 이 산의 정식 명칭은 아토스 성산 자치국(Autonomous Monastic State of the Holy Mountain)이며 그리스 내 행정 자치 구역 지위를 가지고 있어 방문을 원할 시 이탈리아 바티칸 시국(Stato della Citta del Vaticano)처럼 비자를 발급받아야 한다.

아토스산은 지난 1,800여 년 동안 크리스트교의 근거지였다. 6세기부터 크리스트교 수도원이 건축되었으나, 1054년 동서교회의 대분열(Great Schism) 이후 정통 가톨릭교회의 영적인 중심지가 되었고, 지금은 그리스를 비롯하여 루마니아와 불가리아, 세르비아 그리고 러시아 등지에서 온 약 2천여 명의 수도사들이 금욕 생활을 하고 있다. 아토스산은, 1060년 콘스탄티누스 9세(Constantine IX Monomachus, 재임 1042-1055)의 통치기에 여성 출입이 금지된 이후 오늘날에 이르고 있다. 이 산이 '금녀의 산'이 된 것과 관련하여 다음과 같은 전설이 전해 내려온다.

"어느 날, 성모 마리아는 젊은 사도 요한(John the apostle)과 함께 라자로[Lazarus: 예수 그리스도의 친구였던 라자로는 나흘 동안 무덤에 있다가 예수에 의해 부활]에게 가는 도중 아토스산에 도착하였다. 당시 아토스산에 매료된 성모 마리아는 그곳을 '성모 마리아의 정원'으로 만들어 오로지 수도사들만이 거주할 수 있게 하였다."

이후, 아토스산은 성모 마리아의 정원으로 불리기 시작하였다. 그런데 오늘날 루마니아도 "성모 마리아의 정원"으로 불리고 있는데, 그 이유는 1999년 루마니아 정통 가톨릭 교회를 공식 방문한 폴란드 출신의 교황 요한 바오로 2세가 루마니아를 '성모 마리아의 정원'이라고 극찬한 데에서 유래한다.

6. 듬보비짜강

부카레스트의 젖줄인 듬보비짜강(Dâmbovița R.)은 퍼거라쉬산맥(Făgăraș Mts.)에서 발원하여 부카레스트 시내(22㎞)를 가로지른다. 그래서 루마니아 사람들은 부카레스트를 '듬보비짜강에 있는 도시' 혹은 '듬보비짜 강변의 파리'라고도 부른다.

1985년 7월 5일, 루마니아 공산당 정치 집행위원회는 듬보비짜강을 정비하기로 하였다. 강이 자주 범람한 것도 하나의 이유였지만 다른 나라 수도처럼 도시 한복판에 강이 흐르고 있다는 인상을 주기 위해서였다. 이후 1985년 12월부터 1987년 12월까지 약 2년 동안 하천 정비사업이 진행되었고, 시멘트로 포장된 듬보비짜강둑에 오염된 물을 여과하는 정제시설도 건설되었다.

듬보비짜 강

그런데 이 사업에 예산이 가장 많이 들어간 곳은 크른가쉬(Crângaşi) 상류

모리호수

지역에 엄청난 양의 물을 저장하기 위해 건설된 모리 호수(Morii Lake)였다. 즉, 호수의 물을 계속 방류함으로써 듬보비짜강이 계속 흐르도록 한 것이다. 애초부터 듬보비짜 정비사업은 경제적 타당성이 없었으며, 강 주변의 사회주의 승리로(Socialist Victory Boulevard) 역시 산책하기에 적합하지 않아 오늘날 그곳을 찾는 부카레스트 시민들은 그리 많지 않다. 이 외에도 1985년 12일, 루마니아 공산당 정치 집행위원회는 부카레스트와 흑해 사이의 운하 건설을 결정하였지만, 다행스럽게도 실행되지 않았다.

「듬보비짜」 전설

부카레스트와 그곳을 가로지르는 듬보비짜강은 아름다운 전설을 간직하고 있다. 부카레스트는 부쿠르(Bucur)라는 목동의 이름에서 유래하며, 듬보비짜강은 듬보비짜(Dâmbovița)라는 이름의 숲 관리인의 딸 이름에서 유래한다.

"옛날 어느 깊은 숲속에 숲을 관리하는 아버지와 듬보비짜라는 이름의 딸이 살고 있었다. 그러던 어느 날, 길을 잃은 퍼트-프루모스(Făt-Frumos) 왕자가 그들이 살고 있던 오두막에 도착하였다. 왕자 혼자 깊은 숲속을 갈 수 없었기에, 아버지는 듬보비짜에게 목적지까지 동행해주라고 하였다. 그들은 밤새 숲을 헤쳐 나갔고, 마침내 아름다운 성이 있는 목적지에 도착하였다. 그런데 이미 사랑에 빠진 왕자는 듬보비짜에게 청혼을 하며 자신의 성에서 평생 같이 살자고 제안하였다. 하지만 그녀는 오래전에 결혼을 약속한 사람이 있다고 말하면서 청혼을 거절하였다. 비록 청혼에 실패했지만, 듬보비짜의 진실한 사랑에 감동한 왕자는 자신이 가지고 있던 마법의 지팡이를 선물로 주었다.

한편, 듬보비짜의 집에 들른 약혼자 부쿠르는 그녀가 왕자와 함께 길을 떠났다는 말을 듣고 질투심에 불타 그들을 뒤쫓기 시작하였다. 듬보비짜를 부르는 부쿠르의 목소리는 온 숲속에 울려 퍼졌고, 한참 후 두 사람이 있는 곳에 도착하였다. 자신을 배신했다고 생각한 그는 듬보비짜에게 모욕적인 말도 서슴지 않았다. 왕자의 해명도 듬보비짜의 간청도 더 이상 통하지 않았다. 결국, 듬보비짜는 자신의 결백을 증명하기 위하여 왕자가 준 마법의 지팡이로 커다란 바위를 힘차게 내려쳤고, 잠시 후 바위틈 사이로 깨끗한 물이 흐르기 시작하였다. 자신의 행동을 깊이 후회한 부쿠르는 듬보비짜에게 용서를 구한 후 그녀와 함께 숲속 오두막으로 돌아왔다.

시간이 지나면서, 바위틈 사이로 흘러내린 물은 강이 되어 듬보비짜강으로 불리었고, 부쿠르가 살던 숲 근처의 마을도 그의 이름을 붙여 부쿠레쉬티가 되었다."

7. 법원 건물

1890~1895년 프랑스 르네상스 양식으로 건축된 루마니아 법원 건물(Palace of Justice: Palatul de Justiție)은 듬보비짜강변에 위치한다. 이 건물을 설계한 사람은 파리와 브뤼셀의 법원 건물을 설계한 프랑스 건축가 알베르트 발루(Albert Ballu)이지만, 그가 사망한 후 루마니아 건축가 이온 민쿠(Ion Mincu)가 마감 공사를 하였다. 완공 후, 유럽의 언론들은 "유럽에서 가장 아름다운 건물 중 하나"라고 극찬하였다.

이 시기에 루마니아는 오스만제국으로부터 독립(1877-1878년)하여 정치·경제적으로 많이 발전하였다. 따라서 당시 부카레스트에는 법원 건물 외에도 루마니아 왕궁(Royal Palace)과 CEC 궁전, 루마니아 아테네 음악당(Romanian Athenaeum), 우체국(Post Office), 의학연구소(Institute of Medicine), 농림부 청사(Ministry of Agriculture) 그리고 대학중앙도서관(Central University Library) 등이 건축되었다.

법원 건물 정문에 있는 6개의 작은 동상은 왼쪽부터 '주의'와 '활력', '법', '정의', '변설(辨說)' 그리고 '진실'을 상징한다. 또한, 건물 지붕에 설치된 시계 옆에는 '힘'과 '신중함'을 상징하는 2개의 동상이 있는데, 이것은 루마니아 법원 건물의 자긍심을 의미한다. 흥미로운 것은, 건물의 중앙 부분을 자세히 보면 앞으로 두드러져 나와 있는데 왕관 모양을 하고 있다.

참조 혁명 이후, 대대적인 건물 보수 작업(2003-2006년)이 진행되어 부카레스트 고등법원(Bucharest Court of Appeal)과 부카레스트 제5구역 법원(Bucharest District 5 Court), 루마니아 법관협회(Romanian Magistrates Association), 루마니아 변호사 총연합회(National Union of Romanian Bars) 그리고 부카레스트 변호사협회(Bucharest Bar Association) 등이 이곳으로 이전하였다.

법원 건물[1][Author, Bogdan Caraman]

◆ 루마니아 법원 조직

루마니아 법원은 대법원(High Court of Cassation and Justice)과 15개 고등법원(Court of Appeal), 42개 주법원(County Court), 4개 전문법원(Specialized court), 176개 지방법원(Local Court) 그리고 군사법원(Military Court)으로 구성된다. 루마니아 법조인은 판사와 검사 등과 같은 사법관들(magistrat)과 변호사(lawyer)가 있다. 변호사가 되기 위해서는 국가고시에 합격한 후 반드시 루마니아 변호사협회에 등록해야 한다. 시험을 합격하지 않고 단순히 법대를 졸업한 법률 전문가(jurist)들은 변호사협회 회원이 될 수 없다

8. 부카레스트 구시가지

부카레스트가 역사 문헌에 처음으로 언급된 것은, 1459년 블라드 드라큘라 영주(Vlad Dracula)가 왈라키아 공국을 통치하던 시기로 거슬러 올라간다. 이후, 왈라키아 공국은 근 400년 동안 오스만제국의 영향 아래에 있었다.

부카레스트 구시가지(Bucharest Old Town: Centrul Vechi 혹은 Centrul Istoric)는 1600년경 왈라키아 공국의 왕궁 주위로 여인숙과 상점들이 생겨나면서 발전하기 시작하였다. 역사적으로 볼 때, 1459~1660년 사이 왈라키아 공국의 수도는 트르고비쉬테(Târgovişte)와 부쿠레쉬티(Bucureşti)였으며, 부카레스트가 왈라키아 공국의 단일 수도가 된 것은 1660년 이후이다.

시간이 지나면서 구시가지는 더욱 발전하였고 콘스탄틴 브른코베아누 영주(Constantin Brâncoveanu)가 통치하던 시기에 황금기를 누렸다. 1692년, 그는 부카레스트에서 가장 오래된 거리[현재 프랑스 거리(French Street)]에 일정 크기로 자른 원통 모양의 참나무를 박아 포장하였다. 이 시기에 구시가지에는 독일 라이프치히(Leipzig)시와 불가리아 가브로보(Gabrovo)시 출신의 외국 상인들이 교역을 하였으며, 현재 구시가지에 있는 립스카니(Lipscani) 거리와 가

브로베니(Gabroveni) 거리는 이들 나라의 도시 이름에서 유래한다.

부카레스트 구시가지는 1990년대 대대적인 복원작업이 진행된 이후 부카레스트 최고의 관광명소가 되었다. 2017년, CNN은 이곳을 "유럽에서 밤 문화가 가장 활기찬 곳 중 하나"라고 언급하면서, 특히 "유럽에서 가장 아름답고 놀라운" 커르투레쉬티 회전목마(Cărturești Carusel) 서점 안으로 들어가면 "내부 실내 장식과 조명 때문에 마치 움직이는 회전목마를 타고 있다는 인상을 받게 된다"고 언급하였다.

커르투레쉬티 서점

1) 200년 전통의 마누크 여인숙

마누크 여인숙(Manuc's Inn: Hanul lui Manuc)은, 당시 발칸반도에서 가장 부유한 지주 중 한 명인 마누크 므르자이안(Manuc Mârzaian: Manuc Bey라는 이름으로 더 유명하다)이 1806년 건축하였다. 이 여인숙은 러시아-튀르크전쟁(1806-1812년)이 종결된 이후 평화협정을 체결하기 위한 예비회담이 개최된 곳이며, 이후 몰도바 공국의 일부 지역[프루트강(Prut)과 드네스테르강(Dniester) 사이의 지역]이 러시아에 병합되었다. 마누크 여인숙은 오늘날에도 200년 이전의 건축 양식이 그대로 보존되어 있으며 지금은 호텔과 레스토랑으로 사용된다.

마누크 여인숙

2) 중세 왕궁박물관

현재 중세 왕궁박물관(Old Princely Court Museum or Curtea Veche Museum)이 있는 곳에는 부카레스트에서 가장 오래된 건축물인 요새(13세기 건축)가 있었다. 드라큘라의 원조로 유명한 블라드 드라큘라 영주(Vlad Dracula: Vlad

Țepeș, Vlad III, 1431-1476)는 1459년 이 요새를 증축하여 왕궁으로 사용하기 시작하였다.

앞에서 언급한 것처럼, 부카레스트는 1660년 왈라키아 공국의 단일 도읍지가 되었으며, 콘스탄틴 브른코베아누 영주가 통치하던 1688~1714년 황금기를 누렸다. 당시 왕궁 부지는 25,000㎡(7,562평)이었으나 1798년 이후 왕궁 내에 도로와 근대적인 건축물들이 들어서면서 왕궁 터는 현저히 줄어들었다.

중세 왕궁박물관[1][Authors, Stefan Jurca and Korinna]

1953년 이곳에서 고고학 발굴작업이 진행되었으며, 1969~1974년 복원되었다. 중세 왕궁박물관에는 블라드 드라큘라 영주가 통치하던 시기의 유적들도 보존되어 있다. 즉, 왕궁 주위로 쌓아 올린 성벽을 자세히 보면, 드라큘라 영주가 통치하던 시기에 고대 그리스-로마인들이 사용했던 고대 건축기술인 붉은 벽돌 사이로 석판이나 돌을 넣어 쌓아 올린 것을 볼 수 있다. 왕궁 오른편에는 왕실에서 사용하던 부카레스트에서 가장 오래된 쿠르테아 베케 교회(Curtea Veche Church, 1545-1554년 건축)가 있다.

왕실 교회[1][Author, Neoclassicism Enthusiast]

◆ 카피톨리나 늑대상

로마 건국신화를 보면, 늑대 젖을 먹고 자란 로물루스(Romulus)와 레무스(Remus) 형제에 관한 이야기가 나온다. 어느 날, 산책하던 군신 마르스(Mars)가 잠자던 레아 실비아(Rhea Silvia)의 모습에 반해, 이후 사랑의 결실로 쌍둥이 아들인 로물루스와 레무스가 태어났다. 하지만 신의 세계에서 인간과의 결혼이 금지된 터라 쌍둥이 형제는 테베레(Tevere)강에 버려졌다. 강물을 따라 떠내려간 쌍둥이 형제는 늑대가 발견하였고, 이후 늑대 부카레스트에서 가장 오래된 건축물인 로마를 건국하였다. 따라서 오늘날 로마 캄피돌리오 광장(Piazza del Campidolglio)에 있는 카피톨리니 박물관(Musei Capitolini)에는 늑대의 젖을 먹는 아이들의 동상이 있다.

카피톨리나 늑대상

이처럼, 늑대상은 로마의 상징물이지만 루마니아를 비롯하여 일본, 브라질 등 여러 나라에서 찾아볼 수 있다. 그런데 세계에서 늑대상이 가장 많이 있는 나라는 루마니아이다. 그 이유는, 1900년대 초 이탈리아 정부가 라틴 민족에서 기원하는 루마니아 정부에 5개의 동상을 선물로 보내주었기 때문이다. 첫 번째 동상은 1906년 부카레스트시에 도착하였고, 2번째는 클루즈(Cluj, 1921년)시 그리고 3,4,5번째는 각각 트르구 무레쉬(Târgu Mureş, 1924년)시와 티미쇼아라(Timişoara, 1926년)시 그리고 키쉬너우(Chişinău, 1926년)시에 도착하였다. 현재 몰도바공화국의 수도인 키쉬너우시에 설치된 늑대상은 제2차 세계대전 당시 러시아인들이 동상을 녹여버려 오랜 세월 자취를 감추었지만, 최근에 복원되었다.

1906년, 부카레스트에 도착한 늑대상의 이름은 '카피톨리나 늑대(Capitoline Wolf)'이다. 당시 로마시청은 카롤 I세의 취임 25주년을 축하하는 동시에 그로부터 1,800년 전인 서기 106년, 로마제국의 다치아 왕국 정복을 기념하기 위하여 동상을 부카레스트로 보냈다. 당초 이 동상은 카롤 공원에 있는 로마경기장(Arenele Romane)에 설치되었지만, 1908년 립스카니(Lipscani) 거리의 로마광장(Piaţa Romei)으로, 그리고 1931년에는 정통 가톨릭 관구장 언덕(Dealul Mitropoliei)으로 옮겨졌다. 뿐만 아니라 1965년에는 루마니아 공산주의자들이 눈에 거슬린다는 이유로 도로반찌 광장(Piaţa Dorobanţi)으로 옮기면서 약 30년 동안 그곳에 있었으나, 1997년 로마노 프로디(Romano Prodi) 이탈리아 수상의 부카레스트 방문 때 다시 로마광장(Piaţa Romană)으로 옮겨졌다. 그로부터 13년 후인 2010년, 오프레스쿠(Sorin Oprescu) 부카레스트 시장은 주루마니아 이탈리아 대사와 오랜 논의 끝에 100년 전에 동상이 있던 립스카니 거리의 로마광장(Piaţa Romei)으로 다시 옮겼다. 당시 동상 제막식에는 지오반니 알레만노(Giovanni Alemanno) 로마시장도 참석하였다.

3) 보리수나무가 있는 여인숙

1833년 건축된 보리수나무가 있는 여인숙(Linden Tree Inn: Hanul cu Tei)은 부카레스트에서 가장 오래된 여인숙이다. 이 여인숙은 그동안 진행된 수차례의 복원작업에도 과거의 모습이 그대로 보존되어 있어 중세의 분위기가 물씬 풍긴다.

보리수 여인숙

이 여인숙의 원래 이름은 '넓은 거리에 있는 상인들의 여관(Inn on the Wide Street of Merchants)'이며 오늘날 부카레스트 구시가지의 상징으로 간주된다.

단조 철로 제작된 화려한 두 개의 철문은 립스카니 거리(Lipscani street)와 블러나리 거리(Blănari street) 거리로 연결된다. 현재, 이곳에는 미술화랑이 있으며 지하에는 레스토랑과 와인바 등이 있다.

4) 루마니아 국립은행

1878년 오스만제국으로부터 독립한 루마니아는 경제적으로 많이 발전하였다. 이후 루마니아 국립은행의 역할이 커지면서 공간문제가 발생하여, 1882~1889년 현재의 루마니아 국립은행(National Bank of Romania) 건물이 신축되었다. 건물 설계는 프랑스 건축가 카시앙 베르나르(Cassien Bernard)와 알베르 갈레롱(Albert Galleron)이 맡았으며, 부카레스트 최초의 쉐르반 보더 여인숙(Şerban Vodă Inn, 1678-1883)이 있던 자리에 프랑스 신고전주의 양식으로 건축되었다. 건물 외관을 보면 코린트식 기둥과 농업, 산업, 정의 그리고 무역을 의미하는 4개의 동상이 있다.

일반적으로, 은행의 역사는 약 8,000년 전, 수메르 문화의 메소포타미아 지역에서 유래한다고 알려져 있다. 하지만 근대적인 의미에서 세계 최초의 은행은 1472년 이탈리아에 설립된 몬테 데이 파스키 디 시에나은행(Monte dei Paschi di Siena)이다. 따라서 현재 사용되는 대부분의 금융 용어는 15세기 이탈리아 은행으로부터 유래하는데, 예를 들어 현금(cash)과 채무자(debtor) 그리고 채권자(creditor) 등과 같은 용어는 이탈리아어 가사(cassa)와 데비토레(debitore) 그리고 크레디토레(creditore)와 연관이 있다.

이에 반해, 세계에서 가장 오래된 중앙은행은 1668년에 설립된 스웨덴 국립은행인 스베리어릭스 은행(Sveriges Riksbank)이다. 루마니아 국립은행(1880년 4월 17일 설립)은 전 세계에 있는 약 200개 중앙은행 중 16번째로 설립되었으며, 시기적으로 이탈리아 은행(Banca d'Italia, 1893)과 스위스 국립은행(Schweizerische Nationalbank, 1907), 일본은행(Bank of Japan, 1882) 그리고 미국의 연방 준비제도(Federal Reserve System, 1913)보다 먼저 설립되었다.

[루마니아 국립은행 박물관: 국립은행 안에 있으며 www.bnro.ro에서 박물관 가상투어(MUZEUL Tur virtual al BNR)를 할 수 있다.]

루마니아 국립은행[1][Author, Britchi Mirela]

5) 카루 쿠 베레 레스토랑과 카피톨 호텔 레스토랑

카룰 쿠 베레(Caru' cu Bere) 레스토랑은 루마니아어로 '맥주를 실은 마차'를 의미한다. 1879년 문을 열었으며, 건물의 내부 및 외부가 신 고딕 양식으로 되어 있다. 그동안 루마니아 문인들은 물론 롤링스톤스(Rolling Stones)나 데미 무어(Demi Moore) 그리고 일본 왕세자 등 외국의 유명 인사들이 방문하면서 더욱더 유명해졌다. 관광 시즌에는 하루 1,000~2,000명의 관광객이 방문하기 때문에, 식사 시간이 오래 걸릴뿐더러 대표 메뉴인 치올란(ciolan: 돼지족발)도 그리 특별하지 않아 강추하지 않는다. 그렇지만 실내 장식이 아름답게 되어있어 내부를 둘러보며 기념사진은 찍어볼 만하다.

카루 쿠 베레 레스토랑

추천하는 인근 레스토랑은 마눅 여인숙 레스토랑이나 카피톨 호텔 레스토랑[Capitol Hotel: 국립 군인회관(National Military Circle) 오른편에 위치]이다. 가성비 좋은 식사를 원할 경우, 카피톨 호텔 레스토랑의 점심, 저녁 뷔페[점심: 월~일요일 12시~15시: 6유로(1명) / 저녁: 월~금요일 18~22시 10유로(1명)]를 추천한다. 그곳에는 피아노 연주와 루마니아 가수의 노래를 라이브로 들으면서 품격 있는 식사를 할 수 있다. 4성급 호텔인 만큼 음식 맛이 좋은 편이며, 특히 돼지고기 그릴과 자쿠스커(zacuscă: 가지와 토마토로 만든 루마니아 음식으로 주로 빵에 발라 먹는다)를 추천한다. 물과 커피, 맥주 그리고 와인 등은 뷔페 가격에 포함되어 있지 않아 따로 계산해야 하며, 뷔페이지만 적당한 팁을 주어야 한다.

카피톨 호텔 레스토랑[4]

6) 스타브로폴레오스 교회

수호성인이 대천사 미카엘과 가브릴(St. Archangels Michael and Gabriel)인 스타브로폴레오스(Stavropoleos) 교회는 1724년 그리스 수도사 이오아니키에 스트라토니케아스(Ioanichie Stratonikeas)가 브른코베아누 양식으로 건축하였다. 스타브로폴레오스라는 말은 '십자가의 도시'를 의미하는 그리스어 스타우로폴리스(Stauropolis)를 루마니아어로 표기한 것이다. 2017년, CNN은 "규모는 작지만 아주 조화롭게 건축되었으며, 루마니아와 그리스 양식이 혼합된 교회 안으로 들어가면 감탄이 절로 나온다"라고 언급하였다.

스타브로폴레오스 교회

루마니아 국립 역사박물관

7) 국립 역사박물관

루마니아 국립 역사박물관(National Museum of History of Romania)은 1894~1899년 루마니아 건축가 알렉산드루 서불레스쿠(Alexandru Săvulescu)가 신고전주의 절충식으로 건축하였다. 스위스 제네바의 중앙 우체국 건물을 모델로 하여 건축되었으며, 완공 후 우체국(Post Office) 건물로 사용되었으나 1972년 이후 루마니아 국립 역사박물관으로 사용되고 있다. 선사시대부터 근대에 이르기까지 69만 점 이상이 소장되어 있으며, 특히 지하에는 라피다리움(Lapidarium: 로마 황제 '트라야누스의 기둥' 사본)이 전시되어 있다.

[국립 역사박물관: ☎ (+40)213.158.207; 주소 Calea Victoriei 12, București; 박물관 가상투어(Muzeul Virtual): www.muzeulvirtual.ro]

◆ 그 많던 루마니아 보물들은 다 어디에 있나?

부카레스트에 있는 국립 역사박물관은 루마니아에서 최대 규모를 자랑하지만, 막상 내부로 들어가 보면 그리 볼 것이 많지 않다. 그렇다면 루마니아 국보급 보물들은 다 어디에 있을까? 내용을 살펴보면, 제1차 세계대전이 발발한 이후 독일군이 부카레스트로 진격하였다. 당시 루마니아 정부는 동맹국인 러시아[삼국협상(Triple Entente, 영국-프랑스-러시아)]에게 거의 모든 국보급 유물을 맡겼지만, 지금까지 반환되지 않고 있다.

당시의 상황을 좀 더 자세하게 살펴보면, 1916년 12월 21일 루마니아 정부는 루마니아 국립은행에 있던 골드바(91.32t)와 루마니아 역사박물관에 있던 각종 동전과 보석 그리고 미술품 등 대부분의 국보급 유물을 열차 17량에 실어 모스크바로 보냈다. 또한, 그로부터 약 6개월 이후에도 루마니아 국립은행과 CEC 궁전 그리고 역사박물관에 있던 나머지 황금과 채권 그리고 각종 고서를 포함하여, 루마니아 고대유물 박물관(National Museum of Antiquities)에 있던 모든 보물과 예술품을 열차 3량에 실어 모스크바로 보냈다. 총 20량에 달하는 루마니아 국보급 유물이 모스크바로 보내진 셈이다.

1935~1956년, 그중 극히 일부에 해당하는 고서와 유물 그리고 미술품 몇 점이 반환되었지만, 대부분은 아직 모스크바에 남아있다. 1956년 반환된 유물 중에는 '피에트로아셀레 보물(Pietroasele Treasure: 4세기 후반 황금으로 제작된 고딕 양식의 보물)' 중 하나인 '황금 병아리가 있는 둥지(Golden Chicken Nest)'와 후레지(Hurezi) 수도원에 소장되

어 있던 '그리스-로마 복음서(Greco-Roman Gospel)'가 있다. 그중 1693년 브른코베아누 영주(Constantin Brâncoveanu)의 지시로 출판된 복음서는 1709년 시비우의 한 장인이 복음서 테두리를 황금으로 장식한 것이다.

트르노베아누(Ernest Oberländer-Târnoveanu) 박물관 소장은 현재 모스크바에 있는 루마니아 유물의 가치는 우리의 상상을 초월한다고 언급하였다.

"마리아(Maria) 여왕의 보석만 해도 그 가치가 황금 2t하고 300kg에 해당하기 때문에 아마 상상이 갈 겁니다. 그런데 그것은, 가공한 보석의 예술적 가치를 포함하지 않는, 즉 1916년 당시의 순수한 황금의 가치만 계산한 것입니다."

흥미로운 것은, 당시 모스크바로 보내지 않고 그냥 독일군에게 빼앗겼더라면 오늘날 훨씬 더 돌려받기가 수월했을 거라고 말하는 루마니아인들이 많다는 사실이다.

8) CEC 궁전

리틀 파리의 상징물 중 하나인 체크 궁전(CEC Palace)은 1897~1900년 건축되었지만, 원래 그곳에는 16세기에 건축된 수도원이 있었다. 체크(CEC)는 루마니아어로 저축 및 위탁은행(Casa de Economii și Consemnațiuni: CEC)의 약자이며, 오늘날 국립 저축은행(National Savings Bank)에 해당한다.

이 궁전은 르네상스 양식의 유리와 금속 돔 그리고 19세기 후반 프랑스 건축 양식에 특화된 여러 요소가 조화롭게 결합한 절충주의 양식으로 되어있다. 건물 정면을 보면 4개의 기둥과 반원형 페디먼트(pediment: 고대 그리스 건축에서 건물 입구 위의 삼각형 혹은 반원 모양의 공간)가 있어 아주 인상적이며, 시계 양쪽에 서로 마주 보고 있는 두 개의 석상은 그리스, 로마 신화에 나오는 신들로, 왼쪽은 과학·웅변·상업 등의 신인 머큐리(Mercury) 혹은 헤르메스(Hermes) 신이고 오른쪽은 다산과 부의 여신인 데메테르(Demeter) 신이다. 또한 지붕의

한 중앙에는 유리와 금속으로 제작된 커다란 돔이 있으며, 모서리에도 페디먼트와 르네상스 양식의 작은 돔이 있다.

건물 내부에는 CEC 은행과 CEC 박물관이 있으며, 특히 2005년 개장된 CEC 박물관에는 루마니아 은행의 역사와 관련된 각종 자료가 소장되어 있다. 건물 내부도 아름답지만 일반인 출입은 제한된다.

CEC 궁전[1][Diego Delso, delso.photo, License CC-BY-SA]

9. 빅토리 애버뉴

빅토리 애버뉴(Victory Avenue: Calea Victoriei)는 부카레스트에서 가장 역사적인 도로 중 하나이다. 원래 이 도로는 군인회관(National Military Circle)에서 빅토리아 광장(Victoria Square) 사이를 연결하고 있었지만, 1692년 콘스탄틴 브른코베아누 영주(Constantin Brâncoveanu)가 구시가지에 있는 왕궁에서 모고쇼아이아 궁전(Mogoşoaia Palace) 사이의 도로(총 15㎞)를 같은 크기로 자른 원통 모양의 참나무를 박아 포장하였다. 이후, 이 도로는 "모고쇼아이아 다리(Mogoşoaia Bridge)"라고 불렸으나 오스만제국과의 독립전쟁(1877-1878년)에서 승리한 것을 기념하기 위해 빅토리 애버뉴로 바뀌었다.

10. 국립 군인회관

국립 군인회관(National Military Circle: Cercul Militar Naţional)은 루마니아 독립전쟁 발발 이전인 1876년 12월 15일, 루마니아 군대의 현대화 작업의 일

국립 군인회관

환으로 설립되었다. 또한, 지금의 군인회관 건물은 1911~1923년 당시 프랑스에서 유행하던 절충주의 양식으로 건축되었다. 오늘날 이곳에는 루마니아 현역 및 예비군 장교들의 전우애와 친목 도모라는 설립 취지에 맞게 각종 군 관련 학술대회는 물론 음악콘서트와 미술 전시회 등 다양한 문화행사가 개최된다. 건물의 내부 장식도 아주 아름답지만, 레스토랑과 테라스를 제외한 다른 곳은 일반인 출입이 제한된다.

11. 부카레스트 대학교

루마니아 3대 명문 대학은 알렉산드루 이오안 쿠자 대학교(Alexandru Ioan Cuza University: 1563년 설립)와 바베쉬-보여이 대학교(Babeș-Bolyai University: 1581년) 그리고 부카레스트 대학교(Bucharest University, 1688년)이다.

부카레스트 대학의 역사는 1688년 설립된 세인트 사바 학교(School of Saint Sava)로 거슬러 올라간다. 1694년, 브른코베아누 영주는 학교 이름을 세인트 사바 왕립아카데미(Royal Academy of Saint Sava)로 바꾸었고, 1859년 왈라키아 공국과 몰도바 공국이 통일한 이후에는 알렉산드루 이오안 쿠자 영주가 1864년 기존의 3개 단과대학을 통합하여 근대적인 의미에서의 부카레스트 대학교를 설립하였다.

부카레스트 대학교 정면 대각선 방향에는 루마니아에서 가장 오래된 콜쩨아 병원(Colțea Hospital, 1704년)이 있다.

부카레스트대학교

명예 박사학위를 수여받는 차우셰스쿠(왼쪽)

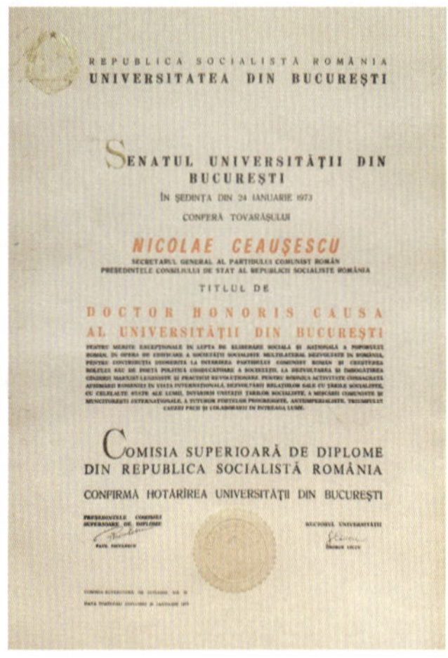

REPUBLICA SOCIALISTĂ ROMÂNIA
UNIVERSITATEA DIN BUCUREŞTI

SENATUL UNIVERSITĂŢII DIN BUCUREŞTI
ÎN ŞEDINŢA DIN 24 IANUARIE 1973
CONFERĂ TOVARĂŞULUI

NICOLAE CEAUŞESCU
SECRETARUL GENERAL AL PARTIDULUI COMUNIST ROMÂN
PREŞEDINTELE CONSILIULUI DE STAT AL REPUBLICII SOCIALISTE ROMÂNIA

TITLUL DE

DOCTOR HONORIS CAUSA
AL UNIVERSITĂŢII DIN BUCUREŞTI

COMISIA SUPERIOARĂ DE DIPLOME DIN REPUBLICA SOCIALISTĂ ROMÂNIA
CONFIRMĂ HOTĂRÎREA UNIVERSITĂŢII DIN BUCUREŞTI

콜쩨아 병원

12. 이온 민쿠 건축 및 도시계획 대학교

부카레스트 대학교 옆에 있는 이온 민쿠 부카레스트 건축 및 도시계획 대학교(Ion Mincu University of Architecture and Urban Planning)는 루마니아에서 가장 오래된 이 분야 최고의 교육기관이다. 대학의 역사는 1864년 알렉산드루 이오안 쿠자 영주가 설립한 교량 및 도로, 광산 및 건축학교(School of Bridges and Roads, Mines and Architecture)로 거슬러 올라간다. 시간이 지나면서 수차례 대학 이름이 바뀌었지만, 2000년 대학 평의회에서 이온 민쿠 건축대학(Ion Mincu Institute of Architecture)이 이온 민쿠 건축 및 도시계획 대학교(Ion Mincu University of Architecture and Urban Planning)로 변경된 이후 오늘날에 이르고 있다. 현재 대학 내에 3개 단과대학(건축, 실내건축, 도시계획)이 있다.

이온 민쿠 건축대학교

부카레스트 공과대학교[2][Author, Andrei Stroe]

참조 **부카레스트 공과대학교**

부카레스트 공대(Polytechnic University of Bucharest)는 루마니아 공과대학 중 가장 오래되고 권위 있는 대학으로 간주된다. 대학의 역사는 지금으로부터 약 200년 전인 루마니아 신학자이자 교육자인 게오르게 라저르(Gheorghe Lazăr)가 세인트 사바(St. Sava) 수도원에 루마니아 최초의 고등기술학교(Higher Technical School)를 설립한 1818년으로 거슬러 올라간다. 그로부터 14년 후인 1832년, 세인트 사바 대학(College of Saint Sava, 1832)으로 이름이 바뀌었지만, 근대적인 의미에서 대학의 역사는 알렉산드루 이오안 쿠자 영주가 교량 및 도로, 광산 및 건축학교를 설립한 1964년이다. 이후에도 대학 이름은 수차례에 바뀌었으나, 1992년 부카레스트 폴리텍 대학(Polytechnic Institute of Bucharest)에서 부카레스트 공과대학교로 변경된 후 오늘날에 이르고 있다.

◆ "세계 최초의 여성 엔지니어" 엘리사 레오니다 잠피레스쿠

1887년 갈라찌(Galaţi)시에서 태어난 엘리사 잠피레스쿠(Elisa Leonida Zamfirescu, 1887-1973)는 부카레스트에서 미하이 비테아줄(Mihai Viteazul)고등학교를 졸업한 후 부카레스트 교량 및 도로 학교(School of Bridge and Road: 부카레스트 공대 전신)에 지원하지만, 여자라는 이유로 입학이 거부되었다. 그래서 1909년 베를린에 있는 왕립기술아카데미(Royal Technical Academy)에 입학하지만, 그곳에서도 학업이 순탄치 않았는데, 당시 학장 중 한 명이 여성의 덕목으로 "아이, 요리, 교회(Kinder, Küche, Kirche)"라고 언급하면서 학업 포기를 권유하였다고 한다. 하지만 그녀는 자신의 꿈을 포기하지 않고 학업에 매진한 결과 1912년 화학공학 분야에서 학위를 획득하여 세계 최초의 여성 엔지니어 중 한 명이 되었다. 어떤 사람들은 세계 최초의 여성 엔지니어를 두고 1906년 아일랜드 골웨이(Galway)에 있는 왕립대학교를 졸업한 앨리스 페리(Alice Perry, 1885-1969)라고 주장하기도 한다.

엘리사 잠피레스쿠는 제1차 세계대전 동안 적십자에서 근무한 이후 평생 루마니아 지질연구소(Geological Institute of Romania)에서 연구하였다. 오늘날 부카레스트와 갈라찌시에는 그녀의 이름 붙인 엘리사 레오니다 잠피레스쿠 도로가 있다.

참조 **부카레스트 경제아카데미**

1913년 카롤 I세는 로마 광장(Roman Square: Piața Romană) 인근에 고등 상업 및 산업 연구 아카데미(Academy of Higher-Level Commercial and Industrial Studies)를 설립하였다. 1948년, 소련 공산주의 고등교육시스템을 따르기 위해 경제과학 및 계획 연구소(Institute for Economic Sciences and Planning)가 되었으나 1967년 부카레스트 경제아카데미

(Academy of Economic Studies)로 이름이 바뀐 후 오늘날에 이르고 있다. 교수 수는 약 900명이며 학부 학생 수는 2만 2천 명 그리고 박사과정 학생은 약 1,000명에 이른다.

부카레스트 경제아카데미

13. 차우셰스쿠가 마지막으로 연설한 혁명광장

부카레스트 혁명광장(Revolution Square: Piața Revoluției)은 1989년 루마니아 혁명이 발발하기 이전에 궁전광장(Palace Square: Piața Palatului)이었으며 또한 그 이전에는 루마니아 노동당 제1서기의 이름을 붙여 게오르게 게오르기우 데즈 광장(Gheorghe Gheorghiu Dej Square)으로 불리었다.

광장 주변에는 루마니아 정부청사(舊 공산당 중앙위원회 본부)와 루마니아 건축가 연합 본부 건물(舊 국가보안부 제5국), 크레쭐레스쿠(Kretzulescu) 교회, 루마니아 국립미술박물관(舊 왕궁), 카롤 I세 대학재단 건물(舊 대학 중앙도서관), 루마니아 아테네 음악당, 아테네 팰리스 힐튼 호텔 등이 있고, 부활 기념비와 카롤(Carol) I세 기마상, 이울리우 마니우(Iuliu Maniu) 동상 그리고 코르넬리우 코포수(Corneliu Coposu) 동상도 있다.

1) 구(舊) 루마니아 공산당 중앙위원회 본부

구 루마니아 공산당 중앙위원회 본부(Headquarters of the Central Committee of the Romanian Communist Party) 건물은 루마니아의 독재자 니콜라에 차우셰스쿠가 마지막 연설을 한 곳으로 유명하다. 이 건물은 우리나라 청와대에 해당하는 코트로체니 궁전(Cotroceni Palace) 그리고 루마니아 수상이 근무하는 빅토리아 궁전(Victoria Palace: Palatul Victoria)과 함께 루마니아 3대 정부청사로 간주된다.

건물의 역사는 1912년으로 거슬러 올라간다. 원래 내무부 건물이었으나 1958년 이후 루마니아 공산당 중앙위원회 본부가 되었다. 또한, 1989년 루마니아 혁명 이후 루마니아 상원이 사용하였으나 2004년 상원이 의회궁으로 이전하면서 지금은 내무부와 보건복지부 그리고 노동부가 사용하고 있다.

그러면 1989년 12월 발생한 루마니아 혁명에 대하여 간략하게 살펴보자.

1989년 루마니아 혁명은 루마니아 서부의 티미쇼아라(Timişoara)시에서 발생하였다. 혁명의 발단은 1989년 12월 14일, 티미쉬(Timiş)주 법원이 차우셰스쿠 독재체제에 반대하던 헝가리계 퇴케스 신부(László Tökés)에게 내린 강제 이주명령 때문이었다. 당일 30~40명의 신도가 거세게 항의하였고, 다음날에도 100여 명이 퇴케스 신부가 거주하던 교회 앞에서 촛불 시위를 하였다. 그 이튿날에도 수백 명의 신도가 교회 앞에 모여 차우셰스쿠 타도를 외쳤는데, 루마니아 학자들은 이 순간을 '루마니아 혁명의 시작'이라고 보고 있다. 따라서 루마니아 혁명은 12월 16일부터 차우셰스쿠 부부가 처형되는 12월 25일까지

차우셰스쿠가 마지막 연설을 한 루마니아 공산당 중앙위원회 본부 건물과 발코니

혁명 당시 광장에 모인 군중들[1][Author, Anano ano chagunava]과 혁명 후 루마니아 대통령으로 당선된 이온 일리에스쿠(Ion Iliescu)[1][Attribution: The National Museum of Romanian History]

총 9일에 걸쳐 진행되었다고 볼 수 있다.

루마니아 혁명이 전국으로 확산하자, 당시 이란을 순방 중인 독재자 차우셰스쿠는 12월 20일 급히 귀국한 후 자신의 건재함을 과시하기 위해 12월 22일 루마니아 공산당 중앙위원회 건물 앞 광장에서 관제 집회를 열었다. 연설은 집단 야유로 이내 중단되었고, 이후 집회 해산 명령이 떨어졌다. 하지만 집회 참석자들은 귀가하지 않고 도심에 계속 남아 차우셰스쿠 독재 타도를 외치기 시작하였고, 시간이 지나면서 시위대 수는 걷잡을 수 없을 만큼 불어났다.

결국, 차우셰스쿠 부부는 12월 22일 12시 06분, 2명의 경호원과 함께 다우핀(Dauphin)이라는 이름의 헬리콥터를 타고 공산당 중앙위원회 건물을 탈출하였다. 처음 그들이 도착한 곳은 스나고브(Snagov) 별장이었지만 채 30분도 되지 않아 다시 트르고비쉬테((Târgoviște)시로 출발하였다. 그런데 보테니(Boteni) 군 비행장을 지나갈 무렵, 헬리콥터가 레이더에 잡혀 격추될 수 있다는 조종사의 말에 차우셰스쿠는 착륙 명령을 내렸다. 따라서 차우셰스쿠 일행은 그곳을 지나가던 니콜라에 데카(Nicolae Deca) 박사의 붉은색 다치아 자동차(번호: 4B-2646)를 타고 계속 출발하였다. 당시 차우셰스쿠는 데카 박사에게 "쿠데타가 발생해 트르고비쉬테에서 저항군을 조직하려 한다"라는 말을 했다고 한다. 그런데 버커레쉬티(Văcărești) 마을 인근에 도착했을 즈음 자동차가 고장 나자, 이들 부부는 세쿠리타테 요원 한 명을 대동한 채 지나가던 검정 다치아 자동차(번호: 4DB-3005)를 다시 잡아타고 14시 15분경 트르고비쉬테시로 출발하였다.

이윽고, 차우셰스쿠 부부는 트르고비쉬테시에 있는 특수강 공장을 지나 15시경 트르고비쉬테시에서 5㎞ 떨어진 곳에 있는 식물보호센터에 도착하였고, 15시 30분경 이온 에나케(Ion Enache) 선임 하사와 콘스탄틴 파이시에(Constantin Paisie) 병장에게 인계되었다. 당초 이들은 차우셰스쿠 부부를 데리고 곧바로 트르고비쉬테 군사기지로 가려 했으나 도심에 모여든 시위대 때문에 한동안 도시 외곽의 숲속에 숨어 있다가 어둠이 내린 후에야 군사기지에 도착하였다. 도착 후 곧바로 체포된 차우셰스쿠 부부는 그곳에서 인생의 마지막 3박 4일을 지낸 후, 1989년 12월 25일 크리스마스 날 처형되었다.

2) 루마니아 건축가 연합 본부

공산주의 시절, 이 건물은 국가보안부 제5국(The 5th Directorate of Security)이었다. 1989년 혁명 당시, 건물 윗부분이 붕괴하였지만 2003년 루마니아 건축가 연합(Union of Architects in Romania)이 외관을 그대로 보존하면서 건물 내부 및 상부를 현대식으로 쌓아 올렸다. 어떤 사람들은 세상에서 가장 이상한 건물이라고 말하지만, 마치 중세와 현대 혹은 과거와 미래가 공존하는 듯한 독특한 느낌을 받는다.

혁명광장에서 그리 멀지 않은 곳에 있는 호텔 노보텔 역시 과거의 전통을 복원한 건축물로 유명하다. 호텔 입구의 모습은 원래 그곳에 있던 부카레스트 국립극장(1852-1944년)의 정면을 그대로 복원한 것이다.

구(舊) 루마니아 국가보안부 제5국 건물

노보텔 호텔

◆ 루마니아 비밀경찰 세쿠리타테

세쿠리타테(Securitate)의 공식명칭은 국가보안부(Directorate of State Security)였다. 1948년 설립되었으며 루마니아 공산 독재체제를 유지하는 데 커다란 역할을 하였다. 초기의 국가보안부장들은 루마니아인이 아니라 게오르게 핀틸리에(Gheorghe Pintilie), 알렉산드루 니콜스키(Alexandru Nicolschi) 그리고 블라디미르 마주루(Vladimir Mazuru) 등 루마니아 이름을 사용한 소련 장군들이었다. 하지만 이후 게오르기우-데즈(Gheorghe Gheorghiu-Dej, 1901-1965)가 정권을 잡으면서 자신에게 적대적인 소련 장군들을 몰아내고 루마니아 측근들로 대체하였다.

1980년대 세쿠리타테는 6국 8청으로 구성되어 있었으며, 그중 제5국은 루마니아 주요 인사들의 보안과 경호를 담당하였다.

1989년 루마니아 혁명 당시 국가보안부장은 이울리안 블라드(Iulian Vlad, 1931-2017)였다. 일설에 의하면, 혁명 당시 세쿠리타테 내에 있던 90개 포대자루의 서류뭉치가 비밀리에 폐기되었다고 한다. 루마니아 국가보안부는 1989년 12월 30일 해산되었고, 1990년 루마니아 정보국(Romanian Intelligence Agency)으로 재탄생하였다.

3) 부활 기념비

혁명광장에 있는 부활 기념비(Memorial of Rebirth, 높이 25m)는 2005년 8월 1일 루마니아 문화·종교부의 지원을 받은 조각가 알렉산드루 길두쉬(Alexandru Ghilduş)가 제작하였다. 루마니아 혁명 때 희생된 사람들을 기리기 위해 설치되었으며, 정식 명칭은 '부활 기념비: 1989년 12월 루마니아 혁명

부활 기념비

과 영웅들의 영원한 영광(Memorial of Rebirth: Eternal Glory to the Heroes and the Romanian Revolution of December 1989)'이다. 하얀 대리석으로 제작되었으며 '오벨리스크(Obelisk)'와 '승리로(Way of Victory') 그리고 '기억의 벽(Wall of Remembrance)'으로 구성되어 있다.

기념비 아래를 보면 자유에 대한 인간의 열망을 상징하는 조각상들이 있고, 위에는 1989년 혁명 당시 사망한 사람들의 희생을 상징함과 동시에 그들을 잊지 말자는 의미에서 왕관이 있다. 오벨리스크 앞에 있는 참나무로 포장된 승리로는 '민주주의로 향하는 길(road to democracy)'을 상징한다. 1.7m 높이 기억의 벽에는 혁명 당시 희생된 1,058명의 이름이 적혀있으며, 현재 이들은 부카레스트 혁명 영웅 묘지에 안치되어 있다. 부활 기념비는 승리의 피라미드(Pyramid of Victory)라고도 불리지만 모양이 감자와 비슷해 루마니아 사람들은 '감자 탑'이라고 부른다.

◆ 부카레스트에서 가장 보기 흉한 기념비 Top 3

2010년, 루마니아 일간지 아데버룰 데 세아러(Adevărul de Seară: 저녁의 진실)는 루마니아 조각 비평가들과 함께 '부카레스트에서 가장 보기 흉한 기념비 Top 3'를 선정하였다. 1위는 부활 기념비이고 2위는 헤러스트러우(Herăstrău) 공원 장미 섬에 설치된 유럽연합 설립자 기념비(Monument to the Founders of the European Union) 그리고 3위는 2006년 부카레스트에서 개최된 프랑크포니

유럽연합 설립자 기념비

(Francofonie)에 정상회담을 기념하기 위해 헤러스트러우 공원에 설치한 드골 동상(Charles de Gaulle)이다. 선정 이유를 보면, 부활 기념비는 막대기에 감자를 꽂아 둔 것 같고, 유럽연합 설립자 기념비는 12개의 흉상이 대머리로 조각되어 있으며 또한 드골 동상은 마치 웨이터가 서빙하는 모습이 연상된다는 것이다.

유럽연합 설립자 기념비

4) 이울리우 마니우 동상

루마니아 역사상 가장 훌륭한 정치인 중 하나인 이울리우 마니우 수상(Iuliu Maniu, 1873-1953)은 1918년 12월 1일 대(大)루마니아가 설립되는 데 커다란 역할을 하였다. 하지만 공산주의가 루마니아에 도입되는 1947년 갈라찌(Galați) 교도소에 감금된 후, 1953년 공산주의 시절 악명높은 시게트(Sighet) 교도소에서 생을 마감하였다.

이울리우 마니우 동상

1998년 설치된 이울리우 마니우 동상을 보면 그의 시선이 도로 건너편으로 향하고 있는데, 그곳에는 차우셰스쿠 공산 독재체제에 저항한 또 한 명의 민주인사인 코르넬리우 코포수(Corneliu Coposu) 동상이 있다.

5) 코르넬리우 코포수 동상

조각가 미하이 부쿨레이(Mihai Buculei)는 한 언론과의 인터뷰에서 "코포수(Corneliu Coposu, 1914-1995) 석고상을 제작하는 데 3일이 걸렸으며, 카타콤바(Catacomba) 화랑에 전시하려 했다"고 언급하였다. 당시 언론을 통해 부쿨레이를 알게 된 루마니아 재무부 장관은 그에게 코포수 동상을 청동으로 제작하여 공공장소에 설치하자고 제안하였고, 이에 알바 이울리아(Alba Iuliua)시에 있을 때부터 코포수와 알고 지내던 그는 아무런 조건 없이 받아들였다고 한다.

1996년 부쿨레이는 코르넬리우 코포수를 기리는 청동 반신상을 제작하여 크레쭐레스쿠

름니쿠 서라트 교도소

코르넬리우 코포수 동상

(Kretzulescu) 교회 옆에 설치하였다. 십자가 모양의 코포수 동상은 공산주의 하에서 그가 치렀던 고통을 기리기 위한 것이라고 한다. 코포수는 차우셰스쿠 독재에 저항한 루마니아의 대표적인 민주인사였으며, 1954~1962년 름니쿠 사라트(Râmnicu Sărat) 교도소에서 7년 반 동안 지독한 독방생활을 하였다.

[코포수의 생애에 대해서는 502-506쪽 참조]

◆ 민주주의와 공산주의

루마니아 출신의 프랑스 극작가 외젠 이오네스코(Eugène Ionesco, 1909-1994)는 세계적인 부조리 작가이다. 그의 대표작 「대머리 여가수」(La Cantatrice Chauve)는 사무엘 베케트(Samuel Beckett)의 「고도를 기다리며」(En attendant Godot)와 더불어 세계 부조리 연극의 정수로 간주된다. 이오네스코는 공산주의를 두고 "20세기 최고의 사기극"이며 "현대사의 가장 비극적이고도 가장 큰 실수"라고 말했고, 루마니아 출신의 프랑스 철학자 에밀 시오랑(Emil Cioran, 1911-1995)도 "사회주의는 순진한 생각이고 몽상가들의 착각이며, 역사가 그 치료제이다"라고 언급하였다.

외젠 이오네스코[1][Author, Gorupdebesanez]

1980년대 말, 동유럽에서 민주화 바람이 불기 시작한 후 근 30년 동안 실로 엄청난 변화가 있었다. 일반적으로 사회구조의 변화라고 하면 뭔가 해결하기 어렵고 시간도 오래 걸릴 것 같은 느낌이 들고, 구조조정이라는 말 역시 명예퇴직이나 실업 등이 연상된다. 이렇듯 구조(構造)라는 말에는 어렵고, 무거운 느낌이 있다. 그런데 90년대 동유럽 국가들은 어느 한 분야에서의 구조적 변화가 아니라 국가의 모든 분야를 망라하는 총체적인 변화를 겪었다. 공산주의에서 자본주의 체제로 그리고 사회주의에서 민주주의 체제로의 전환이 그것이다.

민주주의의 가장 중요한 요건은 공산당 일당제의 사회주의와는 반대로 복수정당제를 채택하는 것이고, 공산주의와 반대되는 자본주의의 기본 요건은 사유화(私有化)이다. 따라서 90년대 동유럽 국가들은 헌법을 포함하여 법률의 전면적 개정을 통하여 국가체제의 총체적 개편을 시도함과 동시에 국가 소유의 모든 재산을 개인소유로 전환하려 하였다. 당연히 이러한 과도기적 상황에서 커다란 혼란이 있었으며 국민에게는 혹독한 시련이 뒤따

랐다.

민주주의와 공산주의라는 말은 무거운 주제이다. 하지만 이 상반된 두 이데올로기와 관련하여 유럽에서 있었던 하나의 역사적 사건을 이야기하려 한다.

제2차 세계대전 당시 발칸반도 상륙작전을 계획했던 연합군은 이후 노르망디(Normandy) 상륙작전으로 수정하였다. 마치 6·25전쟁 때 미군이 원산 등 몇몇 지역을 상륙작전 후보지로 검토하다가 결국 인천상륙작전으로 바꾼 것과 비슷하다. 당초 영국의 계획은 발칸반도 지역에서 상륙작전을 감행한 후 유고슬라비아를 거쳐 루마니아 등으로 진격하려 했으나 1943년 1월 미국에 의해 철회되었다. 당시 미국의 주장은, 연합국이 노르망디 상륙작전에 집중하기 위해서는 발칸반도 지역에서의 전투를 소련에 맡겨야 한다는 것이었다. 결국, 미국의 입장이 관철되면서 발칸반도에 인접한 루마니아는 소련의 직접적인 관할 하에 들어갔고, 이로써 루마니아에는 현대사의 가장 비극적이고도 가장 큰 실수인 공산주의가 시작된 것이다.

상황을 좀 더 자세하게 살펴보면, 당시 처칠 영국 수상은 노르망디 상륙작전에 전념하기 위해 스탈린에게 발칸반도 지역에서의 '일시적 군사지역 설정'을 제안하였다. 이 설정으로 그리스는 영국의 보호 하에(영향력: 소련 10%, 영국 90%) 들어갔고, 루마니아는 정반대로 소련의 보호 하에(영향력: 소련 90%, 영국 10%) 들어갔다. 따라서 루마니아와 그리스는 제2차 세계대전이 끝난 이후 각각 공산주의와 민주주의의 길을 걷게 되었다. 루마니아인들의 입장에서 보면 정말 역사상 "간발의 차이"로 인해, 즉 발칸반도 상륙작전이 노르망디 상륙작전으로 변경됨으로써 20세기 최고의 사기극인 공산주의가 자국에서 시작된 것이다.

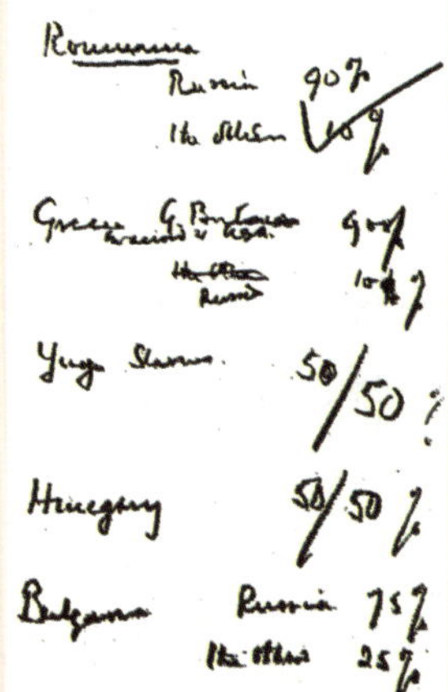

1944년 10월 9일 처칠이 스탈린에게 제안한 비밀협정 문서[1][Source: Nicolae Baciu, Agonia României, 1944-1948, Cluj-Napoca, 1990]

양차 대전 사이, 루마니아는 그리스보다 부유한 나라였지만 공산주의가 도입된 이후 경제적으로 몰락하였다. 그렇다면 1989년 루마니아 혁명 직후 두 나라의 경제 수준은 어떠했을까? 오늘날 그리스의 경제 상황이 그리 좋지 않지만 1990년대 초, 양국의 경제 수준은 선진국과 후진국이라는 커다란 차이가 있었다. 결국, 루마니아는 근 42년간 공산주의의 길을 걸으면서 그리스는 고사하고 유럽에서 가장 가난한 국가 중 하나로 전락하고 말았다.

6) 크레쭐레스쿠 교회

크레쭐레스쿠 교회(Kretzulescu Church)는 1720~1722년 대귀족 이오르다케 크레쭐레스쿠(Iordache Kretzulescu)와 그의 아내 사프타(Safta, 브른코베아누 영주의 딸)가 세웠다. 이 교회는 전체적으로 비율이 아주 조화롭고 균형이 잡혀 있어 콘스탄틴 브른코베아누 영주의 통치 말기에 세워진 최고의 건축물 중 하나로 간주된다.

공산주의 시대에 빅토리 애버뉴에 너무 가까이 있다는 이유로 철거위기에 직면하였으나 루마니아 여류 건축가인 헨리에테 델라브란체아(Henriette Delavrancea)의 노력으로 오늘날까지 보존될 수 있었다. 이 교회는 1940년에 발생한 지진과 1977년 대지진으로 많이 파괴되었으나 이내 복원되었고, 특히 1996~2003년 바실레 러두커(Vasile Răducă) 신부의 주도하에 대대적으로 복원이 된 후 오늘날에 이르고 있다.

교회 옆에서 크레쭐레스쿠 여인숙이 있었지만, 루마니아 왕궁(현재 루마니아 국립 미술박물관)이 건축되면서 철거되었다.

크레쭐레스쿠 교회

7) 루마니아 국립 미술박물관

지금의 루마니아 국립 미술박물관(National Museum of Art of Romania) 건물은 원래 루마니아 왕궁이었다. 또한, 왕궁이 있던 자리에는 원래 1812년 신고전주의 양식으로 건축된 골레스쿠 하우스(Golescu House)가 있었다. 골레스쿠 하우스는 1837년 이후 루마니아 왕실이 사용하기 시작하였고, 1859년에서 1866년까지 루마니아 통일 공국의 통치자인 알렉산드루 이오안 쿠자 영주(Alexandru Ioan Cuza)가 그리고 1866년 5월 이후에는 카롤 I세(Carol I)가 거주하였다. 하지만 1926년 12월에 발생한 대화재로 골레스쿠 하우스가 철거된 후 1936년 페르디난트 I세(Ferdinand I)가 왕궁 신축을 결정하였다.

건물 설계는 프랑스의 건축가 폴 고트로(Paul Gottereau)가 맡았고 1937년 캐롤 II세(Carol II)와 마리아(Maria) 여왕의 커다란 관심 하에 오늘날의 모습으로 완공되었다. 제2차 세계대전 기간에는 독일군의 폭격으로 심하게 손상되었으나 이후 복원되었다.

루마니아 왕궁은 1947년 루마니아의 마지막 국왕 미하이 I세(King Mihai I, 1921-2017)가 폐위된 후 카롤 I세가 소장하고 있던 미술품들을 전시하기 위해 1948년 국립 미술관으로 개장하였다.

박물관 안으로 들어가면 크게 '루마니아 미술관'과 '유럽 미술관'으로 구분되어 있다. 먼저 루마니아 미술관은 상대적으로 오래된 작품을 전시하는 화랑과 최근 작가들의 작품을 전시하는 화랑으로 나뉜다. 즉, 한쪽에는 중세 때 제작된 벽화나 아이콘, 자수품, 필사본, 금과 은으로 된 장식품 그리고 나무와 돌로 만든 조각품들이 전시되어 있고, 다른 쪽에는 루마니아 근·현대 작가인 테오도르 아만(Theodor Aman)과 니콜라에 그리고레스쿠(Nicolae Grigorescu), 슈테판 루키안(Ştefan Luchian), 이온 안드레스쿠(Ion Andreescu), 니콜라에 토니차(Nicolae Tonitza), 테오도르 팔라디(Theodor Pallady) 그리고 디미트리아 파치우레아(Dimitrie Paciurea) 등의 미술품들을 비롯하여 로댕에 필적하는 세계적인 조각가 콘스탄틴 브른쿠쉬(Constantin Brâncuşi)의 작품도 전시되어 있다.

유럽 미술관에는 16세기 중후반, 베네치아에서 활동한 화가 틴토레토(Tintoretto)와 독일 르네상스 시대의 화가 루카스 크라나흐(Lucas Cranach the Elder), 벨기에 플랑드르 출신의 화가 피테르 브뤼헐(Pieter Brueghel Younger)과 페테르 루벤스(Peter Paul Rubens), 그리스 출신의 엘 그레코(El Greco) 그리고 17세기 유럽 최고의 화가로 간주하는 렘브란트(Rembrandt)와 프랑스의 인상파 화가 클로드 모네(Claude Monet), 오귀스트 로댕(Auguste Rodin)의 작품들이 전시되어 있다. 현재 이 박물관에는 약 7만 점이 소장되어 있다.

[국립 미술박물관: www.mnar.arts.ro; ☎ (+40)213.133.030; 주소: Calea Victoriei 49-53]

루마니아 국립 미술박물관[1][Author, Alexandru Panoiu]

◆ 리우데자네이루(Rio de Janeiro) '예수상'과 루마니아 조각가 게오르게 레오니다

2012년 유네스코 세계문화유산으로 등재된 리우데자네이루시는 자연과 인공미가 잘 어우러져 이탈리아 나폴리 그리고 호주 시드니와 함께 세계 3대 미항으로 꼽힌다. 1763~1960년 브라질의 수도였던 이곳이 세계적으로 유명해진 것은, 시내가 한눈에 내려다보이는 코르코바두산(Corcovado Mt. 704m) 정상의 '예수상' 때문이다.

이 동상은 2007년 신(新) 세계 7대 불가사의에 포함되었다. 브라질 독립 100주년을 기념하기 위해 1931년 설치되었으며, 아르데코[Art Déco: 1920~30년대 프랑스를 중심으로 유행했던 장식 미술의 한 양식으로 기하학적 무늬와 강렬한 색채가 특징] 스타일로 제작된 예수상 중 세계 최대 규모를 자랑한다. 제작 기간은 9년(1922-1931년)이며 동상의 높이와 너비 그리고 무게는 각각 39.6m, 30m 그리고 635t이다.

이 예수상의 머리 부분을 조각한 사람은 루마니아 조각가 게오르게 레오니다(Gheorghe Leonida, 1893-1942)이다. 레오니다의 작품은 파리와 로마 등 세계 각지에서 찾아볼 수 있으며, 그의 대표작 중 하나인 청동 조각상 '에바(Eva)'는 루마니아 국립 미술박물관 정원에 설치되어 있다. 세계 최초의 여성 엔지니어로 간주되는 엘리사 레오니다 잠피레스쿠(Elisa Leonida Zamfirescu, 1887-1973)는 게오르게 레오니다의 11형제 중 한 명이다.

8) 카롤 I세 대학재단

카롤 I세 대학재단(Carol I University Foundation)의 원래 이름은 루마니아 왕립재단(Royal Foundations)이었다. 이 건물은 1891~1895년 프랑스 건축가 폴 고트로(Paul Gottereau)가 카롤 I세의 통치 25주년을 기념하기 위하여 프랑스 르네상스 양식으로 건축하였다. 이 시기에 폴 고트로가 설계한 또 다른 건축물로는 루마니아 왕궁(Royal Palace)과 CEC 궁전이 있다.

당초 카롤 I세는 이 건물을 루마니아 왕립재단과 문화센터로 건축하였다. 따라서 완공 후, 그곳에서 다양한 문화행사가 개최되었으며, 건물 내의 일부는 중앙도서관으로 사용되었다. 1947년 공산주의가 도입된 이후에는 카롤 I세 대학 중앙도서관(Carol I Central University Library)으로 이름이 바뀌었다.

1989년 혁명 때, 대형화재가 발생하여 총 50만 권의 고서와 고지도가 전소되었고 건물 안에 전시되어 있던 각종 희귀한 그림과 조각품들도 유실되었다. 이 외에도 미하이 에미네스쿠(Mihai Eminescu)와 티투 마이오레스쿠(Titu Maiorescu), 이온 루카 카라지알레(Ion Luca Caragiale), 제오르제 코쉬북(George Coşbuc), 루치안 블라가(Lucian Blaga) 그리고 미르체아 엘리아데(Mircea Eliade) 등과 같은 루마니아 문호들의 필사본 3,700권도 전소되었다. 이 건물은 1990년 4월부터 유네스코의 지원으로 보수작업이 시작된 이후 2001년 재개장하였다.

카롤 I세 대학재단 건물[1][Diego Delso, delso.photo, License CC-BY-SA]

9) 카롤 I세 기마상

2010년, 조각가 플로린 코드레(Florin Codre)가 제작한 카롤 I세 기마상(Equestrian statue of Carol I)의 제막식이 거행되었다. 1948년 공산주의자들이 오리지널 카롤 I세 기마상을 철거한 이후 꼭 62년 만이다.

공산주의자들이 철거한 카롤동상[1][Souce: Fototeca online a comunismului românesc, Photo no: e.g. #G008]

원래, 카롤 I세 기마상은 카롤 I세의 출생 100주년을 기념하기 위하여 1939년 조각가 이

새로 설치된 카롤동상[1][Author, Marian Nedelcu]

반 메스트로비치(Ivan Meštrović)가 완공하였다. 하지만 1947년 12월 30일 밤, 루마니아의 마지막 국왕 미하이 I세(King Mihai I)가 폐위된 후 루마니아 인민 공화국(Romanian People's Republic)이 설립되면서 카롤 I세 동상도 그 이듬해 철거되었다. 일설에 의하면, 루마니아 공산주의자들이 카롤 동상을 녹여 레닌 동상을 만든 다음 1960년 자유 언론회관(House of the Free Press) 앞에 세웠다고 하지만 확실치 않다. 참고로, 레닌 동상은 루마니아 혁명 직후인 1990년 3월 3일 철거되었다.

일반적으로 조각가들 사이에서, 기마상의 말 왼쪽 앞 다리가 들려 있으면 말 탄 사람이 전쟁에서 입은 부상으로 사망했음을 의미한다고 한다. 카롤 I세 기마상 역시 왼쪽 다리가 들려 있어 그렇게 생각할 수 있지만, 그의 경우 제1차 세계대전 때 루마니아가 자신의 모국인 독일과 전쟁을 해야만 하는 그런 괴로운 심정에서 사망했기 때문에 그런 것으로 추정된다.

당시의 상황을 살펴보면, 1914년 제1차 세계대전이 발발하자, 7월 21일 시나이아(Sinaia)시에서 루마니아 왕실 회의가 개최되었다. 카롤 I세는 루마니아가 독일이 속한 삼국동맹(Triple Alliance: 독일, 오스트리아-헝가리, 이탈리아)의 편에서 참전해야 한다고 주장했지만, 루마니아 정치인들과 국내의 반대여론에 밀려 자기 뜻을 관철하지 못한 채 그해 10월 심장병으로 사망하였다. 그로부터 2년 후인 1916년 8월 17일, 루마니아는 삼국협상(Triple Entente: 영국, 프랑스, 러시아)과 조약을 체결한 이후, 8월 28일 헝가리에 선전포고하여 승전국이 되었다.

2010년 조각가 플로린 코드레(Florin Codre)는 카롤 I세 기마상을 옛 모습 그대로 복원하였고, 동상 높이와 무게는 각각 13m와 13t이며 기단(基壇) 높이는 6m이다.

◆ 루마니아 국경일

원래 루마니아 국경일인 5월 10일이었다. 이날은 '카롤 I세의 생일'이자 그가 '루마니아 국왕 대관식'에서 선서한 날이며 또한 루마니아가 오스만제국으로부터 독립한 '독립기념일' 이기도 하다. 하지만 루마니아 공산주의자들은 제2차 세계대전이 한창이던 1944년 8월 23일, 루마니아가 독일과의 동맹을 파기하고 소련과 연합한 날을 기념하기 위해 8월 23일로 바꾸었다. 1990년 이후에는 루마니아와 트란실바니아 지방의 통일을 기념하는 12월 1일로 바뀌어 오늘날에 이르고 있다.

◆ 카롤 I세: 루마니아 왕조의 시작

루마니아 왕조는 1839년 독일 지그마링겐(Sigmaringen) 호엔촐레른가(Hohenzollen)에서 태어나 1914년 시나이아에서 사망한 카롤 I세로부터 시작된다. 48년이라는 긴 통치 기간 유럽에서 가장 긴 안겔 살리그니 다리(Anghel Saligny Bridge)를 세운 것은 물론 루마니아 최초로 철도를 건설하였다. 따라서 루마니아 사람들은 루마니아 근대화에 헌신한 그를 '철의 왕(King of Steel)'이라 불렀다. 오스만제국으로부터 독립한 이후에도 그는 헌법을 제정하는 등 근대 국가로서의 기틀을 다졌다.

카롤 I세와 엘리사베타 여왕

1869년, 카롤 I세는 독일 느비에(Neuwied) 출신의 엘리사베타 공주(Elisabeta de Wied)와 결혼하여 마리아(Maria) 공주를 낳았지만 3살이 되던 해 사망하였다. 왕세손이 없던 그는 자신의 조카인 페르디난드(Ferdinand)에게 왕위를 물려주고 1914년 세상을 떠났다. 루마니아를 통치하던 동안 그의 신조는 "모두 다 국가를 위하여, 나에게는 아무것도(Everything is for the country, nothing is for me)!"였다.

그렇다면 독일 출신의 카롤 I세가 어떻게 루마니아 왕이 되었을까? 내용을 살펴보면, 1859년 루마니아는 서구 강대국들의 승인으로 통일을 이루었으나, 1866년 알렉산드루 이오안 쿠자 영주(Alexandru Ioan Cuza)가 자유당과 보수당의 야합으로 척결되면서 다시 정치적 혼란에 빠졌다. 루마니아 정치인들은 프랑스의 나폴레옹 3세가 추천한 독일 호헨촐렌른가의 카를(Karl, 카롤 I세의 독일 이름)을 루마니아의 새로운 왕으로 받아들였지만, 당시 유럽 상황은 프러시아와 오스트리아제국 사이에 정치적 갈등이 있었다. 따라서 카를

은뒤셀도르프(Düsseldorf)에서 루마니아 바지아쉬(Baziaş)까지 비밀리에 기차로 이동한 다음 그곳에서 다시 배를 타고 다뉴브강을 따라 투르누 세베린(Turnu Severin)에 도착하였고, 1866년 5월 마침내 루마니아인들의 대대적인 환영을 받으며 부카레스트에 입성하였다. 도착 당일 긴 가뭄 끝에 부카레스트에 단비가 내려 루마니아 사람들은 길조로 생각하였다. 카를은 알바 이울리아(Alba Iulia)시의 왕위 대관식에서 아래와 같이 선서한 다음 자신의 이름을 루마니아 이름인 카롤(Carol)로바꾸었다.

"나는 국법을 수호하고 루마니아 영토와 종교를 지키며 군주로서 헌법에 따라 이 나라를 통치할 것을 맹세합니다. 이 땅에 발을 딛는 순간 나 역시 루마니아인이 되었습니다."

1914년 9월 27일, 펠레쉬성(Peleş Castle)에서 사망한 카롤 I세는 엘리사베타 왕비(1916년 사망)와 함께 쿠르테아 데 아르제쉬(Curtea de Argeş) 수도원에 안치되었다. 오늘날 그곳에는 페르디난드 I세(1927년 사망)와 마리아 왕비(1938년 사망), 카롤 II세(1953년 포르투갈 리스본에서 사망한 이후 2003년 쿠르테아 데 아르제쉬 수도원으로 이장) 그리고 루마니아의 마지막 국왕 미하이 I세(King Mihai I: 2017년 12월 5일 사망)가 안치되어 있다. 카롤 II세의 아내인 엘레나 왕비(1982년 사망)는 스위스 로잔에 안치되어 있다.

페르디난드 I세

마리아 여왕

포르투갈로 망명한 카롤 II세

14. 그리스, 로마 양식의 절묘한 조합, 루마니아 아테네 음악당

파리의 에펠탑과 뉴욕의 자유의 여신상, 로마의 산탄젤로성(Castle Sant'Angelo) 그리고 런던의 의회 건물은 이들 도시를 상징하는 건축물이다. 그렇다면 부카레스트를 상징하는 건축물은 어떤 것일까? 루마니아 사람들은 루마니아 아테네 음악당(Romanian Athenaeum: Ateneu Român)이라고 말한다.

로마에 있는 산탄젤로 성[1][Author, Giuseppe Milo]

아테네에서 외교관 생활을 한 콘스탄틴 엑사르쿠(Constantin Exarcu)는 1878년 부카레스트로 돌아온 후 콘서트홀과 전시장, 도서관 그리고 화랑을 갖춘 종합예술회관을 건축하길 원했다. 건축설계는 루마니아 국립은행을 설계한 프랑스 건축가 알베르 갈레롱(Albert Galleron)이 맡았다. 하지만 시간이 지나면서 건축비용이 예상보다 초과하자 "루마니아 아테네 음악당을 위해 1레우 기부하세요!"라는 슬로건을 내걸고 대대적인 모금 운동을 전개하였고, 마침내 1888년 그리스와 로마 양식의 절묘한 결합체인 신고전주의 양식의 루마니아 아테네 음악당이 완공되었다.

루마니아 아테네 음악당은 전체적으로 도리아 양식으로 되어있어 고대 그리스 신전이 연상된다. 건물 정면에는, 41m 높이에 커다란 돔과 여덟 개의 이오니아식 기둥이 지탱하는 삼각형 페디먼트(pediment: 고대 그리스식 건축에서 건물 입구 위의 삼각형 혹은 반원 모양의 공간)가 있으며, 또한 5명의 루마니아 통치자인 알렉산드루 첼 분(Alexadru cel Bun: Alexander the Good, 1375-1432)과 네아고에 바사랍(Neagoe Basarab, 1459-1521), 바실레 루푸(Vasile Lupu, 1595-1661), 마테이 바사랍(Matei Basarab, 1588-1654) 그리고 카롤 I세(Carol I, 1839-1914)의 초상화가 황금으로 도금되어 있다.

건물 안으로 들어가면, 12개의 카라라 대리석 기둥이 있는 장엄한 홀이 관람객을 맞이한다. 건물 내부는 황금 실로 수놓은 나뭇잎 모양의 직물이 장식되어 있으며, 대리석으로 된 발코니와 나선형 모양의 화려한 계단도 있다. 794명을 수용하는 콘서트홀에는 3m 높이의 프레스코화가 무대 한쪽에서 다른 쪽으로 75m 길이로 뻗어 있으며, 루마니아의 역사를 상징하는 25개의 일화가 묘사되어 있다.

이 콘서트홀은 세계적인 음향시설을 갖추고 있다. 1888년 이후, 루마니아 최고의 음악가인 제오르제 에네스쿠(George Enescu, 1881-1955)를 비롯하여 세계적인 음악가들이 공연하였다: 이탈리아의 오페라가수 엔리코 카루소(Enrico Caruso); 오스트리아 지휘자 에리히 클라이버 (Erich Kleiber)와 헤르베르트

루마니아 아테네 음악당[1][Author, Simon Laird]과 외부 모습

폰 카라얀 (Herbert von Karajan); 독일 작곡가 리하르트 슈트라우스(Richard Strauss,); 독일 바이올리니스트 다비트 오이스트라흐(David Oistrakh); 스페인 첼로 연주자 파블로 카살스(Pablo Casals); 러시아 작곡가 이고르 스트라빈스키(Igor Stravinsky); 미국-폴란드 피아니스트 아르투르 루빈스타인(Arthur Rubinstein); 루마니아-독일 지휘자 세르주 첼리비다케(Sergiu Celibidache); 루마니아 피아니스트 디누 리파티(Dinu Lipatti); 루마니아 지휘자 이오넬 페를레아 (Ionel Perlea) 등. 2021년 피아니스트 박연민과 바이올리니스트 위재원이 에네스쿠 콩쿠르에서 각각 우승, 준우승을 차지하였다.

15. 아테네 팰리스 부카레스트 힐튼호텔

프랑스 건축가 테오필 브라도(Théophile Bradeau)가 설계한 아테네 팰리스 부카레스트 힐튼호텔(Athénée Palace București Hilton Hotel)은 1912~1914년 아르누보 스타일로 건축된 부카레스트 최초의 철근 콘크리트 건물이다. 건물 내부는 호화로운 루이 14세 양식(Louis XIV Style: 프랑스 루이 14세가 통치하던 시기에 발달한 바로크 양식으로 베르사이유 궁전이 대표적인 건축물)으로 장식되어 있다.

제1차 세계대전 기간에는 부카레스트를 점령한 독일의 육군 원수 마켄젠 장군(Anton Ludwig August von Mackensen, 1849-1945)이 독일군 본부로 사용하였고, 제2차 세계대전에는 건물 대부분이 파손되어 1945년 복원공사를 한 후 1947년 국유화되었다.

이 호텔은 제2차 세계대전과 냉전 시기에 '스파이 소굴(den of spies)'로 유명하였다. 알렉산더 이스터만(Alexander Levvey Easterman) 세계 유대인 회의 (World Jewish Congress) 회장은 이곳을 "전 유럽에서 가장 악명 높은 곳"이라고 언급하였다.

이 호텔이 유명해지게 된 것은 1968년 미국의 닉슨 대통령이 숙박하면서 부터이다. 1989년 혁명 때, 호텔 일부가 파손되었지만 1994년 힐튼 인터내셔널社가 경매로 사들인 후 복원하여 1997년 오픈하였다.

아테네 팰리스 부카레스트 힐튼호텔

16. 칸타쿠지노 궁전

루마니아 역사상 가장 부유한 인물 중 하나였던 게오르게 칸타쿠지노(Gheorghe Grigore Cantacuzino, 1832-1913)는 당시 대부호(大富豪)라는 별명을 가지고 있었다. 그는 루마니아 여러 부처 장관직은 물론 부카레스트 시장과 루마니아 수상 그리고 상·하원의장직을 맡으며 다양한 정치 활동을 하였다.

칸타쿠지노 궁전은 1901~1903년 루마니아 건축가 이온 베린데이(Ion D. Berindey, 1871-1928)가 건축하였으며, 이후 라이온스 하우스(House of Lions)로도 불리었다. 루이 16세가 통치하던 시기에 유행하던 바로크 양식의 강건함과 로코코 양식의 부드러움 그리고 당시로써는 새로운 아르누보(Art Nouveau) 건축 양식이 절묘하게 조화를 이루고 있어 오늘날 부카레스트의 대표적인 건축물 중 하나로 간주된다. 건물 입구에는 루이 14세 스타일의 울타리가 있으며 두 마리의 사자상도 있다.

1913년 칸타쿠지노 영주가 사망하면서 아들 미하일(Mihail)에게 상속되었고, 같은 해 그곳에서 제2차 발칸전쟁을 종결짓는 부카레스트 평화조약(Treaty of Bucharest, 1918)이 체결되었다. 1929년 미하일이 교통사고로 사망

칸타쿠지노 궁전[1][Author, Ștefan Jurcă]

한 이후 부인 마리아에게 상상속되었고, 1937년 그녀는 루마니아 천재 음악가 제오르제 에네스쿠(George Enescu, 1881-1955)와 재혼하였다. 당시 이들 부부는 칸타쿠지노 궁전을 루마니아 각료회의(Council of Ministers)에 임대하였기 때문에 1946년 프랑스로 떠나기 전까지 궁전 뒤에 있는 작은 집에서 거주하였다.

1947년 공산주의가 도입되면서 칸타쿠지노 궁전은 국유화되었고, 이후 차우셰스쿠의 지시로 루마니아 작곡가와 음악가 연합회(Union of Composers and Musicologists)는 건물을 비워 주어야만 했다. 하지만 루마니아 공산주의자들은 이 궁전은 영원히 차지할 순 없었다. 유언장에 궁전을 박물관으로 사용해 달라는 내용이 명시되어 있어, 1989년 혁명 후 잠시 작곡가 연합회가 사용하다가 결국 제오르제 에네스쿠 국립박물관(George Enescu National Museum)으로 개장하였다.

에네스쿠는 루마니아의 가장 위대한 작곡가이자 피아노, 바이올린 연주자 그리고 지휘자였다. 어릴 적부터 천재적 재능을 보여 5살 때 작곡을 시작하였고, 1888년 10월 5일 비엔나 음악원(Vienna Conservatory) 역사상 가장 어린 7세의 나이에 입학하였다. 당시 비엔나 음악원 규정에는 입학 연령 제한이 14세 미만이었지만, 오랜 논의 끝에 에네스쿠의 천재성을 인정하여 특별케이스로 입학을 허가하였다고 한다. 1971년, 유엔(UN) 평화상을 받은 첼리스트 파블로 카잘스(Pablo Casals, 1876-1973)는 에네스쿠를 “모차르트 이후 가장 위대한 음악적 현상”이자 “현대 음악의 가장 위대한 천재 중 한 사람”이라고 언급하였고, 역사상 가장 위대한 피아니스트 중 한 명인 알프레드 코르토(Alfred Cortot, 1877-1962)도 “에네스쿠의 주 종목이 바이올린이었지만 자신보다 피아노 테크닉이 더 좋았다”고 고백하였다.

현재, 에네스쿠는 쇼팽의 무덤이 있는 파리의 페르 라셰즈 공동묘지(Père Lachaise Cemetery)에 안치되어 있다. 그의 초상화는 루마니아 5레이 지폐에 그려져 있으며, 2014년 부저우(Buzău) 시당국도 도시의 국제공항 이름을 '제오르제 에네스쿠 국제공항(George Enescu International Airport)'으로 바꾸었다.

17. 빅토리아 광장과 빅토리아 궁전

부카레스트에서 규모가 가장 큰 방사형(放射形) 빅토리아 광장(Victoria Square: Piața Victoriei)은 9개의 도로망과 연결된다: 빅토리 애버뉴, 라스커르 카타르지 대로(Lascăr Catargi Boulevard), 이안쿠 데 후네도아라 대로(Iancu de Hunedoara Boulevard), 파리 도로(Paris Street), 비행조종사 대로(Aviators' Boulevard), 키셀레프 도로(Kiseleff Road), 이온 미할라케 대로(Ion Mihalache Boulevard), 부제쉬티 도로(Buzești Street) 그리고 니콜라에 벌체스쿠 대로(Nicolae Titulescu Boulevard).

광장 주변에는 그리고레 안티파 자연사 박물관과 루마니아 농민박물관(Romanian Peasant Museum), 지질박물관(Geology Museum), 니콜라에 이오르가 역사연구소(Nicolae Iorga Institute of History), 부카레스트 제1구역 청사(The Sector 1 City Hall Palace) 그리고 루마니아 3대 정부청사 중 하나인 빅토리아 궁전(Victoria Palace)이 있다.

오늘날 빅토리아 광장은 서울광장처럼 민주 집회 장소로 사용되고 있다. 서울 광화문에서 촛불집회가 열리는 것처럼, 루마니아 사람들은 빅토리아 광장에 모여 스마트폰을 가지고 파랑색과 노란색 그리고 붉은색 불을 밝혀 루마니아 국기를 만드는 스마트폰 집회를 하고 있다.

18. 그리고레 안티파 자연사 국립박물관

1908년 건축된 그리고레 안티파 자연사 국립박물관(Grigore Antipa National Museum of Natural History)은 이 분야 루마니아 최대 규모이며 "유럽의 가장 아름다운 자연사 박물관" 중 5위에 선정되었다.

1834년, 자연사 유물 박물관(Museum of Natural History and Antiquities)으로 개장하였으나 1933년 루마니아 생물학자 그리고레 안티파(Grigore Antipa, 1867-1944)의 이름을 붙여 그리고레 안티파 자연사 국립박물관이 되었다. 이후 안티파는 52년 동안(1892-1944년) 박물관 관장을 역임하였다.

몰도바 지방의 보토샤니(Botoşani)주에서 태어난 안티파는 1885년 이아쉬에 있는 의과대학에 입학하여 자연과학을 공부하기 시작하였다. 하지만 학업을 중도 포기한 그는 독일 예나(Jena) 대학에서 당시 찰스 다윈(Charles Robert Darwin, 1809-1882) 이후 최고의 생물학자로 평가되던 에른스트 헤켈 교수

안티파 자연사 국립박물관

(Ernst Haeckel, 1834-1919) 밑에서 박사학위를 받았다. 이후에도 그는 프랑스와 이탈리아 등지에서 연구를 계속했는데, 이 시기에 이미 그는 수생 생물학 분야에서 세계 최고의 권위자로 평가받고 있었다.

안티파와 관련하여 한 가지 주지할 것은, 1907년 그가 부카레스트 자연사 박물관을 재편하면서 세계 최초로 "생물학적 디오라마(Biological Diorama)"라는 새로운 개념을 도입하였다는 사실이다. 이것은 박물관에 박제한 동물들을 전시할 때 주위 환경을 마치 현실처럼 입체 모형으로 만들어 전시한 것을 말한다. 즉 과거에는 호랑이를 전시할 때 박제한 호랑이만 전시했지만, 안티파는 산과 나무 등 주변 환경까지 조성한 후 그곳에 박제한 호랑이를 전시하였다. 당연히 안티파의 새로운 개념은 세계적으로 커다란 반향을 일으켰고 당시 유럽과 미국의 많은 박물관도 이 개념을 도입하기 시작하였다.

현재 안티파 박물관은 세 구역으로 구분되어 있다. 지하에는 루마니아에 분포된 다양한 생물들이 전시되어 있으며, 1층에는 지구의 생태계와 관련한 것들 그리고 2층에는 인류의 선사와 역사시대, 민족학, 광물학, 곤충학 및 해양 생물학 등이 전시되어 있다. 흥미롭게도, 그곳에는 전 세계에서 가장 많은 나비표본과 4.5m 높이의 매머드 골격 화석(Deinotherium Gigantissimum: 250만 년 전에 사라진 종)이 전시되어 있다. 이 화석은 1894년 지질학자 그리고리우 쉬테퍼네스쿠(Grigoriu Ștefănescu)가 루마니아 바슬루이(Vaslui)주의 믄자치(Mânzați) 지역에서 발견한 것으로, 오늘날 "세계에서 가장 완벽한 형태로 발견된 유일한 매머드 화석"으로 평가받고 있다. 현재 박물관 안에는 동식물 표본과 광물, 암석, 민속학 자료 등 총 200만 점이 전시되어 있다.

[안티파 박물관: www.antipa.ro; ☎ (+40)213.128.826; 주소: Șoseaua Kiseleff nr. 1]

19. 루마니아 비행조종사 기념물

빅토리아 광장에서 북쪽으로 가다 보면 비행 조종사 광장(Aviators' Square: Piața Aviatorilor)이 있고 또한 광장 중앙에 '비행 조종사 기념물(Monument of the Air Heroes, 높이 20m)'이 있다. 이 기념물은 1935년 조각가이자 건축가인 리디아 코체부에(Lydia Kotzebue)와 이오시프 페케테(Iosif Fekete)가 완공하였다. 오벨리스크 기둥 위에 있는 '비행하는 사람(The flying man: 높이 5m, 무게 5t)' 동상은 그리스 신화의 이카로스(Icarus)를 연상케 한다. 기념물 기단부에는 제1차 세계대전 때 희생된 270명의 루마니아 조종사 이름이 적혀있다.

루마니아 비행조종사 기념물

◆ 세계 최고(最古)의 루마니아 항공술

루마니아는 전통적으로 수학과 의학, 항공학, 천문학, 생물학, 물리학 그리고 기계공학과 엔진제조 분야에서 강하다. 1959년 브라쇼브(Brașov)시에서 세계 최초로 국제 수학 올림피아드가 개최되었으며, 루마니아 항공술도 세계 최고(最古)의 전통을 자랑한다. 또한, 최근에는 정보통신기술 분야에서 두각을 드러내면서 오늘날 루마니아는 '동유럽 IT 허브'로 간주된다.

하늘을 날고 싶어 하는 인간의 욕망이 실현된 것은, 1783년 프랑스의 몽골피에 형제(Montgolfier brothers)가 더운 공기를 채운 열기구를 이용함으로써 가능하였다. 이후 미국의 라이트 형제(Wright brothers)는 전 세계를 하나로 이어주는 교통수단인 비행기를 발명하였다. 이들 형제는 1903년 12월 17일 미국의 노스캐롤라이나주 키티 호크(Kitty

Hawk) 해안가에서 성공적으로 비행하지만(약 12초 동안 36m), 이것은 비행기 자체의 엔진 동력으로 비행한 것이 아니라 나무 발사 장치로 인한 것이었다.

1902년 라이트 형제의 글라이더 비행[1] [Source, Great Images in NASA]

몽골피에 형제가 디자인 한 최초의 유인 열기구 (런던 과학박물관 소재)[1][Author, Irid Escent]

라이트 형제가 하늘을 날기 약 10개월 전인 1903년 2월 16일, 루마니아 과학자 트라이안 부이아(Traian Vuia, 1872-1950)는 자신이 고안한 단엽비행기를 연구계획서에 적어 프랑스 과학아카데미에 제출하지만 "무거운 쇳덩어리로 하늘을 나는 것은 불가능하다"라는 이유로 거부되었다. 그로부터 3년 후인 1906년 3월 18일, 그는 자신이 직접 제작한 비행기를 직접 타고 파리 근교에서 약 6m 높이로 12m 비행하는 데 성공하였다. 당시 부이아의 비행은 오늘날과 비교해 보면 당연히 초보 단계였지만, 라이트 형제가 이룩한 비행과는 달리 비행

트라이안 부이아가 만든 단엽비행기

기 자체의 동력으로 비행하였다는 데 역사적 의의가 있다. 그렇지만 아쉽게도 부이아가 이룩한 세계 최초의 비행은 세계의 주목을 받지 못했다.

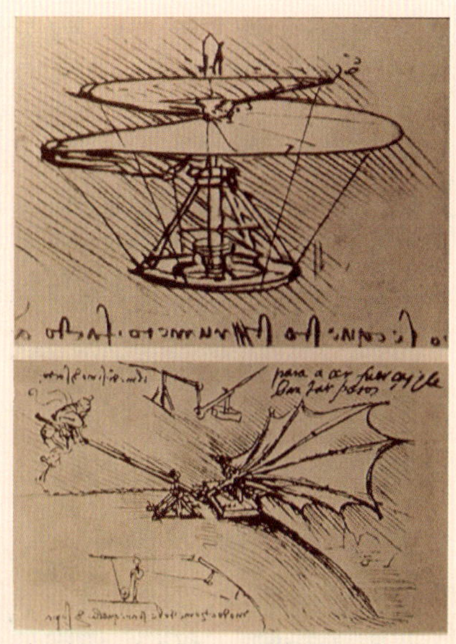
레오나르도 다빈치가 스케치한 헬리콥터[1]

헬리콥터의 기원은 1490년경 레오나르도 다 빈치(Leonardo da Vinci, 1452-1519)가 스케치한 헬리콥터이다. 하지만 이를 공학적으로 확립시킨 사람은 루마니아 과학자 그리고레 브리쉬쿠(Grigore Brişcu, 1884-1965)이다. 1909년 그는 「카 매거진」(Car Magazine)에 기고한 "헬리콥터(Helicopters)"라는 글에서 세계 최초로 헬리콥터의 모든 기능(수평, 수직 및 측면 이동, 고정 지점 착륙)을 갖춘 '항공 캐리지(air-carriage, 헬리콥터 모델)'를 소개하였다. 즉, 그는 헬리콥터가 수직, 수평으로 움직이는 것은 물론 공중에서 정지한 상태로 머물 수 있게 하도록 헬리콥터 회전날개를 주기적으로 변하게끔 조종하는 자동전환 장치(automatic deviation device)를 고안하였다.

비행기 동체를 오늘날의 원통 모양으로 만든 사람도 루마니아 과학자 로드리그 골레스쿠(Rodrig Goliescu, 1882-1942)이다. 1909년 그는 세계 최초로 둥근 모양의 비행기를 제작하여 부카레스트에서 시험비행에 성공하였다. 그가 제작하여 파리에서 특허권을 획득한 '아비오플란(avioplan)'은 오늘날 우리가 타고 다니는 비행기의 모체라고 볼 수 있다.

아우렐 블라이쿠의 처녀비행(1910년 7월 17일)[1]

아우렐 블라이쿠(Aurel Vlaicu, 1882-1913) 역시 세계 항공학 발전에 커다란 공헌을 하였다. 1910~1912년, 세계 최초로 비행기 동체를 금속으로 만든 것은 물론 독립적인 바퀴가 달린 랜딩기어(landing gear: 착륙장치)도 발명하였다.

또한, 엔진 실린더 주변에 금속 내각장치를 부착하였으며, 역회전이 가능한 두개의 동축 프로펠러를 기반으로 하는 새로운 비행시스템을 적용하였다.

루마니아 과학자 중 세계 항공학 발전에 결정적인 영향을 미친 사람은 오늘날 우리가 타고 다니는 비행기 제트엔진(Jet Engine)을 세계 최초로 발명한 헨리 코안더(Henri Coanda, 1886-1972)이다. 오늘날 부카레스트의 헨리 코안더 국제공항은 그의 이름을 붙인 것이다. 코안더가 세계적인 주목을 받게 된 것은 1910년 그가 제작한 제트기를 파리 국제에어쇼에 출품하면서이다. 세계 언론도 코안더의 제트기를 기존과는 전혀 다른 개념의 비행기로 간주하며 많은 관심을 보였다. 당시 에펠탑을 만든 구스타브 에펠(Gustave Eiffel, 1832-1923)은 코안더에게 다음과 같이 말했다.

"젊은이! 불행하게도 자네는 30년 아니 심지어 50년이나 일찍 태어났네!"

1910년 헨리 코안더가 만든 세계 최초의 제트기[1]

에펠의 말대로, 당시의 과학기술로는 코안더가 고안한 제트기를 현실화하기엔 기술적 어려움이 있었다. 하지만 그로부터 약 30년 후인 1939년, 독일 출신의 비행기 설계 및 제조자였던 하잉켈(Ernest Heinkel)과 휘틀(Frank Wittle)이 코안더의 이론을 기초로 하여 오늘날의 제트기를 제작하였다.

이 외에도 1930년 아나스타세 드라고미르(Anastase Dragomir, 1896-1966)는 세계 최초로 비행기가 위험에 직면했을 때 조종사의 생명을 보호하기 위해 발사되는 일종의 '방출 좌석'을 고안하였다. 이 또한, 1938년 이탈리아의 가브리엘리(G. Gabrielli)가 발명하여 특허를 받은 분리 가능하고 물과 공기가 통하지 않게 제작된 캐빈(detachable airtight cabin)처럼, 생산비용이 너무 많이 들어 당시에는 실용화되진 않았지만, 1960년대에 이르러 이들이 고안한 시스템을 기초로 개발된 방출 캡슐과 좌석이 초음속 전투기에 장착되면서 현실화하였다.

세계항공사에서 빼놓을 수 없는 인물로는 루마니아 시비우(Sibiu)시 출신의 물리학자 헤르만 오베르트(Hermann Oberth, 1894-1989)를 언급할 수 있다. 오늘날 "우주 항공학의 아버지"로 평가받는 그는 1932년 뮌헨에서 발표한 논문 「행성 간 공간으로의 로켓」(The Rocket into Interplanetary Space)에서 세계 최초로 사람이 함께 탈 수 있는 로켓은 물론 액체연료를 사용하는 로켓엔진을 고안하였다. 뿐만 아니라 그는 1934년 로켓 발사와 비행에 관한 근본 방정식을 수립하였으며, 1942년에는 세계 최초로 장거리 탄도미사일(Long-range Ballistic Missile, LRBM)을 제작하였다. 제2차 세계대전 이후에는 미국으로 건너가 NASA에서 연구를 계속하였다.

헤르만 오베르트[1]

1990년대 초, 루마니아에서 생산된 헬리콥터는 NATO 회원국에 판매될 정도로 우수한 성능을 보였으며, 2시간 이내를 비행하는 루마니아 소형항공기도 보잉 727보다 경쟁력이 있어 미국 항공기 제조사들을 위협할 정도였다. 1989년 루마니아 혁명 이후 루마니아 항공 산업은 많이 쇠퇴하였지만 최근 들어 에어버스(Airbus)사와 UACE(Universal Alloy Corporation Europe) 그리고 지멘스(Siemens Industry Software) 등이 항공부품 분야에 많은 투자를 하고 있다.

메디아쉬(Mediaş)시 근처에 있는 기념비[1]
[Author, Diether]

20. 구(舊) 차우셰스쿠 호화저택

2016년 3월 12일, 구(舊) 차우셰스쿠 저택(Ceauşescu House: Casa Ceauşescu)이 처음으로 일반인에게 공개되었다. 이 건물은 헤러스트러우(Herăstrău) 호숫가의 봄의 구역(Spring District: Cartierul Primăverii)에 위치하며, 1.5헥타르(약 4,500평)의 면적에 건축되었다. 봄의 구역은 공산주의 시절 일반인들의 통행이 엄격하게 금지된 곳으로, 특히 차우셰스쿠가 대통령 관저로 사용하면서 전략적으로 매우 중요한 'P 50 목표지점(Objective P 50)'으로 지정되었다.

차우셰스쿠 저택 복도

이곳에는 차우셰스쿠 호화저택 외에도 게오르게 데즈(Gheorghe Ghiorghiu-Dej, 1901-1965) 루마니아 노동당 제1서기가 영빈관으로 사용하던 봄의 궁전(Spring Palace: Palatul Primăverii)과 차우셰스쿠의 부모와 장모, 누나 니쿨리나(Niculina), 처남 리커 버르불레스쿠(Lică Bărbulescu) 농림부 장관, 사위, 주치의 그리고 이온 일리에스쿠(Ion Iliescu: 1989년 혁명 이후 선출된 루마니아 초대 대통령) 등이 거주하던 4개의 빌라 등 총 6개의 건물이 있다.

이중, 지난 2016년 3월 박물관으로 개장된 것은 차우셰스쿠 부부가 거주한 저택이다. 그곳에는 80개의 룸과 베네치아의 화려한 무라노(Murano) 샹들리에와 거울, 영화관, 수영장, 헬리콥터 이착륙장 그리고 지하벙커 등이 있다.

건물 내부는 전체적으로 시나이아에 있는 펠레쉬성처럼 신독일 양식으로 되어있다. 건물 안으로 들어가면, 김일성으로부터 선물 받은 자개화와 차우셰스쿠 부부가 외국을 방문할 때 받았던 다양한 선물, 루마니아 대리석과 무라노 모자이크로 장식된 우물과 세브르 도자기(Sèvres: 프랑스의 센강 강가의 도시로 고급도자기 생산지로 유명) 그리고 제오르제 로벤달(George Baron Lowendal)과 판 이오아니드(Pan Ioanid), 카밀 레수(Camil Ressu) 등 루마니아 유명 화가들의 작품이 전시되어 있다.

아르데코 영화관과 부부 욕실

루이 14세 살롱(Louis XIV Salon)은 베르사유 궁전에 있는 객실 하나를 모방하여 만든 것으로, 드골 프랑스 대통령(Charles de Gaulle, 1968년)과 닉슨 미국 대통령(Richard Nixon, 1969년) 그리고 쿠바의 독재자 피델 카스트로(Fidel Castro, 1972년) 등 외국 정상들의 접견 장소로 사용되었다. 차우셰스쿠의 딸 조에(Zoe)의 아파트(거실, 사무실, 침실) 역시 베르사유 궁전에 있는 마리 앙투아네트(Maria Antoinette) 아파트를 모방하여 만들었다. 1970년대 베르사유 궁전을 방문한 차우셰스쿠는 베르사유 궁전 일부를 자신의 저택에 재현하길 원하였다.

루이 14세 살롱

오피스 라운지(Office Lounge)는 1968년 차우셰스쿠가 "프라하의 봄(Prague Spring)"으로 불리는 소련의 체코슬로바키아 침공 반대를 최종 서명한 곳으로 유명하다. 아르데코 영화관(Art Déco Cinema)은 차우셰스쿠가 가장 좋아한 곳 중 하나로, 그곳에서 할리우드 영화를 즐겨 보았다고 한다. 차우셰스쿠 부부 욕실은 금색으로 칠해져 있어 아주 고급스럽게 보이지만 실제로는 금이 아니라고 한다. 겨울 정원에는 이국적인 식물들이 있으며, 벽면의 베네치아 모자이크에는 젊고 우아한 여성으로 표현된 풍요의 신이 사계절로 묘사되어 있다. 특히 수영장에 장식된 기념비적 모자이크는 두 명의 루마니아 장인이 백만 개 이상의 이탈리아산 모자이크를 1년 8개월 동안 수작업 한 것이다. 수영장 벽면을 자세히 보면 물과 태양, 황도 십이궁도 그리고 지구가 묘사되어 있다. 건물 밖에는 평소 차우셰스쿠가 좋아하던 공작새가 거닐고 있다.

건물 내 수영장

차우셰스쿠 호화저택은 봄의 궁전을 포함한 5개의 저택과 헤러스트러우 호숫가의 바진 클럽(Bazin Club) 그리고 루마니아 감사원(Court of Accounts of Romania) 등과 지하 터널로 연결되어 있으며, 아울러 빅토리아 광장과 자유 언론회관, 구 공산당 중앙위원회 건물과 의회궁, 코트로체니 대통령궁 그리고 심지어 국방부 건물까지 연결되어 있다고 한다. 마치 거미줄처럼 부카레스트에 있는 모든 주요 공공건물들이 지하 통로를 통해 연결되어 있는 셈이다.

[차우셰스쿠 저택: www.casaceausescu.ro; ☎ (+40)213.180.989; 주소: Bulevardul Primăverii nr. 50; 최소한 하루 전에 전화나 위의 사이트에서 예약할 것!]

◆ 독재자 차우셰스쿠

프레데알(Predeal)에서 산책하는 차우셰스쿠 부부(1979년)

독재자 니콜라에 차우셰스쿠는 올트(Olt)주의 스코르니체쉬티(Scorniceşti) 마을에서 가난한 농부의 아들(10명 중 3째)로 태어났다. 11살 때 초등학교(4학년)를 졸업한 뒤 부카레스트에 도착하여 신발제조 공장에서 일하면서 1933년 당시 불법 정치단체였던 공산주의 청년연맹(Communist Youth Union)에 가입하였다. 이후 그는 공산주의를 선전한 혐의로 수차례 체포되었고, 1936년 공산주의 선전죄 2년과 법정 난동죄 6개월을 합쳐 총 2년 6개월의 선고를 받았다. 석방 후 그는 엘레나 페트레스쿠(Elena Petrescu, 1916-1989)를 만나 1947년 결혼하였다. 차우셰스쿠는 26세까지 다섯 차례 구속되었으며 총 7년 동안 교도소 수감 생활을 하면서 1943년 트르구 지우(Târgu Jiu) 교도소에서 게오르게 게오르기우-데즈(Gheorghe Gheorghiu-Dej: 1945~1965년 루마니아 노동당 제1서기)를 만나기도 하였다.

제2차 세계대전 후, 루마니아가 소련연방의 영향권 하에 들어가면서, 루마니아 민주주의는 서서히 막을 내렸고 대신 불법 단체였던 루마니아 노동당과 공산주의 청년연맹 그리고 그 외 소규모의 정치조직들이 합법화되었다. 이후 차우셰스쿠는 1950년대 들어서면서 공산당 내 주요 직책들을 맡기 시작하였다: 공산주의 청년연맹 비서(1954-1955년), 국방부 차관(1950년), 루마니아 노동당 중앙위원회 회원(1952년), 노동당 정치국 정회원(1954년) 등. 특히 1957년 당시 육군중장이던 그는 바두 로쉬카(Vadu Roşca)에서 일어난 농민 봉기를 강제 진압하면서 9명의 사망자와 48명의 부상자가 발생하였다.

1965년 3월, 게오르게 게오르기우-데즈 루마니아 노동당 제1서기가 간암으로 사망하였다. 당시 데즈는 자신의 후임자로 게오르게 아포스톨(Gheorghe Apostol, 1913-2010)을 점지해 두었지만, 이온 마우레르(Ion Gheorghe Maurer, 1902-2000) 루마니아 수상이 차우셰스쿠를 노동당 제1서기로 추대하였다. 차우셰스쿠가 제1서기로 취임하면서 루마니아 노동당은 공산당으로 바뀌었고, 국호도 루마니아 인민공화국(Romanian People's Republic)에서 루마니아 사회주의 공화국(Socialist Republic of Romania)으로 바뀌었다. 1967년 차우셰스쿠는 루마니아 국가평의회 회장이 되었고 1974년에는 루마니아 사회주의 공화국 대통령이 되었다.

대외적 측면에서, 1968년 차우셰스쿠는 소련을 필두로 체코를 침공한 동유럽 공산주의 4개국을 격렬히 비판하였다. 물론 차우셰스쿠의 이러한 행동은 서유럽국가들의 관심을 끌기에 충분하였다. 따라서 루마니아는 사회주의 국가 중 최초로 서독과 외교 관계를 맺었으며, 제3차 아랍·이스라엘 전쟁인 '6일 전쟁' 이후에도 이스라엘과 국교를 단절하지 않았다. 따라서 1969년 리처드 닉슨(Richard Nixon, 1913-1994)은 미국 대통령 최초로 사회주의 국가인 루마니아를 국빈 방문하였다. 재임 중 차우셰스쿠는 서방의 많은 국가원수를 만났으며, 특히 1971년에는 북한과 중국을 방문하여 김일성과 마오쩌둥을 만나기도 하였다. 귀국 후 차우셰스쿠는 이들의 우상숭배 정책을 루마니아에 도입하기 시작하였다. 그에게 있어 이 시기는 '영광의 시기(period of glory)'였으며 루마니아 언론도 그를 '카르파티아산맥의 천재(genius of the Carpathians)'라고 찬양하였다.

대내적 측면에서, 이 시기에 루마니아 전역에는 수십만 채의 아파트가 건설된 것은 물론 부카레스트 지하철 공사와 다뉴브강과 흑해 사이에 운하가 건설되기 시작되었다. 하지만 이러한 모든 국책사업은 외국 자본으로 이루어져, 1982년 이후 심각한 재정적자에 빠졌다. 빚을 갚으라는 외국은행의 독촉에 화가 난 차우셰스쿠는 가능한 한 짧은 기간 안에 그것도 모든 외채를 청산하려 하였다. 그런데 그는 외채를 갚을 수 있는 가장 쉬운 방법의 하나인 기아수출(hunger export: 국민 생활에 필요한 생필품의 국내 소비를 무리하게 억제하면서까지 하는 수출)을 선택하였다. 결국, 1989년 3월, 루마니아는 모든 외채를 상환하였지만, 당시 루마니아 경제는 파탄지경에 이르렀고 루마니아 국민은 생필품 부족으로 엄청난 고통을 받았다.

참조 차우셰스쿠 부부가 총살된 트르고비쉬테 군사기지

1989년 12월 22일, 루마니아 혁명이 절정에 이르자 차우셰스쿠 부부는 루마니아 공산당 중앙위원회 건물 옥상에서 헬리콥터를 타고 탈출하였다. 이들 부부는 부카레스트에서 북서쪽으로 약 79㎞ 떨어져 있는 트르고비쉬테(Târgovişte) 군사기지에 도착하여 그곳에서 인생의 마지막 3박 4일을 머문 후, 12월 25일 크리스마스 날 처형되었다.

원래 이곳은 루마니아의 마지막 국왕인 미하이 I세(King Mihai I)의 호위병을 양성하는 루마니아 최초의 기병 학교였으나, 이후 군사기지로 바뀌었다. 혁명 후, 국내외의 많은 사람이 방문하자, 2013년 9월 루마니아 정부는 공산주의 박물관(Museum of Communism)으로 개장하였다. 그곳에 가면, '차우셰스쿠 부부가 머문 방'과 '군사재판이 열렸던 곳' 그리고 이들 부부가 '총살된 곳'을 관람할 수 있다. 사형 집행은 건물 뒷편에 있는 작은 뜰에서 이루어졌으며, 건물 외벽에는 아직까지 총알 자국이 선명하게 남아있다.

오늘날 이곳은 루마니아인들보다 외국인들이 더 많이 방문하고 있다. 지금까지 많은 유럽 TV방송국들이 촬영하였고 뉴욕타임스를 비롯하여 중국 및 일본 언론들도 취재하였다.

공산주의 박물관 내, 차우셰스쿠 부부가 사용한 '식탁'과 '침실' 그리고 '군사재판이 열린 곳'

건물 외벽의 하얀 페인트로 칠한 곳에 총알자국이 남아있다.

21. 차우셰스쿠 부부가 매장된 겐체아 공동묘지

차우셰스쿠 부부는 부카레스트 겐체아 공동묘지(Ghencea Cemetery)에 매장되었다. 그로부터 약 15년 후인 2005년, 차우셰스쿠의 딸 조에(Zoe Ceaușescu)는 부카레스트 법원에 제기한 부모의 유전자 검사 및 시신 반환소송에서 패소하였고, 또한 이후 곧바로 항소하였으나 2006년 폐암으로 세상을 떠났다. 그로부터 3년 후, 이번에는 첫째 아들 발렌틴(Valentin Ceaușescu)이 부모의 무덤을 좀 더 넓은 곳으로 이장하기 위해 겐체아 시민 공동묘지에 있는 묏자리를 사들이었다. 당시 법적으로 묘 이장 권리를 가지고 있던 그는 루마니아 국방부를 상대로 부모 시신이 묻혀있는 장소를 알려 달라는 소송을 제기하여 승소하였다. 따라서 2010년 7월 21일, 차우셰스쿠 부부의 시신 발굴작업이 진행되었으며, 루마니아 법의학자들은 차우셰스쿠와 발렌틴의 DNA가 일치한다고 발표하였다. 결국, 차우셰스쿠 부부는 겐체아 시민 공동묘지 내의

차우셰스쿠 부부 무덤

왼쪽부터 차우셰스쿠, 둘째 딸 조에, 막내아들 니쿠,부인 엘레나 그리고 장모 알렉산드리나

좀 더 넓은 곳으로 이장되었다.

차우셰스쿠 부부 슬하에는 2남 1녀가 있었다. 첫째 아들 발렌틴(1948-현재)은 현재 부카레스트 근교에서 거주하고 있지만, 둘째 딸 조에(1949-2006년)는 57세에 사망하였고 막내아들 니쿠(1951-1996년)도 45세 때 비엔나에서 간암 수술 도중 사망하였다. 조에와 니쿠의 무덤은 차우셰스쿠 부부 무덤 옆에 있다.

[겐체아 공동묘지: 주소 Bulevardul Ghencea 28]

22. 디미트리에 구스티 국립 농촌박물관

디미트리에 구스티 농촌박물관(Dimitrie Gusti National Village Museum)은 카롤 I세 왕립재단의 지원을 받은 사회학자 디미트리에 구스티(Dimitrie Gusti, 1880-1955)의 구상으로 1936년 설립되었다. 이 박물관은 총 14헥타르의 부지에 조성되었으며, 헤러스트러우(Herăstrău) 공원 내의 아름다운 호숫가에 위치한다.

당시 구스티는 민속학자들과 함께 농촌 마을의 특징을 종합적으로 연구하면서, 루마니아 각 지역을 대표하는 전통가옥들을 현지에서 분해하여 부카레스트로 옮긴 후 다시 본래의 형태로 조립하였다. 가장 오래된 가옥(1650년 건축)은 바슬루이(Vaslui)주 저포데니(Zăpodeni) 마을에서 옮겨온 것이다. 루마니아 농촌 문명의 보고인 구스티 농촌박물관은 루마니아 전역에 있는 전통가옥들이 한곳에 모여 있어 '또 하나의 루마니아 농촌 마을(another Romanian rural village)' 즉 '루마니아 농촌의 농촌(Village of Romanian villages)'을 이루고 있다. 현재 이곳에는 약 300채의 농촌 건축물(가옥, 별채, 작업장, 교회)을 비롯해 전통가구와 일상용품, 농기구, 의류 직물, 전통의상 그리고 도자기 등 약 10만여 점

농촌박물관

의 물품들이 전시되어 있어 오늘날 루마니아 최대 규모를 자랑한다.

디미트리에 구스티 농촌박물관은 1929년 로물루스 부이아(Romulus Vuia) 교수가 클루즈-나포카 호이아 공원(Hoia Park)에 설립한 트란실바니아 민족지학 박물관(Ethnographic Museum of Transylvania)에 이어 루마니아에서 2번째로 설립된 야외 박물관이다. 이 시기에 유럽에 설립된 야외 박물관은 스웨덴 스톡홀름의 스칸센 박물관(Skansen Museum, 1891년 설립)과 노르웨이 릴레함메르(Lillehamer)의 빅도 박물관(Bigdo Museum, 1904년 설립) 두 곳뿐이었다.

23. 개선문

제1차 세계대전이 종결되면서, 1918년 루마니아와 트란실바니아 지방의 통일을 기념하는 개선문(높이 17m)이 건축되었다. 하지만 나무와 벽토로 건축되어 조금만 비가 내려도 쉽게 무너질 수 있었다. 따라서 루마니아 정부는 페르디난드(Ferdinand) I세와 마리아(Maria) 여왕의 대관식이 거행된 1922년, 건축가 페트레 안토네스쿠(Petre Antonescu)에게 "진정한 개선문"을 만들어 달라고 의뢰하였다. 당시 시간이 촉박했던 안토네스쿠는 개선문 본체를 철근 콘크리트로 제작한 후 외벽을 석고로 조각하였으나, 루마니아 언론의 혹평이 계속되자 결국 루마니아 정부는 개선문 외벽을 석재로 만들기로 결정하였다. 이후, 건축가 빅토르 쉬테퍼네스쿠(Victor G. Ștefănesc)는 데바(Deva) 지역에서 채굴된 화강암으로 1935~1936년 27m 높이의 개선문(Arch of Triumph)을 완공하였고 1936년 12월 1일 제막식이 거행되었다.

하지만 1947년 공산주의가 도입되면서 루마니아 공산주의자들은 군주제가 연상되는 개선문의 여러 상징을 훼손하기 시작하였다. 즉, 개선문 측면에 조각되어 있던 페르디난드 I세의 알바 이울리아 대관식 선언문과 제1차 세계대전 선언문을 없애버렸고, 개선문의 남쪽에 청동으로 조각되어 있던 페르디난드 I세와 마리아 여왕의

개선문

초상화도 꽃 모양의 조각품으로 덮어버렸다. 이들 초상화는 1989년 혁명 이후 원상태로 복원되었다.

개선문 북쪽을 보면 두 개의 메달이 조각되어 있다. '용기(Manhood)의 메달'은 칼을 들고 있는 남자의 모습이 조각되어 있고, '신앙(Faith)의 메달'은 십자가를 가진 젊은 청년의 모습으로 표현되어 있다. 개선문의 아치 안쪽 면에는 머러쉬티(Mărăşti)와 머러세쉬티(Mărăşeşti), 오이투즈(Oituz), 체르나(Cerna), 지우 올트(Jiu Olt), 그리고 부다페스트 등 제1차 세계대전 때 루마니아 군대가 승리한 지역의 이름이 새겨져 있다.

개선문 아케이드를 지탱하는 두 개의 기둥 안쪽에는 계단이 있어 테라스까지 올라갈 수 있으며, 그곳에는 아주 특별한 경우에만 방문할 수 있는 작은 박물관이 있다. 박물관 안에는 '민족통일 대(大)전쟁(Great War of the Reunification of the Nation)'과 '대귀족 가문들 문장(Heraldry of the Great Boyar Families)' 그리고 '1918년 대(大)통일(Great Union of 1918)'과 관련한 사진들이 전시되어 있다.

24. 자유 언론회관

부카레스트 북쪽에 있는 자유 언론회관(House of the Free Press: Casa Presei Libere)은 1956년 로모노소프 모스크바 국립대학교(Lomonosov Moscow State University)와 레닌그라드 호텔(Leningrad Hotel)과 비슷한 양식으로 완공되었다. 이 건물은 루마니아 국영 언론, 특히 루마니아 노동당 기관지 불꽃 신문(Scânteia Newspaper)을 발행하기 위하여 건축되었다.

건물 이름은 공산주의 시절 '불꽃의 집(Casa Scânteii)'으로 불리었으나 1989

년 루마니아 혁명 이후 자유 언론회관으로 바뀌었다. 무솔리니(Mussolini) 시대의 이탈리아 건축기준에 기초하여 부카레스트 최초로 내진설계가 적용되었으며, 2007년까지 부카레스트에서 가장 높은 건물(높이 104m)이었다.

1960년, 게오르게 게오르기우-데즈 루마니아 노동당 제1서기는 흐루시초프와 친선을 도모하기 위해 '불꽃의 집' 앞에 레닌 동상(7m, 10t)을 세웠다. 하지만 이 동상은 혁명 직후인 1990년 3월 3일 철거되었고, 그곳에는 루마니아 조각가 미하이 부쿨레이(Mihai Buculei)가 제작한 '날개(Wings: 높이 20m, 무게 100t)'가 2016년 설치되었다. 이 작품은 1945~1989년 루마니아와 베사라비아 지방(Bessarabya: 현재 몰도바공화국)에서 공산 독재체제에 저항하다 희생된 수많은 루마니아인의 영혼을 기리기 위한 것이라고 한다.

자유언론회관

조각물 '날개'

25. 헤러스트러우 공원

치쉬미지우 공원

CNN은 부카레스트 도심 내에 자연 그대로의 공원이 많이 있다고 언급하였다. 그중 치쉬미지우 공원(Cişmigiu Park)은 부카레스트 대학 근처에 있으며, 미하이 I세 공원[King Mihai I Park: 헤러스트러우 공원(Herăstrău Park)]은 부카레스트 북쪽에 위치한다.

헤러스트러우 공원은 1936~1939년 호수 주변의 늪지대를 개발하여 조성되었다. 전체 면적이 187헥타르(약 57만 평: 그중 74헥타르가 호수)에 달해 유럽에 있는 도심 공원 중 최대 규모를 자랑한다. 그래서인지 트립어드바이저(TripAdvisor)는 부카레스트를 여행할 때 가장 먼저 방문해야 할 곳으로 헤러스트러우 공원을 꼽았다.

헤러스트러우라는 이름은 호숫가에 있는 제재소(sawmill) 이름에서 유래하며, 그동안 국립공원(National Park)과 카롤 2세 공원(Carol II Park) 그리고 스탈린 공원(Stalin Park) 등으로 불리었다. 헤러스트러우 공원으로 불리기 시작한 것은 1960년대 초이다. 1951년 스탈린 공원으로 불릴 당시 공원 입구에 스탈린 동상이 있었으나 1962년 샤를 드골 동상으로 대체되었다.

헤러스트러우 호수 인근에는 1920년 설립된 컨트리클럽 스포츠 협회(현재 외교관 클럽)와 1930년 건축가 코르넬리우 마르쿠(Corneliu M. Marcu)가 설계한 엘리사베타 궁전(Elisabeta Palace)이 있다. 그중, 엘리사베타 궁전은 루마니아 마지막 국왕 미하이 I세(King Mihai I)가 관저로 사용한 곳으로, 1947년 12월 30일 공산주의자들에 의해 강제 퇴위 된 곳이기도 하다. 헤러스트러우 공원은 신석기 시대의 유적지가 발견되어 현재 루마니아 역사기념물로 등록되어 있다.

헤러스트러우 공원

부카레스트에 있는 레스토랑

(1) 카사 도이나(Casa Doina): 루마니아 물가 대비 가격이 조금 비싼 편이나 도심 내 숲 속에 있어 부카레스트 최고급 레스토랑으로 꼽힌다. 이용을 원할 시 예약해야 한다.

[☎ (+40)745.009.009; 주소: Şoseaua Pavel D. Kiseleff 4]

(2) 카사 오아메니롤르 데 쉬틴쩌(Casa Oamenilor de Ştiinţă: 의미 '학자들의 집'): 루마니아 귀족이 루마니아 학술원에 기증한 건물로, 가격이 저렴하고 분위기가 좋아 루마니아 학자들이 즐겨 찾는다.

[☎ (+40)212.110.810; 주소: Piața Lahovari 9]

(3) 카피톨 호텔(Hotel Capitol) 레스토랑

[☎ (+40)213.158.030; 주소: Calea Victoriei 29]

(4) 카페 베로나(Café Verona): 대학광장과 로마광장 사이에 있어 여름철 시원한 커피나 생과일주스를 마시기에 좋다.

[☎ (+40)732.003.060; 주소: Strada Pictor Arthur Verona 13-15]

(5) 에덴의 정원(EDEN Garden: Grădina EDEN): 여름철 저녁, 야외에서 맥주를 저렴하게 마실 수 있는 곳으로 부카레스트의 젊은 연인들과 대학생들이 많이 찾는다.

[☎ (+40)744.510.687; 주소: Calea Victoriei 107]

(6) 하누 베러릴로르(Brewery Inn: Hanu Berărilor, 맥주집 여인숙): 의회궁에서 통일대로(Union Boulevard)를 따라 계속 내려가다 보면 왼편에 있는 아파트 블록 뒤편에 위치한다.

[☎ (+40)213.36.8009; 주소: Strada Poenaru Bordea, nr. 2]

(7) H 맥주집(Brewery H: Berăria H): 헤러스트러우 공원 안에 있으며 남·동부 유럽에서 규모가 가장 크다고 한다.

[☎ (+40)743.345.345; 주소: Şoseaua Pavel D. Kiseleff 32]

(8) 라 마마(La Mama, 어머니 집에서): 루마니아 전통식당으로 부카레스트를 대표하는 건축물인 루마니아 아테네 음악당 근처에 있다.

[☎ (+40)213.129.797; 주소: Strada Episcopiei 9]

카사 도이나

학자들의 집

하누 베러릴로르

H 맥주집

(9) 노르-스카이 캐주얼 레스토랑

(NOR-SKY Casual Restaurant): 부카레스트에서 가장 높은 스카이타워(Sky Tower) 36층에 있어 도시의 파노라마를 즐길 수 있다. 창가를 원하면 예약하는 것이 좋다. 노르(NOR)는 루마니아어로 '구름'을 의미하며, 건물 33층에는 주루마니아 한국대사관이 있다.

[☎ (+40)726.567.567; 주소: Strada Barbu Văcărescu 201]

(10) 서울 레스토랑(Seoul Restaurant)

[☎ (+40)216.672.119; 주소: Strada Aviator Mircea Zorileanu 89]

부카레스트 주변에 있는 레스토랑

(1) 돌체 비타(Dolce Vita): 부카레스트에서 북쪽으로 약 30㎞ 떨어진 스나고브(Snagov) 호숫가에 위치한다.

[☎ (+40)723.580.780; 주소: Parc Ponton 800, Snagov]

돌체 비타

(2) 카사 푸스트니쿠(Casa Pustnicu): 부카레스트 동부의 판텔리몬(Pantelimon) 지역을 지나 일포브(Ilfov)주로 나가다 보면 푸스트니쿠 숲속 호숫가에 위치한다.
[☎ (+40)728.969.950; 주소: Padurea Pustnicu Pantelimon, Ilfov]

◆ 루마니아 쇼핑목록 1호: 세계 최초의 피부노화방지 크림

1925년 루마니아 의학자 파르혼(Constantin Ion Parhon, 1874-1969)은 세계 의학계에서 인간의 노화 과정과 관련하여 '리키비올로지에(Ilikibiologie: 연령 생물학)'라는 의학용어를 처음 사용하였다. 당시 그는 세계 최초로 생리학상의 노화와 나이보다 빨리 늙는 병리학상의 노화를 구분하면서 호르몬이나 비타민 그리고 영양분을 양호하게 제공함으로써 노화를 늦출 수 있다고 주장하였다. 이후, 파르혼의 연구는 아나 아슬란(Ana Aslan, 1897-1988) 박사에 의해 계속되었다.

아슬란 박사가 제로비탈(Gerovital H3)을 만든 것은 1951년이며, 이듬해 부카레스트에 세계 최초의 노인의학 연구소(Institute of Geriatrics)가 설립되었다. 제로비탈은 1958년부터 대량 생산되기 시작하였고, 1980년에는 제로비탈과 비슷한 제품인 아슬라비탈(Aslavital)이 개발되었다.

1) 제로비탈의 창시자 아나 아슬란 박사

"늙어서 죽는 것이 아니라 병으로 죽는다(Die not of old age, but of disease)!" 이것은 아나 아슬란 박사의 신념이자 연구의 출발점이었고, 이를 바탕으로 제로비탈(Gerovital H3)이 개발되었다. 아슬란 박사가 세계 의학사에서 이룩한 업적은 세계 최초로 노인의학 연구소를 설립한 것 외에도 '노인 의학(geriatrics)'이라는 새로운 학문의 지평을 연 것이다.

아슬란 박사가 제로비탈을 연구하기 시작한 것은 1946년 티미쇼아라 의학 클리닉(Medical Clinic from Timişoara)으로 거슬러 올라간다. 당시 사람을 젊어지게 하는 프로카인 효과(rejuvenating effect of procaine)에 관하여 연구하던 아슬란은 1951년 제로비탈을 개발함으로써 세계 의학계에는 '노인 의학'이라는 새로운 분야가 생겨났다.

2) 제로비탈 상표권 분쟁

1947~1989년, 제로비탈 상표권은 아나 아슬란 국립 노인의학 연구소(Ana Aslan National Institute of Gerontology and Geriatrics)와 루마니아 정부가 가지고 있었으며, 제로비탈 제품은 의약품과 화장품으로 나뉘어 있었다. 하지만 1989년 루마니아 혁명 직후, 이 연구소는 아슬란 박사의 뒤를 이은 12명의 이사가 공동으로 운영하고 있었기 때

문에 제로비탈 상표권 문제를 분명히 할 겨를이 없었다. 숱한 우여곡절 끝에 지금은 파르멕 클루즈社가 화장품(제로비탈과 아슬라비탈) 상표권을 가지고 있으며, 의약품(제로비탈과 아슬라비탈) 상표권은 2016년 프랑스 사노피(Sanofi)社에게 넘어갔다.

3) 루마니아 국가 브랜드

제로비탈은 오늘날 루마니아를 대표하는 브랜드 중 하나이며 공산주의 시절 세계의 많은 유명 인사들이 '아슬란 방법'으로 치료를 받았다: 샤를 드골 프랑스 대통령과 존 F. 케네디 미국대통령, 흐루시초프 소련 공산당 서기장, 티토 유고슬라비아 대통령, 수하르토 인도네시아 대통령, 마르코스 필리핀 대통령과 영부인 이멜다 마르코스, 인디라 간디 인도 총리, 골다 메이어 이스라엘 총리, 영국 희극배우 찰리 채플린, 독일 출신의 미국 영화배우 마를렌 디트리히, 프랭크 시나트라(20세기 미국 대중음악을 대표하는 아티스트 중 한 명) 그리고 클라우디아 카르디날레(튀니지 출신의 영화배우) 등.

참조 제로비탈은 약국에서 구입할 수 있지만, 다량을 원할 경우 가격이 약간 저렴한 까르푸(Carrefour) 등 대형 쇼핑몰에서 구입하는 것이 좋다. 제로비탈은 제품의 종류가 아주 다양하나 한국 관광객들이 선호하는 제품은 다음과 같다.

제로비탈

(1) Gerovital H3 Evolution(Wrinkle Correction Treatment): 눈과 입술 그리고 이마의 주름 개선
(2) Gerovital H3 Evolution(Perfect Anti-Aging SERUM): 일반적인 안티에이징 제품
(3) Gerovital H3 Evolution(Concentrated SERUM): 최근 출시된 가격이 가장 비싼 제품
(4) Fiole cu Acid HIALURONIC: 한국 여성에게 인기가 좋은 앰플 모양의 제품.
* 루마니아산 생로얄제리도 한국 관광객들이 좋아하는 쇼핑 품목 중 하나이다.

부카레스트 주변 가볼 만한 곳

1) 부카레스트 온천

부카레스트에서 북쪽으로 약 10분 정도 가다 보면 유럽 최대 규모의 부카레스트 온천(Therme Bucharest)이 있다. 그곳에는 '도시 해변'인 샌즈 오브 테르메(Sands of Therme: 면적 30,000m²)가 조성되어 있으며, 1,500개의 일광욕 의자도 배치되어 있다. 쾌적한 실내 환경을 위해 만들어진 식물원에는 유럽 최대 규모의 야자나무 숲(총 6개국에서 수입된 1,500그루의 야자수)과 다양한 종류의 난초 등 총 80만 개의 식물이 있어 오늘날 루마니아에서 가장 큰 식물원으로 간주된다. 갤럭시(Galaxy) 지역에 있는 파도 풀(Wave Pool: 면적 560m²) 역시 루마니아에서 규모가 가장 크다고 한다. 수영장 온천수(온도 약 33℃)는 구리나 아연, 셀레늄, 칼슘 및 마그네슘 등이 풍부해 최근 한국인을 포함한 많은 외국 관광객이 찾고 있다.

부카레스트 온천[1][Author, Daniele Napolitano]

부카레스트 온천은 아래와 같이 세 지역으로 구분되며, 요금은 평일과 공휴일 그리고 이용시간에 따라 다양하다.

1) 갤럭시(Galaxy): 가족 놀이를 위한 공간으로, 어린이들이 좋아하는 워터 슬라이드 외에도 인공 파도가 있는 실내 수영장과 수영장 바가 있는 야외 수영장, 모래 해변 그리고 야자수 등이 있다.
2) 팜(Palm): 휴식을 취할 수 있는 바캉스 지역으로, 500그루 이상의 야자수로 둘러쌓여있으며 실내 수영장은 개폐식 지붕이 설치되어 있어 하늘을 감상할 수 있다.
3) 엘리시움(Elysium): 사우나를 테마로 하는 웰빙 지역으로, 야외에는 넓은 테라스와 편안한 야외공간이 있으며, 실내에는 파노라마 실내 수영장과 수영장, 바 그리고 고급 레스토랑이 있다.

[부카레스트 온천: www.therme.ro; ☎ (+40)311.088.888; 주소: Calea Bucuresti nr. 1K Otopeni-Balotesti; 방문하기 전에 홈페이지에서 Virtual Tour를 할 수 있다.]

2) "초록의 파라다이스" 스나고브 호수 공원

부카레스트에서 약 30㎞ 떨어져 있는 스나고브 호수 공원(Snagov Park)은 울창한 숲과 커다란 호수로 둘러싸여 있어 자연을 사랑하는 사람들에게 "초록의 파라다이스(Green Paradise)"로 간주된다. 따라서 프랑스 신문은 이곳을 "루마니아의 미래 여름 수도(Future Summer Capital of Romania)"라고 언급하였다.

(1) 스나고브 호수와 숲

울창한 숲으로 둘러싸인 스나고브 호수(Snagov Lake, 수심 9m)는 길이가 16㎞에 이르며 면적은 여의도(290헥타르)의 2배가 넘는 600헥타르(약 180만 평)이다. 2000년, 루마니아 정부는 스나고브 호수의 일부 지역(100헥타르)과 구(舊) 코드루 알 블러시에이(Codru al Vlăsiei)에 분포된 전체 삼림 지역(870헥타르) 중 일부 지역(10헥타르)을 자연보호구역으로 지정하였다. 2011~2012년, 스나고브 재단은 종합적인 생태조사를 한 후 그곳에 약 2,700종의 생물(보호종 171종)이 서식하고 있다고 발표하였다.

스나고브 호수는 카누와 카약, 수상스키 그리고 낚시 등 수상 스포츠를 즐길 수 있다. 이곳에는 붉은 잉어와 붕어, 뱀장어, 넙치류, 태양-농어, 2종의 황어, 강치, 메기 등 16종 이상의 민물고기가 서식하고 있어 강태공들에게 유명하지만, 낚시는 자연보호구역이 아닌 곳에서만 허용된다. 지금까지 낚시로 잡은 초대형 물고기는 메기(150㎏)와 잉어(32㎏) 그리고 강꼬치(16㎏) 등이다.

(2) 스나고브 수도원

스나고브 수도원(Snagov Monastery)은 스나고브 호수 북쪽에 있는 섬 안에 있다. 1933년 스나고브 수도원 인근에 진행된 고고학 발굴작업으로 청동기, 철기 시대의 유물과 고대 다치아인들의 주거지가 발견되었다. 원래 스나고브 수도원 부지에는 왈라키아 공국의 영주 블라디슬라브 I세(Vladislav, 1364-1379)가 통치하던 시기에 건축된 작은 예배당이 하나 있었다고 한다.

스나고브 수도원이 역사 문헌에 처음 언급된 것은 1408년이며, 미르체아 첼 버트르른 영주(Mircea the Elder: Mircea cel Bătrân, 1355-1418)의 통치 말기에 건축된 것으로 기록되어 있다. 이후, 블라드 드라큘라 영주와 네아고에 바사랍 영주(Neagoe Basarab, 1482-1521)의 통치기에 수차례 복원되었으며, 특히 블라드 드라큘라 영주의 시대에는 왈라키아 공국에서 가장 중요하고 부유한 수도원 중 하나였다.

1475년경, 드라큘라 영주는 스나고브 수도원 주위에 방어벽과 교각, 감옥 그리고 호수 밑으로 터널을 건축하였으나 지금은 교회와 종탑, 우물 그리고 감옥 독방만이 보존되어 있다. 1512년, 네아고에 바사랍 영주는 스나고브 교회를 비잔틴 양식으로 재건하였다.

스나고브 수도원[1][Author, Colicaranica]

안팀 이비레아눌 관구장 주교(Antim Ivireanul, 1650-1716)는 이곳에서 루마니아어(라틴자모)로 된 서적과 그리스어, 교회슬라브어 그리고 아랍어로 된 종교 서적을 출판하였다.

1840년 이후, 스나고브 수도원은 감옥으로 사용되었으며, 1848년에는 54명의 혁명가들이 수감되기도 하였다. 오늘날 어떤 사람들은 드라큘라 영주가 스나고브 수도원에 매장되었을 것으로 추측하고 있지만, 그가 언제, 어디서 그리고 어떻게 사망하였으며 또한 어디에 묻혔는지에 대해 밝혀진 것은 아직까지 아무것도 없다.

(3) 스나고브 궁전

스나고브 궁전(Snagov Palace)은 1932년 카롤 II세의 동생인 니콜라에 왕자(Nicolae)가 건축하였지만 카롤 II세와의 불화로 1937년 망명하여 그곳에 거주하지 못하였다.

이 궁전은 제2차 세계대전 당시 루마니아 육군 원수인 이온 안토네스쿠 장군(Ion Antonescu, 1882-1946)이 거주하였고, 공산주의 시절에는 게오르게 게오르기우-데즈(Gheorghe Gheorghiu-Dej) 루마니아 노동당 제1서기가 거주하였다. 또한 1970년에는 차우셰스쿠의 지시로 약 7년 동안 건물 확장공사가 진행되면서 건물의 내부, 외부 각각 바로크 양식과 브른코베아누 양식으로 건축되었다. 궁전이 완공된 후, 차우셰스쿠 부부는 특별한 날을 제외하곤 매주 그곳에서 주말을 보냈다고 한다. 스나고브 궁전은 관광객들의 방문이 제한된다.

1972년 스나고브 궁전에서 주말을 즐기고 있는 차우셰스쿠 부부와 막내아들 니쿠

스나고브 궁전[Source: www.facebook.com/palatulsnagov]

3) 모고쇼아이아 궁전

1698~1702년 콘스탄틴 브른코베아누 영주(Constantin Brâncoveanu)가 건축한 모고쇼아이아 궁전(Mogoşoaia Palace)은 부카레스트 시내에서 북서쪽으로 약 15㎞ 떨어져 있다. 모고쇼아이아라는 말은, 궁전과 그 주변의 토지를 소유하고 있던 귀족 모고쉬(Mogoş)와 연관이 있다.

1702년 완공된 후 브른코베아누 영주의 여름 별장으로 사용되었으며, 이후에도 약 120년 동안 브른코베아누 가문이 소유하였다. 하지만 1714년 튀르크인들이 브른코베아누 영주와 그의 가족을 콘스탄티노플로 초청하여 처형함으로써 그의 재산은 몰수되었고 모고쇼아이아 궁전도 튀르크인 여관으로 사용되었다. 또한, 1768~1774년 러시아와 오스만제국 사이에 전쟁이 치러지면서 궁전은 튀르크인들에 의해 많이 파손되었다.

전쟁이 종결된 후, 브른코베아누 가문은 1777년 궁전을 되찾았으나, 1832년 브른코베아누 가문의 마지막 후손인 그리고레 브른코베아누(Grigore Brâncoveanu)가 사망하면서 그의 입양 딸인 조에 공주(Zoe Mavrocordat)에게 상속되었고, 이후 조에 공주가 그리고레 비베스쿠 영주(Gheorghe Bibescu)와 결혼함으로써 비베스쿠 가문에게 소유권이 넘어갔다.

모고쇼아이아 궁전은 제1차 세계대전 동안 독일군의 폭격으로 많이 파손되었으나 이내 복원되었고, 양차 대전 사이에는 세계 유명 인사들의 만남의 장소로 사용되었다. 1947년 공산주의가 도입된 이후 국유화되어 루마니아 예술가들의 모임 장소로 사용되었으며 오늘날에는 박물관으로 사용된다.

모고쇼아이아 궁전은 후기 르네상스 양식과 브른코베아누 양식으로 건축되어 외관이 심플하지만 미국의 스탠퍼드대학교와 건축 양식이 비슷하며, 콜렌티나(Colentina)강 인근에는 이탈리아 양식으로 아름답게 조성된 정원이 있

모고쇼아이아 궁전

다. 모고쇼아이아 궁전에 들어가기 전, 좌측을 보면 1688년 브른코베아누가 고관이었을 당시 건축된 세인트 조지 교회(St. George Church)가 있고, 1702년 건축된 게이트 타워 위로 올라가면 주변 광경을 볼 수 있다. 또한, 정문 안으로 들어서면, 오른편에 브른코베아누 영주가 식사하던 쿠흐니에(Old Kitchen: Cuhnie, 1681-1702)가 있으며, 게이트 타워 왼편에는 1870년 게오르게 비베스쿠(Gheorghe Bibescu)가 건축한 영빈관과 간단하게 음료수를 마실 수 있는 테라스도 있다. 궁전 오른편에 있는 갈대밭은 1900년 이전 얼음저장고로 사용되었다.

그동안 윈스턴 처칠 영국 총리를 비롯하여 샤를 드골 프랑스 대통령, 알폰소 13세 스페인 국왕, 마르셀 프루스트 프랑스 소설가, 아우구스트 폰 마켄젠 독일 육군 원수 등 많은 외국 인사들이 모고쇼아이아 궁전을 방문하였다.

몇 년 전까지, 궁전 담장 너머에 공산주의 시절 자유 언론회관 앞에 설치되어 있던 레닌 동상과 페트루 그로자(Petru Groza) 동상이 방치되어 있었지만, 지금은 어디론가 옮겨진 것으로 보인다.

[모고쇼아이아 궁전: ☎ (+40)213.506.616; 주소: Strada Valea Parcului nr. 1 Mogosoaia]

◆ 모고쇼아이아 궁전 찾아가기

모고쇼아이아 궁전은 부카레스트 중심에서 북서쪽으로 약 15㎞ 떨어져 있다. 대중교통을 이용하여 모고쇼아이아 궁전으로 가는 방법은 두 가지가 있다.

(1) 부쿠레쉬티 노이(Bucureşti Noi)에 있는 키브리트 광장(Chibrit Square)에서 부프테아(Buftea)로 가는 버스를 타고 가다가 중간에 내리면 된다. (배차시간은 약 10분)

(2) 부카레스트 지하철 4호선 바질레스쿠 공원(Bazilescu Park)역에 내린 후, 모고쇼아이아 궁전으로 가는 460번 버스를 타면 된다. 버스는 자주 있는 편이고 소요시간은 약 15~20분이다.

대중교통을 이용하는 것은 외국 관광객들에게 다소 복잡하므로 택시나 자동차로 방문할 것을 추천한다.

“루마니아 최고의 여름 휴양지” 시나이아

카르파티아산맥의 진주로 불리는 시나이아(Sinaia, 해발 798~1,055m)시는 자연환경이 수려해 오늘날 루마니아 최고의 휴양지 중 하나로 꼽힌다. 이 도시는 부카레스트에서 1번 도로(DN 1)를 타고 북쪽으로 가다 보면 약 123㎞ 떨어져 있다.

원래 시나이아라는 말은 1695년 시나이아 수도원이 건축되면서 불리기 시작했으며, 수도원 이름은 구약성서 「출애굽기」에서 모세가 십계명을 받았다는 이집트의 시나이산(Sinai Mt.)에서 유래한다.

시나이아 수도원

시나이아라는 도시 이름이 공식적으로 불리기 시작한 것은 1874년이다. 이후, 카롤 I세는 1875~1883년 펠레쉬성(Peleş Castle)을 건축하였고, 이어 펠리쇼르성(Pelişor Castle)과 포이쇼르성(Foişor Castle)도 건축되었다. 펠레쉬성이 완공된 이후, 주변에 카지노와 스위스풍의 호텔과 빌라 그리고 산장들이 들어서면서 1910년경 시나이아는 루마니아 최고의 관광도시 중 하나가 되었다. 실제로 이곳에 가면 루마니아 귀족들의 아름다운 별장과 파스텔 색조의 저택들이 즐비해 있어 도심 골목길을 산책하다 보면 이내 낭만에 빠진다.

시나이아에는 매년 제오르제 에네스쿠(George Enescu) 페스티벌과 월드뮤직 국제페스티벌, 클래식 기타 국제페스티벌, 국제 연극 및 웅변 봄 페스티벌 그리고 시나이아 포에버 페스티벌과 같은 축제를 비롯하여 각종 콘서트와 전시회, 컨퍼런스 그리고 박람회 등이 개최된다. 시나이아 시내에서 케이블카를 타고 해발 1,400m 혹은 2,000m까지 올라갈 수 있다.

[시나이아 케이블카: www.muntii-bucegi.ro; ☎ (+40)244.311.674; 주소: Strada Cuza Vodă]

1. 성과 역사적 건축물

루마니아 왕실이 사용하던 시나이아 여름 별장은 30헥타르의 면적에 3개의 성(펠레쉬, 펠리쇼르, 포이쇼르)과 19개의 빌라 그리고 부속 건물 등으로 구성되며, 그 안에는 총 569개의 룸이 있다.

1) 유럽 최초로 전기를 사용한 펠레쉬성

펠레쉬성(Peleş Castle)은 유럽에서 가장 아름다운 건축물 중 하나로 꼽힌다. 전체적으로 후기 르네상스 양식이 두드러지지만, 이탈리아의 우아함과 독일의 미학이 가미된 고전적 유럽 스타일도 결합하여 있다. 그래서 펠레쉬성은 독일 바이에른에 있는 노이슈반스타인성(Neuschwanstein Castle)과 건축 양식이 비슷하다.

펠레쉬라는 말은 성 주위를 흐르는 '펠레쉬'라는 이름의 작은 개울에서 유래한다. 펠레쉬성이 건축된 것은 1866년 카롤 I세가 시나이아 수도원에 도착하여 하룻밤을 지낸 것이 계기가 되었다. 당시 주위의 자연경관에 매료된 그는 1872년 수도원 주변의 토지를 매입한 후 독일 건축가 요하네스 슐츠(Johannes Schultz)에게 건축을 맡겼다. 펠레쉬성은 1874~1883년 완공되었지만 이후 체코의 건축가 카렐 리만(Karel Liman, 1855-1929)이 1914년까지 마감 공사를 하였다. 리만은 중앙 탑(66m)을 비롯하여 거의 모든 탑을 설계함으로써 펠레쉬성의 건축 양식에 많은 흔적을 남겼다.

펠레쉬 성

구름 위의 노이슈반슈타인 성[1] [Author, Arto Teräs]

미하이 러둘레스쿠(Mihai Rădulescu) 교수는 펠레쉬성이 건축될 당시 그리스를 비롯하여 이탈리아, 프랑스, 독일, 영국, 체코, 폴란드, 헝가리, 알바니아 그리고 터키 등 전 세계 10개가 넘는 나라에서 온 장인들 수가 300명이 넘었다고 언급하고 있다.

"이탈리아 석공들, 제방을 쌓는 루마니아인, 돌과 석회를 운반하는 일용직 집시 노동자들! 그리스와 알바니아인들은 채석장에서 돌을 파고 있었고, 독일인과 헝가리인들은 목공일을 하였으며 터키인들은 벽돌을 굽고 있었다. 폴란드 장인들과 체코의 돌 조각가들이 고용되었고, 프랑스인이 설계하면 영국인이 측정하였다. 따라서 그곳에서 수백 개의 민속 의상이 발견되었으며, 4~10개의 언어가 사용되었다. 그들은 각기 자신의 언어로 말하고, 노래하고, 맹세하고 또 다투었다. 한마디로 사람과 말 그리고 황소와 물소가 섞여 있는 재미있고 시끄러운 혼합체였다."

펠레쉬성이 건축되는데 들어간 비용은 약 1,650만 황금-레이(lei-gold)였으며, 지금의 환율로 계산하면 약 9천억 원(1황금-레우: 현재 약 40유로)에 달한다. 당시 루마니아에는 황금으로 만든 동전이 사용되었는데, 지금도 루마니아는 유럽에서 황금이 가장 많이 매장된 나라로 유명하다.

펠레쉬성은 '유럽 최초로 전기를 사용한 성'으로 유명하다. 당시 성안에는 전기로 작동되는 '엘리베이터'와 '진공청소기' 그리고 '중앙난방시스템'이 설치되었다.

펠레쉬성에는 총 160개의 객실과 30개의 화장실이 있지만, 오늘날 관람이 가능한 곳은 성 내부의 35%에 불과하다. 그곳에는 유럽의 희귀한 회화 컬렉션과 4,000종 이상의 동·서양 갑옷, 14~17세기 무기류, 각종 조각품과 카펫, 가구, 도자기, 스테인드글라스 그리고 금과 은으로 만든 장식품 등이 전시되어 있다.

호두나무로 웅장하게 조각된 입구 홀(Entrance Hall)에는 당시로써는 기상천외한 전기 개폐식 유리 천장이 설치되어 있어 밤하늘의 별을 감상할 수 있었다.

명예의 홀(Hall of Honor) 벽면에는 140명의 장인이 6개월에 걸쳐 작업한 2,000여 개의 작은 나무 조각상이 있으며, 홀이 완성되기까지 약 150만 황금-레이(현재 약 800억 원)가 소요되었다고 한다.

왕의 도서관(Royal Library)에는 가죽 커버 위에 황금으로 글자를 새긴 희귀 서적들이 있으며, 책꽂이 뒤편에는 왕이 사용하던 '비밀의 문'도 있다.

1903~1906년 개장한 무기의 홀(Weapons Halls)에는 14~17세기 유럽과 인도-페르시아, 터키 그리고 아랍에서 사용되던 4,000여 점의 무기가 전시되어 있으며, 그중 가장 귀중한 것은 16~17세기 독일인들이 제작한 청동 기마상(무

성 내부 모습

나무 조각상들

게 120㎏)으로, 기사와 말이 함께 착용하는 한 벌의 갑옷이다.

1906년, 카롤 I세는 자신의 즉위 40주년 기념행사에 합스부르크 제국의 프란츠 요제프 I세(Franz Josef I, 1830-1916)를 펠레쉬성으로 초대하였다. 그래서 그는 프란츠 I세가 머무를 임페리얼 스위트룸을 꾸몄는데, 당시 그랜드 살롱(Grand Salon)이라 불렸던 피렌체 홀(Firenze Hall)의 천장은 황금으로 장식되었다. 피렌체 홀에는 두 개의 커다란 샹들리에를 비롯하여 이탈리아 후기 르네상스 스타일의 다양한 장식품들이 전시되어 있다.

마우라 홀(Moorish Hall)은 프랑스 건축가 찰스 노이(Charles André Lecomte du Noüy)가 장식하였으며, 홀 안에 있는 분수는 이집트 카이로에 있는 분수를 모방한 것이다.

지하로 내려가면, 루이 14세 양식으로 건축된 아름다운 극장이 있으며, 왕실용 객석을 포함하여 총 60개의 좌석이 마련되어 있다. 이 극장은 1906년 루마니아 최초로 영화가 상영된 곳이다.

1906년 개장한 콘서트홀(Concert Hall)에는 1621년 벨기에 안트베르펜(Antwerpen)에서 제작된 하프시코드(Clavecin, 16~18세기에 사용된 건반악기로 피아노의 전신)가 전시되어 있고, 1883~1914년 설치된 대부분의 스테인드글라스는 스위스와 독일에서 제작된 것이다.

건물 앞 정원에는 1894년 이탈리아 조각가 피에트로 악세리오(Pietro Axerio)가 피렌체 대리석으로 만든 분수가 있으며 그 옆에는 독일 조각가 파울 스토츠(Paul Stotz)가 슈투트가르트(Stuttgart)에서 청동으로 제작한 두 마리 강아지 동상도 있다. 이 외에도 펠레쉬성 주위로 전시된 많은 대리석 작품들은 피렌체 조각가 라파엘로 로마넬리(Raffaello Romanelli)가 제작한 것이다.

소문에 의하면, 1982년 펠레쉬성이 폐쇄된 후 차우셰스쿠가 자신의 여름 별장으로 사용하려 하였다고 한다. 하지만, 이 시기에 '부카레스트 현대화 사업'의 일환으로 많은 건물이 철거되고 있었기 때문에 펠레쉬성도 철거되지 않을까 우려한 성 관리 책임자가 성 안에 알 수 없는 독버섯이 자라고 있어 위험할 수 있다는 거짓 보고를 하였다고 한다. 그래서인지 매사에 신중했던(?) 차우셰스쿠 부부는 펠레쉬성 대신 포이쇼르성에서 머물렀다고 한다.

1883~1947년 펠레쉬성은 루마니아 왕실 소유였으나 1948년 국유화되었고 또한 1990년 이후 박물관으로 사용되고 있다. 2007년 루마니아 정부는 사유화 정책의 일환으로 펠레쉬성의 소유권을 루마니아 왕실의 후손인 미하이 I세(King Mihai I)에게 반환하였고, 2017년 12월 그가 사망한 이후에는 1949년 스위스 로잔에서 태어난 미하이 왕의 장녀 마르가레타 공주(Margareta)에게 상속되었다. 현재 펠레쉬성과 펠리쇼르성의 소유권은 루마니아 왕실에 넘어간 상태이며, 건물은 루마니아 정부가 임대하여 박물관으로 사용하고 있다.

펠레쉬성은 1893년 루마니아 왕세자 카롤 II세(Carol II, 1893-1953)가 태어난 곳이기도 하다. 그동안 펠레쉬성은 많은 외국의 유명 인사들이 방문하였다: 알렉산더르 I세 불가리아 공국 초대 영주; 칼 16세 구스타프 스웨덴 국왕; 네덜란드 엠마 왕비; 마리아 테레지아 바바리아 왕국 공주; 프란츠 요제프 I세 합스부르크 제국 황제와 루돌프 황태자 및 부인 스테파니; 사라예보에서 암살된 프란츠 페르디난트 대공; 빌헬름 폰 프로이센 황태자; 이제딘 합스부르크 제국 왕자; 보리스 러시아 대공; 알프레드 에든버러공; 안할트-베른부르크의 왕자 베른하르트 III세와 부인 샤를로트; 제럴드 포드 미국 대통령; 토도르 지프코프 불가리아 국가 주석; 에리히 호네커 동독 공산당 서기장 등.

[펠레쉬성: www.peles.ro; ☎ (+40)244.310.918; 주소: Aleea Peleșului 2]

2) 펠리쇼르성

'작은 펠레쉬성'을 의미하는 펠리쇼르성(Pelişor Castle)은 펠레쉬성 확장공사가 진행되던 1899~1903년 체코의 건축가 카렐 리만이 건축하였다. 이 성은 장차 루마니아 왕권을 이어받을 페르디난드(Ferdinand) I세와 마리아(Maria)를 위하여 카롤 I세가 건축하였다.

펠레쉬성(객실 160개)보다 적은 99개의 객실로 되어있으며, 성 내부는 마리아의 취향에 맞게 아르누보 스타일로 화려하게 장식되어 있다. 명예의 홀(Hall of Honor)은 참나무로 장식되어 있으며, '황금의 침실'에는 마리아 여왕이 직접

펠리쇼르 성

데생한 다양한 문양에 황금을 입힌 보리수나무 가구가 배치되어 있다. 이뿐만 아니라 '황금의 방'에는 황금으로 치장된 벽면 곳곳에 마리아 왕비의 조국 스코틀랜드의 국화인 엉겅퀴 나뭇잎이 장식되어 있다. 이곳은 페르디난드 왕과 마리아 여왕 사이에서 태어난 왕자와 공주들이 어린 시절을 보낸 곳이기도 하다.

페르디난드 왕과 마리아 여왕의 슬하에는 훗날 루마니아 왕이 되는 카롤 II세와 유고슬라비아 여왕이 되는 머리오아라(Mărioara) 공주, 그리스 여왕이 되는 엘리사베타(Elisabeta) 공주 그리고 니콜라에(Nicolae) 왕자가 있었다.

1947년 이후 펠리쇼르성은 국유화되어 루마니아 작가, 작곡가 그리고 예술가의 창조의 집(House of Creation of Romanian writers, composers, and artists)으로 사용되었으나 1993년 박물관으로 개장하였다.

카롤 II세

훗날 그리스 여왕이 되는 엘리사베타(Elisabeta) 공주

해군 장교복 차림의 니콜라에(Nicolae) 왕자

3) 포이쇼르성

'별관(別館)'을 의미하는 포이쇼르성(Foişor Castle)은 1932~1933년 카롤 I세가 사냥의 집(Hunting House)으로 건축하였다. 총 43개의 객실이 있으며 펠레쉬성이 완공되기 전에 건축되었다. 따라서 카롤 I세와 엘리자베타 여왕은 펠레쉬성이 완공될 때까지 이곳을 여름 별장으로 사용하였고, 페르디난드 I세와 마리아 왕비 역시 펠리쇼르성이 완공될 때까지 여름 별장으로 사용하였다. 이후, 페르디난드 I세와 마리아 왕비도 펠리쇼르성이 완공될 때까지 여름 별장으로 사용하였고, 향후 루마니아 왕위에 오르는 카롤 II세도 재임 기간(1930-1940년) 자신의 별장으로 사용하였다.

포이쇼르성은 1921년 10월 25일 루마니아 마지막 국왕인 미하이 I세가 태어난 곳이다. 이 성은 화재로 인해 1932~1933년 재건축되었으며, 공산주의가 도입된 이후 건물의 날개 부분이 증축되면서 사무실과 살롱, 거실 그리고 극장 등이 만들어졌다. 오늘날 포이쇼르성은 영빈관으로 사용되고 있으며 일반인에게 개방되지 않는다.

2. 에코노마트 건물

구(舊)왕실수비대(House of the Guard Corps) 건물과 에코노마트 빌라(Vila Economat)는 펠레쉬성의 부속 건물이다. 1880~1883년 건축되었으며 루마니아 왕이 시나이아를 방문할 때 동행한 루마니아 정치인들과 왕실에서 일하는 사람들의 숙소(52개 객실)로 사용되었다. 일반적으로 루마니아 왕이 시나이아를 방문할 때 약 100명의 수행원이 동행했다고 한다. 현재 구(舊)왕실수비대 건물은 호텔과 레스토랑으로 사용된다.

구(舊)왕실수비대 건물

에코노마트 빌라

3. 시나이아 카지노

1912년 카롤 I세는 건축가 페트레 안토네스쿠(Petre Antonescu)에게 시나이아 카지노(Casino) 건물을 세우게 하였고, 이후 7개월이라는 아주 짧은 기간 동안 건축되었다. 카지노 제1대 주주는 몬테카를로(Monte Carlo)에서 카지노를 운영하던 마르케의 남작(Baron of Marçay)이었다. 개장 후, 매일 800명 이상의 방문객들이 찾았지만 제2차 세계대전이 발발하면서 일시적으로 문을 닫았고 또한 공산주의가 도입되는 1947년 완전히 폐쇄되었다.

1955년 이후 문화의 집(House of Culture)으로 사용되면서, 루마니아 민속 공연과 연극 그리고 콘서트 등 각종 문화행사가 개최되었으며, 1975년 대대적인 보수작업 이후에는 국제회의와 연회장소로 사용되었다. 지금은 국제회의센터로 사용되며 행사가 있을 시 내부관람은 제한된다.

시나이아 카지노

시나이아에 있는 레스토랑

(1) 카롤 가스트로 비에르하우스 에코노마트(Carol Gastro Bierhaus Economat): 에코노마트 건물 1층에 있는 레스토랑
[☎ (+40)751.219.679; 주소: Aleea Pelesului nr. 2]

(2) 꾸찌뚜 다르진트(Cuţitu d' argint: 은으로 만든 칼)
[☎ (+40)737.340.197; 주소: Aleea Peleşului nr. 2]

이 외에도 시나이아에는 분위기 좋은 레스토랑이 많이 있어, google.ro에서 'The 10 Best Restaurants in Sinaia'를 검색하면 된다.

해발 2,000m에서 즐기는 "힐링의 시간" 부쉬테니

시나이아에서 자동차를 타고 북쪽으로 약 10분 정도 가다 보면 부쉬테니(Buşteni)시가 있다. 이 도시는 부체지산맥(Bucegi Mts, 해발 2505m)과 카라이만산맥(Caraiman Mts, 2,384m) 그리고 코스틸라산맥(Costila Mts, 2,489m) 사이에 위치하고 있어 자연경관이 수려하다.

실바 호텔(Silva Hotel) 뒤편에 있는 케이블카를 타고 부체지산으로 올라가면 두 개의 기암괴석인 스핑크스(Sfinxul: 높이 8m, 너비 12m)와 바벨레(Babele: 의미 '노파들')가 관광객들을 맞이한다. 날씨가 추울 경우, 인근에 있는 카라이만 산장(Caraiman Chalet)에서 따뜻한 커피나 간단한 요기를 할 수 있다.

카라이만 산장에서 약 30분 거리에 있는 카라이만봉(Caraiman Peak, 해발 2,384m)에는 2014년 기네스북과 2020년 월드 레코드 아카데미에 등재된 '세상에서 가장 높은 곳에 있는 십자가(해발 2,291m)'가 있다. 십자가의 공식 이름은 "제1차 세계대전 때 희생된 루마니아 영웅들을 기리는 십자가"이다. 화창한 날에는 이 지역에서 가장 높은 오무봉(Omu Peak, 2,505m)에서 부카레스트 야경을 감상할 수 있다.

부체지 산과 그곳에서 내려오는 당나귀

'바벨레'와 '스핑크스'

'세계에서 가장 높은 곳에 있는 십자가'

부쉬테니 전경

개인적으로는, 시나이아보다 부쉬테니에서 케이블카를 타고 올라가는 것을 추천하지만 여름 성수기에는 관광객이 많아 조금 서둘러야 한다.

◆ 루마니아 신화

루마니아 문학 비평가 제오르제 컬리네스쿠(George Călinescu)는 루마니아 문학과 문화의 뿌리가 루마니아 4대 신화인 「도키아와 트라야누스」(Dochia and Trajanus), 「미오리짜」(Mioriţa), 「명인 마놀레」(Master Manole) 그리고 「즈부러토룰」(Zburătorul)에 기반한다고 주장하였다. 「도키아와 트라야누스」 신화는 '루마니아 민족의 형성'과 관련이 있고 「미오리짜」 신화는 '루마니아 목동들의 목가적 삶', 「명인 마놀레」 신화는 '창조를 위한 희생의 신화' 그리고 「즈부러토룰」 신화는 '남녀 간의 성적 사랑'을 다루고 있다.

1. 「도키아와 트라야누스」 신화

도키아(Dochia)와 로마 황제 트라야누스(Marcus Ulpius Trajanus)는 루마니아 민족의 기원을 암시하는 상징적 인물이다. 다치아 왕국이 연상되는 도키아는 루마니아 전설에서 젊은 여인 혹은 노파로 나타나며, 다른 전설에는 다치아 왕국의 아름다운 공주로 나타난다.

어느 날, 도키아 공주는 자신을 겁탈하려는 트라야누스 황제를 피해 산속으로 도망쳤다. 하지만 황제가 계속 쫓아오자 자몰시스(Zamolxis) 신에게 기도하였고, 이후 양 떼를 모는 노파 도키아(Baba Dochia)로 변하였다. 얼마 후, 황제가 이끄는 로마군대가 그녀 앞에 나타나 다치아 공주가 어디로 갔는지 물어보았고, 그녀가 남쪽을 향해 가리키자 황제는 그곳으로 계속 뒤쫓아 갔다. 이후 노파 도키아는 그 땅의 주인으로 남았다.

또 다른 전설에는, 도키아가 노파로 나타난다. 3월 초, 양 떼를 몰고 카르파티아 산으로 올라가던 노파 도키아는 외투를 하나둘 벗으면서 날씨를 계속 바꾸는 변덕스러운 신들에게 저주를 퍼부었다. 화가 난 마르테 신[Marte: 의미 '3월(March)']은 퍼우라르 신[Făurar: '2월(Febrary)']에게 매서운 서리를 빌려 노파 도키아에게 퍼부었고, 결국 그녀는 추위로 얼어붙어 바위가 되었다.

여기서 노파 도키아는 죽은 것이 아니라 단지 바위가 된 것으로, 넓은 의미에서 루마니아 선조들이 건설한 다치아 왕국의 역사와 전통이 사라진 것이 아니라 영원히 지속함을 상징한다. 오늘날 부체지(Bucegi)산에 있는 바벨레(Babele: '노파들')라는 이름의 기암괴석과 체아흐러우(Ceahlău)산에 있는 '도키아 공주와 양 떼'라는 이름의 바위는 도키아 신화와 연관이 있다.

◆ 퍼우라르 신과 마르테 신

퍼우라르 신과 마르테 신은 루마니아어 페브루아리에(Februarie, 2월)와 마르티에(Martie, 3월)와 연관이 있다. 1년 중 2월이 가장 짧은 것은 이들 두 신 간의 싸움에서 봄을 상징하는 '3월의 신'이 겨울을 상징하는 '2월의 신'에 승리하여 2월의 마지막 며칠을 빼앗았기 때문이다. 그래서 루마니아의 3월 초는 우리나라 꽃샘추위처럼 아주 매서울 뿐만 아니라 한국 사람들이 문밖에 입춘대길(立春大吉)을 붙여 봄을 맞이하는 것처럼 루마니아 사람들도 몸에 '머르찌쇼르(Mărțișor)'라는 장신구를 달고 다닌다.

참조 2017년 유네스코 무형문화유산에 등록된 '머르찌쇼르'는 루마니아어 '3월(Marte)'의 축소형이다. 이것은 붉은색 실과 흰색 실을 엮어 만든 장신구로, 우리로 치면 일종의 부적(符籍)에 해당한다. 3월 초가 되면 루마니아 사람들은 한 해 동안의 건강과 행운을 기원하며 머르찌쇼르를 달고 다닌다.

2. 「미오리짜」 신화

「미오리짜」(Mioriţa, 의미 '어린 양') 신화는 카르파티아산맥에서 생활하는 루마니아 목동들과 연관이 있다. 봄이 되면 목동들은 양떼를 몰아 카르파티아산맥으로 올라갔다가 서리가 내리는 늦가을에 강가나 다뉴브강 저습지로 내려오는데 이것을 루마니아어로 '트란스후만처(Transhumanţă: 양 떼의 이동)'라고 한다.

루마니아 소설가 미하일 사도베아누(Mihail Sadoveanu, 1880-1961)는 저서 「민요」(Poezia populară)에서 "자연과 관련하여 이처럼 예술적이고 고상한 심성을 가득 담은 민요는 「미오리짜」가 유일무이할 것이다"라고 언급하였다.

신화의 내용을 보면, 루마니아 세 지방(몰도바, 트란실바니아, 브란체아) 출신의 목동들이 카르파티아산맥에서 양 떼를 방목하고 있었다. 그러던 어느 날, 트란실바니아와 브란체아 지방의 두 목동이 몰도바 목동의 양 떼를 빼앗기 위하여 음모를 꾸며 그를 살해하려 하였다. 그런데 그 이야기를 듣게 된 몰도바 목동의 어린 양은 수심에 잠겨 며칠 동안 아무것도 먹지 않았다. 걱정스러운 마음에 목동은 어린 양에게 다가가 이유를 물어보았다. 그러자 어린 양은 두 목동이 음모한 사실을 말하면서 양 떼를 몰아 강가 어두운 숲으로 피하는 동시에 그의 곁에 가장 충성스러운 개를 두라고 조언하였다. 하지만 목동은 죽음을 피하려 하지 않고 그대로 받아들였다. 죽음을 '자연과의 영원한 합일'로 생각한 목동은 어린 양에게 자신이 살아왔고 일해 왔던 곳, 즉 너희들 양 떼가 있는 가까운 곳에 묻어 달라고 유언하였다.

"이 거친 들판 위에서
내가 죽을 운명이라면
브란체아 지방의 목동과 트란실바니아 지방 목동에게
내 말을 전해주어라
여기 가까운 곳에다
나를 묻어 달라고
양 떼가 드나드는 우리 길목에,
항상 너희들과 함께할 수 있게
양 우리 뒤편에,
나의 개들이 짖는 소리를 들을 수 있게"

흥미롭게도 「미오리짜」에서 '죽음'은 우주의 공간 속에서 거행되는 하나의 '결혼식'처럼 묘사되어 있다. 전나무와 플라타너스 '나무'는 결혼식 하객들이 되고, '산맥'은 신부님이 되고, '태양'과 '달'은 목동의 대부와 대모이며, '새들'은 결혼식 연주자들 그리고 하늘에 떠있는 수많은 '별들'은 결혼식을 밝혀주는 촛불을 상징한다.

"죽음에 대한 것일랑은
다른 양들에게 말하지 마라.
분명하게 말해주어라
난 결혼을 한 것이라고
내 신부는 사랑스러운 공주님
바로 이 세상이라고
내 결혼식에
빛나는 별이 하나 떨어졌다고
햇님과 달님은
손수 내 결혼 화관을 받쳐 주셨다고
전나무와 플라타너스들은
내 하객이 되어 주었다고
큰 산들은 신부님이 되어 주셨고
새들은 결혼식 교향악단이 되어 주었다고
수천 마리의 새들이 함께했고
수많은 별님이 우릴 밝혀주셨다고!"

목동이 묘사하고 있는 우주와의 결혼식은 일반 결혼식의 기쁜 분위기와는 달리 사뭇 슬픈 분위기에서 이루어지지만, 목동의 의연함 역시 장엄하게 묘사되어 있다. 하지만 이 작품의 분위기는 눈물을 흘리며 어린 목동을 찾아 헤매는 늙은 어머니의 모습에서 최대로 증폭된다.

"보게 된다면,
만나게 된다면
양털로 만든 외투를 걸치신
늙으신 우리 어머님을
두 눈에는 눈물 고이시고
온 들녘을 헤매시며
만나는 모든 사람에게 물어보시며
이렇게 말씀하실 어머님을.
누구 아시는 분 없으세요?

내 아들을 본 사람 없나요?
내 자랑스러운 목동 아들 말이에요.
바늘귀로 빠져나갈 듯
연약한 우리 아이를 말이에요.
앳된 얼굴은
우유 거품처럼 희고요
이제 막 자라나는 수염은
밀 이삭 같고요
부드러운 머리카락은
까마귀 깃털처럼 검고요
앙증맞은 두 눈은
들판에 피는 머루 같지요."

부쉬테니 지역은 미국 애리조나주 세도나(Sedona)와 이집트 그리고 티베트처럼 강력한 볼텍스(Vortex: 에너지가 강하게 소용돌이치는 현상)가 분출되고 있다. 볼텍스는 인간의 신체는 물론 정신을 치유하는 데 큰 효과가 있는 것으로 알려져 있는데, 특히 세도나는 지구상에 존재하는 21개의 볼텍스 중 5개가 집중적으로 모여 있어 연간 500만 명이 방문한다고 한다.

부쉬테니시에서 케이블카를 타고 부체지산으로 올라가면, 앞에서 언급한 것처럼, 두 개의 자연 암석이 있고 또한 그곳에서 약 30분 정도 걸어가면 오무봉(Omu Peak)이 있다. 볼텍스가 분출되는 곳은 이들 사이의 삼각지역이며, 그 중에서 특히 볼텍스가 강하게 분출되는 곳은 오무봉 근처에 있는 부쿠라봉(Bucura Peak)과 구라 데 라이 지역[Gura de Rai: 오무봉 근처에 있는 오두막과 페쉬테라(Peștera) 사이의 지역]이라고 한다.

지역 주민들에 의하면, 가끔 스핑크스 주위로 원뿔꼴의 희미한 불빛이 나타나 그곳을 맴돌기도 하며, 비가 오지 않았는데도 무지개가 나타난다고 한다. 실제로, 매년 11월에는 스핑크스 주위로 나타나는 원뿔꼴 불빛을 보기 위해 많은 관광객이 방문한다. 이처럼 과학으로 풀 수 없는 기현상 때문에 미스터리 애호가들은 부체지산맥 밑에 비밀스러운 터널이 연결되어 있을 거로 생각하고 있다.

이 외에도, 오늘날 부쉬테니 지역에는 '다치아인들의 물(water of the Dacians)'이라는 이름의 미네랄워터가 볼보치(Bolboci) 호수와 스크로포아사(Scropoasa) 호수 사이의 7개 샘물에서 솟아나고 있다. 고대 다치아인들은 이 샘물을 인간의 몸을 치유하는 기적의 샘물로 여겼다고 한다. 1920년대 들어 소문이 전국으로 퍼져 나갔고, 1927년 루마니아 과학자들이 물 성분을 분석하기 시작하였다. 그들이 내린 결론은, 미네랄워터가 지하의 강한 자기장을 통과하면서 불순물이 제거되었거나 아니면 지하에 매장된 대량의 은 광맥이 물 속의 박테리아균 번식을 막았을 것으로 보고 있다. 이후에도 몇 차례 더 물 성분을 분석했지만, 불순물 수치가 거의 제로에 가까워 오늘날 '지구상에 있는 가장 깨끗한 물' 중 하나로 간주된다.

[부쉬테니-바벨레 케이블카: www.telecabinabusteni.ro; ☎ (+40)745.348.886; 주소: Strada Telecabinei 52, Bușteni]

1. 칸타쿠지노성과 페트레스쿠 기념관

칸타쿠지노성(Cantacuzino Castle)은 1901~1911년 신루마니아 양식으로 건축되었다. 성 소유주인 게오르게 칸타쿠지노(Gheorghe Grigore Cantacuzino, 1833-1913)는 왈라키아 공국의 대부호였던 콘스탄틴 브른코베아누 영주(Constantin Brâncoveanu)의 직계 후손이며, 루마니아 상·하원 의장과 루마니아 수상직을 역임하였다.

칸타쿠지노성이 완성되기까지 총 100만 황금-레이(lei-gold: 현재 약 520억 원)가 소요되었다고 한다. 당시 칸타쿠지노는 성 주변의 토지 1,000헥타르(약 300만 평)와 그 뒤편에 있는 자모라(Zamora)산과 바이울(Baiul)산 그리고 왈라키아 공국의 전체 농경지의 약 ⅓을 소유하고 있었다고 한다.

공산주의가 도입되면서 칸타쿠지노성은 요양원으로 바뀌었다. 그래서 성 안에 있던 오래된 가구와 집기들은 어디론가 치워버려 막상 성 내부로 들어가도 그리 볼 것이 많지 않다. 하지만 1층에 있는 레스토랑 테라스에서 커피나 식사를 하면서 부쉬테니산맥의 아름다운 경치를 감상할 수 있다.

[칸타쿠지노 성: www.cantacuzinocastle.com; ☎ (+40)722.960.606; 주소: Buşteni, Strada Zamorei, nr. 1]

칸타쿠지노성 내부

칸타쿠지노 성

이 외에도 부쉬테니에는 루마니아 소설가 체자르 페트레스쿠 기념관이 있다. 양차 대전 사이에 활동한 페트레스쿠(Cezar Petrescu, 1892-1961)는 총 57편의 장편소설을 창작하였다.

[페트레스쿠 기념관: ☎ (+40)244.321.080; 주소: Strada Tudor Vladimirescu 1]

체자르 페트레스쿠 박물관

2. 카라이만 수도원과 숙박 시설

카라이만 수도원(Caraiman Monastery)의 공식 이름은 '거룩한 십자가 승천 수도원(Monastery of the Exaltation of the Holy Cross)'이다. 실바 호텔에서 그리 멀지 않은 곳에 있으며, 1998년 게론티에 푸이우(Gherontie Puiu) 신부가 꿈속에서 성모 마리아의 계시를 받아 건축하였다. 당시 병원에 입원해 있던 푸이우 신부는 성모 마리아가 꿈속에 나타나 "작은 개울이 흐르는 곳, 나뭇가지가 6개인 전나무가 자라고 있는 작은 고원 위에 수도원을 만들라!"는 계시를 주었다고 한다.

카라이만 수도원 뒤편에는 한국의 템플스테이처럼 100개의 숙박 시설이 마련되어 있어 일반인도 묵을 수 있다. 주변 풍경이 환상적이라 건물의 오른쪽 날개 끝부분에 루마니아 총대주교 다니엘(Daniel, 1951-현재)의 숙소가 있다.

[카라이만 수도원 & 숙박: www.manastireacaraiman.ro; ☎ (+40)725.370.983; 주소: Strada Palanca, nr. 24, Buşteni]

부쉬테니에 있는 레스토랑

(1) 칸타 쿠진 레스토랑(Canta Cuisine Restaurnat): 칸타쿠지노성 안에 있지만, 여름에는 성 밖에 있는 테라스에서 부쉬테니시의 아름다운 전경을 감상하며 커피나 식사를 할 수 있다.

[☎ (+40)737.299.464; 주소: Strada Zamorei, Bușteni]

(2) 까사 쩌러네아스커(Casa Ţărănească: 농민의 집): 부쉬테니 시청과 아우렐 스트로에 문화센터(Aurel Stroe Centrul Cultural) 사이에 위치하며, 내부가 화려하진 않지만, 가성비가 좋아 루마니아인들이 즐겨 찾는다.

[☎ (+40)725.180.158; 주소: Bulevardul Libertății 93, Bușteni]

카라이만 수도원

칸타 쿠진 레스토랑

“루마니아 제1의 관광도시” 브라쇼브

2016년, 론리플래닛(Lonely Planet)은 트란실바니아 지방을 “세계 최고의 10대 여행지” 1위로 선정하였다. 이 여행안내서는 트란실바니아 지방에 “100개 이상의 성”이 있으며, 특히 13세기 독일 색슨인들이 건설한 브라쇼브(Brașov)시는 “뱀파이어 사냥꾼만큼이나 밤 문화를 사랑하는 사람들을 매료시킨다”고 언급하였다.

루마니아 최고의 관광도시 중 하나인 브라쇼브시는 해발 625m에 위치한다. 도시를 거닐 다 보면 중세 유럽의 분위기를 만끽할 수 있으며, 케이블카를 타고 틈파산(Tâmpa, 해발 960m) 정상으로 올라가면 붉은 지붕이 끝없이 펼쳐진 중세의 아름다운 브라쇼브시를 한눈에 볼 수 있다. 브라쇼브는 세계에서 유일하게 도시 한 가운데 자연보호구역이 있으며, 여름철 저녁에는 틈파 산에 서식하는 야생 곰들이 시내로 내려온다.

1947년 공산주의가 도입된 이후, 스탈린은 브라쇼브를 “스탈린 시티(Stalin City: 1950년 9월 8일~1960년 12월 24일)”라고 이름을 붙였다. 당시 소련 공산주의자들은 동유럽의 14개 도시를 선별하여 스탈린시로 명명하였으며, 루마니아의 경우 당초 시비우(Sibiu)시가 선정되었고 한다. 하지만 당시 루마니아에서 고유명사처럼 사용되고 있던 '시비우 살라미(Sibiu Salami: Salam de Sibiu)'가 문제가 되었는데, 만약 도시 이름을 스탈린시로 바꿀 경우, 시비우 살라미도 스탈린 살라미(Stalin's salami)로 바꿔야 했기 때문이었다. 결국, 스탈린은 시비우를 포기하고 브라쇼브를 선택했다고 한다.

참조 브라쇼브가 스탈린의 도시로 불린 것처럼, 러시아 상트페테르부르크(Sankt Peterburg) 역시 한때 '레닌의 도시'라는 의미의 레닌그라드(Leningrad, 1924-1991)로 불리었고, 볼고그라드(Volgograd)도 '스탈린의 도시'라는 의미의 스탈린그라드(Stalingrad, 1925-1961)로 불리었다.

틈파산에서 내려다 본 브라쇼브

브라쇼브는 1959년 세계 최초로 국제 수학 올림피아드를 개최하였으며, 1980년대에는 루마니아 제2의 산업도시였다. 그동안 브라쇼브는 주로 독일 기업이 투자하였으나, 최근 들어 유럽의 다른 나라들도 많은 관심을 보이고 있다.

여행 일정상 여유가 있으면, 중세 성벽 외곽을 따라 브라쇼브시를 한 바퀴 산책(1~2시간 소요)하는 것을 추천한다. 산책 경로는 쉬케이 게이트(Şchei Gate)의 오른편에 있는 세인트 니콜라스 교회(St. Nicholas Church)와 현존하는 '루마니아 최초의 학교(First Romanian School, 1495)'를 출발점으로 하여 시계 반대 방향으로 잡아보았다.

◆ 브라쇼브 성벽 외곽 산책

출발지: 세인트 니콜라스 교회와 현존하는 루마니아 최초의 학교(First Romanian School, 1495) ···› 쉬케이 게이트(Şchei Gate)와 에카테리나 게이트(Ecaterina Gate) ···› 직조공 보루(Weavers' Bastion: Bastionul Ţesătorilor) ···› 화약고 타워(Powder Tower: Turnul Pulberăriei) ···› 밧줄 제조인 보루(Rope-makers' Bastion: Bastionul Funarilor 혹은 Bastionul Frânghierilor) ···› 톰파산 케이블카(Tâmpa Cable Car) ···› 목공인의 보루(Carpenters' Bastion: Bastionul Lemnarilor) ···› 모직물 제조인 보루(Drapers' Bastion: Bastionul Postăvarilor) ···› 시의회 광장(Council Square: Piaţa Sfatului) ···› 하얀 탑(White Tower: Turnul Alb) ···› 검은 탑(Black Tower: Turnul Negru) ···› 검은 교회(Black Church: Biserica Neagră) ···› 로프 스트리트(Rope Street: Strada Sforii)

1. 도시의 역사

브라쇼브시와 그 주변 지역에는 신석기 유물과 고대 다치아인들이 세운 요새가 발견되었다. 이 도시는 삼면이 산으로 둘러싸여 있어 중세요새를 건설하기에 최적의 장소였다. 그래서 오늘날 브라쇼브는 유럽에서 중세 도시 양식을 그대로 간직하고 있는 몇 안 되는 도시 중 하나로 간주된다.

브라쇼브 저녁노을

브라쇼브 설립의 역사는 튜튼 기사단(Teutonic Knights)이 헝가리 왕국의 국경을 수호하기 위해 도시를 건설하는 1211년으로 거슬러 올라가지만, 당시 그곳에는 이미 소수의 헝가리인이 작은 마을을 형성하며 살고 있었다. 어쨌든, 이 도시의 역사는 헝가리의 왕 언드라시 II세(Andrew II, 1177-1235)가 튜튼 기사들에게 짜라 브르스테이(Țara Bârstei: 현재 브라쇼브시와 그 주변 지역) 지역을 선물로 주자, 독일의 작센 지방의 농민과 장인들을 데려와 브라쇼브시를 건설하기 시작한 1211년으로 거슬러 올라간다.

◆ 튜튼 기사단과 지벤뷔르겐

독일인 기사들로 구성된 튜튼 기사단은 '독일기사단'으로도 불린다. 이 기사단의 유래는 제3차 십자군을 지원하기 위해 1190년경 성지 예루살렘 근처의 아크레(Acre)에 세워진 야전 병원이며 1198년 기사수도회로 격상되었다. 1211년부터 트란실바니아 지방을 포함한 다른 동유럽지역에서 활동하다가 1225년 이후 프로이센으로 이동하였다.

13세기, 튜튼 기사단이 루마니아 트란실바니아 지방에서 활동할 당시 건설한 지벤뷔르겐(Siebenburgen: 7개 도시)은 다음과 같다: (1) 브라쇼브(Braşov, 독일어 Kronstadt), (2) 비스트리짜(Bistriţa, Bistritz), (3) 클루즈(Cluj, Klausenburg), (4) 메디아쉬(Mediaş, Mediasch), (5) 세베쉬(Sebeş, Mühlbach), (6) 시비우(Sibiu, Hermannstadt), (7) 시기쇼아라(Sighişoara, Schässburg).

브라쇼브가 역사 문헌에 처음 언급된 것은 1234년이며 라틴어 코로나(Corona, 의미 '왕관')로 기록되어 있다. 이후 이 도시는 브라쏘비아(Brassovia, 1251), 바라수(Barasu, 1252), 브라수(Brasu, 1271), 브라소(Braso, 1288), 브라소브(Brasov, 1294), 브라쏘브(Brassov, 1295), 브라쏘(Brasso, 1309), 브라쏘브(Brassov, 1331), 코로나(Korona, 1336), 그리고 스탈린(Stalin, 1950) 등 다양한 이름으로 불리었다.

그런데 튜튼 기사단이 브라쇼브 지역에 도착하기 전에 이미 틈파산에는 브라쏘비아(Brassovia)라는 이름의 요새가 있었다. 따라서 일부 학자들은 브라쇼브라는 도시 이름이 이 요새의 이름에서 유래한다고 주장하고 있다.

1241년 봄, 타타르족이 침입하고 난 이후, 브라쇼브는 정치·행정적인 측면에서 짜라 브르세이 지역[Ţara Bârstei: 당시 삭소눔 데 바라수(Saxonum de

Barasu)]의 중심지로 발전하였다. 실제로 이 지역은 지리적인 측면에서 루마니아 세 지방의 중앙에 있어 14세기 후반부터 교역의 중심지로 급부상하였다.

1395년, 룩셈부르크 왕 지기스문트(Sigismund of Luxembourg, 1387-1437)와 왈라키아 공국의 통치자 미르체아 첼 버트른(Mircea the Old: Mircea cel Bătrân, 1386-1418) 사이에 동맹 조약이 체결되면서 브라쇼브는 반(反)오스만 투쟁의 중심지가 되었다. 하지만 1526년 헝가리 왕국이 오스만제국의 지배 하로 들어가면서 1541년 트란실바니아 지방도 오스만제국에게 병합되었다. 그로부터 10년 후인 1551년, 트란실바니아 지방은 지오바니 카스탈도(Giovanni Battista Castaldo) 장군이 이끄는 합스부르크 제국의 군대에 점령되었고, 또한 그 이후에는 이들 두 제국의 각축장으로 전락하면서 정치적으로 아주 불안하였다. 하지만 지정학적 요충지였던 브라쇼브는 16세기에도 루마니아와 남·동부 유럽의 무역 중심지로 부상하면서 경제적으로 많은 발전을 이룩하였다.

1683년, 합스부르크 제국은 비엔나를 침공한 오스만제국을 격퇴하였다. 이후 트란실바니아 지방을 병합한 합스부르크 군대는 1686년 브라쇼브에 입성하였다. 그로부터 1년 후인 1689년, 브라쇼브에는 도시 역사상 가장 큰 화재가 발생하였다. 1781년에는 신성 로마 제국의 이오시프(Iosif) II세가 종교적 관용을 주 내용으로 하는 칙령을 내림으로써 루마니아 내의 무역은 더욱더 활발해졌고 차츰 민족해방운동이 일어나기 시작하였다. 이후 민족해방운동이 절정으로 치닫는 1848년경 브라쇼브는 트란실바니아 지방에서 자본가 계급의 가장 강력한 중심도시로 발전하였다.

2. 중앙광장과 로프 스트리트

1) 시의회 광장과 시의회 건물

시의회 광장(Council Square) 중앙에 있는 시의회 건물(Council House)은 1420년 건축되었으나 원래 그곳에는 망루(望樓)가 있었다. 시의회 건물이 역사 문헌에 처음 언급된 것은 1503년이며 프라에토리움(Praetorium)으로 기록되어 있다. 그로부터 25년 후인 1528년, 이 건물은 49m 높이로 완공되었으나 1608년 번개로 인한 화재와 특히 브라쇼브 역사상 가장 큰 피해를 준 1689년 대형화재로 붕괴하여 1774~1778년 바로크 양식으로 재건축되었다. 1876년까지 시청사와 고문서 보관소로 사용되었으며, 20세기 초 한때 철거위기에 처했지만 크론스타터 자이퉁(Kronstadter Zeitung) 신문사의 캠페인 덕분에 위기를 모

시의회 건물

면하였다. 시의회 건물은 1950년 이후 브라쇼브주 역사박물관(Brașov County History Museum) 고고학 섹션으로 사용되고 있다.

시의회 광장

2) 유럽에서 3번째로 좁은 '로프 스트리트'

이 도로가 역사 문헌에 언급된 것은 17세기이며, 원래 화재를 진압하는 데 사용되었다. 밧줄처럼 길고 가늘어 로프 스트리트(Rope Street: Strada sforii)라고 불리며, 독일의 슈프로이어호프 거리(Spreuerhofstraße)와 영국의 팔리아멘트 스트리트(Parliament Street)에 이어 유럽에서 3번째로 좁은 도로이다.

수사슴 도로(Cerbului Street)와 쉬케이 게이트 도로(Şchei Gate Street)를 연결하며, 도로의 길이와 너비는 각각 83m, 1.11m~1.35m이다. 2013년, 미국의 허핑턴포스트는 "마치 밧줄처럼 가늘며 전 세계에서 가장 좁은 도로 중 하나"라고 언급하였다.

로프 스트리트

3. 교회 건물

1) 검은 교회

1377~1477년, 고딕 양식으로 건축된 검은 교회(Black Church: 길이 89m, 너비 38m, 높이 65m)는 브라쇼브시의 가장 대표적인 건축물이다. 완공까지 100여 년이 걸린 만큼 압도적인 위용을 자랑하며 독일 하이델베르크에 있는 성령교회(Heiliggeistkirche)만큼 웅장하다. 최대 5,000명을 수용할 수 있으며, 건물의 길이는 부카레스트의 민족구원 대성당(People's Salvation Cathedral, 길이 126.1m, 너비 67.7m, 높이 127m)과 알바 이울리아(Alba Iulia)의 세인트 미카엘 로마 가톨릭 대성당(St. Michael Cathedral, 길이 93m, 너비 38m, 높이 62m)에 이어 루마니아에서 세 번째이다. 교회 종탑에는 루마니아에서 세 번째로 무거운 종(6.3t)이 걸려있다.

1377년부터 약 100년에 걸쳐 건축된 검은 교회는 1421년 튀르크군의 침입으로 파괴되었지만 1477년 완공되었다. 교회 이름은 원래 성모 마리아 교회

(St. Mary's Church)였으나 이후 대교회(Great Church: Biserica Mare)라고도 불리었다. 하지만 1689년 발생한 대형화재로 근 100년이라는 긴 복원기간 검게 그을린 외벽이 그대로 방치되어 검은 교회로 불리기 시작하였다.

검은 교회

1689년 화재 후, 교회의 지붕과 내부는 폴란드 그단스크(Gdańsk)에서 온 장인들이 기존의 고딕 양식을 바로크 양식으로 건축하였다. 1836~1839년 독일인 부흐홀츠(Buchholz)가 제작한 파이프 오르간(튜브 3,993개)은 남·동부 유럽 최대 규모를 자랑하며, 17~18세기 아나톨리아(Anatolia: 소아시아, 현재 터키)에서 제작된 119개의 양탄자 컬렉션 역시 유럽 최대 규모를 자랑한다. 검은 교회의 보물인 양탄자 컬렉션은 오랜 기간 브라쇼브 상인들과 시민들 그리고 중세 장인 길드가 기부한 것이다.

흥미로운 것은, 그동안 수차례에 걸쳐 파이프 오르간이 훼손되었는데 족제빗과 동물인 담비가 주석을 갉아 먹었기 때문이라고 한다.

브라쇼브 장인이 제작한 청동 성수대는 1472년 요하네스 로델(Johannes Reudel) 신부가 기증한 것이며, 성수대를 감싸는 창살은 1716년 금속세공인 멘센 한네스(Meensen Hannes)가 제작한 것이다.

남쪽 발코니에는, 1476년 이후에 그려진 프레스코화가 있으며, 아기 예수를 안고 있는 성모 마리아의 모습이 세인트 캐서린(St. Catherine)과 세인트 바바라(St. Barbara) 사이에 묘사되어 있다. 또한, 벽화 밑에는 마테이 코르빈 왕[Matei Corvin: 라틴어 마티아스 코르비누스(Mathias Corvinus)]과 베아트리체(Beatrice) 왕비의 문장이 있으며, 브라쇼브 주 펠디오아라(Feldioara) 마을의 교회 제단에서 가져온 다섯 개의 그림(15세기 말)과 화가 한스 에더(Hans Eder, 1883-1955)가 그린 유화 '가나에서의 피로연'도 있다. 이 외에도, 성당 안에는 많은 조각상이 있으며 그중 가장 오래된 것은 세례 요한(St. John the Baptist)이다.

교회 뒤편에는, 1898년 독일의 조각가 하라 마그누센(Harra Magnussen)이 요하네스 혼테루스(Johannes Honterus, 1498-1549)의 탄생 400주년을 기념하기 위하여 제작

조각상 '어린아이'

한 동상이 있다. 혼테루스는 1542년 루터교를 전파한 색슨 출신의 르네상스 인본주의 신학자이며, 사망 후 검은 교회 안에 안치되었다.

교회의 북쪽 지붕 위를 보면 위험천만한 모습의 '어린아이' 조각상이 있다. 이 조각상과 관련하여 슬픈 전설이 전해지는데, 옛날 검은 교회를 건축하던 건축공이 자신보다 실력이 뛰어난 어린 제자를 시기하였다고 한다. 그러던 어느 날, 어린 제자에게 건물의 처마 끝에 있는 연장을 주워달라고 청하였고, 제자가 그곳으로 가자 지붕 아래로 밀어버렸다고 한다. 이후 다른 제자들이 그의 영혼을 달래기 위해 그곳에 동상을 세워 주었다고 한다.

[검은 교회: www.honterusgemeinde.ro; ☎ (+40)268.511.824; 주소: Curtea Johannes Honterus 2]

2) 세인트 니콜라스 교회

쉬케이 역사 지구(Historic district of Șcheii Brașovului)는 중세 때 루마니아인들이 거주하던 곳이다. 이곳에 있는 세인트 니콜라스 교회(St. Nicholas Church)는 왈라키아 공국의 네아고에 바사랍 영주(Neagoe Basarab, 1459-1521)의 지원으로 1495년 바위 위에 건축되었다. 이후, 코레시 부제(Deacon Coresi)는 그곳에서 루마니아어로 된 최초의 교회 서적들을 인쇄하였다. 당시 세인트 니콜라스 교회는 인근에 있는 현존하는 루마니아 최초의 학교(First Romanian School, 1495)와 함께 짜라 브르세이 지역(Țara Bârsei)에 거주하는 모든 루마니아인의 정신적, 문화적 중심지였다. 원래 이 교회는 고딕 양식으로 건축되었지만 18세기에 바로크 양식으로 바뀌었다.

[세인트 니콜라스 교회: ☎ (+40)757.727.793; 주소: Piața Unirii 1, Brașov]

세인트 니콜라스 교회

3) 760년 역사의 세인트 바르톨로뮤 교회

760년 역사의 세인트 바르톨로뮤 교회(St. Bartholomew Church)는 브라쇼브에서 가장 오래된 건축물이다. 이 교회는 타타르족이 브라쇼브를 침입하고 난 이후인 1260년경 초기 고딕 양식으로 건축되었으며 15세기에 복원되었다.

현재 브라쇼브시의 바르톨로뮤 지역에 있으며, 전 재산을 교회에 기부한 고아 3명이 교회 제단 아래에 묻혀 있다는 전설 때문에 '세 고아 교회'라고도 불린다.

바르톨로뮤는 그리스도 십이사도 중 한 사람이며 탄생일은 8월 24일이다. 따라서 매년 8월 24일 이전 마지막 일요일에는 세인트 바르톨로뮤 교회에서

세인트 바르톨로뮤 교회[1][Author, Andrei Dan Suciu]

순례 행사가 개최된다. 행사에 참여한 색슨인들은 노래를 하고 독일 민속춤도 춘다. 오늘날, 이 교회에는 민속박물관이 있고 1,500점 이상이 전시되어 있다.

[세인트 바르톨로뮤 교회: www.bartholomae.ro; ☎ (+40)268.411.118; 주소: Strada Lungă nr. 251]

4. 역사적 건축물

1) 법원 건물

법원 건물(Palace of Justice)은 왕실 법원(Royal Court)의 게오르그 폰 위어(Georg von Weer) 원장의 요청으로 1900~1902년 건축되었다. 아르누보 양식

법원건물

과 네오 바로크 양식 등 프랑스 절충식으로 건축되었으며, 현재 건물 내에 브라쇼브주 청사(Prefecture), 주의회(County Council) 그리고 고등법원이 있다.

[법원 건물: ☎ (+40)268.470.220; 주소: Strada Bulevardul Eroilor, nr. 3-5]

2) 히르쉐르 하우스

과부 아폴로니아 히르쉐르(Apollonia Hirscher)는 브라쇼브 역사에서 아주 중요한 인물이다. 남편이 사망하자 그가 하던 무역업을 계속 이어갔으며, 이후 재산의 상당 부분을 브라쇼브 시민들에게 기부하였다. 그녀가 기부한 돈으로 건축된 대표적인 건물은 상인의 집(Merchants' House)으로 불리는 히르쉐르 하우스(Hirscher House)이다. 1545년 완공 당시 브라쇼브에서 가장 큰 건물이었

히르쉐르 하우스

으며 길이는 67.4m에 이른다. 이 건물은 브라쇼브의 상업 발전에 커다란 역할을 하였으나 세월이 흐르면서 수차례 발생한 화재로 많이 파손되었고 결국 1960년 원래 형태로 복원되었다. 그곳에는 1545년 제작된 히르쉐르 가문의 문장도 있다.

이 건물과 관련하여 전설이 전해 내려온다. 어느 날, 어린 딸이 병으로 사망하자 히르쉐르는 그동안 딸이 가지고 놀던 노리개와 보석들도 같이 묻어 주었다고 한다. 하지만 그 사실을 알게 된 도굴꾼들이 보석을 훔치기 위해 무덤을 파기 시작하였고, 딸이 끼고 있던 반지를 빼내기 위해 손가락을 자르려는 순간 심장마비로 죽었던 딸이 깨어난 것이다. 이후, 그녀는 딸에게 일어난 기적을 감사하기 위하여 아케이드가 있는 지금의 건물을 세웠다고 한다. 과거에는 색슨 민족은행(Saxon National Bank) 건물이었으나 지금은 히르쉐르 하우스 레스토랑으로 사용된다.

[히르쉐르 하우스: ☎ (+40)268.410.533; 주소: Piața Sfatului 12-14]

3) 레두타 문화센터

체코 프라하에 빌 클린턴 미국 대통령이 색소폰을 연주한 레두타 재즈클럽이 있다면, 브라쇼브에는 1794년 비엔나의 무도회장을 본떠 건축된 레두타[reduta: 프랑스어 무도회장(redoute)에서 유래]가 있다. 1892년 건물이 노후화되어 철거되었지만, 이듬해 새롭게 신축되어 오늘날에 이르고 있다. 브라쇼브 최초의 공연예술 홀이며 지금은 레두타 문화센터로 사용된다.

[레두타 문화센터: ☎ (+40)268.419706; 주소: Strada Apollonia Hirscher 8]

4) '루마니아 최초의 학교' 박물관

루마니아에서 학교 교육이 시작된 것은 11~12세기경으로 추정된다. 1292년 연대기에는, 학생들이 "교사나 신부가 되기 위해 학교에서 공부하였다"라고 기록되어 있으며, 교황 보니파스 9세(Boniface IX)의 교서에도 "이미 1399년 브라쇼브의 쉬케이(Şchei) 지역에서 학생들이 학교 교육을 받았다"라고 기록되어 있다.

하지만 이곳에 학교(현존하는 루마니아 최초의 학교)가 설립된 것은 1495이며, 그로부터 약 61년 후인 1556년 트르고비쉬테(Târgovişte)시에서 온 코레시 부제가 이곳에서 '루마니아어(키릴문자)로 된 최초의 서적들'을 출판하기 시작하였다. 당시 루마니아 교회에서는 교회슬라브어가 사용되고 있었지만, 그는 교회

'루마니아 최초의 학교' 박물관

슬라브어가 아닌 루마니아어로 된 교회 서적들을 출판하기 시작하였다.

교실 안에는 오래된 나무 의자가 배치되어 있으며, 도서관에는 초기 인쇄기와 당시에 출판된 루마니아에서 가장 오래된 고서들이 보관되어 있다. 이 건물은 원래 고딕 양식으로 건축되었으나 1760년 바로크 양식으로 재건축되었다. 1964년, 루마니아 최초의 학교 박물관(Museum of the First Romanian School)으로 개장하였으며 현재 약 4,000권의 고서와 3만 점이 넘는 고문서가 소장되어 있다. 건물 밖에는 코레시 동상이 있다.

[학교 박물관: www.primascoalaromaneasca.ro; ☎ (+40)722.435.134; 주소: Piața Unirii 2-3]

5) 군인회관

브라쇼브 시내에 있는 군인회관은 루마니아어로 카사 아르마테이(Army House, Casa Armatei)이다. 이 건물은 제2차 세계대전 발발 직전인 1938년 건축가 콘스탄틴 이오추(Constantin Iotzu)가 20세기 초 로마네스크 양식으로 건축하였으나 무솔리니 시대의 이탈리아 건축 양식도 혼합되어 있다.

[군인회관: ☎ (+40)268.419.309; 주소: Strada Lungă 1A]

5. 요새와 보루

1) 500년 역사의 브라쇼브 요새

브라쇼브 요새(Fortress of Brașov)가 있는 요새 언덕에는 15세기 초에 건설된 망루가 있었다. 1524년, 망루 주위로 4개의 탑과 나무로 된 요새가 건축되었고, 이후 요새 주위로 방어벽이 건설되었다. 하지만 1529년 페르디난트 1세

군인회관

(Ferdinand I)와 야노스 1세(János I)가 헝가리 왕위쟁탈전을 하던 시기에, 페트루 라레쉬(Petru Rareş, 1483-1546) 몰도바 영주의 포위 공격으로 요새는 많이 파괴되었다. 그로부터 약 25년 후, 망루가 있던 자리에 돌로 된 방어벽과 해자가 새롭게 건설되었지만, 1618년 발생한 대형화재로 많이 파손되어 1625년부터 복원작업이 진행되었다. 당시 요새 안에 우물(깊이 81m)이 만들어졌고, 1630년 4개의 보루도 건축되었다. 17세기 후반, 요새로서의 중요성이 감소하면서 창고와 군대 막사 그리고 교도소 등으로 사용되었다.

1954~1975년 브라쇼브 국립문서보관소(Braşov State Archive) 창고로 사용되었으며, 1980년대 접어들면서 대대적인 복원공사가 진행되었다. 1982년 이후, 루마니아 국립 관광사무소(National Tourism Office)가 요새를 직접 운영하

면서 한때 중세풍의 관광명소로 개방되었으나 1992년 요새의 소유권이 아로 팰리스(Aro Palace)社에게 넘어갔다.

1990년대 말, 브라쇼브 요새는 루마니아 역사기념물로 등록되었다. 따라서 2003년 아로 팰리스는 요새 반환 조건으로 브라쇼브시에 520만 유로를 요구하였으나 받아들여지지 않았고, 2015년 요새 반환 청구 소송이 제기된 후 2021년 현재 고등법원에 계류 중이다. 소송이 제기되면서 브라쇼브 요새와 그 안에 있는 레스토랑은 폐쇄되었다.

[브라쇼브 요새: 주소 Strada Dealul Cetăţii 5]

브라쇼브 요새

2) 쉬케이 게이트

쉬케이 게이트(Şchei Gate)는 1827~1828년 쉬케이 지역에 거주하는 루마니아인들의 용이한 도심 출입을 위해 건축되었다. 게이트에는 세 개의 아치형 통로가 있으며, 그중 두 개는 보행자들이 지나다니는 통로이며 중앙에 있는 것은 차량용이다.

[쉬케이 게이트: 주소 Strada Poarta Schei 4]

쉬케이 게이트

3) 에카테리나 게이트

1522년 역사자료에는, 에카테리나 게이트(Ecaterina Gate)가 있는 자리에 성령의 문(Gate of the Holy Spirit)이 있었다고 기록되어 있다. 하지만 1526년 발생한 홍수로 붕괴하여 1559년 에카테리나 게이트가 건축되었다. 게이트 이름은 근처에 있는 에카테리나 거리(Ecaterina Street)에서 유래하며, 지금도 당시의 모습이 그대로 보존되어 있다. 1559년 건축된 게이트 타워(Gate Tower) 역시 보존 상태가 아주 좋다. 타워 지붕에 4개의 탑이 있으며, 아치형으로 된 타워 출입구에는 르네상스 양식의 벽화가 그려져 있다. 에카테리나 타워는 보석 모양으로 건축되어 있어 오늘날 세계에서 아주 독특한 건축물로 평가받고 있다.

에카테리나 게이트

4) 직조공 보루

4층으로 되어있는 직조공 보루(Weavers' Bastion: Bastionul Țesătorilor)는 시기적으로 두 단계(1421-1436년, 1570-1573년)에 걸쳐 건축되었다. 일반적으로 보루(堡壘)는 적의 침입을 막기 위하여 돌이나 콘크리트 따위로 튼튼하게 쌓은 구축물을 말한다. 직조공 보루는 여러 종류의 무기를 발사할 수 있는 총안(銃眼)과 감시탑이 있으며, 그것을 둘러싸고 있는 방어벽 두께는 1.5~3m에 이른다. 브라쇼브에서 보존 상태가 가장 좋을 뿐만 아니라 형태와 규모 면에서 남·동유럽에서 유일한 것은 물론 최대 규모를 자랑한다. 1950년 이후 중세 브라쇼브 박물관으로 개장하였으며 오늘날 다양한 문화행사가 개최되고 있다.

[직조공 보루: ☎ (+40)268.472.363; 주소: Strada George Coșbuc 9]

직조공 보루

5) 밧줄 제조인 보루

밧줄 제조인 보루(Rope-makers' Bastion: Bastionul Funarilor 혹은 Bastionul Frânghierilor)가 역사 문헌에 처음 언급된 것은 1416년이다. 1416년과 1689년 발생한 화재로 많이 파손된 후 복원되었으며 1689년 이후 창고로 사용되었다. 육각형으로 되어있으며, 높이는 10~12m이고, 벽돌과 돌로 만들어진 방어벽의 두께는 2m이다. 인상적인 것은 보루 안에 있는 가옥인데, 1794년 건축된 이후 오늘날까지 원형 그대로 보존되고 있으며 수백 년 동안 사람이 거주하고 있다.

밧줄 제조인 보루

6) 모직물 제조인 보루

타타르족의 계속된 침공으로 브라쇼브 사람들은 13~15세기 사이에 요새를 건설하였다. 당시 7개의 보루가 건설되었지만, 지금은 6개만 남아있다. 1450~1455년 금세공인 길드(goldsmith guild)가 건축한 모직물 제조인 보루

(Drapers' Bastion: Bastionul Postăvarilor)는 1640년 모직물 제조인 길드에 넘어갔다. 원통 모양의 4층으로 되어있으며, 지름과 높이는 각각 16m와 19m이고 벽두께는 2m이다. 보루 벽면에 여러 개의 발사 구멍이 있으며, 1층에는 프라하에서 선물 받은 10대의 대포가 배치되어 있다.

[모직물 제조인 보루: ☎ (+40)268.472.363; 주소: Aleea Tiberiu Brediceanu]

모직물 제조인 보루

7) 그라프트 보루

그라프트 보루(Graft Bastion: Bastionul Graft)는 게이트 보루(Gate Bastion: Bastionul Poarta)라고도 불린다. 이 보루는 1515~1521년 하얀 탑에 있던 군인들의 용이한 요새 진입을 위해 말안장쟁이 길드가 건축하였다. 2층과 다락방으로 되어있으며 지하 방어벽 두께는 4m이다. 2004~2005년 복원작업 이후

그라프트 보루

브라쇼브주 역사박물관의 한 구획으로 꾸며져 "브라쇼브의 장인들: 요새의 수호자들(The Craftsmen: Brașov-defenders of the fortress)"이라는 주제로 개장하였다. 보루 안에는 무기와 갑옷, 탄약 등과 중세 브라쇼브 요새의 사진과 석판화 등이 전시되어 있다.

[그라프트 보루: ☎ (+40)268.474.662; 주소: Strada După Ziduri]

8) 하얀 탑

1460~1494년 5층으로 건축된 하얀 탑(White Tower: Turnul Alb)은 브라쇼브에 있는 요새 중 가장 높은 곳에 있다. 탑의 지름은 19~20m이고 지하 방어벽 두께는 4m이다. 성벽에서 59m가량 떨어져 있으며, 요새와 하얀 탑 사이의 이동은 탑과 그라프트 보루(Bastionul Graft) 사이를 연결하는 움직이는 다리를

통하여 이루어졌다. 2005~2006년 복원되었으며 200개의 가파른 돌계단을 올라가면 도시 전경을 감상할 수 있다.

[하얀 탑: ☎ (+40)268.472.350; 주소: Calea Poienii]

9) 검은 탑

11m 높이의 검은 탑(Black Tower: Turnul Negru)은 하얀 탑과 더불어 15세기에 건축된 브라쇼브 최초의 방어탑 중 하나이다. 옛날에는, 검은 탑 안에 대장장이 보루까지 이어주는 이동식 다리가 있어 요새와도 연결되었다고 한다. 원래 검은 탑에는 지붕이 있었지만, 1559년에 있었던 번개와 1689년 발생한 화재로 현존하지 않고, 1995년 투명한 유리를 지붕으로 덮어 두었다. 검은 탑이라는 이름도 검은 교회처럼 당시의 화재로 검게 그을린 데에서 유래한다.

하얀 탑과 검은 탑

10) 대장장이 보루

1521년 역사 문헌에는 대장장이 보루(Blacksmiths' Bastion: Bastionul Fierarilor)가 있는 곳에 건축물 하나가 있었다고 기록되어 있다. 이 건물은, 1526년 발생한 홍수로 붕괴된 이후 이내 복원되었으며, 1667년 여름에도 대홍수가 발생하여 1668년 대장장이 보루로 복원되었다. 그로부터 21년 후인 1689년, 이번에는 대형화재가 발생하여 건물이 많이 파손된 후 근 20년 동안 방치되다가 1709년 복원되어 곡물 창고로 사용되었다.

이 보루는 1923년 이후 브라쇼브시 국가기록원으로 사용되고 있다. 루마니아 고문서들이 소장되어 있으며, 그중 가장 오래된 것은 1521년 큼풀룽(Câmpulung) 출신의 상인 네악슈가 쓴 「편지」(Neacşu's Letter)이다. 이 편지는 현존하는 '루마니아 최초의 역사 문헌(표기 키릴문자)'으로 간주된다.

[대장장이 보루: ☎ (+40)268.475.256; 주소: Strada George Barițiu 34]

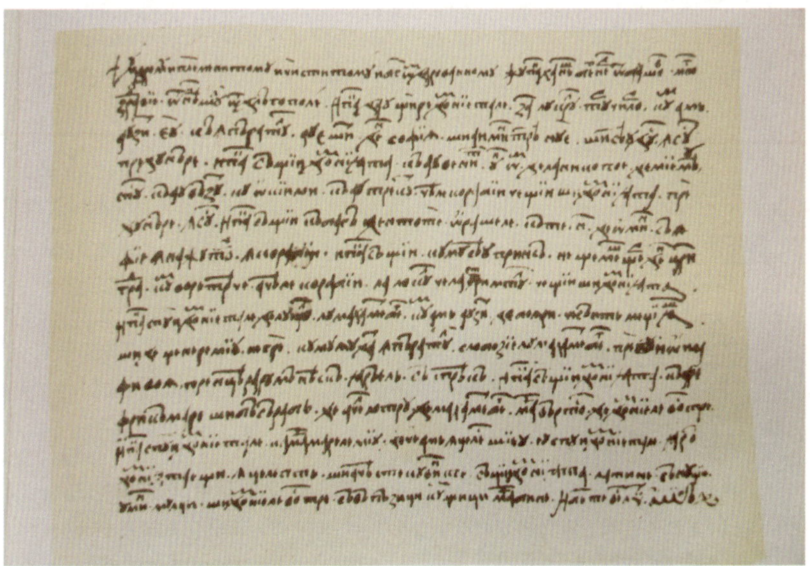

루마니아어로 된 최초의 문헌 「네악슈의 편지」

◆ 루마니아 최초의 역사 문헌과 표준어

1) 루마니아 최초의 역사 문헌

앞에서 언급한 것처럼, 루마니아 최초의 역사 문헌(표기 키릴문자)은 1521년 큼풀룽(Câmpulung) 출신의 네악슈(Neacşu)가 요한 벤크너(Johannes Benkner) 브라쇼브 시장에게 보낸 편지이다. 이 편지는 현존하는 루마니아 최초의 역사 문헌이지만 루마니아 언어에 대한 언급은 그보다 훨씬 더 이전에 있었다.

즉, 587년 편찬된 비잔틴 제국의 테오파네스(Theophanes) 연대기와 테오필락토스(Theophylactos) 연대기에는 로마제국이 발칸반도를 침입한 아바르족(Avar: 5~9세기에 중앙아시아와 중부 유럽 및 동유럽에서 활약했던 튀르크족)을 물리치기 위해 원정을 가는 도중에 한 병사가 앞에서 말을 타고 가던 동료의 짐이 말 등에서 떨어지려 하자 주의를 환기하기 위하여 "형제야, (짐을: 역주) 돌려라, 돌려놓아라!(Torna, torna frate!)"라고 기록되어 있다. 역사적으로 볼 때, 루마니아 언어는 다뉴브강 남부와 북부에서 형성되었다. 위의 인용문은 다뉴브강 남부지역 출신의 한 루마니아 병사가 자신의 집에서 사용하던 언어, 즉 다뉴브강 남부지역에서 사용하던 언어이다.

「네악슈의 편지」는 키릴문자로 표기되어 있다. 루마니아 언어를 표기할 때 사용된 키릴문자와 라틴문자에 대하여 살펴보면, 그동안 루마니아 지역을 거쳐 간 이주민족 중에서 슬라브족이 루마니아 언어에 가장 많은 영향을 미쳤다. 그래서 중세 교회슬라브어(Church Slavic)는 교회의 종교의식은 물론 국가 공문서를 작성할 때 공식 언어로 사용되었다.

하지만 1860년 알렉산드루 이오안 쿠자 영주(Alexandru Ioan Cuza, 1820-1873)는 법령을 공표하여 라틴 자모를 공식 채택하였고, 이때부터 루마니아 언어는 키릴문자가 아닌 라틴문자로 표기되었다. 따라서 「네악슈의 편지」는 '키릴문자로 표기된 현존하는 루마니아 최초의 역사 문헌'인 셈이다.

참조 1921년, 마라무레쉬(Maramureş) 지방 이에우드-데알(Ieud-Deal) 지역의 성모탄생 교회(Church of the Nativity of the Mother of God)에서 필사본 「이에우드의 고서적」(The Codex of Ieud)이 발견되었다. 일부 학자들은 필사본의 첫 페이지에 숫자 6,900이 적혀있어 출판연도를 1392년이라고 해석하고 있다. 이 주장이 통설로 받아들여질 경우, 이 서적은 「네악슈의 편지」(Neacşu's Letter, 1521)보다 129년 앞선다.

2) 최초의 루마니아 서적

세계에서 가장 오래된 목판 인쇄물은 751년 통일 신라 때 만들어진 「무구정광대다라니경」이다. 하지만 목판은 쉽게 부서지고 갈라지는 단점이 있어 이후 금속 활자가 발명되었다. 그렇다면 어느 나라에서 세계 최초의 금속 활자가 발명되었을까? 세계 역사에는,

1440년 독일의 구텐베르크(Guttenberg)가 인쇄술을 발명한 후, 1448년 마인츠(Mainz)에서 라틴어로 된 44줄의 성경책이 출판되었다고 기술되어 있지만, 사실은 그보다 약 200년 전인 1234년 고려 시대 때 「상정고금예문」이 출판되었다. 하지만 이 인쇄물은 현존하지 않아, 1377년 제작된 「불조직지심체요절(직지심경)」을 세계 최초의 금속 활자본으로 간주한다.

루마니아어로 된 최초의 서적은 1544년 시비우(Sibiu)시에서 출판된 「루터교 교리문답서」(Lutheran Catechism)이다. 이 서적은 당시 종교개혁과 관련하여 캘빈과 루터 사상을 트란실바니아 지방의 루마니아인들에게 전파하기 위해 출판되었지만, 현존하지 않고 단지 시비우 지출 장부에 「교리문답서」를 출판하면서 필리푸스 픽토르(Philippus Pictor)에게 돈을 지불하였다는 내용만 적혀있다. 따라서 '현존하는 루마니아 최초의 서적'은 그로부터 12년 후인 1556년, 트르고비쉬테(Târgovişte)시 출신의 코레시(Coresi) 부제가 브라쇼브의 인쇄소에서 출판한 10권의 종교 서적(키릴문자)이다.

앞에서 언급한 것처럼, 키릴문자가 라틴문자로 공식 대체된 것은 1860년이지만 라틴문자는 그보다 훨씬 더 이전부터 사용되었다. 즉, 라틴문자로 표기된 루마니아 최초의 서적은 1570~1573년 클루즈(Cluj)시의 인쇄업자 가슈파르 헬터이(Gáspár Heltai)가 출판한 음악책인 「프라그멘툴 토토레스쿠」(The Totorescu Fragment)이다.

3) 루마니아 표준어

코레시 부제는 루마니아 여러 지방의 성직자들이 각 지방의 방언으로 번역한 내용을 책으로 편찬하기 위하여 음성체계나 어형변화, 문장의 단어 배열 등을 종합적으로 정리하여, 하나의 언어, 즉 트르고비쉬테 지역(Târgovişte: 문테니아 지방의 북서부 지역)과 브라쇼브 지역(Braşov: 트란실바니아 지방의 남동부 지역)에서 사용되던 루마니아 방언으로 교정하였다. 따라서 코레시는 언어학적 관점에서 볼 때 루마니아 방언의 차이점을 제거하여 하나의 언어, 즉 일종의 루마니아 "표준어 방언"을 탄생시켰다.

◆ "동유럽 언어의 섬" 루마니아

1593년, 몰도바 지방의 지주인 루카 스트로이치(Luca Stroici)는 라틴문자로 된 주기도문 「우리 아버지」(The Lord's Prayer)를 출판하였다. 이 기도문은 폴란드 철자법으로 작성된 후 폴란드 학자 사르니키(Stanislaw Sarnicki, 1532-1597)에게 보내졌고, 1594년 그는 자신의 논문에 루마니아 언어의 특징을 수록하여 서구 유럽에서 출판하였다.

이후, 루마니아어가 라틴어에서 유래한다는 사실이 서구 유럽에서 밝혀지면서 오늘날 루마니아는 슬라브어를 사용하는 국가들(우크라이나, 슬로바키아, 세르비아, 불가리아)과 마자르 언어를 사용하는 헝가리에 둘러싸여 "언어의 섬"을 이루고 있다.

11) 모피 가공인 보루

반원형으로 된 모피 가공인 보루(Furriers' Bastion: Bastionul Cojocarilor)는 무두장이 보루(Tanners's Bastion: Bastionul Tăbăcarilor)라고도 불린다. 1452년경 모피 가공인 길드가 건축하였으며, 보루 벽면에는 총을 쏘고 뜨거운 기름을 붓는 총안(銃眼)이 있다.

[모피가공인 보루: 주소 Aleea Tiberiu Brediceanu]

◆ 브라쇼브 축제

브라쇼브 청년들(Junii Braşovului)

부활절 이후 첫 번째 일요일[토마스의 일요일(Sunday of Thomas): 그리스도의 십이사도 중 한 명]에는 축제 '브라쇼브 청년들(브라쇼브 쉬케이 지역 출신의 기병 그룹)'이 개최된다. 이 축제가 역사 문헌에 처음 언급된 것은 1728년이지만 루마니아 역사학자들은 고대 다치아인들에게서 유래한다고 주장하고 있다. 이 축제는 넓은 의미에서 '자연의 부활', '봄의 승리', '새로운 삶의 시작' 등을 의미하지만, 사실은 '소년들의 군사 입문식'이며 주니(Junii)라는 축제 이름도 '젊은 미혼 남성'을 뜻한다.

축제는 아침 10시에 시작하여 온종일 진행되며, '퍼레이드', 청년들이 원을 그리며 춤을 추는 '청년들의 호라(Hora Dance of Youth)', '집행관 장례식(Bailiff's Funeral)', '통일광장(Union Square)에서 솔로몬의 돌(Solomon's Stones)이라는 이름의 지역까지 이어지는 행진' 그리고 '철퇴 던지기' 등으로 구성된다.

브라쇼브 옥토버페스트(Oktoberfestul de la Braşov)

세계 최대의 맥주 축제인 옥토버페스트는 1810년 10월 12일 독일 뮌헨에서 시작되었다. 이 축제는 루드비히(Ludwig) 왕자와 테레즈(Therese) 공주가 그들 결혼식에 일반 국민을 초대한 것에서 유래하며, 1811년 이후 세계적인 페스티벌로 발전하였다.

매년 9월이 되면 브라쇼브에서 11일 동안 루마니아 최대의 맥주 축제가 개최된다. 축제가 시작되면 수만 명의 관광객이 브라쇼브 시립경기장에 설치된 2개의 대형 천막으로 모여든다. 이 축제는 13세기 때 루마니아로 이주한 독일 색슨인들에 의해 시작되었지만, 지금은 브라쇼브시의 대표적인 축제로 발전하였다.

브라쇼브 시내 모습

브라쇼브에 있는 레스토랑

(1) 가우라 둘체(Gaura Dulce): 루마니아 전통 레스토랑으로, 돼지고기 특수 부위를 좋아할 경우, 플라토우 머첼라릴로르(Platou Măcelarilor: 의미 '푸줏간 주인의 큰 쟁반')를 추천한다.

[☎ (+40)268.523.099; 주소: Piața Sfatului 14]

(2) 카사 히르쉐르(Casa Hirsher): 과부 히르쉐르의 전설이 전해 내려오는 이탈리아 레스토랑

[☎ (+40)268.410.533; 주소: Piața Sfatului 12-14]

(3) 세르지아나(Sergiana): 트란실바니아대학교 본관 바로 옆에 있는 루마니아 전통 레스토랑

[☎ (+40)268.419.775; 주소: Strada Mureşenilor 28]

가우라 둘체 레스토랑

카사 히르쉐르 레스토랑

브라쇼브 주변 가볼 만한 곳

1) 브란성(드라큘라 성) [드라큘라 성에 대해서는 288-292쪽 참조]

2) 포이아나 브라쇼브 리조트

포이아나 브라쇼브(Poiana Braşov, 해발 1,020m)는 브라쇼브시에서 약 12㎞ 떨어져 있다. 이 지역이 역사 문헌에 처음 언급된 것은 1427년이며, 겨울 스포츠와 관련하여 언급된 것은 1895년이다. 포이아나 브라쇼브 리조트에는 총 9개의 슬로프가 있으며, 스키장 면적은 총 80헥타르(242,000평)이고 슬로프 길이는 24㎞이다.

참조 루마니아에는 151개의 스키 슬로프(총 길이 135㎞)가 있으며, 그중 가장 긴 곳은 해발 1,750m에서 1,050m까지 내려오는 포이아나 브라쇼브의 드루물 로슈(Drumul Roşu, 5.3㎞: 의미 '붉은 도로')이다.

포이아나 브라쇼브 리조트는 포스터바룰산(Postăvarul Mt, 해발 1,799m)과 피아트라 크라이울루이산(Piatra Craiului Mt, 2,238m), 부체지산(Bucegi Mt, 2,505m) 그리고 피아트라 마레산(Piatra Mare Mt, 1,848m)으로 둘러싸여 있다. 1951년 동계 유니버시아드대회 개최지로 결정되면서 포스터바룰봉까지 2,150m 길이의 리프트가 설치되었으며, 2013년에는 르쉬노브(Râşnov)와 프레데알(Predeal) 그리고 푼다타(Fundata)와 공동으로 유럽 청소년 올림픽 축제를 개최하였다.

2008년, 영국의 일간지 텔레그래프(The Telegraph)는 포이아나 브라쇼브를 "유럽에서 접근성이 가장 좋은 스키 리조트"로 선정하였다. 포이아나 브라쇼브를 여행할 경우, 다음의 루마니아 전통 레스토랑에서 곰 스테이크를 맛볼 수

도 있다: (1) 슈라 다칠로르(Şura Dacilor: 다치아인들의 마굿간) (2) 콜리바 하이두칠로르(Coliba Haiducilor: 의적들의 오두막) (3) 브너토룰(Vânătorul: 사냥꾼).

루마니아 스키장

슈라 다칠로르 레스토랑과 곰 스테이크

◆ 루마니아 곰 이야기

지구상에서 곰만큼 우리 인간의 상상력을 자극하는 동시에 많은 사랑을 받는 동물도 드물 것이다. 북미 베어 센터(North American Bear Center)의 로저스 박사(Lynn L. Rogers)는 곰에 관한 이야기가 고대 및 현대 문학과 민요, 전설, 신화, 어린이 소설 그리고 만화영화 등에서 자주 나타날 뿐만 아니라 일반적으로 곰은 어린아이들이 태어나 성장하면서 가장 먼저 인식하는 최초의 동물 중 하나라고 언급하였다.

단군신화에도 곰이 나타난다. 고조선의 시조인 단군의 어머니는 곰이 인간으로 변한

웅녀(熊女)이다. 곰을 숭배하는 중국의 어떤 종족은 수곰을 할아버지 그리고 암곰을 어머니라고 부르며 또 다른 종족은 곰을 늙은이, 어르신이라고 부른다. 시베리아에서도 곰을 늙은 아버지라고 부르고 미국 인디언은 네 발 달린 인간이라 부른다. 이처럼 그간 인간과 아주 밀접한 관계를 맺어온 곰에 관한 이야기는 동서를 막론하고 언론매체에서 자주 언급되는 기삿거리다.

곰과 관련하여 사람들이 가장 관심을 많이 가지는 것은 곰을 직면했을 때의 퇴치방법이다. 루마니아에서는 일단 곰을 만나면 조용히 그곳을 피하라고 권한다. 그런데도 곰이 계속 다가올 때 최후의 방법은 죽기를 각오하고 저항하라고 한다. 고함을 지르면서 손뼉을 치거나 막대기나 콜라, 맥주 캔 등을 세게 두드려 소음을 내라고 한다. 왜냐하면, 곰은 위험으로부터 자신을 보호할 때 대부분 청각에 의존하기 때문이다. 곰의 청각은 시각보다 훨씬 더 발달하여 있으며 후각과는 달리 모든 방향에서 전달되는 소리를 들을 수 있다고 한다. 그래서 시끄러운 소리를 내어 청각을 자극함으로써 곰을 쫓을 수 있다는 것이다.

곰은 우리의 생각과는 달리 아주 소심하고 겁이 많다고 한다. 곰을 연구하는 학자들은 힘센 곰이 다람쥐나 생쥐가 바스락거리며 내는 아주 작은 소리에도 민감하게 반응하는 사실을 알았을 때 처음에는 믿기지 않았다고 한다. 실제로 곰은 새는 물론이고 심지어 나비나 나방이 가까이 다가올 때도 깜짝 놀라 움찔하며 뒤로 물러선다고 한다.

루마니아는 유럽에서 자연환경이 잘 보존된 나라이다. 특히 루마니아를 가로지르는 카르파티아산맥(Carpathian Mts.)에는 전 유럽에서 군생하는 식물군의 약 1/3 이상이 분포하고 있으며 다양한 야생동물들이 서식하고 있다. 세계 언론에서도 자주 언급되는 것처럼, 루마니아는 유럽에서 야생 곰이 가장 많이 서식하고 있는 나라이다. 루마니아 동물학자들은 "카르파티아산맥을 중심으로 현재 약 6,000~8,000마리의 곰이 서식하고 있으며 먹이가 부족해 도시로 내려온다"고 주장하고 있다. 곰이 많아서인지 루마니아 사람들에게 야생 곰에 관해 물어보면 마치 일상생활의 한 부분인 양, 별 대수롭지 않게 말한다.

루마니아 아기 곰

1990년대 초, 난생처음 루마니아 휴양도시 시나이아에서 야생 곰을 보았다. '카르파티아산맥의 진주'로 불리는 시나이아는 해발 767~860m에 있어, 한여름에 부카레스트 온도가 섭씨 35~40도일 때에도, 초가을 날씨를 유지할 뿐만 아니라 밤이 되면 제법 쌀쌀해 두꺼운 외투를 준비해야 한다.

당시 해발 1,400m에 있는 한 호텔에서 머물면서 여름휴가를 보내고 있었다. 어느 날 저녁, 시나이아 시내에 볼일이 있어 차를 몰고 내려가는데 새끼 곰 한 마리를 보았다. 너무 신기한 나머지 잽싸게 주차한 후 새끼 곰을 잡으려고 했지만, 차에서 내리기도 전에 산속으로 도망쳐 버렸다. 루마니아 사람들이 하는 이야기를 들어보면, 우리가 보기엔 곰이 둔하고 느린 것 같지만 사실은 시속 50~60㎞ 전후로 달릴 수 있다고 한다.

2019년 여름, 부카레스트에서 시나이아로 가는 기차 안에서 프레데알(Predeal)에 있는 별장으로 휴가를 떠나는 한 루마니아 가족을 만나 이런저런 이야기를 나누었다. 50세 중반 정도의 한 중년 신사는 몇 년 전에 공무원이었지만 지금은 개인 사업을 하고 있고 또 자기 가족이 머무를 별장이 카르파티아산맥 중턱에 있다는 등 자기와 자기 가족에 관한 이야기를 해주었다. 그러던 중, 별장이 카르파티아산맥 중턱에 있으면 곰이 내려오지 않는지 물어보자 그 사람은 잠시 뭔가를 생각하더니 작년 여름에도 곰이 내려왔다고 했다. 여느 때처럼 저녁 식사를 마친 후 TV를 보고 있었고, 시시때때로 변하는 기후 때문에 그날 저녁에도 가랑비가 내렸다고 한다. 그러던 중 집 밖에서 일을 마친 그의 어머니가 거실로 들어오면서, "애비야! 좀 전에 키가 크고 시커먼 옷을 입은 사람이 지나가길래, '부너 세아라(Bună seara: Good evening)!'라고 인사를 했는데도 글쎄... 아무 말도 하지 않고 그냥 지나가더구나!"라고 말했다는 것이다. 순간 그 사람은 황급히 집 밖으로 나가 주변을 살펴보았으나 아무런 인기척이 없었고, 잠시 후 안마당을 살펴보니 그곳에 커다란 곰 발자국이 있었다고 했다. 곰 발자국이 산 정상을 향하고 있어 천만다행이었지 만약 아래의 마을로 향해 있었더라면 큰 봉변을 당할 수도 있었다고 했다.

3. 800년 역사의 르쉬노브 요새

2016년, 세계적인 여행 잡지인 미국의 콘데 나스트 트래블러(Conde Nast Traveler)는 르쉬노브 요새(Râşnov Fortress)를 "눈 내리는 겨울, 세상에서 가장 아름다운 성 Top 10"에 선정하였다.

◆ 눈 내리는 겨울, 세상에서 가장 아름다운 성 Top 10

1) 독일 바이에른주 노이슈반스타인성(Neuschwanstein Castle): 디즈니랜드의 '잠자는 숲 속의 미녀'에 등장하는 성의 모델이 되었다. 과거 독일 바이에른의 왕이었던 루트비히 2세(재위, 1864-1886년)가 프로이센과의 전쟁에서 패한 후 주권을 잃고 이름뿐인 왕으로 전락한 실망감에 고향에 칩거하면서 세웠다.
2) 모스크바 콜로멘스코예 공원(Kolomenskoye Park)에 있는 차르 알렉세이 미하일로비치(Alexis Mikhailovich, 1629-1676) 궁전: 1667~1671년 미하일로비치 황제가 세운 러시아 최초의 목조궁전으로 못을 사용하지 않고 나무의 이음새만으로 건축되었다. 러시아 사람들은 '세계 8대 불가사의'로 간주하고 있으며 콜로멘스코예 궁전으로도 불린다. 1768년 예카테리나 2세(Empress Catherine II)의 명령으로 철거되었으나 2010년 복원되었다.
3) 일본 나가노현에 있는 마쓰모토성[Matsumoto Castle, 松本城(송본성)]
4) 독일 호헨촐레른성(Hohenzollern Castle): 독일에서 두 번째로 아름다운 성
5) 체코 프라하의 흐라트차니성(Hradcany Castle)
6) 스코틀랜드 퍼스셔(Perthshire)의 블레어성(Blair Castle)
7) 노르웨이 베르겐(Bergen)시의 왕궁(Gamlehaugen)
8) 터키 중앙부의 네브셰히르(Nevsehir)현에 있는 우츠히사르(Uchisar): 우츠히사르는 비둘기 집 혹은 벌집 형태의 주거 집단지역으로 종교적 박해를 피해 이주한 크리스트교도들이 거주하였다.
9) 일본 아이치현의 이누야마성[Inuyama Castle, 犬山城(견산성)]
10) 루마니아 르쉬노브 요새

약 800년 역사의 르쉬노브 요새는 브라쇼브 도심에서 약 17㎞ 떨어져 있어 택시를 타고 갈 수 있다. 르쉬노브 요새가 위치하는 지역은 천혜의 입지조건을 갖추고 있어 신석기 시대부터 사람들이 거주하였으며, 서기 106년 로마제국이 다치아 왕국을 정복한 이후에는 쿠미다바(Cumidava)라는 작은 도시를 형성하였다.

르쉬노브 요새는 1211~1225년 튜튼기사단이 짜라 브르세이 지역(Țara Bârsei: 현재 브라쇼브시와 그 주변 지역)을 지배할 당시 건축되었으나, 역사 문헌에

르쉬노브 요새[1][Author, Pudelek]와 내부 모습

처음 언급된 것은 1331년이다. 튜튼기사단이 추방된 이후에는 색슨인들이 나무와 흙으로 된 기존의 요새를 돌로 쌓아 올려 한층 더 강화하였다. 1335년 타타르족의 침공이 시작되면서 짜라 브르세이의 거의 모든 지역이 파괴되었으나, 르쉬노브 요새와 틈파 산에 있는 브라쏘비아(Brassovia) 요새는 함락되지 않았다. 1345년에도 타타르족은 이들 두 요새에 대한 제2차, 3차 공격을 단행하였으나 함락되지 않았다.

1388년 문헌에는 르쉬노브가 '장미의 도시(Villa Rosarum)'로 기록되어 있다. 1421년 튀르크인들이 르쉬노브 요새를 포위 공격하였으나 실패하였고, 당시 요새화되지 않은 브라쇼브시를 점령하였다. 이들은 1436~1441년에도 르쉬노브 요새를 포위 공격하였지만, 또다시 실패하였다.

르쉬노브 시는 트란실바니아 지방과 문테니아 지방 사이에 있어, 1427년 이후 상업의 중심지로 발전하였으며, 룩셈부르크 지기스문트 왕(Sigismund de Luxemburg, 1368-1437)의 허락 하에 7일장이 열리기도 하였다. 요새 안에는 학교와 예배당(1659년 설립), 가톨릭 신부 처소 그리고 30채가 넘는 가옥이 있으며, 특히 봉건 예술 박물관(Feudal Museum of Art)에는 각종 갑옷과 무기류 그리고 17~18세기 때 사용된 고문용 마스크와 멍에 등 특이한 물건들도 전시되어 있다.

돌과 벽돌로 건축된 르쉬노브 요새는 한마디로 철옹성이었다. 성벽의 높이와 두께는 각각 5m와 1.5m였으며, 성벽과 타워의 윗부분은 적들의 화공법(火攻法)에 대비해 기와로 덮여져 있었다. 하지만 가브리엘 바토리 영주(Gabriel Báthory, 1608-1613)가 트란실바니아 지방을 통치하던 1612년, 요새 안에 우물이 없어 밤마다 몰래 밖에서 물을 길어오는 것을 눈치 챈 적군이 공급로를 차단함으로써 한 차례 함락되었다. 이처럼 요새 안에 물이 없다는 것은 치명적인 약점이었다. 그래서 1623년부터 1640년까지 약 17년 동안 지하수를 찾아 147m(건물 약 50층 높이) 깊이로 파 내려갔으며, 이후 우물은 1850년까지 사용되었다.

이 우물과 관련하여 전설이 전해 내려오고 있다. 당시, 르쉬노브 지역을 통치한 헝가리인들은 2명의 튀르크인 포로에게 우물을 찾으면 고향으로 보내주겠다고 약속하였다. 이후, 17년 동안 땅속을 파 내려가 결국 우물을 발견하였지만, 헝가리인들은 약속을 지키지 않고 우물 속으로 빠트렸다고 한다.

우물[2][Author, Andrei Stroe]

르쉬노브 요새는 중세 루마니아 세 지방을 통일한 미하이 비테아줄 영주(Mihai the Brave, 1558-1601)와도 연관이 있다. 1600년 9월 18일, 미러슬러우 전투(Battle of Mirăslău)에서 패한 그는 스튼카(Stânca) 왕비와 함께 남은 병사들을 데리고 르쉬노브 요새로 피신하였다. 1659년 요새 안에 교회 예배당이 건축되었지만, 1718년과 1902년 발생한 화재와 지진으로 요새와 교회는 많이 파손되었다. 1821년에는 투도르 블라디미레스쿠(Tudor Vladimirescu, 1780-1821)가 이끄는 루마니아 혁명군이 요새 안으로 피신하였으며, 1848~1849년에는 르쉬노브 지역 주민들이 헝가리 혁명군들과 오스트리아 군대가 그 지역을 지날 때마다 요새 안으로 피신하였다. 하지만 1850년 이후, 차츰 트란실바니아 지방이 정치적으로 안정되면서 르쉬노브 요새는 방치되기 시작하였다. 1989년 루마니아 혁명 이후, 한때 요새의 소유권이 이탈리아의 한 투자자에게 넘어가기도 했지만, 2010년 루마니아 대법원의 판결로 결국 지역사회에 반환되었다.

앞에서 언급한 것처럼, 르쉬노브 요새는 중세의 모습으로 그대로 보존되어 있어, 실제로 그곳에 가면 마치 중세로 회귀한다는 느낌을 가지게 된다. 그래서 이 요새는 그동안 영화 촬영지로 사용되었다.

(1) 할리우드 영화: 니콜 키드먼(Nicole Kidman) 주연의 「콜드 마운틴」(Cold Mountain, 2003), 케빈 코스트너(Kevin Costner) 주연의 「햇필드와 맥코이」(Hatfields & McCoy, 2012), 도미닉 퍼셀(Dominic Purcell) 주연의 「블라드 더 임패일러」(Vlad the Impaler: Blood Empire, 2015), 그리고 「스콜피온 킹 4」(The Scorpion King 4, 2015) 등.

(2) 루마니아 영화: 「이름 없는 별」(Steaua fără nume, 1966)과 「다치아인들」(Dacii, 1967), 「기념비」(Columna, 1968), 「미하이 비테아줄」(Mihai Viteazul, 1970), 「불멸의 사람들」(Nemuritorii, 1974) 그리고 노랑 장미」(Trandafirul Galben, 1984) 등.

[르쉬노브 요새: ☎ (+40)268.230.115; 주소: Strada Cetății 17, Râșnov; 르쉬노브 리프트: 주소: Piața Unirii nr. 12, Râșnov]

4. 프레즈메르 요새교회(유네스코 세계문화유산)

오늘날 트란실바니아 지방의 남·동부지역에는 13~16세기에 건축된 300채 이상의 요새교회가 있으며, 그중 약 150채는 오늘날까지 잘 보존되어 있다. 특히 독일의 색슨족들이 건축한 아래의 일곱 채 요새교회는 1999년 유네스코 세계문화유산으로 등재되었다: (1) 프레즈메르 요새교회(Prejmer Fortified Church, 1993, 1999년 등재), (2) 비스크리 요새교회(Viscri Fortified Church, 1999년), (3) 비에르탄 요새교회(Biertan Fortified Church, 1993년), (4) 사스키즈 요

프레즈메르 요새교회와 내부 모습

새교회(Saschiz Fortified Church, 1999년), (5) 발레아 비일로르 요새교회(Valea Viilor Fortified Church, 1999년), (6) 드르지우 요새교회(Dârjiu Fortified Church, 1999년), (7) 클닉 요새교회(Câlnic Fortified Church, 1999년).

프레즈메르 요새교회는 브라쇼브시에서 15㎞ 떨어져 있다. 이 교회는 색슨인이 건설한 트란실바니아 지방의 일곱 채 요새교회 중 최대 규모인 동시에 난공불락의 강력한 요새교회이다. 이 요새교회는 미슐랭 그린 가이드(Michelin Green Guide)로부터 최고 등급인 별 3개를 받았다.

◆ 미슐랭 가이드

「미슐랭 가이드」는 프랑스 타이어 회사인 미슐랭(Michelin)社에서 발간하는 여행 안내서로 1900년 타이어를 구매하는 고객에게 무료로 나눠 주던 자동차 여행 안내 책자에서 출발하였다. 프랑스어로는 「기드 미슐랭」(Guide Michelin)이지만, 한국에서는 미국식인 「미쉐린 가이드」(Michelin Guide)가 공식 명칭이 되었다. 미슐랭 가이드는 레스토랑 정보를 전문적으로 소개하면서 등급에 따라 별점을 부여하는 레드 가이드(Red Guide)와 여행·관광 정보를 소개하는 그린 가이드(Green Guide)가 있다.

프레즈메르 요새교회는 1211~1212년 튜튼 기사단이 고딕 양식으로 건축하였다. 이 교회는 건축 구조상 루마니아에서 쉽게 볼 수 없는 건축물로, 팔각형의 탑 주위로 길이가 똑같은 4개의 건물이 있어 하늘에서 보면 '그리스 십자가(Greek Cross)' 모양을 하고 있다. 하지만 1500년, 4개의 건축물 중 한 곳에 38.5m 길이의 아치형 통로가 증축되면서 오늘날의 모습으로 바뀌었다.

프레즈메르 요새에는 원래 4개의 탑이 있었지만, 오늘날 2개만 남아있으며, 4층으로 건축된 요새 안에는 곡물을 저장하는 동시에 적군의 포위 공격 시 피신 장소로 사용된 272개의 방이 있다. 그리고 둥근 모양의 성벽은 높이와 두께가 각각 12m와 3~4m에 이른다. 이 요새교회는 50번이 넘는 오스만제국의 공격에도 함락되지 않았으나, 1611년 트란실바니아 지방의 가브리엘 바토리 영주(Gabriel Báthory)가 포위 공격을 할 당시 식수가 떨어져 한차례 함락되었다.

[프레즈메르 요새교회: www.cetateaprejmer.ro; ☎ (+40)268.362.042; 주소: Strada Mare 2, Prejmer]

5. 비스크리 요새교회(유네스코 세계문화유산)

900년 역사의 비스크리 요새교회(Viscri Fortified Church, 1100년)는 영국의 일간지 텔레그래프(Telegraph)가 엄선한 "세계에서 가장 아름다운 23개 교회 예배당" 중 5위에 선정되었다. 또한, 2007년과 2009년에는 각각 문화유산 부문 유럽연합상(European Union Prize for Cultural Heritage)과 그린애플 어워드(Green Apple Awards) 금상을 받았다.

◆ 세계에서 가장 아름다운 23개 교회 예배당

1위: 콜롬비아의 라스라하스 성전(Sanctuarul Las Lajas)
2위: 1180년에 건축된 노르웨이의 보르군 목조교회(Borgund Stave Church)
3위: 17세기에 건축된 이란의 베들레햄 교회(Biserica Bethlehem)
4위: 18세기에 건축된 프랑스의 노트르담 뒤 오(Notre Dame du Haut)
5위: 1100년 건축된 비스크리 요새교회

비스크리 마을(현재 인구 약 1,000명)은 브라쇼브에서 시기쇼아라(Sighișoara) 시로 가다 보면 약 90㎞ 떨어진 곳에 있다. 이 요새교회는 1999년 유네스코 세계문화유산으로 등재되었다.

비스크리 요새교회

비스크리라는 말은 '하얀 교회'를 의미하는 독일어 바이세 키르쉐(weiße Kirche)에서 유래하며, 교회의 역사는 1100년경 세쿠이족(Szeklers: 터키어를 사용하는 민족으로 이후 헝가리족에게 동화됨)이 마을 언덕 위에 석회암으로 건축한 작은 예배당으로 거슬러 올라간다.

1185년, 비스크리 마을을 점령한 독일 색슨인들은 기존의 예배당을 로마네스크 양식으로 복원하면서 그 주위로 요새와 방어벽을 건축하였다. 하지만 1241~1242년 타타르족의 공격으로 많이 파괴되어 1498년 재건되었으며, 16세기에 접어들면서 재차 복원되어 오늘날의 모습으로 되었다. 교회 안에는 수백 년 전의 모습을 그대로 간직하고 있는 바로크 양식의 목조 설교단(1791년)과 1817년 장인 요한 토이스(Johann Thois)가 제작한 오르간이 있다.

비스크리 마을이 유명해진 것은 2006년 영국의 찰스 왕세자(Charles Windsor)가 그곳에 있는 가옥 한 채를 사들이면서부터이다. 그동안 찰스 왕세자는 유럽의 각종 언론매체에서 트란실바니아 지방의 아름다움에 대하여 찬사를 아끼지 않았는데, 영국의 한 여행 TV채널에서 다음과 같이 언급하였다.

"가계도를 보면, 나는 블라드 드라큘라 영주의 후손이기 때문에 루마니아와도 깊은 인연이 있어요. 물론 커다란 자부심을 느끼고 있고요. 나는 루마니아에 존재하는 뭔가 영원함 같은 그런 느낌을 사랑해요. 마치 어린 시절 동화처럼..."

참조 오늘날 비스크리를 방문하는 관광객 수는 꾸준히 늘고 있다. 찰스 왕세자가 매입한 주택은 현재 로열 하우스(Royal House)로 사용되고 있어 일반 관광객도 숙박할 수 있다. 숙박을 원할 경우, www.booking.com에서 'Viscri, Casa Printul de Wales(의미: 비스크리, 웨일즈 왕자의 집)'를 찾아 예약하면 된다.

[비스크리 요새교회: www.viscri-online.ro ☎ (+40)742.077.506; 주소: Viscri 507039, Brașov]

로열 하우스

쉬어가기

드라큘라 전설과 실제

소설 속 가상의 흡혈 인간이 영화화되어 신비감과 공포감을 주는 드라큘라! 드라큘라는 중세 왈라키아 공국(Wallachia, 1330-1859)을 통치한 블라드 드라큘라 영주(Vlad Dracula: Vlad Țepeș, Vlad III, 1431-1476)에서 유래한다.

루마니아 정통 가톨릭 교회[3]

1. 드라큘라 영주

블라드 드라큘라 영주는 1431년 트란실바니아 지방의 시기쇼아라(Sighişoara)에서 태어나 1476년 45세의 나이에 사망한 왈라키아 공국의 영주이다. 5세가 되던 1436년, 아버지 블라드 II세 드라쿨(Vlad II Dracul, 1400-1447)을 따라 왈라키아 공국의 도읍지인 트르고비쉬테(Târgovişte)시에 도착하여 어린 시절을 보냈지만 11세가 되던 해 오스만제국의 볼모로 잡혀 6년 동안 이스탄불에서 생활하였다. 이 기간은 드라큘라 영주의 인생에서 향후 권력에 대한 강한 욕구를 가지는 동시에 튀르크인들에 대한 부정적인 태도를 견지하는데 결정적인 역할을 했을 것으로 추정된다.

1448년, 튀르크인들은 당시 볼모로 잡혀 있던 그에게 아버지 블라드 II세가 1447년 12월 왈라키아를 침공한 이안쿠 데 후네도아라 영주(Iancu de

드라큘라 초상화[1]와 판화[1]

Hunedoara)에게 암살되었다는 사실을 알려 주면서 석방하였다. 이 외에도 그는 자신의 형 미르체아 II세(Mircea II, 1428-1447)가 뜨거운 인두에 눈을 잃고 트르고비쉬테 귀족들에게 생매장된 사실도 알게 되었다.

왈라키아 공국으로 돌아온 그는 세 번에 걸친 자신의 통치 기간(1448년, 1456-1462년, 1476년) 동안 오스만제국의 침략에 맞서 용감히 싸웠다. 그는 계속되는 오스만제국의 침공에 맞서기 위해 국내적으로 사회통치를 아주 엄하게 하였으며 법을 어길 시 항문에 커다란 나무 꼬챙이를 찌르는 엄하게 벌했다. 그러자 트란실바니아 지방에 거주하던 헝가리인들과 독일계 색슨인들이 반발하기 시작하였다. 이들은 드라큘라 영주가 오스만제국과 협정을 맺었다는 거짓 내용을 편지에 적어 헝가리 마티아스 코르비누스 왕[Mathias Corvinus: 1443-1490; 루어 마테이 코르빈(Matei Corvin)]에게 보냄으로써 결국 드라큘라 영주는 트란실바니아와 헝가리에서 12년 동안 옥살이를 하였다.

코르비누스 왕은 헝가리 역사상 가장 유명한 왕으로 추앙받는 인물로 루마니아인 아버지 이안쿠 데 후네도아라 영주(Iancu de Hunedoara)와 헝가리인 어머니 엘리사베타(Elisabeta Szilágy, 1410-1483) 사이에서 태어났다.

1462년, 오스만제국의 메흐메트 2세(Mehmet, 1432-1481)는 드라큘라 영주가 조공 헌납을 거부하자 대군을 이끌고 왈라키아 공국을 공격하였다. 초기 전투에서 드라큘라 영주는 주로 밤에 공격하는 전술을 사용함으로써 오스만 군대를 저지할 수 있었지만, 주변 루마니아 귀족들의 배신으로 패하여 트란실바니아로 피신하였고 또한 그곳에서도 주변 사람들의 배신으로 두 번째 감옥살이하였다.

1476년 12월 8월, 드라큘라 영주는 몰도바 공국의 슈테판 대제(Stephen the Great: Ştefan cel Mare, 1433-1504)의 지원으로 세 번째 왕위에 오르지만, 그로부터 몇 주 후인 1476년 12월 살해된 것으로 추정된다. 하지만 오늘날 드라큘라 영주의 죽음에 대해 명확하게 기술한 역사 문헌은 없고 아래와 같이 여러 추측만 있을 뿐이다.

1) 주변 귀족들의 배신으로 인한 살해

몰도바 공국의 슈테판 대제가 언급한 바에 의하면, 바사랍 영주(Basarab the Old: Laiotă Basarab, ?-1489)는 자신의 잃어버린 왕위를 되찾기 위해 드라큘라 영주에게 대항한 것으로 보인다. 즉, 그는 튀르크인들과 연합한 후 드라큘라 영주를 제거하기 위하여 오스만 군대를 이끌고 왈라키아 공국으로 출발하였다. 이후, 도착이 임박했다는 소식을 들은 왈라키아 귀족들이 드라큘라 영주에게 제국에 대한 예를 갖추자고 요청하였으나 이를 거부하자 살해한 것으로 보인다.

다른 추측으로는, 어느 날 군사를 이끌고 지우르지우(Giurgiu)시에서 부카레스트로 가고 있던 드라큘라 영주는 다이아(Daia) 마을에서 치른 오스만 군대와의 전투에서 대승을 거두었다. 기쁜 마음에 친위대를 데리고 직접 언덕 위로 올라간 그는 자신의 군사들이 튀르크인들의 목을 베는 것을 보고 있었으나, 왈라키아 귀족들이 보낸 자객(하인)에 의해 살해된 것으로 보인다.

2) 튀르크인들에 의한 살해

다른 문헌에는, 드라큘라 영주가 튀르크인들에게 살해된 것으로 기록되어 있다. 앞에서 언급했던 것처럼, 오스만제국과 연합한 바사랍 영주는 군대를 이끌고 왈라키아에 도착하였다. 홀로 남은 드라큘라 영주는 바사랍 영주에게 체포되어 결국 살해되었으며, 마지막까지 드라큘라 영주와 함께 싸운 사람은 몰도바 공국의 창병들뿐이었다고 한다. 이와 관련하여 슈테판 대제는 "바사랍 영주가 드라큘라 영주를 처형하라 명하였고, 10명을 제외한 모든 부하가 죽임을 당하였다"고 언급하였다. 이후, 드라큘라 영주의 머리는 이스탄불로 보내졌고, 술탄은 그의 머리를 긴 창에 꽂아 세워두었다고 한다.

오스트리아 연대기에도, 왈라키아 귀족과 연합한 튀르크인들이 루마니아 하인 복장으로 변장하여 드라큘라 영주가 혼자 있을 때 살해한 것으로 기록되어 있다.

3) 자신의 병사들에 의한 살해

또 다른 문헌에는 드라큘라 영주가 이상한 상황에서 사망한 것으로 기록되어 있다. 오스만 군대와의 전투에서 대승을 거둔 드라큘라 영주는 친위대를 데리고 직접 언덕 위로 올라가 자신의 군사들이 튀르크인들의 목을 베는 것을 보고 있었는데, 튀르크군 복장으로 변장한 그를 적으로 오해한 병사들이 살해했다는 것이다. 이와 관련하여, 1490년 아가피아(Agapia) 수도원의 수도사 에우프로신(Eufrosin)는 다음과 같이 기술하고 있다.

> "드라큘라 영주의 군대는 튀르크인들을 무자비하게 도륙하며 쫓아내기 시작하였다. 기쁜 마음에 그는 자신의 군대가 어떻게 튀르크인들의 목을 베는지 보기 위해 언덕 위로 올라갔다. 군 진영에서 벗어나야 했기에 튀르크군 복장으로 변장했지만, 적으로 오해한 병사들이 그를 창으로 찔러 죽였다."

그동안 스나고브(Snagov) 수도원에 매장되었을 거란 추측이 지배적이었으나, 몇 년 전에 진행된 발굴작업에서 아무런 흔적도 발견되지 않았다. 이에 반해, 루마니아 역사학자 레자케비치(Constantin Rezachevici)는 드라큘라 영주가 코마나 수도원(Comana Monastery)에 묻혀있다고 주장하고 있다.

이처럼 드라큘라의 죽음과 관련하여 아직 명확하게 드러난 건 없지만 그의 생애는 현실과 전설의 경계 선상에 있어 오늘날 영화나 문학 작품에 영감을 주는 원천이기도 하다.

2. 소설 「드라큘라」의 기원

블라드 드라큘라 영주의 본명은 블라드 체페쉬(Vlad Țepeș)이다. 그가 어떻게 드라큘라라는 이름을 가지게 되었는지는 지금도 학자들 간에 의견이 분분하다. 우리가 알고 있는 드라큘라의 원조는 왈라키아 공국의 블라드 체페쉬 영주이고 또한 그의 아버지 이름은 블라드 드라쿨(Vlad II Dracul)이다. 그래서 이름만 놓고 보면 '드라쿨(Dracul)'이라는 이름을 가진 그의 아버지가 '드라큘라'와 더 연관이 있다.

1431년 2월, 아버지 블라드 II세는 룩셈부르크 지기스문트 왕(Sigismund de Luxemburg)으로부터 '용 기사 작위(Knight of the Order of the Dragon)'를 받은 후, 용(龍: dragonul 혹은 dracul)이라는 단어를 자신의 이름에 붙여 '블라드 드라쿨(VladII Dracul)'이라고 하였으며, 이후 교회를 건축하고 동전을 발행할 때에도 용과 십자가 문양을 새겼다.

◆ 드라큘라의 기원과 의미

루마니아어로 용이라는 단어는 드라곤(dragon)이지만 드라쿨(dracul)도 용과 악마라는 두 가지 의미가 있다. 당시 아버지 블라드 드라쿨의 이름에 붙여진 '드라쿨'은 악마가 아니라 용처럼 용맹한 사람을 의미하였고, 루마니아 사람들도 용감하고 현실적인 그를 '블라드 드라쿨'이라고 불렀다.

이후, 아들 블라드 체페쉬에게는 '드라쿨의 아들'이라는 의미로 드라쿨라(Dracula) 혹은 드러쿨레아(Drăculea)라는 애칭이 붙게 되었다. 이것은 드라쿨(Dracul)이라는 단어에 접미사 '-ea' 혹은 '-a'가 붙어 만들어진 축약형으로, '작은 드라쿨', 즉 '드라쿨의 아들'을 의미한다. 따라서 블라드 체페쉬 영주는 '드라쿨의 아들'이라는 의미에서 '드라큘라'라고 불리게 되었다.

아들 블라드 체페쉬 영주도 공식 문서에 드라큘라로 서명할 정도로 자신의 이름을 자랑스러워했다고 한다. 그렇다면 루마니아의 영웅 블라드 드라큘라 영주는 어떻게 해서 서방 세계에서 잔혹한 냉혈 흡혈귀로 알려지게 되었을까? 그 이유는, 앞에서 언급한 것처럼 1460년경 브라쇼브와 시비우(Sibiu) 등지에 거주하던 독일계 색슨인 상인들과의 충돌 때문이었다. 즉, 이 시기에 색슨인 상인들이 밀매와 무관세 무역으로 막대한 부를 축적함에 따라 일반 루마니아 백성들의 삶은 피폐해졌고, 이에 드라큘라 영주는 무거운 세금을 부과하여 그들의 궁핍한 생활을 개선하려 하였다. 당연히 그의 정책은 색슨인들의 반발을 불러일으켰고, 그중 일부는 드라큘라 영주에게 노골적으로 대항하기 시작하였다. 따라서 그는 1460년경 색슨인 상인들을 체포하여 항문에 커다란 나무 막대기를 찔러 처형한 것은 물론 400명의 색슨인 가톨릭 도제들을 산 채로 화형시켰다. 이후, 게르만 연대기 작가들은 이러한 사실을 기록하면서 색슨인들을 처참히 죽인 그를 사악한 악마로 묘사함으로써 서방 세계에서 잔혹하고 두려운 인물로 알려지게 되었다.

이후, 드라큘라에 대한 소문이 서방 세계로 퍼져 나가면서, 1897년 아일랜드 출신의 영국 소설가 브램 스토커(Bram Stoker)가 소설 「드라큘라」를 창작하였고, 이후 1931년 미국에서 영화 「드라큘라」가 제작되어 세계적으로 널리 알려지게 되었다.

소설 「드라큘라」가 출판된 이후, 문학 비평가들의 비평은 그렇게 호의적이지 않았지만, 일반 독자들 사이에 커다란 반향이 있었다고 한다. 브램 스토커는 소설 속에서 작품의 배경이 되는 장소를 정확하게 언급하지 않아 어딘지 알 수 없지만, 루마니아 역사학자들은 트란실바니아 지방과 몰도바 지방을 연결하는 브르거우 지역[Regiunea Bârgăului: 비스트리짜(Bistrița)와 바트라 도르나(Vatra Dornei) 사이]이라고 추정하고 있다. 그래서인지 오늘날 그곳에는 드라큘라 성 호텔(Hotel Castel Dracula)이 있다. 사실이 어찌 되었든 간에, 오늘날 드라큘라와 드라큘라 성 그리고 트란실바니아 지방은 「드라큘라」 소설과 영화를 통하여 긴밀하게 연결되어 있다.

브램 스토커 동상

드라큘라 호텔과 주변 풍경

3. 800년 역사의 드라큘라 성

드라큘라 성(Dracula Castle)으로 널리 알려진 브란성(Bran Castle)은 브라쇼브시에서 남·서쪽으로 약 30㎞ 떨어져 있다. 브란(Bran)이란 말은 '대문'이나 '정문' 등을 의미하는 슬라브어 '바르나(Brana)'에서 유래한다.

2009년, CNN은 드라큘라 성을 "세상에서 가장 아름다운 중세 성 TOP 10"에 포함시켰다. 당시 선정된 성은 12세기에 건축된 영국의 뱀버러성(Bamburgh Castle)과 독일의 노이슈반스타인성(Neuschwanstein Castle), 프랑스의 오 쾨니스부르성(Haut-Koenigsbourg Castle) 등이다. TOP 10에는 영국의 4개 성과 프랑스 2개 성, 그리고 루마니아와 독일, 덴마크, 스위스의 성이 각각 하나씩 포함되었다.

원래, 브란성은 1212~1225년 튜튼 기사단이 세운 목조 요새이며, '디트리히스타인(Dietrichstein: 오스트리아의 가장 유명한 귀족 가문 중 하나)'이라는 이름으로 알려져 있었다. 하지만 브란성이 역사 문헌에 처음 언급된 것은 그보다 한참 이후인 1377년이다. 당시, 색슨인들(Saxons: 12세기 중엽 트란실바니아 지방에 정착한 독일 색슨인)은 헝가리 루드비크 1세(Ludovic I d'Anjou, 1326-1382: 헝가리, 크로아티아, 폴란드 국왕)의 승인 하에 강력한 석조 요새를 건축하였다.

브란성이 완공된 후, 소유권은 1419~1424년 지기스문트(Sigismund) 가문이 가지고 있었으나 이후 각각 세쿠이족(Szeklers)과 트란실바니아 지방의 이안쿠 데 후네도아라 영주(Iancu de Hunedoara, 1407-1456)에게 넘어갔다. 블라드 드라큘라 영주와 브란성과의 관계는 이 시기에 이안쿠 데 후네도아라 영주가 그에게 당시 브란성이 관할하고 있던 트란실바니아 지방으로 가는 통로를 방어하라고 의뢰한 것과 연관이 있다.

1920년, 브라쇼브 시의회는 '1918년 대(大)루마니아'가 설립되는 데 큰 공

드라큘라 성과 내부 모습

헌을 한 마리아(Maria) 왕비에게 감사의 표시로 브란성을 선물로 주었으며, 이후 체코 건축가 카렌 리만(Karen Liman)의 주도하에 12년 동안 복원작업이 진행되었다. 펠레쉬성(Peleş Castle)과 펠리쇼르성(Pelişor Castle)을 설계한 리만은 자가발전을 위한 수력발전소를 설치한 것은 물론 당시 관절염을 앓고 있던 마리아 여왕을 위하여 성과 공원 사이를 연결하는 엘리베이터도 설치하였다. 또한, 그는 마리아 여왕을 위하여 찻집과 우물(깊이 57m)도 만들어 성 주변을 영국식 공원으로 단장하였다.

마리아 여왕 찻집

마리아 여왕이 사망한 1938년, 브란성은 일레아나 공주[Ileana: 오스트리아 안톤(Arhiducele Anton) 대공과 결혼]에게 상속되었다. 하지만 1948년 루마니아 왕실이 공산정권에 의해 국외로 추방되면서 국가 소유가 되었다. 1956년에는 중세 역사 미술박물관(Museum of Medieval History and Art)으로 개장하였으나, 노후화되어 1987~1993년 대대적인 복원작업이 진행되었고 이후 박물관으로 재개장하였다.

마리아 여왕

일레아나 공주

2006년 5월 18일, 루마니아 정부는 민영화 작업의 일환으로 브란성을 마리아 여왕의 손자이자 일레아나 공주의 아들인 도미니크 폰 합스부르크(Dominic von Habsburg, 1937-현재)에게 상속하였다. 하지만 상속 과정에서 법적 문제가 발생하여, 이후 약 3년 동안 루마니아 문화부가 실질적인 관리를 실질적인 관리를 하였으며, 2009년 5월 8일 마침내 도미니크 대공(Dominic von Habsburg)과 그의 누이들인 마리아 마그달레나(Archduchess Maria Magdalena)와 엘리자베스(Archduchess Elisabeth Sandhofer)에게 상속되었다.

따라서 루마니아 문화부는 성안에 있던 모든 물품을 거두어들인 대신 합스부르크 왕가 소유의 물건과 가구들을 전시하였다. 그중 가장 가치가 있는 것으로는 페르디난드 I세가 사용하던 왕관과 왕권의 상징인 왕홀(王笏: 유럽 군주들의 장식이 화려한 상징적인 지휘봉) 과 은으로 만든 단검이며, 그 외에도 일레아나 공주의 사인이 있는 인물 사진과 마리아 왕비의 침대 덮개와 왕실 가구들 그리고 지난 30년 동안 브란성을 방문한 사람들의 기록이 적혀있는 방명록 등이 있다.

2007년, 미국의 경제 전문지 포브스(Forbes)는 드라큘라 성(1억 4,000만 달러)을 전 세계에서 2번째로 비싼 주택이라고 발표하였다. 당시 1위를 차지한 주택은 캘리포니아주 베벌리힐스(Beverly Hills)에 있는 허스트 하우스(Hearst House, 1억 6,000만 달러)였다.

[드라큘라 성: www.bran-castle.com; ☎ (+40)268.237.700; 주소: Strada General Traian Moşoiu 24, Bran]

◆ 드라큘라 성 찾아가기

1) 렌터카 이용 시

드라큘라 성은 부카레스트와 브라쇼브 사이에 있어, 자동차를 이용할 경우 부카레스트에서 출발하여 시나이아(Sinaia)와 르쉬노브 요새(Râşnov Fortress), 드라큘라 성(Bran Castle), 다시 르쉬노브 요새(생략) 그리고 브라쇼브 등의 순서로 관광하는 것이 좋다.

2) 대중교통 이용 시

먼저 브라쇼브에 도착한 다음 그곳에서 다시 드라큘라 성을 가는 버스를 이용해야 한다. 시나이아에서 출발하는 버스는 브라쇼브를 거쳐 드라큘라 성에 도착한다.

4. "진정한 드라큘라 성" 포에나리 요새

우리는 브란성을 드라큘라 성으로 알고 있지만, 드라큘라 영주가 그곳에 거주하지 않아 진정한 의미에서 드라큘라 성이라고 볼 수 없다. 그렇다면 진정한 드라큘라 성은 어떤 건물일까? 그것은 포에나리 요새(Poenari Fortress)이다. 이 요새는 「명인 마놀레」(Master Manole) 전설이 내려오는 쿠르테아 데 아르제쉬(Curtea de Argeş)시에서 약 75㎞ 떨어진 곳에 위치하며, 요새 이름은 인근에 있는 포에나리 마을에서 유래한다.

현재 포에나리 요새가 있는 곳에는 원래 네그루 보더 영주(Negru Vodă, 1269-?) 시대 때 세워진 탑이 하나 있었으며, 14세기에 블라드 드라큘라 영주가 탑 주위로 건물과 성벽을 세움으로써 오늘날의 포에나리 요새로 완공되었다. 요새를 건설하는데 동원된 인력은 드라큘라 영주를 왕위에서 추방하기 위해 음모를 꾸몄던 왈라키아 귀족들과 그 가족들이었다.

전설에 따르면, 1462년 오스만 군대는 포에나리 요새로 피신한 드라큘라 영주를 생포하기 위하여 요새를 포위한 후 전면전을 준비하고 있었다고 한다. 하지만 당시 오스만 진영에서 이 사실을 염탐한 한 루마니아 병사가 급히 피신하라는 내용의 편지를 화살로 쏘아 알려주자, 그날 밤 드라큘라 영주는 요새 지하의 비밀통로를 통하여 트란실바니아 지방으로 탈출하였다. 다른 전설에도 드라큘라 영주는 튀르크인들에게 쫓기고 있었던 것으로 기록되어 있다.

포에나리 요새[1][Author, Alexandra Cetinoiu]

당시, 그는 자신의 군대가 포에나리 요새에서 떠난 것처럼 꾸미기 위하여 모든 말을 뒤로 몰아 요새 안으로 피신하였다고 한다. 즉, 말발굽의 흔적이 요새에서 멀어지는 것처럼 보이게 하여 오스만 군대를 속였던 것이다.

요새에서 그리 멀지 않은 곳에 '레이디스 리버(Lady's River: Râul Doamnei)'가 있다. 이 강은 튀르크인들에 쫓겨 자살한 드라큘라 영주의 아내 아나스타시아(Anastasia)의 영혼을 기리기 위하여 명명되었다. 오스만제국으로부터 탈출할 수 없었던 그녀는 아르제쉬 강 절벽으로 올라가 심연에 몸을 던졌고, 오늘날 그곳에는 붉은 피로 물든 바위가 있다고 한다.

산 정상에 있는 포에나리 요새로 올라가기 위해서는 근처에 자동차를 주차한 다음 약 30분 동안 1,480계단(400m)을 올라가야 한다. 지금도 포에나리 요새는 성벽이 부서진 채로 남아있어 중세 때 모습을 그대로 볼 수 있다. 2019년 아르제쉬(Argeș) 주정부는 포에나리 요새 주위로 야생 곰이 자주 출몰함에 따라 진입로를 따라 전기 울타리를 설치한 후 재개장하였다.

[포에나리 요새: 주소 Transfăgărăşan Comuna Arefu]

5. 드라큘라의 현대적 의미

드라큘라 영주는 오늘날에 이르기까지 루마니아인들에게 '정직함의 절대적 상징'으로 간주되었다. 즉, 어떤 측면에서 그는 "세상을 잃더라도 옳음을 실행하라(fiat iustitia, pereat mundus)!"라는 의미의 라틴어 격언을 몸소 실천에 옮긴 사람일지도 모른다. 따라서 그동안 루마니아를 침략하는 외적이나 나쁜 짓을 행하는 사람들을 극형에 처한 것은 진리와 정의라는 명분으로 정당화되었다. 오늘날 루마니아 사람들은 드라큘라 영주의 통치기를 성실과 정직 그리고 영광의 시기로 간주하며, 특히 부정적인 사람과 게으른 사람, 정직하지 않은 사람, 오만한 사람 그리고 매춘을 일삼는 사람들을 처벌하는 정의의 시기(time of justice)로 간주하고 있다.

1989년 혁명 직후, 루마니아 사람들은 차기 대통령 감으로 드라큘라 영주와 같은 인물을 간절히 바랬는데, 부패한 정치인들에게 실망한 나머지 정직함의 상징인 드라큘라와 같은 사람을 대통령으로 원하지 않았나 하는 생각이 든다.

“중세로의 시간여행” 시기쇼아라

약 800년 역사의 시기쇼아라(Sighişoara)시는 중세 ‘도시-요새(City-Citadel)’의 형태가 원형 그대로 보존되어 있어 오늘날 유럽 최고의 중세요새 중 하나로 간주된다. 도시 전체가 역사유적이라 ‘도시 박물관(City-Museum)’이라 불리며, 중세의 환상적인 분위기 때문에 ‘동화의 도시(City-Fairy Tale)’로도 불린다. 실제로, 시기쇼아라는 중세부터 오늘날에 이르기까지 사람들이 계속 거주하고 있는 유럽에서 몇 안 되는 중세요새 중 하나이다.

시기쇼아라는 ‘위의 도시(Upper Town)’와 ‘아래 도시(Lower Town)’로 구분된다. 1999년 유네스코 세계문화유산으로 등재된 곳은 ‘위에 있는 도시’ 즉 시기쇼아라 중세 요새(Medieval Citadel)이다. 이곳에는 14~16세기에 건축된 9개의 탑과 자갈로 포장된 구불구불한 골목길 그리고 700년 전 중세 사람들이 거주하던 수백 채의 가옥들과 아름다운 교회가 원형 그대로 보존되어 있어 오늘날 비엔나 및 프라하 역사지구와 비교되기도 한다.

사실, 시기쇼아라는 루마니아에서 가장 다채로운 색깔로 단장된 도시이다. 그래서 19세기 말에는 ‘트란실바니아의 진주(Pearl of Transylvania)’로 불리

시기쇼아라 전경[1][Author, Kwan Ng]

헤르만 오베르트 흉상[1][Author, Țetcu Mircea Rareș]

었다. '위의 도시'에 가면 드라큘라 이야기의 실제 주인공인 드라큘라 영주의 생가가 있으며, '아래 도시'에는 세계적인 로켓 공학자 헤르만 오베르트(Hermann Oberth: 1894-1989)의 생가와 동상이 있다.

이 도시가 매력적인 것은 드라큘라의 고향이라는 사실 외에도 파스텔 색조로 채색된 구시가지의 아름다운 건축물들과 중세 이후 오랜 세월의 역사가 쌓여있는 도시 골목길에서 느끼는 소박한 아름다움 때문일 것이다.

1. 도시의 역사

시기쇼아라의 역사는 고대 다치아 시대로 거슬러 올라간다. 서기 1세기 다치아인들은 지금의 시기쇼아라 지역에 산다바(Sandava)라는 이름의 요새를 건설하였고, 이후 로마 시대에는 카스트룸 스테나룸(Castrum Stenarum)으로 불리었다.

시기쇼아라 중세요새가 역사 문헌에 처음 언급된 것은 1280년 카스트룸 섹스(Castrum Sex)로 기록되어 있지만, 실제로는 그보다 훨씬 이전인 1190년 독일 색슨인들이 건설하였다. 당시 시기쇼아라는 요새 주위로 방어벽이 없어 1241년 타타르족 침공 때 큰 희생을 치렀다. 따라서 1350년 이후 요새 주위로 방어벽이 건축되기 시작하였다. 처음에는 길이와 높이가 각각 950m와 4m로 건축되었지만, 1400년 이후 오스만제국의 침공을 대비해 그 위에 다시 4m 높이로 증축하였다. 방어벽을 쌓아 올리면서 14개의 탑과 5개의 보루(堡壘)도 건축되었지만, 오늘날 9개 탑과 3개 보루만 남아있다.

① 현존하는 9개 탑: 시계탑(Clock Tower), 재단사의 탑(Tailors' Tower), 대장장이 탑(Blacksmiths' Tower), 모피 상인의 탑(Furriers' Tower), 제화공의 탑(Cobblers' Tower), 밧줄 제작인의 탑(Rope-makers' Tower), 무두장이의 탑(Tanners' tower), 백정의 탑(Butchers' Tower), 주석 세공인의 탑(Tinsmiths' Tower)

② 없어진 5개 탑: 방직공의 탑(Weavers' Tower), 자물쇠 제조공의 탑(Locksmiths' Tower), 목수의 탑(Carpenters' Tower), 보석 혹은 금세공인의 탑(Jewels' or the Goldsmiths' Tower), 이발사의 탑(Barbers' Tower).

시기쇼아라는 도시 이름은 1435년부터 불리기 시작하였다. 1676년 발생한 대화재로 요새 내 600채 이상의 가옥과 5개 탑이 전소되어 오늘날의 도시

시기쇼아라 요새 내의 모습

모습에 많은 영향을 미쳤다. 현존하는 탑 중에서 가장 중요한 시계탑은 보존 상태가 아주 좋아 오늘날 시기쇼아라 역사박물관으로 사용되며, 또한 시계탑 근처에 있는 드라큘라 영주의 생가는 드라큘라 레스토랑으로 사용된다.

2. 요새광장과 시계탑

1) 요새 광장

시기쇼아라 관광은 요새 광장(Citadel Square: Piața Cetății)에서 시작된다. 시계탑은 시기쇼아라 요새를 방어하기 위하여 14세기에 건축되었다. 일반적으로 중세요새 안에 건축된 탑 대부분은 길드에 속했지만, 시계탑은 시기쇼아

요새광장

라 의회가 소유하고 있었다. 그래서 시계탑 1층은 1556년까지 도시 의회(City Council) 즉, 오늘날로 치면 시청 건물로 사용되었다.

2) 시계탑

14세기에 건축된 시계탑(Clock tower: Turnul cu Ceas, 높이 64m)은 시기쇼아라의 상징이다. 시계는 원래 나무로 제작되었으나 1676년 화재 후 장인 요한 키르첼(Johann Kirtschel)이 스위스에서 직접 제작하여 설치하였다.

시계탑으로 올라가면 일주일을 상징하는 다이아나(Diane)와 화성(Mars), 수성(Mercury), 목성(Jupiter), 금성(Venus), 토성(Saturn) 그리고 태양(Sun)과 같

시계탑

은 신들이 인간의 모습으로 조각되어 둥근 원판 위에 설치되어 있다. 시계는 15분 간격으로 울리며, 매 순간 나타나는 저울을 들고 있는 '정의의 여신'과 눈을 가린 채 검을 들고 있는 '정의의 여신'은 각각 낮과 밤을 상징한다.

일주일을 상징하는 신들

시계탑 지붕은 1676년 발생한 대화재로 많이 파손되었으나 이듬해 오스트리아의 장인들에 의해 복원되었고, 이후 1775년과 1804년에도 복원되었다. 다양한 색깔로 되어 있는 시계탑 지붕은 1894년 타일로 교체된 후 오늘날에 이르고 있다. 34m 높이의 지붕 위에는 두 개의 돔과 마치 거인이 놓아둔 것 같은 골든 글로브(golden globe)가 있다. 바람이 불면 지붕 꼭대기에 있는 수탉은 회전을 하는데, 흥미로운 것은 수탉이 서쪽으로 향하고 있으면 비가 온다고 한다.

시계탑 1층은 1556년까지 도시 의회로 사용되었으나 1899년 이후 탑 전체가 시기쇼아라 역사박물관으로 개장하였다. 1층에 있는 고고학 홀(Archeology Hall)에는 고대, 중세시대의 유물 외에도 의료 및 약품 제조 장비들이 전시되어 있다. 시기쇼아라는 오래전부터 의학 및 약학 분야에서 많이 발전하였다. 1461년 역사 문헌에는 도시 외곽의 교회 옆에 2개의 병원이 있었다고 기록되어 있는데, 병원이 생기면서 자연스럽게 약국도 생겨났다. 따라서 박물관 안에는 독수리 약국(La Vulturul, 1720년 설립)에서 사용된 각종 물품이 있다. 흥미로운 것은, 시계탑 안에 규모가 그렇게 크지 않은 고문의 방(Torture Chamber)이 있으며, 손과 다리를 묶는 족쇄와 고문할 때 사용되는 멍에와 사다리 그리고 6kg의 돌 등이 전시되어 있다. 과거에는 죄수의 목에 돌을 걸어 지나가던 사람들이 볼 수 있게 요새 광장의 나무에 묶어두었다고 한다.

3. 요새와 탑

1) 중세요새

시기쇼아라 요새는 1280년 건축되었으며, 요새 주위의 방어벽(길이 930m, 높이 4m)은 14세기에 강력한 길드를 조직하고 있던 장인들이 세웠다. 원래 4m였던 방어벽은 15세기 때 7~8m로 쌓아 올렸으며, 이후에도 약 200년 동안 총 15m 높이로 증축되었다. 방어벽이 건설되면서 14개의 탑도 건축되었다.

2) 대장장이 탑

시기쇼아라에서 규모가 가장 큰 대장장이 탑(Blacksmiths' Tower: Turnul Fierarilor)은 1631년 이발사의 탑(Barbers' Tower: Turn Bărbierilor)이 있던 곳에 건축되었다. 수도원 교회(Monastery Church) 뒤편에 위치하며 1874년부터 소방서 건물로 사용되었다.

3) 밧줄 제작인의 탑

14세기에 건축된 밧줄 제작인의 탑(Rope-makers' Tower: Turnul Frânghierilor)은 다른 탑들에 비해 상대적으로 규모가 작고 단순한 것이 특징이다. 1241년 타타르족 침공으로 많이 파괴되었으나 16세기에 복원되었으며, 1630년 건물 구조가 변경된 후 오늘날까지 공동묘지 관리인이 그곳에 거주하

대장장이 탑

밧줄 제작인의 탑

고 있다. 밧줄 제작인의 탑과 백정의 탑(Butchers' Tower: Turnul Măcelarilor)은 방어벽과 서로 연결되어 있으며, 벽면을 자세히 살펴보면 그동안 어떻게 보수되었는지 알 수 있다.

4) 재단사의 탑

15세기에 건축된 재단사의 탑(Tailors' Tower: Turnul Croitorilor)은 원래 물품 보관 창고용으로 건축되었지만, 위험시 철문을 닫아 두 개의 통로를 폐쇄할 수 있었다. 1676년, 그곳에 쌓아둔 화약이 폭발해 탑의 윗부분이 많이 파손되었으나 이후 복원되었다. 시기쇼아라 요새에서 가장 아름다운 탑 중 하나로 간주되며 모피 상인의 탑과 제화공의 탑 사이에 있다.

재단사의 탑

5) 모피 상인의 탑

15세기에 건축된 것으로 추정되는 모피 상인의 탑(Furrier's Tower: Turnul Cojocarilor)은 시기쇼아라 서쪽에 위치한다. 1676년 발생한 대형화재로 도시의 절반이 파괴되면서 이 탑도 많이 파손되었다. 하지만 이후 모피 상인의 탑은 더 높게 증축되어 오늘날의 모습으로 되었다. 4층으로 되어있으며, 꼭대기 층이 가장 넓다. 방어벽에는 총과 화살을 쏘고 뜨거운 기름을 부을 수 있게 3개의 총안(銃眼)이 설치되어 있다.

모피상인의 탑

6) 제화공의 탑

제화공의 탑(Cobblers' Tower: Turnul Cizmarilor)이 역사 문헌에 언급된 것은 1521년이지만 실제로 건축된 것은 그 이전이다. 1676년 발생한 화재로 많이 파손된 후 1681년 복원되면서 오늘날의 모습으로 바뀌었다. 하지만 이후 시기쇼아라 요새의 군사적 기능이 약해지면서 도시 기록물보관소로 사용되었고, 지금은 시기쇼아라 저널 편집실과 시기쇼아라 라디오 방송국이 사용하고 있다.

이 외에도 짐승의 생가죽을 가공하여 제품을 만드는 제혁공, 즉 무두장이의 탑(Tanner's tower: Turnul Tăbăcarilor)과 백정의 탑(Butchers' Tower: Turnul Măcelarilor) 그리고 주석 세공인의 탑(Tinsmiths' Tower: Turnul Cositorarilor)이 있다. 특히 4층(높이 24m)으로 건축된 주석 세공인의 탑은 그동

제화공의 탑

안 한 번도 함락되지 않으나, 벽면을 자세히 보면 1704년 포위공격 때 생긴 총탄 흔적이 그대로 남아있다.

백정의 탑과 주석 세공인의 탑[1][Author, Ana Grozea]

4. 교회 건물

1) 수도원 교회

수도원 교회(Monastery Church: Biserica Mănăstirii)가 역사 문헌에 처음 언급된 것은 1298년이다. 원래 이 교회는 13세기에 건설되어 1888년 철거된 도미니카 수도원(Dominican Monastery)의 일부였다. 즉, 과거에는 도미니카 수도사들이 거주하였지만, 1556년 루터교로 개종한 색슨인들에 의해 추방되면서 수도원 교회가 되었다. 타타르족의 침공으로 파괴되어 1482~1515년 복원되었으며, 1676년 발생한 대화재 이후 고딕 양식으로 재차 복원되어 오늘날의 모습으로 바뀌었다. 수도원 교회의 규모는 비교적 큰 편이며 길이와 너비는 각각 44.5m와 12.6m이다.

수도원 교회

교회 종탑 역시 시기쇼아라 시민들의 재정적 도움을 받아 복원 당시 새롭게 건축되었다. 교회 안에는 1440년 제작된 청동 세례반과 1570년 르네상스 양식으로 조각된 석조 문, 16~17세기 중동에서 제작된 39개의 양탄자, 바로크 양식의 오르간 그리고 1680년 건축된 제단 등이 있다. 흥미로운 것은, 18세기에 그려진 세 폭의 제단화(triptych)에 UFO모양의 둥근 물체가 묘사되어 있는데, 예언자 엘리야(Elijah)의 승천 장면이라고 한다.

2) 세인트 요셉 로마 가톨릭교회

세인트 요셉 로마 가톨릭 성당(St. Joseph Roman-Catholic Church: Catedrala Romano-Catolica Sfântul Iosif)은 프란체스코 수녀 수도원(Monastery of the

Franciscan nuns)이 철거된 이후인 1884년 건축되었다. 건축 양식은 후기 고딕 양식과 후기 로마네스크 양식이 혼합되어 있으며, 대성당 오르간은 1892년 파리의 메르클린 하우스(Merklin House)에서 구입한 것이다.

3) 800년 역사의 '언덕 위의 교회'

약 800년의 역사를 자랑하는 '언덕 위의 교회(Church on the Hill: Biserica din Deal)'는 시기쇼아라 중세요새에서 가장 높은 곳(429m)에 있다. 이 교회는 1,200년경 건축된 기존의 로마네스크 예배당(Romanesque chapel)을 증축한 것으로, 완공까지 180년(1345~1525년)이 소요되었다. 따라서 시계탑이 시기쇼아라 요새의 상징(象徵)이라면 언덕 위의 교회는 시기쇼아라 요새의 역사(歷史)라고 볼 수 있다. 이처럼 언덕 위의 교회는 오늘날 시기쇼아라에서 가장 귀중한 건축물로 간주된다. 건물의 길이는 53m이고 남쪽으로 기울어진 종탑의 높이는 42m이다.

언덕위의 교회

언덕 위의 교회를 복원한 시기쇼아라시는 2005년 유럽연합이 수여하는 문화유산 분야 최고의 에우로파 노스트라상(Europa Nostra Prize)을 받았다. 교회의 내부 및 외부의 벽화는 뮌헨의 메서슈미터 재단

(Messerschmitt Foundation)의 지원으로 약 8년간의(1991~1999년) 복원작업 끝에 빛을 발하였다.

벽화는 1488년 화가 발렌틴(Valentin)이 그린 작품이며, 교회 안에 배치된 르네상스 양식의 가구들은 16세기에 시기쇼아라에 거주한 유명 예술가인 요하네스 레이흐무트(Johannes Reychmuth)가 제작한 것이다. 이 교회의 자랑인 석조 예배당은 15세기에 건축되었으며, 본당을 구성하는 벽에는 1450년경 석재로 제작된 4개의 조각상이 있다. 이 외에도, 건물 안에는 고딕 양식에서 르네상스 양식으로 전환하는 시기에 그려진 여러 그림이 벽에 걸려 있으며, 다층으로 되어있는 제단에는 16세기 때 그려진 세인트 마틴(Saint Martin)의 초상화가 있다.

4) 성 삼위일체 교회

성 삼위일체 교회(Holy Trinity Church: Biserica Sfânta Treime)는 트르나바 마레(Târnava Mare) 강가에 위치한다. 1934~1937년 건축가 두미트루 고페쉬(Dumitru P. Gopeş)가 신 루마니아 양식으로 건축하였으며, 성당의 길이와 종탑의 높이는 각각 45m이다. 성당은 흰색으로 되어있으며, 내부에는 루마니아 화가 아나스타시아 데미안(Anastasie Demian)의 프레스코화가 있다.

5. 역사적 건축물

1) 드라큘라 생가

의회 타워 광장(Council Tower Square: Piața Turnului Sfatului)에는 1431

성 삼위일체 교회

년 블라드 드라큘라 영주가 태어난 생가가 있다. 헝가리 지기스문트 왕(Sigismund de Luxemburg, 1368-1437)이 시기쇼아라를 통치할 당시 아버지 블라드 II세 드라쿨(Vlad II Dracul)은 1431~1435년 이곳에서 왈라키아 공국의 왕위에 오르기 위한 좋은 시기를 찾고 있었다. 그래서 루마니아 역사학자들은 드라큘라 영주가 이 시기에 출생하였으며 또한 그로부터 약 5년 후인 1436년, 아버지를 따라 왈라키아 공국의 수도인 트르고비쉬테에 도착하여 그곳에서 어린 시절을 보냈을 것으로 추정하고 있다. 드라큘라 생가는 오늘날 드라큘라 레스토랑으로 사용된다.

드라큘라 생가와 내부 레스토랑

2) '사슴이 있는 집'

사슴이 있는 집

시기쇼아라에서 가장 독특한 '사슴이 있는 집(Stag House: Casa cu Cerb)'은 17세기에 건축된 것으로 추정된다. 건물 이름은 건물 외벽 모서리에 고정된 사슴 머리와 연관이 있다. 1676년 발생한 대화재로 붕괴하였으나 1691년 당시 건물주였던 미카엘 델리(Michael Deli) 시기쇼아라 시장이 복원하였다. 이후, 건물 소유권이 켈프 폰 스테른부르크(Kelp von Sternburg)와 체크 폰 스텐하임(Csech von Sternheim) 귀족 가문에게 넘어가면서 건물 내부는 18세기 양식으로 바뀌었다. 1997~2001년, 뮌헨의 메세르슈미트 재단

(Messerschmitt Foundation)이 복원한 이후, 오늘날 고급 게스트하우스와 레스토랑, 루마니아-독일 문화센터로 사용된다.

3) '학생들의 계단'

'학생들의 계단(Students' Stairs: Scara Şcolarilor)'은 나무 계단 통로(Covered Stairway: Scara Acoperită)라고도 불린다. 이 계단은 시기쇼아라시의 매력인 동시에 루마니아는 물론 유럽의 다른 도시들과 구분되는 이 도시만의 독특한 요소이다. 이 계단은, 1654년 요한 보스(Johann Both) 시장이 언덕 위의 학교를 다니는 학생들의 편리한 등하교를 위하여 건축하였으며, 돌계단 위로 목조 구조물이 덮여 있어 마치 터널처럼 보인다. 원래 300개의 계단이 있었으나 1849년 이후 소실되어 지금은 175개만 남아있다.

학생들의 계단

학생들의 계단과 관련하여 다음과 같은 전설이 전해진다. 즉, 젊은 연인들이 이곳을 올라갈 때, 남자는 매 계단마다 여자 친구 이름을 정확하게 말하면서 키스를 해야 하는데, 성공할 경우 그 여자에게 적합한 상대임을 의미한다고 한다.

4) '언덕 위의 학교'

'언덕 위의 학교(School on the Hill)'가 역사 문헌에 처음 언급된 것은 1522

년이다. 하지만 오스트리아 비엔나 대학교에 소장된 역사문헌에는 이 학교의 "학생 수가 약 100명이며 1402~1520년 교육과정을 이수하였다"라고 기록되어 있다. 또한 1564년 그로모(Giovanandrea Gromo)가 저술한 기행문 「트란실바니아 이야기」(Descrierea Transilvaniei)에도 "시기쇼아라에는 모든 학문 분야에 유능한 교사들이 있으며, 지역사회가 그들의 생계를 돌보고 있다"라고 기술되어 있다.

이 학교 출신의 가장 유명한 학생은 현대 항공학 창시자 중 한 명인 헤르만 오베르트(Hermann Oberth: 1894-1989)이다. 시비우시에서 태어난 그는 이후 독일로 건너가 세계 최초로 장거리 탄도미사일(ERBM)을 제작하였다. 오베르트의 생가와 동상은 시기쇼아라의 '아래 도시'에 있다.

언덕위의 학교

◆ 시기쇼아라 중세 페스티벌

시기쇼아라 중세 페스티벌(Sighişoara Medieval Festival)은 매년 7월 마지막 주말에 개최된다. 오늘날 루마니아의 가장 대표적인 중세 페스티벌로 간주되며, 연극, 음악, 시각예술, 무용, 영화, 중세 시 낭송, 중세 의상 전시 등 총 10개의 분야로 나누어 진행된다. 2015년에는 행사를 주최한 사람들이 기네스북에 등재될 만한 세 가지 이벤트를 고안하였다: '4.5m 높이의 검'과 '세계에서 가장 큰 중세 깃발(길이 30m, 너비 5m)', 그리고 '100㎏의 밀가루로 만든 세계에서 가장 큰 베이글'.

시기쇼아라 주변 가볼 만한 곳

1) 비에르탄 요새교회(유네스코 세계문화유산)

비에르탄 요새교회(Biertan Fortified Church)는 시기쇼아라에서 메디아쉬(Mediaş)시로 가다 보면 약 30㎞ 떨어진 곳에 위치한다. 1993년 유네스코 세계문화유산으로 등재되었으며, 트란실바니아 지방의 7개 요새교회 중 프레즈메르 요새교회(Prejmer Fortified Church) 다음으로 규모가 크다.

비에르탄(Biertan: Berthelm)이라는 이름이 역사 문헌에 처음 언급된 것은 1283년이지만 요새교회의 모습을 갖춘 것은 1490년이다. 당시 교회 주위로 6개의 탑과 3개의 망루 그리고 세 겹의 방어벽이 건축되면서 강력한 방어체계를 갖추었다. 이 교회는 1486~1524년 후기 고딕 양식으로 건축된 후 오늘날에 이르고 있다. 비에르탄 교회는 원래 가톨릭교회였지만, 1540년 작센인들이 비에르탄 마을 공동체 내에서 다수를 형성함으로써 루터 교회가 되었다. 이 시기에 비에르탄 인구는 지금보다 많은 5,000여 명이었다고 한다.

교회 안의 제단은 1483~1513년 비엔나와 뉘른베르크(Nurnberg) 출신의 장인들 작품이며 파이프 오르간은 1868년 비엔나의 장인 칼 헤세(Karl Hesse)가

비에르탄 요새교회[2][Author, Mihai Raducanu]

제작하였다. 특히, 19개 잠금장치가 있는 '성유물 안치실 문'은 1515년 현지 장인들이 만든 것으로 1910년 파리 국제박람회에서 대상을 받은 작품이다.

비에르탄 지역은 1867년 비에르탄 주교구가 시비우로 옮겨가고 또한 그 이후 많은 색슨인들이 독일로 떠나면서 쇠퇴하기 시작하였다.

흥미롭게도, 요새 안에 "부부 감옥(Couple's Prison)"이라는 이름의 작은 방이 있다. 중세 때, 비에르탄 교회 신부님은 마을 내에 이혼하려는 부부가 있을 경우, 그곳에 감금했다고 한다. 하지만 두 명이 지내기엔 턱없이 좁은 데다 1인용 침대와 의자 그리고 탁자가 배치된 것은 물론 탁자 위에도 한 벌의 식사 도구만이 놓여 있다고 한다.

BBC는 루마니아 사료를 인용하면서 "악몽처럼 보일지 모르지만, 감금하는 것이 오히려 더 효과적이었다"고 언급하였다. 당시 감금된 부부들은 열악한 환경에서 벗어나기 위해 빨리 화해했는지 모르지만, 어쨌든 지금의 울프 지글러(Ulf Ziegler) 신부는 "근 300년 동안 이혼을 한 부부는 단 한 쌍에 불과했다"고 언급하고 있다. 현재 '부부 감옥'은 박물관으로 사용되며 침대와 탁자 그리고 부부 마네킹 등이 전시되어 있다.

[비에르탄 요새교회: 주소: Strada 1 Decembrie 1918, nr. 2]

부부감옥

2) 사스키즈 요새교회(유네스코 세계문화유산)

사스키즈 요새교회(Saschiz Fortified Church)는 시기쇼아라에서 13번국도(DN13)를 타고 브라쇼브 방향으로 약 20㎞ 가다 보면 도로 오른편에 있다. 이 마을은 원래 세쿠이족(Szeklers)이 거주하고 있었으나, 색슨인 식민지 개척자들이 몰려오자 세쿠이족은 동부지역으로 이동하였다.

1999년 유네스코 세계문화유산으로 등재되었으며, 교회의 수호성인은 세인트 슈테판(St. Stephen, AD 5-AD 34: 크리스트교 역사상 최초의 부제이자 순교자)이다. 사스키즈 교회는 트란실바니아 지방의 다른 요새들보다 상대적으로 늦은 1493~1496년 건축되었다. 교회 근처에 있는 커다란 종탑은 시기쇼아라시의 시계탑과 모양이 비슷하지만, 자세히 보면 차이점도 있다. 즉, 시기쇼아라

사스키즈 요새교회와 보그단 동상

시계탑에는 일주일을 상징하는 다이아나와 화성, 수성, 목성, 금성, 토성 그리고 태양 등과 같은 신들이 둥근 원판 위에 인간의 모습으로 조각되어 설치된 데 반해 사스키즈 종탑에는 종을 들고 있는 보그단(Bogdan) 동상이 있다. 이 동상과 관련하여 현재 알려진 것은 없지만, 과거에는 15분마다 타종하였다고 한다.

사스키즈 요새교회의 오른편 산 중턱을 보면, 지역 주민들이 피난처로 사용한 농민 요새(Peasant Fortress, 1347년)가 있다.

[사스키즈 요새교회: www.bran-castle.com; 주소: Sat Saschiz nr. 304]

사스키즈 농민요새

"2007년 유럽의 문화수도" 시비우

800년 역사의 시비우(Sibiu: 독일어 Hermannstadt)시는 2007년 중·동부 유럽 최초로 '유럽의 문화수도(European Capital of Culture)'로 선정되었다. 이 시기에 도심에는 약 2,000개의 다양한 행사가 개최되었으며, 그중 시비우 국제 연극 페스티벌(Sibiu International Theater Festival)은 오늘날까지 이어지고 있다. 시간이 지나면서, 이 축제는 시비우시의 대표적인 축제로 자리 잡았으며, 오늘날 유럽에서 세 번째 규모를 자랑한다. 매년 7월, 축제가 시작되면 세계 여러 나라에서 수만 명의 관광객이 방문하며, 시내 곳곳에는 300개 이상의 다양한 행사가 개최된다.

영국의 가디언은 시비우를 "유럽 최고의 겨울 휴양도시 Top 10"에 포함시켰고, 허핑턴포스트도 "유럽의 가장 매력적인 도시"로 선정하였다. 포브스 역시 이 도시를 "유럽에서 가장 살기 좋은 전원도시" 8위 그리고 "유럽 최고의 목적지 Top 20"에 포함시켰다. 당시 시비우와 함께 선정된 유럽 최고의 20개 목적지로는 아테네와 베를린, 파리, 로마, 비엔나, 그리고 프라하 등이 있다.

이 외에도 미슐랭 그린 가이드는 시비우를 '리틀 비엔나(Little Vienna)'라고

시비우 시와 네고이우(Negoiu) 봉[2][Author, Flickr user: CamilG]

칭하면서 최고 등급인 별 3개를 수여하였고, "트리바고 최고 가치 도시 지수 100(Trivago Best Value City Index of 100)"에서는 6위에 선정되었다.

◆ 로켓의 기원과 루마니아

'로켓(Rocket)'이란 용어를 세계 최초로 사용한 사람은 시비우 출신의 콘라드 하스(Conrad Haas, 1509-1579)이다. 1529년 그는 기계 안내 장치와 자동 안전장치를 탑재한 삼각기둥의 로켓 설계도면과 제작 및 사용방법을 수록하여 「시비우의 콜리가트」(Coligatul de la Sibiu)를 출판하였다. 인상적인 것은, 당시 하스가 예시한 로켓 모양이 오늘날의 모양과 비슷하게 분리할 수 있고 각각의 부분에 점화장치가 설치되어 있다는 사실이다. 하스의 로켓제작 기술은 그로부터 약 100년 후인 1650년, 리투아니아 출신의 카지미에르(Kazimierz Sziemienowicz, 1600-1651)에게 전수되었고, 이후 그는 암스테르담에서 하스의 이론을 기초로 하여 「포격전의 대기술」(Artis Magnae Artilleriae pars prima)을 출판하였다. 이 서적은 향후 2세기 동안 이 분야 표준이 되었다.

시비우 출신의 항공과학자 헤르만 오베르트(Hermann Oberth, 1894-1989)도 콘라드 하스와 마찬가지로 세계항공사에서 빠질 수 없는 인물이다. "우주 항공학의 아버지"로 간주되는 그는 사람이 탑승하는 로켓을 처음으로 발표하였으며 1942년 세계 최초로 장거리 탄도미사일을 제작하였다.

로켓은 우리나라 신기전(神機箭)과 연관이 있다. 화살 로켓인 신기전은 1448년 세종 30년에 발명되어 여진족을 토벌하는 데 커다란 역할을 하였다. 산화 신기전은 오늘날의 다연발 로켓과 장거리 미사일의 모태이며 하스가 개발한 로켓보다 81년 앞선다.

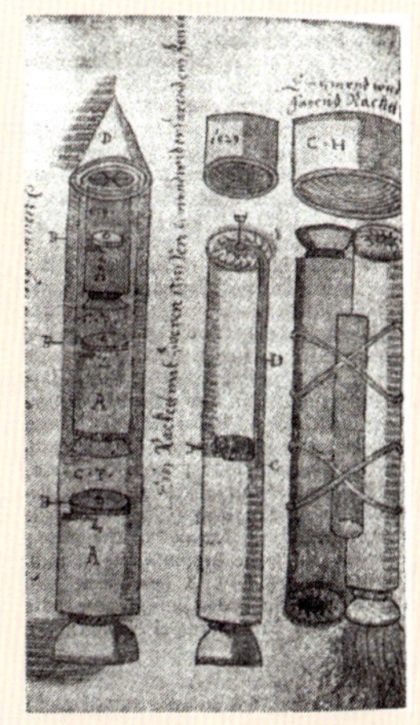

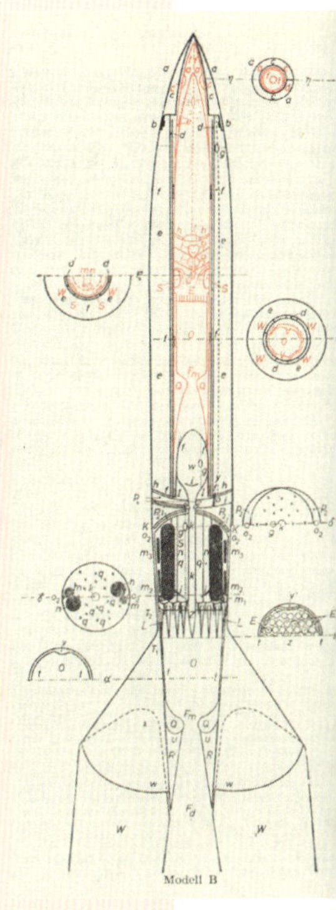

콘라드 하스[Author, Conrad Haas][2]와 헤르만 오베르트[1][Author, Dkassing]가 디자인한 로켓 도면

1. 도시의 역사

시비우시와 그 주변 지역에는 신석기 시대부터 사람들이 거주하였다. 이 도시가 역사 문헌에 처음 언급된 것은 1191년이며, 바티칸 문서에 라틴어 치비니움(Cibinium)으로 기록되어 있다. 치비니움은 시비우를 가로지르는 치빈(Cibin)강과 연관이 있다.

시비우는 12세기 중순 독일의 라인강-모젤강 유역에서 살던 색슨인들이 이주하면서 도시로 발전하였지만 1241년 타타르족의 침공으로 많이 파괴되었다. 이 도시의 이름은 1366년 헤르만스타트(Hermannstadt)였으나, 1919년 오늘날의 시비우로 바뀌었다.

시비우는 트란실바니아 지방의 중앙에 있어 14세기에 접어들면서 무역의 중심지로 발전하였다. 이후, 수백 년 동안 경제, 군사적으로 많은 발전을 이룩하여 유럽에서 가장 번성한 동시에 가장 강력한 요새 중 하나가 되었다. 즉, 19개 길드가 건설한 난공불락의 요새는 15세기에 있었던 세 차례의 오스만제국 포위 공격에도 함락되지 않았다. 당시 시비우 요새의 타워와 게이트 수는 각각 39개와 4개였으며, 특히 19개이던 길드 수는 16세기 후반에 이르러 29개 그리고 1780년에는 40개로 증가하였다.

1544년, 시비우에서 루마니아 언어(표기 키릴문자)로 된 최초의 서적인 「루터교 교리문답서」(Lutheran Catechism)가 출판되었고, 15세기 말 색슨 대학교(Saxon University)가 설립되었다,

17세기 후반, 오스만제국이 합스부르크 제국에게 패하면서 트란실바니아 지방은 합스부르크 제국의 대공국(Great Principality)에 병합되었다. 따라서 제국의 군사령관은 1688~1918년 사이 대공국 수도인 시비우에 거주하였다. 이 시기에 시비우는 합스부르크 제국의 선진 문물을 받아들이면서 문화적으로도 많이 발전하였다.

1788년, 바로크 양식으로 건축된 루마니아 최고의 건물 중 하나인 브루켄탈 궁전(Brukenthal Palace)이 건축되었고, 1872년 시비우에 루마니아 자본으로 만든 최초의 은행이 설립되었다. 1905년에는 유럽 최대의 야외 박물관인 아스트라 전통 민속 문명 박물관(ASTRA Museum of Traditional Folk Civilization)이 설립되었으며, 그 이듬해 삼위일체 대성당(Holy Trinity Cathedral)이 건축되었고, 또한 1897년에는 도시에 전기가 도입되었다. 하지만 이후 제1, 2차 세계

대전이 발발하고 또한 1947년 루마니아에 공산주의가 도입되면서 시비우에서 거주하던 색슨인 수는 급격하게 줄어들었다.

◆ 루마니아 최고(最高)의 도시: 시비우

◇ 1292년, 루마니아 최초의 병원 설립
◇ 1494년, 루마니아 최초의 약국 설립
◇ 1544년, 루마니아 최초의 서적 출판
◇ 1555년, 콘라드 하스(Conrad Haas) 세계 최초 로켓 실험
◇ 1782년, 화학자 프란츠 뮐러(Franz Joseph Müller)의 화학 원소 텔루르(Tellurium) 발견
◇ 1788년, 루마니아 최초의 극장 설립
◇ 1817년, 루마니아 및 남·동부 유럽 최초의 브루켄탈(Brukenthal) 박물관 설립
◇ 1849년, 루마니아 및 남·동부 유럽 최초의 기상 관측소 설립
◇ 1853년, 루마니아 및 남·동부 유럽 최초의 신문, 루마니아 텔레그래프(Romanian Telegraf) 발간
◇ 1859년, 루마니아 최초의 주철교 건설
◇ 1863년, 루마니아 및 남·동부 유럽 최초의 신경질환 병원 설립
◇ 1872년, 최초의 루마니아 은행(국내 자본) 설립
◇ 1894년, 루마니아 최초의 산악리조트 개장
◇ 1895년, 루마니아 최초의 자연사 박물관 개관
◇ 1929년, 루마니아 최초의 동물원 개장
◇ 1965년, 유럽 최대 규모의 아스트라(ASTRA) 야외 박물관 개관
◇ 2007년, 중·동부 유럽 최초의 '유럽 문화수도'
◇ 2011년, 미슐랭 별 세 개를 획득한 루마니아 최초의 도시
◇ 2019년, 유럽 미식 지역(European Region of Gastronomy)으로 선정된 루마니아 최초의 도시

2. 시비우 광장

시비우 요새는 12세기 트란실바니아 색슨족이 세운 7개의 도시(Siebenbürgen, 지벤뷔르겐) 중 하나이다. 그래서 오늘날 시비우는 브라쇼브나 클루즈-나포카 그리고 시기쇼아라처럼 독일 특유의 분위기를 가지고 있다.

시비우에는 대광장(Grand Square)과 소광장(Small Square) 그리고 후에트 광장(Huet Square)이 있다. 도시 관광의 출발점은 정치와 경제 그리고 문화의 중심지인 대광장이다. 대광장과 소광장 사이에 있는 시비우 의회 타워(Council Tower: Turnul Sfatului)는 13세기에 건축되었으나 그동안 수차례 복원되면서 건축 양식도 바뀌었다. 의회 타워 남쪽에는 16세기 후반에 조각된 두 마리의 사자 부조가 있으며, 나선형 계단을 따라 탑 꼭대기로 올라가면 중세 도시와 퍼거라쉬산맥(Făgăraş Mts.)의 멋진 풍경을 감상할 수 있다. 의회 타워 지하 통로를 지나면 소광장이 나온다.

의회 타워와 통로

1) 대광장

시비우 대광장(Great Square: Piața Mare)이 역사 문헌에 처음 언급된 것은, 1411년 곡물 시장으로 사용되었다고 기록되어 있지만, 그 이전인 1366년부터 존재하였다. 트란실바니아 지방에서 규모가 가장 큰 시비우 대광장은 길이와 너비가 각각 142m와 93m에 이른다.

대광장에는 인상적인 건축물들이 많이 있다: 할러 하우스(Haller House), 헤흐트 하우스(Hecht House), 루치 하우스(Lutsch House), 바이드너 하우스(Weidner House) 등 건물 주인의 이름을 딴 건물들과 푸른 집(Blue House)과 장군의 집(General's House), 시청사(Sibiu City Hall), 로마 가톨릭 대성당

대광장[1][Author, Andrei Dan Suciu]

(Roman-Catholic Cathedral), 브루켄탈 궁전(Brukenthal Palace) 등.

시비우 도심을 걷다 보면, 지붕에 있는 창문이 '도시의 눈'처럼 쳐다보고 있어 누군가 감시하고 있다는 느낌을 받는다. 창문의 용도는 다락방을 환기하기 위한 것이지만 시간이 지나면서 시비우의 상징(象徵)이 되었다.

(1) 루마니아 최초의 브루켄탈 국립박물관

1777~1787년, 트란실바니아 대공국의 주지사 브루켄탈 남작(Samuel von Brukenthal, 1721-1803)은 합스부르크 제국의 왕궁과 비슷한 모양의 궁전을 세운 다음 자신의 이름을 붙였다. 이 건물은 바로크 양식으로 건축되었으며, 1817년 브루켄탈 국립박물관(Brukenthal National Museum)으로 개장하면서 남·동부 유럽 최초의 박물관이 되었다. 2010년에는 유럽연합에서 수여하는 문화유산 분야 최고의 에우로파 노스트라 상(Europa Nostra Awards)을 받았다. 박물관에 소장된 대부분은 브루켄탈이 직접 수집한 것이며 내부에는 역사박물관과 자연사박물관, 그리고 약국 역사박물관 무기 및 사냥 트로피 박물관이 있다.

[브루켄탈 국립박물관: www.brukenthalmuseum.ro; ☎ (+40)269.217.691; Address: Piața Mare 4-5]

(2) 시청사

아르누보 양식으로 건축된 시비우 시청 건물은 1906년 시비우 최초의 토지 신용은행(First Land Credit Bank)이 문을 연 곳이다. 제1차 세계대전 이후 공산당 본부 그리고 저축 및 위탁 은행인 CEC 본사로 사용되었으나 2006년부터 시청 건물로 사용되고 있다.

브루켄탈 박물관

시청사

(3) 블루 하우스

15세기에 건축된 블루 하우스(Blue House)는 대광장에서 유일하게 건물주의 이름을 사용하지 않은 건물이다. 후기 바로크 양식으로 건축되었으며 건물 외관이 푸른색이라 1819년부터 블루 하우스로 불리었다. 오늘날 브루켄탈 박물관의 한 섹션인 루마니아 미술관(Romanian Art Gallery)으로 사용된다.

블루 하우스

(4) 장군의 집

대광장에서 규모가 가장 큰 장군의 집(General's House)은 1475년경 폴 호와스(Paul Horwath) 시비우 시장이 소유하고 있었지만, 시간이 지나면서 몇 차례 주인이 바뀌었다. 장군의 집이라고 불리게 된 것은 1779년 건물을 매입한 합스부르크 제국의 총사령관이 거주(1784-1904년)하면서부터이다.

장군의 집

(5) 할러 하우스

할러 하우스(Casa Haller)가 역사 문헌에 처음 기록된 것은 1472년이다. 대광장에 있는 가장 오래된 석조건물 중 하나이며, 트란실바니아 지방에서 르네상스 양식이 잘 보존된 몇 되지 않는 건물 중 하나이다. 그동안, 이 건물은 오래된 역사만큼이나 주인도 많이 바뀌었다. 건축 양식은 1537년 페트루스 할러(Petrus Haller) 가문이 구입한 후, 근 345년 동안 거주하면서 고딕 양식에서 르네상스 양식으로 바뀌었다.

(6) 헤흐트 하우스

14세기에 건축된 헤흐트 하우스(Hecht House)는 15세기에 접어들면서 고딕 양식과 르네상스 양식으로 바뀌었다. 1450년경 피렌체의 은행가들이 소유하고 있었으나, 1472년 게오르그 헤흐트(Georg Hecht) 시비우 시장이 매입하였다. 1456년, 시비우시 최초의 조폐국으로 사용되었으며, 비엔나와 시비우 사이에 우편 노선이 개통되는 1745년 이후에는 트란실바니아 최초의 우체국으로 사용되었다. 1821년 이곳에 색슨 대학교(Saxon University)가 설립되었다.

2) 소광장

14~16세기에 만들어진 소광장(Small Square: Piața Mică)은 대광장과 후에트 광장 사이에 있어 두 광장을 연결한다. 소광장에 있는 상업 중심지는 중앙에 있는 오크네이 도로(Ocnei Street)를 사이에 두고 두 지역으로 갈라지는데, 이 도로는 1859년 건설된 루마니아 최초의 단조 철교인 '거짓말 다리(Bridge of Lies)' 밑을 지나 '아래 도시(Lower Town)'로 연결된다.

소광장

소광장에 있는 많은 건축물은 현재 루마니아 역사기념물로 등재되어 있어 국가 차원에서 관리되고 있다: 프란츠 빈더 세계 민속학 박물관(Franz Binder Museum of Universal Ethnography), 예술의 집(House of Arts), 프레스코 홀(Fresco Hall), 룩셈부르크 하우스(Luxembourg House), 약국 박물관(Pharmacy Museum), 의회 타워(Council Tower) 그리고 '거짓말 다리' 등.

(1) 루마니아 최초의 약국

약국 역사박물관(Pharmacy History Museum) 건물은 1568년 고딕 양식과 르네상스 양식으로 건축되었으며, 1600년경 시비우에서 가장 오래된 '흑곰의 집에서(La Ursul Negru)'라는 이름의 약국이 문을 연 곳이다. 1777~1779년, 동종요법(homeopathy: 질병과 비슷한 증상을 일으키는 물질을 극소량 사용하여 병을 치료하는 방법)의 창시자인 독일 의사 크리스티안 하네만(Christian Friedrich Samuel Hahnemann, 1755-1843)이 이곳에 거주하면서 당시 트란실바니아 대공국의 주지사였던 브루켄탈 남작의 비서로 일했다.

1972년 개장한 약국 역사박물관은 브루켄탈 박물관 산하의 한 섹션으로 지난 400년 동안 진화해 온 약품들과 제약기술 관련 자료들이 보관되어 있으며, 루마니아 32개 지역 67개 약국에서 사용되던 6,600점 이상의 물품이 전시되어 있다. 시비우 약국 역사박물관은 루마니아는 물론 유럽 전역에서도 찾아보기 어려운 아주 독특한 박물관이다.

[약국 역사박물관: ☎ (+40)269.218.191; 주소: Piața Mică 26 Ground Floor]

(2) 예술의 집

소광장에 있는 건물 대부분은 중세 길드에 속했지만, 예술의 집(House of

Arts)은 예외였다. 이 건물이 역사 문헌에 처음 언급된 것은 1370년이며 정육점 건물(butcher's hall)로 사용되었다고 기록되어 있다. 이후 모피상인 길드(Furriers' Guild)가 인수하여 다양한 용도로 사용하였으며 귀리 창고로도 사용되었다. 소광장에서 가장 큰 예술의 집은 8개의 반원형 아케이드로 건축되었으며, 건물 외벽에는 도시 문장과 함께 건물 복원 연도(1789년)가 적혀있다. 건물 안에는 색슨인 민속예술 및 민속박물관(Museum of Ethnography and Saxon Folk Art)이 있다.

(3) 룩셈부르크 하우스

룩셈부르크 하우스(Luxembourg House)는 15세기경 시비우시의 첫 번째 요새 안에 건축되었다. 원래 그곳에는 두 개의 오래된 건물이 각각 소광장과 후에트 광장으로 향하고 있었지만, 16세기에 두 건물을 연결하는 공사가 진행되면서 1층이 새로 생겨났으며, 또한 1800년대 초에는 3층으로 증축되었다. 2004년까지 레드 하우스(Red House)로 불리었지만, 1999~2003년 루마니아 문화부와 룩셈부르크 대공국(Grand Duchy of Luxembourg)의 지원으로 복원된 후 룩셈부르크 하우스로 바뀌었다. 이 건물은 고전주의 양식과 바로크 양식 그리고 로코코 양식이 혼합되어 있어 인상적이다.

(4) '거짓말 다리'

시비우의 명물인 '거짓말 다리(Bridge of Lies)'는 원래 목재로 건축되었으나 1859년 주철로 교체되어 오늘날 루마니아 최초의 주철교로 간주된다. 다리를 자세히 보면 장미와 네오고딕 양식의 식물들 그리고 기하학적 모티프가 장식되어 있다. 다리 남쪽에는 시비우시 문장이 있고 북쪽에는 준공연도(1859년)

'거짓말 다리'

와 다리를 건설한 회사 프리드리히 휘테(Friedrich Hütte)가 새겨져 있다. 거짓말 다리라는 이름은, 중세 때 그곳에서 교역하던 상인들이 거짓말을 하면 다리가 무너진다는 전설에서 유래한다.

3) 후에트 광장

후에트 광장(Huet Square: Piața Huet)은 시비우 역사지구에서 가장 아름다운 장소 중 하나이다. 그곳에는 복음 대성당과 브루켄탈 고등학교, 장인의 집(Artisan's House), 수백 년 된 화려한 색상의 건축물들 그리고 시비우에서 가장 오래된 건축물인 계단 탑(Stairs' Tower: 13세기)이 있다.

1320~1520년 건축된 시비우 복음 대성당(Evangelical Cathedral, 길이 72m, 너비 22m, 높이 73.34m)은 트란실바니아 지방에서 클루즈-나포카 시의 세인

트 미카엘 로마 가톨릭 대성당(Saint Michael Roman-Catholic Cathedral, 길이 70m, 너비 24m, 높이 80m) 다음으로 높은 교회 건물이다. 성당 뒤편으로 가면 '아래 도시'의 아름다운 파노라마를 감상할 수 있다.

계단 탑

복음 대성당

3. 요새와 탑

1) 방어체계, 계단 탑 그리고 계단 통로

시비우시에 요새교회가 건축되면서 탑과 방어벽도 건축되었다. 14세기와

15세기에 각각 두 번째, 세 번째 방어벽이 건설되었고, 이후 세 번째 방어벽에 해자(垓子)가 건설되었다. 당시 19개 길드가 건설한 난공불락의 시비우 요새는 15세기에 있었던 세 차례의 오스만제국 포위 공격에도 함락되지 않았으나 16세기에 발생한 대화재로 탑 내부에 있던 화약이 폭발하여 이후 대대적으로 복원되었다. 이 시기에 시비우 요새에 있던 탑과 게이트 수는 각각 39개와 4개였다. 원래 시비우 요새의 첫 번째 구역에는 3개의 성문이 있었지만, 오늘날에는 계단 탑(Stairs' Tower: 13세기)만이 보존되어 있다. 앞에서 언급한 것처럼, 계단 탑은 시비우에서 가장 오래된 건축물이다.

13세기에 건축된 계단 통로(Stairs' Passage)도 중세 모습 그대로 보존되어 있다. 이 통로는 돌과 벽돌로 건축되었으며, 복음 성당 주변의 방어벽을 둘러싼 두 개의 아치형 계단은 '위의 도시'와 '아래 도시'를 연결한다. 계단 통로를 따라서 아래 도시로 내려가면 루마니아에서 가장 오래된 레스토랑인 '황금의 통(Golden Barrel)'이 있다. 이 레스토랑은 1600년 루마니아 세 지방을 통일한 미하이 비테아줄 영주가 쉘림버르 전투(Battle of Șelimbăr, 1599)에서 헝가리 군대를 물리친 후 저녁 만찬을 한 곳으로 유명하다.

2) 화승총 병사들의 탑

14세기에 건축된 21.65m 높이의 화승총 병사들의 탑(Harquebusiers' Tower: Turnul Archebuzierilor)은 시비우시의 세 번째 요새 벨트 내에 건축되었다. 8각형으로 되어있으며 이후 방직공의 탑(Weavers' Tower: Turnul Pânzarilor)으로 불리었다. 화승총은 화승(노끈)에 불을 붙여 발사하는 구식 총을 말한다.

3) 두꺼운 탑

화승총 병사들의 탑[1][Author, Renardo la vulpo]

두꺼운 탑[2][Author, Renardo la vulpo]

1540년 건축된 U자 모양의 두꺼운 탑(Thick Tower: Turnul Gros)은 방어벽보다 약 25m 정도 앞으로 나와 있다. 1778년, 인쇄업자 마르틴 호흐마이스터(Martin Hochmeister)는 두꺼운 탑 안에 루마니아 최초의 극장인 독일극장을 설립하였다. 마르틴은 루마니아에서 처음으로 서점(書店)을 개장한 인물이며 이후 시비우 시장이 되었다. 이 극장은 오스트리아 남·동부의 그라츠(Graz)와 프라하 그리고 부다페스트에 있는 극장보다 먼저 설립되었다. 1788년 이후 약 171년 동안 130편 이상의 연극이 공연되었으나 1949년 발생한 화재로 잠시 중단되기도 하였다.

루마니아 혁명 직후인 1990년 복원공사가 시작되어 2004년 완공되었으며, 그해 극장은 시비우 필하모니 건물에 있는 탈리아 콘서트홀(Thalia Concert Hall)로 이전되었다.

[두꺼운 탑 주소: Strada Cetăţii nr. 5 & Bulevardul Corneliu Coposu 1540 사이 위치]

4) 목수의 탑

14세기에 건축된 목수의 탑(Carpenter's Tower: Turnul Dulgherilor)은 시비우시의 세 번째 요새 벨트 내에 건축되었다. 이 탑은 요새의 최북단에 위치하며, 팔각형의 프리즘 모양으로 된 탑의 상단에는 뜨거운 기름을 붓는 구멍과 총과 활을 쏠 수 있는 열쇠 모양의 총안구가 있다.

목수의 탑[1][Author, IrisIza]

5) 도공의 탑

15세기에 건축된 도공의 탑(Potters' Tower: Turnul Olarilor, 높이 19.60m)도 시비우시의 세 번째 요새 벨트 내에 건축되었다. 그동안, 몇 차례에 걸친 건축 구조상의 변화를 거치면서, 지금은 본체에서 튀어나온 윗부분에 뜨거운 기름을 붓는 구멍과 총과 활을 쏠 수 있는 총안이 있다. 도공의 탑은 화승총 병사들의 탑과 목수의 탑 사이에 위치한다.

도공의 탑[1][Author, Andrei kokelburg]

6) 무두장이 탑과 화약 탑

시비우 아래 도시에 있던 방어벽은 현존하지 않고 무두장이 탑(Tanners' Tower: Turnul Pielarilor, 18.6m)과 화약 탑(Gunpowder Tower: Turnul Pulberăriei, 14.5m)만이 남아있다. 1457년, 8각형 모양으로 건축된 무두장이 탑은 1566년과 1570년 발생한 두 번의 화약 폭발과 특히 1683년 발생한 번개로 인한 화약 폭발로 많이 파손되었으나 이후 복원되어 오늘날에 이르고 있다. 1552년, 네 번째 방어 벨트 내에 건축된 화약 탑은 이름에서 알 수 있듯이 화약 보관 창고로 사용되었다.

7) 금세공인 계단의 탑

금세공인 계단의 탑(Goldsmiths' Stairway Tower: Turnul Scării Aurarilor)은 2층으로 되어있다. 하지만 이후 주거지로 바뀌면서 1층과 2층에 커다란 창문이 설치되어 13~14세기에 요새 본래의 특성을 잃어버렸다. 1층에 있는 아치형 통로를 지나 계단을 계속 걸어가다 보면 금세공인 시장(Goldsmiths' Square)이 있다.

4. 공원과 박물관

1) 도심 공원

시비우 도심 한가운데 있는 숩 아리니 공원(Sub Arini Park)은 시비우 둠브라바 국립공원(Dumbrava Sibiului Natural Park)과 연결된다. 루마니아어로 숩 아리니(Sub Arini)는 '오리나무(alder tree) 숲 아래'를 의미한다. 둠브라바 국립공원에는 유럽 최대의 야외 박물관인 아스트라 민속 문명 박물관(96헥타르)과 루마니아 최초의 동물원(15헥타르)이 있다.

2) 국립공원

시비우는 도시 자체만으로도 아름답지만, 근처에 있는 2개의 자연보호구역과 7개의 자연공원이 있어 오늘날 유럽에서 가장 환상적인 도시 중 하나로 간주된다. 시간이 허락되면, 치스너디오아라(Cisnădioara) 지역을 비롯하여 머르지니메아 시비울루이(Mărginimea Sibiului) 지역 농촌 마을과 펄티니쉬 휴양지(Păltiniş Resort)에 있는 색슨인 농촌 마을도 방문해 볼 만하다.

특히, 머르지니메아 시비울루이 지역은 유럽위원회가 주최한 경연대회에서 "유럽의 탁월한 여행지(European Destinations of Excellence)"로 선정되었으며, 국제 관광 저널리스트 및 작가 연맹(Fédération Internationale des Journalistes et Ecrivains du Tourisme)으로부터 황금 사과 상(Golden Apple Awards)을 수여 받았다. 1894년 개장한 펄티니쉬는 루마니아에서 가장 높은 곳(해발 1,442m)에 위치하는 루마니아 최초의 산악리조트이다.

3) 아스트라 민속 문명 박물관

시비우시에서 야외로 약 4㎞ 정도 나가다 보면, 자연보호구역[면적 993헥타르(약 300만 평)]이 있고, 그 한 가운데 16헥타르 면적의 호수와 유럽 최대 규모의 아스트라 야외 박물관(ASTRA Museum of Traditional Popular Civilization, 96헥타르)이 있다. 이 박물관은 1940년 민속학자 로물루스 부이아(Romulus Vuia, 1887-1963)가 기획하여 1963년 완공하였다. 이곳에는 루마니아 전역에서 가져온 340채 농촌가옥과 35,240개의 물건이 전시되어 있으며, 특히 1922년

하르기타(Harghita)주에서 문을 연 이후 1958년까지 영업한 '시골 여인숙'도 전시되어 있다.

[아스트라 박물관: www.muzeulastra.ro; ☎ (+40)756.085.794; 주소: Strada Pădurea Dumbrava, nr. 16-20, Poarta 1]

시비우 대표음식과 레스토랑

1) 시비우 살라미

이탈리아식 소시지 살라미(salami)는 루마니아어로 살람(salam)이라고 한다. 시비우 살라미(Sibiu Salami: Salam de Sibiu)는 1910년 이탈리아 출신의 필리포 도치(Filippo Dozzi)가 시나이아(Sinaia)시에서 생산한 것에서 유래한다. 당시 도치의 생산방식은 아주 성공적이어서 오늘날 루마니아는 물론 유럽의 대표적인 살라미 중 하나로 자리 잡았으며, 2016년에는 유럽연합의 지리적 표시 보호(Protected Geographical Indication, PGI)로 등록되었다. 지리적 표시 보호는 제품과 특정 생산지 사이의 연결고리가 제품의 품질과 평판 및 다른 특성에 큰 영향을 줄 때 주어진다.

2) 레스토랑

(1) 약 500년 역사의 '황금의 통' 레스토랑

루마니아에서 가장 오래된 레스토랑인 황금의 통(Golden Barrel: Butoiul de Aur, 1542년)은 위의 도시와 아래 도시 사이에 위치한다.

[☎ (+40)746.779.283; 주소: FN, Pasajul Scărilor]

(2) 크라마 시비아너(Crama Sibiană)

'시비우 와이너리'를 의미하며 분위기가 좋다.

[☎ (+40)729.614.260; 주소: Piața Mică 31]

'황금의 통' 레스토랑

“2,000년 역사의 고대도시” 알바 이울리아

도시의 기원과 보방 요새

2,000년의 역사를 자랑하는 알바 이울리아(Alba Iulia)시와 그 주변 지역에는 신석기, 청동기 시대의 유적들이 발견되었으며, 로마 시대에 와서는 아풀룸(Apulum)으로 불리었다.

알바 이울리아라는 도시 이름에서, 알바(Alba)는 하얀색을 의미하고, 이울리아(Iulia)는 10세기 때 알바 이울리아시와 주변 지역을 통치한 루마니아 영주 젤루[Gelu: 라틴어 이울리우스(Iulius)]의 이름에서 유래한다. 이 도시는 한때 합스부르크 제국 카를 6세(Karl VI)의 이름을 본떠 칼스부르크(Karlsburg)라고 불렸으나, 1918년 알바 이울리아로 되었다.

무레쉬(Mureş)강 유역에 위치하는 알바 이울리아시는 알바주(Alba County)의 수도이다. 이 도시는, 1600년 미하이 비테아줄 영주(Mihai the Brave: Mihai Viteazul, 1558-1601)가 루마니아 세 공국(왈라키아, 몰도바, 트란실바니아)을 통일한 후 수도로 지정하였다.

미하이 비테아줄 영주 초상화 [1][Photographer, Constantin C. Giurescu]와 1600년 그가 이룩한 중세 루마니아 통일국가 지도[Author, Anonimu][1]

1918년 12월 1일, 알바 카롤리나 요새(Alba Carolina Citadel)에서 「통일협정문」(Act of Union)이 서명되면서 트란실바니아와 바나트 지방이 루마니아와 통일하였고, 1922년 10월 15일에는 페르디난드(Ferdinand) I세와 마리아(Maria) 여왕의 대관식도 거행되었다. 따라서 이 도시는 오늘날 상징적인 의미에서 또 하나의 루마니아 수도로 간주된다.

알바 카롤리나 요새는 1715~1738년 신성로마제국 카를 6세(Karl VI)의 승인 하에 건축되었다. 하늘에서 보면 별 모양으로 되어있으며, 오늘날 트란실바니아 지방 최고의 바로크 양식 건축물인 동시에 남·동부 유럽 최대 규모의 보방 요새(Vauban Fortress)로 간주된다.

“보방 요새는 17세기 프랑스 군인 보방(Sébastien Le Prestre de Vauban, 1633-1707)이 개발한 별 모양의 군사 요새이다. 당시 최고의 요새 설계자였던 보방은 루이 14세에게 조언을 하여 보방 요새를 세운 후 프랑스 국경을 강화하였다.”

1) 제1문(Gate I) 2) 제2문(Gate II) 3) 제3문(Gate III) 4) 제4문(Gate IV)
5) 제5문(Gate V) 6) 제6문(Gate VI) 7) 제7문(Gate VII)
8) 정통 가톨릭교회 대관식 대성당(Orthodox Coronation Cathedral)
9) 세인트 미카엘 로마 가톨릭 대성당(St. Michael Roman-Catholic Cathedral)
10) 주교의 집(Episcopal Palace)
11) 왕궁(The Princely Palace)
12) 미하이 비테아줄 기마상
13) 국립 통일 박물관(National Museum of the Union)
14) 통일의 홀(Union Hall)
15) 프린치피아 박물관(Principia Museum)
16) 쿠스토차 기념물(Custozza Monument)
17) 로세나우 기념물(Losenau Monument)
18) '1918년 12월 1일' 대학교('December 1, 1918' University)
19) 베들렌 교육대학(Bethlen Academic College)
20) 아포르 대저택(Apor Palace)
21) 바티야네움 도서관(Batthyaneum Library)
22) 스포츠 센터(Sports Facility)
23) 세 요새 관광(Route of the Three Fortifications)
24) 고대 로마유적: 프린치팔리스 덱스트라 게이트(Principalis Dextra Gate)
25) 중세요새 수비대의 방(Medieval Fortress Guard Room)
26) 군 야영지(Military Camp)
27) 포좌지(砲座地, Artillery Platform)
28) 승마센터(Horseback Riding Center)
29) 호레아 감옥(Horea's Cell)
30) 호레아, 크로쉬카 그리고 크리샨 오벨리스크(Horea, Croşca and Crişan Obelisk)
31) 왕궁 수비대 교대식(Changing the guard)

알바 카롤리나 요새 지도와 실제 모습[1][Author, Leahu Marius]

알바 이울리아 관광은 제4문 옆에 있는 다리를 건너면서 시작된다. 먼저, '정통 가톨릭교회 대관식 대성당'을 관광하고 나면, 오른편에 '주교의 집'과 '세인트 마카엘 로마 가톨릭 성당' 그리고 '미하이 비테아줄 기마상'과 '왕궁'이 있고 또한 뒤편에 '국립 통일 박물관'과 '통일의 홀' 그리고 '프린치피아 박물관'이 있다.

로마시대 때 남문과 북문을 연결하는 도로

메디에발 호텔

이후, 제3문 방향으로 계속 가다 보면 제미나 제13군단(Gemina XIII Legion)이 주둔하던 당시 남문과 북문을 연결하는 도로였던 '비아 프린치팔리스(Via Principalis, 2~3 centuries AD)'가 있고, 오른편에 '메디에발 호텔'이 있다.

제3문을 지나 밖으로 나가면 '오벨리스크'가 있고 왼편으로 '제2문'과 '제1문'이 있다. 식사를 원하면 제3문에서 약 50m 떨어진 곳에 있는 'Pub 13 레스토랑'을 추천한다. 이 레스토랑은 루마니아 일반 레스토랑에 비해 가격이 조금 비싸지만, 중세의 분위기가 물씬 풍기는 곳이다.

'세 요새 관광'을 위해서는 제3문을 통과하여 다시 알바 카롤리나 요새 안으로 들어간 다음, 메디에발 호텔 오른편에 있는 조그마한 게이트에서 시작할 수 있다. 입장료를 지불하고 안으로 들어가면 로마제국 야영지의 남문

제3문

인 프린치팔리스 덱스트라 게이트(Principalis Dextra Gate)가 있다. 뿐만 아니라 오른편으로, 포좌지로 가는 터널(Tunnel of access to the Artillery Platform)과 전망대(Belvedere), 포병대(Artillery Corps)가 있고, 왼편으로는 군 야영지(Military Camp)와 야외 레스토랑, 어린이 놀이터, 무기의 방(Weapons Hall), 로마유적 홀(Roman Vestiges Hall), 성당 기사단 홀(Knights Templar Hall), 세쿠이족 보루(Szeklers' Bastion) 그리고 감옥이 있다.

'PUB 13' 레스토랑[www.pub13.ro]

세 요새 관광이 끝나면, 맨 처음 들어왔던 제4문 쪽으로 걸어 나가면서 오른편으로 그리 멀지 않은 곳에 '아포르 대저택(Apor Palace: 현재 '1918년 12월 1일' 대학교 본관)'과 '바티야네움 도서관'이 있다.

1. '세 요새 관광'

[관람 시간: 10:00~17:00, 소요시간(약 1시간)]

'세 요새 관광(Tree Fortifications Tour)'은 2,000년이란 긴 세월 동안 각기 다른 시대에 건축된 요새들을 한 곳에서 볼 수 있어 유럽에서 유일한 관광명소로 꼽힌다. 알바 이울리아에는 다음과 같이 세 요새가 있다.

(1) 서기 106년에 건축된 로마제국 군사기지(Military Camp of the Roman Empire)
(2) 16~17세기에 건축된 중세 벌그라드 요새(Bălgrad Fortress)
(3) 18세기 보방식으로 건축된 알바 카롤리나 요새(Alba Carolina Citadel)

1) 프린치팔리스 덱스트라 게이트

프린치팔리스 덱스트라 게이트(Principalis Dextra Gate)는 서기 106년에 건축된 로마제국의 군사기지 남문이다. 이 군사기지는 37헥타르(750m x 500m) 부지에 사변형 구조로 건설되었으며 동서남북으로 사대문(四大門)이 있었다. 그 중 보존 상태가 가장 좋은 것은 남문(두께 1.5~2m)이지만 그동안 진행된 복원 작업으로 군데군데 하얗고 깨끗한 벽돌이 쌓여있어 고대 로마 시대의 본래 모습을 찾아보기 어렵다.

루마니아 역사학자들에 따르면, 과거에 이 로마제국 군사기지는 벌그라드(Bălgrad)라고 불렸다고 한다. 벌그라드는 '하얀 도시' 혹은 '하얀 성'을 의미하

로마제국 군사기지 남문

기 때문에 알바 이울리아라는 오늘날의 도시 이름과도 연관이 있다.

로마제국 군사기지는 빈도보나(Vindobona: 현재 비엔나)에서 보낸 제미나 제13군단(Gemina XIII Legion)이 건설하였다. 이 군단은 인근에 있는 사금지대를 지키는 동시에 황금을 로마로 안전하게 보내는 역할을 하였으나, 지금의 루마니아 지역으로 이주민족이 침입함에 따라, 서기 274~275년 로마제국의 군대와 행정부는 다뉴브강 이남(현재 불가리아)으로 철수하였다. 하지만 그 이후에도 알바 이울리아시는 기존 토착민들을 비롯하여, 그곳에 정착한 이주민족들과 제대 후 귀국하지 않은 로마 군인들이 서로 공생함으로써 정치적 중심지로 남아있었다.

서기 1000년, 헝가리 왕국을 건설한 이슈트반 1세(István I, 975-1038)는 파사우의 주교 필그림(Pilgrim, Bishop von Passau, 재임 971-991)으로부터 세례를 받은 후 세인트 이슈트반(Saint István)으로 불리었다. 이후, 그는 헝가리를 크리스트교를 국교로 만들었고, 1001년 제139대 교황 실베스터 II세(Silvester II: 재임 999-1003)로부터 헝가리 왕관을 받았다. 따라서 이 시기에 헝가리 왕국에는 10개의 주교구가 설립되었으며, 그중 하나가 알바 이울리아의 트란실바니아 주교구(Bishopric of Transylvania)이다.

2) 전망대

전망대(Belvedere)에 도착하면 알바 카롤리나 요새의 방어벽과 해자, 과거 오스트리아-헝가리 제국의 통치기 때 형을 집행하던 포크스 언덕(Forks Hill: Dealul Furcilor), 타르미스(Tarmis: 고대 다치아 요새)가 있었던 무레쉬(Mureș) 계곡 그리고 17세기 때 미하이 비테아줄 왕이 세운 교회 등을 볼 수 있다.

3) 포좌지로 향하는 터널

포좌지(砲座地)로 향하는 터널(Tunnel of access to the Artillery Platform)은 세인트 에우제니우 보루(St. Eugene Bastion)의 퇴각 터널을 의미한다. 이 터널은 포좌지 및 요새의 상부 성곽과 연결되어 있어 전쟁 때 공격과 퇴각을 자유롭게 할 수 있도록 설계되었다. 따라서 요새의 구조를 알지 못했던 적들은 성 안에 있던 병사들이 갑자기 출현하여 습격한 후 감쪽같이 사라지는 바람에 속수무책으로 당할 수밖에 없었다고 한다.

4) 포좌지

포를 쏘는 포좌지(artillery platform)는 '세 요새 관광'에서 관광객들에게 가장 인기 있는 곳이다. 매일 오전 11시가 되면 중세 복장을 한 요새 수비대가 군사기지를 출발하여 12시경 포좌지에 도착하며, 매주 토요일 12시 정각에는

18세기 초에 제작된 대포로 직접 축포를 쏜다.

포좌지에 있는 3개의 대포는 알바 이울리아의 무기제작소에서 제작된 것이며, 제작 및 사용 방법은 1580년 역사 문헌에 기록되어 있다. 다른 역사문헌에는, 지기스문트 바토리 영주(Sigismund Bathory, 1588-1602) 시대 때 제작된 루푸스(Lupus) 대포를 시비우까지 운반하는데, 소 160마리가 동원되었으며, 라코지 영주(Francis II Rákóczi, 1676-1735) 시대에는 무기제작소에서 일한 사람의 수가 1,500명에 달했다고 기록되어 있다. 포좌지에 걸려 있는 깃발을 보면 신성로마제국 카를 6세의 문장이 그려져 있다.

5) 요새 수비대의 방

오늘날 무기의 방(Weapons Hall: Sala Armelor)으로 사용되는 요새 수비대의 방(Medieval Fortress Guard Room: Camera de Gardă a Cetății Medievale)은 그동안 수차례에 걸쳐 복원되었지만 실내 장식은 오늘날까지 원형 그대로 잘 보존되어 있다. 1715년, 알바 카롤리나 요새가 건축되던 시기에는 요새 내의 모든 사람이 먹을 수 있는 빵을 생산하는 제빵소로 사용되었다.

6) 세쿠이족 보루

알바 이울리아 요새가 어떻게 건축되었는지 그 과정을 살펴보면 아주 흥미롭다. 앞서 언급한 것처럼, 원래 요새가 있던 곳에는 서기 2세기경 로마제국 군사기지 방어벽이 축조되었고 또한 그 이후에도 시기에 따라 기존의 요새에 계속 요새를 쌓아 올렸다. 예를 들어 1516년 건축된 중세요새는 9~10세기 때 세워진 요새 위에 다시 쌓아 올린 것이다. 알바 카롤리나 요새는 이후 몇 차례에 걸친 성채 포위 공격으로 많이 파손되었지만 1625년 복원되었으며, 특히 가브리엘 베들렌 영주(Gabriel Bethlen, 1613-1629)의 통치기에는 '요새 수비대방' 근처에 있는 세쿠이족 보루(Szeklers' Bastion)를 비롯하여 많은 건축물이 건축되었다. 세쿠이족은 터키어를 사용하는 민족으로 이후 헝가리족에게 동화되었다.

7) 알바 카롤리나 요새

1715~1738년 건설된 알바 카롤리나 요새(Alba Carolina Citadel)는 앞에서 언급한 것처럼 남·동부 유럽에서 가장 큰 보방 요새이다. 이 요새는 110헥타르(약 34만 평)의 부지 위에 건축되었으며 성벽 둘레는 12㎞에 이른다.

요새의 역사는 지금으로부터 약 2,000년 전에 건설된 로마제국 제미나 제

알바 카롤리나 요새

알바 카롤리나 요새 해자

13군단 군기지(Roman camp of the XIII Gemina Legion)로 거슬러 올라간다. 1683년, 비엔나 포위 공격을 단행한 오스만제국이 합스부르크 제국에 패함으로써 트란실바니아 지방은 합스부르크 제국의 영향 하로 들어갔다. 이후, 알바 카롤리나 요새는 합스부르크 제국 카를 6세(Karl VI, 1685-1740)의 승인 하에 1715~1738년 오늘날의 보방식 요새로 건축되었다. 요새 안에는 7개의 보루와 바로크 양식의 6개 성문이 건축되었으며, 그중 규모가 가장 큰 삼위일체 보루(Trinity Bastion)는 가로세로 길이가 각각 135m와 116m에 이른다. 특이하게도 알바 카롤리나 요새는 다른 중세요새에 비해 성문이 많아 오늘날 유럽에 있는 군사용 건축물 중 유일하다고 한다.

요새가 건설되는 동안 알바 이울리아 시는 공식 문서에 2개의 이름으로 기록되었다. 하나는 카를 6세(Karl VI)의 이름에서 유래하는 칼스부르크(Karlsburg)이고, 다른 하나는 알바 카롤리나(Alba Carolina)이다. 이 요새는 1849년 헝가리 군대로부터 한차례 공격을 받았으나 함락되지 않았다.

2. 역사적 건축물

1) 정통 가톨릭 대관식 대성당

알바 이울리아와 관련하여 대개 루마니아 사람들은 '알바 카롤리나 요새(Alba Carolina Citadel)'와 '1600년 중세 루마니아 통일(Union from 1600)', '페르디난드 I세와 마리아 여왕의 대관식(Coronation of King Ferdinand and Queen Maria)' 그리고 '정통 가톨릭 대관식 대성당(Orthodox Coronation Cathedral)'을 떠올린다.

루마니아 정통 가톨릭 대관식 대성당은 왈라키아 공국의 수도 트르고비쉬테(Târgoviște)에 있는 왕실 교회를 모델로 하여 1921~1922년 후기 브른코베아누 양식으로 건축되었다. 1922년 10월 15일, 페르디난드 I세와 마리아 왕비의 대관식이 거행된 이후에는 대관식 대성당으로도 불린다. 종탑(높이 52m) 아래의 성당 입구에는 페르디난드 I세와 마리아의 흉상이 세워져 있고, 본당 입구 양쪽에는 대관식 때의 두 사람 모습이 그려져 있다. 현관을 지나면, 알바 이울리아 시와 관련이 있는 네 개의 역사적 기념패가 있다.

루마니아 정통 가톨릭 대관식 대성당
[1][Author, User Laika]

(1) 1600년 미하이 비테아줄 영주가 이룩한 중세 루마니아 통일

(2) 1648년 시몬 슈테판 관구장 주교(Metropolitan bishop Simion Ștefan)가 인쇄한 신약성서

(3) 호레아, 클로쉬카 그리고 크리산(Horea, Cloşca, and Crişan)이 일으킨 농민 봉기

(4) 트란실바니아 지방에서 거주하던 "루마니아인들의 영적 통합"

'루마니아인들의 영적 통합'은 1698년 알바 이울리아 종교 회의를 시작으로 트란실바니아 전역으로 확산된 루마니아 정통 가톨릭교회와 로마 가톨릭교회 사이의 종교적 통합을 의미한다. 따라서 오늘날 이 성당은 '통일 성당'으로도 불리며 지금은 알바 이울리아의 정통 가톨릭교회 대주교구(Orthodox Archbishopric) 본부로 사용된다.

2) 주교의 집

주교의 집(Episcopal Palace)이 역사 문헌에 처음 언급된 것은 1287년이다. 전체적으로 르네상스, 바로크 양식이 혼합되어 있으며, 인근에 있는 세인트 미카엘 로마 가톨릭 대성당(St. Michael Roman-Catholic Cathedral)이 건축될 당시 주교 거주지로 지어진 것으로 추정된다. 알바 이울리아가 트란실바니아 공국의 수도였던 16세기 중반 통치자의 거주지로 사용되었으며, 트란실바니아가 합스부르크의 통치하에 있던 17세기에는 옛 왕궁의 서쪽 날개 부분이 로마 가톨릭 주교구로 사용되었다. 18~19세기 사이에 수차례 복원작업이 진행되었으며 지금은 알바 이울리아 로마 가톨릭 대주교구(Roman-Catholic Archbishopric) 본부로 사용된다.

주교의 집

3) 1,000년 역사의 세인트 미카엘 로마 가톨릭 대성당

약 1,000년의 역사를 자랑하는 세인트 미카엘 로마 가톨릭 대성당(St. Michael Roman-Catholic Cathedral, 길이 93m, 너비 38m, 높이 62m)은 "알바 이울리아의 노트르담(Notre Dame Cathedral)"으로도 불린다. 이 대성당은 알바 이울리아에서 가장 높고 또한 가장 오래된 건물이며, 트란실바니아 지방에서 최고로 가치 있는 로마네스크-고딕 양식 건물로 간주된다.

성당의 역사는 헝가리 초대 국왕 이슈트반 1세(Stephen I, 975-1038)가 현재 로마 가톨릭 대성당이 있는 곳에 로마 가톨릭 대교구를 설립한 1009년으로 거슬러 올라간다. 하지만 오늘날의 성당 모습은 13세기에 이르러서야 완공되었다. 즉, 11세기 후반, 3개의 본당(nave)과 하나의 애프스(apse: 교회 동쪽 끝에 있는 반원형 부분)로 된 바실리카 양식(basilica: 고대 로마의 법정 건물에서 유래한 건축 양식으로 전체 모양은 직사각형이고 중앙에 본당, 측면 복도 및 반원 벽이 아치 또는 돔형으로 되어 있다)의 교회가 건축된 이후, 1200~1300년 부속 건물들이 건축되면서 완성되었다. 오랜 세월 복원 및 증축되면서 후기 로마네스크 양식과 고딕, 바로크 그리고 르네상스 양식이 조화롭게 혼합되어 있으며, 그중 로마네스크 양식이 가장 두드러지게 나타난다. 16세기에 라쪼 예배당(Lázó Chapel, 1512)과 바르데이 예배당(Várday Chapel, 1524)이 건축되었으며, 특히 라쪼 예배당은 이탈리아 르네상스 양식과 고딕 양식이 절묘하게 결합하여 있다.

대성당 안에는 트란실바니아 지방의 영주였던 이안쿠 데 후네도아라(Iancu de Hunedoara, 1407-1456)와 그의 가족 무덤이 있으며, 헝가리 왕 야노시 서포여이(Ioan Șigismund Zápolya, 1540-1571)와 그의 어머니 이사벨라(Isabella) 여왕의 무덤도 있다.

세인트 미카엘 로마-가톨릭 대성당[1][Author, Ela Vaida]

4) 국립 통일 박물관

1851~1853년 건축된 국립 통일 박물관(National Museum of the Union)은 알바 이울리아에 있는 낭만주의 양식의 건축물 중 규모가 가장 크다. 원래 이 건물은 알바 이울리아에 주둔하던 합스부르크 제국 수비대 장교들을 위한 숙소로 건축되었다. 건물 이름은 군 장교들을 위한 '부속 건물', 혹은 '별채'라는

의미의 군 장교 파빌리온(Officers' Pavilion)이었으나, 합스부르크 제국 전역에서 징집된 다양한 민족들이 건물 내에서 각기 다른 언어를 사용하였기 때문에 지역 주민들은 바빌리온(Babylon)이라고 불렀다.

3층으로 된 건물 안에는 100개 이상의 룸이 있으며, 벽 두께가 1m가 넘어 마치 요새처럼 건축되어 있다. 1968년, 알바 이울리아 국립 통일 박물관으로 개장되었으며, 학술 가치가 높아 오늘날 루마니아에서 가장 중요한 국가 기관 중 하나로 간주된다. 건물 내에는 20만 점이 넘는 각종 문화 유물과 7만 권이 넘는 도서가 소장되어 있다.

국립 통일박물관[1][Author, Tudor evi]

5) 통일의 홀

1898~1900년 건축된 통일의 홀(Union Hall) 건물은 원래 오스트리아-헝가리 장교들이 파티와 카지노 게임을 할 수 있는 군인회관으로 건축되었다. 이 건물은 1918년 12월 1일, 1,228명의 트란실바니아 지방 대표들이 모여 루마니아와 트란실바니아의 통일을 결정한 후, 「통일협정문」(Act of Union)을 서명한 곳으로 유명하다. 따라서 루마니아 사람들은 '통일의 홀'이라고 불렀고, 몇 년 후 건물의 공식 이름으로 되었다. 이 건물은 오늘날 루마니아 역사에서 아주 중요한 곳이며 루마니아인들에게 상징적 가치를 지니고 있다.

통일의 홀

6) 왕궁

15세기에 건축된 왕궁(Palace of the Princes, Palatul Principilor) 건물은 미하이 비테아줄 영주가 중세 루마니아 공국을 통일한 후 약 11개월 동안(1599~1600년) 거주한 곳이다. 하지만 1599년과 1662년 오스만제국이 침공하면서 건물은 심하게 파손되었다. 외국 문헌에는 건물 내부에 아름다운 벽화가 그려져 있는 호화로운 건물로 기록되어 있지만, 1700년 이후 합스부르크 제국의 군 막사로 사용되면서 벽화 역시 심하게 훼손되었다. 이 건물은 고딕 양식과 르네상스 양식 그리고 바로크 양식인 혼합된 트란실바니아의 대표적인 건물 중 하나이다.

미하이 비테아줄 동상 및 왕궁[1][Author, Ciprian Lazar]

7) 프린치피아 박물관

현재 프린치피아 박물관(Principia Museum)이 있는 곳은, 서기 2세기경 빈도보나(Vindobona)에서 온 로마제국 제미나 제13군단(Gemina XIII Legion) 사

프린치피아 박물관

령부가 주둔한 곳으로 당시 아풀룸(Apulum) 군사기지에서 가장 중요한 곳이었다. 지금은 프린치피아 박물관으로 개장되어 당시의 많은 유물이 전시되어 있다. 박물관 입구에 있는 동상을 보면 1900년 전, 로마 군인들이 어떻게 무장했는지를 알 수 있으며, 이 외에도 하드리아누스 황제(Hadrianus)와 트라야누스 황제(Trajanus)의 동상과 로마군대의 보물실과 군단 휘장 그리고 로마시대 때 사용된 난방시설인 하이포코스트(Hypocaust) 등이 전시되어 있다.

8) 아포르 대저택

17세기 후반, 아포르 백작이 건축한 아포르 대저택(Apor Palace)은 현재 '1918년 12월 1일 대학교(University December 1, 1918)' 본관으로 사용된다. 처음에는 아포르 백작이 거주하였으나 18세기 초 합스부르크 제국의 사령관이었던 스타인빌레(Steinville) 백작이 거주하였다. 민간 건물로는 트란실바니아 지방 최초의 바로크 양식 건물이다.

아포르 대저택

'1918년 12월 1일'대학교

베들렌 교육대학

9) 바티야네움 도서관

바티야네움 도서관(Batthyaneum Library)은 원래 1719년 바로크 양식으로 건축된 삼위일체 교회(Trinitarian Church)였지만 1780년 트란실바니아 지방의 로마 가톨릭 주교이자 애서가였던 바티야니(Ignațiu Batthyany, 1741-1798)가 건물 내부를 개조하여 도서관으로 사용하기 시작하였다.

바티야네움 도서관은 초기 인쇄술, 특히 1500년 이전에 출판된 초기 간행본과 필사본 그리고 희귀 서적들을 포함한 총 7만 권 이상이 소장되어 있어 오늘날 세계적으로 가치 있는 도서관으로 간주된다. 그중에서 특히 귀중한 고서는 778년 양피지에 금색 잉크로 쓰여 있는 라틴어 복음서

바티야네움 도서관

「고문서 아우레우스」(Codex Aureus)이다. 물론, 「다비드 찬송가」(The Psalms of David, 12세기)와 「성스러운 성경」(Holy Bible, 13세기)도 이 도서관의 자랑거리이다. 1792년 이곳에 루마니아 최초의 천문대가 설립되었으나 1848년 혁명 때 파손되었다.

3. 역사적 기념물

1) 미하이 비테아줄 기마상

왕궁 앞에 있는 미하이 비테아줄 기마상은 대(大)루마니아 수립 50주년을 기념하기 위하여 1968년 조각가 오스카 한(Oscar Han, 1891-1976)이 청동으로 제작하였다. 제막식에는 니콜라에 차우셰스쿠 루마니아 공산당 제1서기도 참석하였다. 차우셰스쿠는 당시 루마니아 최고의 조각가였던 오스카 한이 고령이라 미하이 비테아줄 동상이 그의 마지막 작품이 될 수도 있어 그에게 특별 지시를 내렸다고 한다. 언론과의 인터뷰에서 오스카 한은 "1599년 11월 1일, 미하이 비테아줄이 루마니아 세 공국을 통일한 후 위풍당당하게 알바 이울리아를 입성하는 장면"을 작품 소재로 선택하였다고 언급하였다.

미하이 비테아줄 동상

동상 뒷부분에 묘사된 돈을 새긴 부조는

중세 루마니아 삼국통일 375주년을 기념하기 위해 1975년 호리아 플러믄두(Horia Flămându)가 제작한 것이다. 동상의 기단에는 다음과 같은 문구가 적혀 있다.

> "1600년, 여기 알바 이울리아에서 루마니아 민족이 통일을 이룩하여 자유롭고 독립적인 삶을 영위할 수 있는 역사적 권리의 상징으로, 루마니아 세 공국(왈라키아, 몰도바, 트란실바니아)이 처음으로 정치적인 통일을 이룩하는 위대한 업적이 국민의 투쟁과 의지 그리고 미하이 비테아줄 대(大)영주의 용기와 천재적 재능으로 실현되었다."

2) 호레아, 크로쉬카 그리고 크리샨 오벨리스크

알바 카롤리나 요새의 제3문 앞에는 오스트리아-헝가리 제국 시절 형을 집행하던 포크 언덕(Forks Hill)이 있다. 이곳에는 1784~1785년 발생한 농민 봉기 150주년을 기념하기 위해 1937년 10월 14일 건축가 옥타비안 미헐짠(Octavian Mihălțan)과 조각가 이오시프 네그룰레아(Iosif Negrulea)가 세운 '호레아, 크로쉬카 그리고 크리샨 오벨리스크(Horea, Croșca and Crișan Obelisk, 높이 20m)'가 있다.

'호레아, 크로쉬카 그리고 크리샨' 오벨리스크

오벨리스크 밑 부분에는 상징적인 의미에서 이들이 갇혔던 감옥이 있으며, 정면과 뒷면에는 각각 농민 봉기의 주역인 호레아와 클로쉬카 그리고 크리샨의 모습과 날개 달린 승리의 여신(Winged Victory, 월계수를 들고 있는 날개 달린 여인)이 조각되어 있다. 오벨리스크 받침돌에는 이들 3명의 순교자에게 경의를 표하기 위하여 "호레아와 크로쉬카 그리고 크리샨에 대한 경배"라는 문구가 새겨져 있다.

알바 이울리아 주변 가볼 만한 곳

1) 루마니아 최대 규모의 코르빈성

약 750년의 역사를 자랑하는 코르빈성(Corvins' Castle)은 루마니아의 대표적인 고딕 양식 건축물 중 하나이다. 루마니아에서 규모가 가장 큰 성이며, 후네도아라성(Hunedoara Castle)이라는 이름으로 널리 알려져 있다. 허핑턴포스트는 이 성을 아일랜드의 레슬리(Leslie)성과 영국의 서섹스(Sussex)성, 독일의 노이슈반스타인(Neuschwanstein)성과 호엔슈방가우(Hohenschwangau)성, 엘츠(Eltz)성 그리고 리히텐슈타인(Lichtenstein)성 등과 함께 "세계에서 가장 동화 같은 성 TOP 10"에 선정하였다. 2012년, 할리우드 영화 「고스트 라이더」(Ghost Rider II: 주연 Nicolas Cage)의 촬영지로 사용되었으며, 몇 년 전에는 론리플래닛 여행안내 책자 표지 사진에 실리기도 하였다.

코르빈성은 고대 로마제국의 군사기지가 있던 곳에 건축되었지만, 역사 문헌에 처음 언급된 것은 1278년이다. 첫 번째 성주는 헝가리 지기스문트 왕(Sigismund de Luxemburg, 1368-1437)으로부터 성을 선물로 받은 루마니아 영주 보이쿠(Voicu)이다. 이 영주는 1441~1456년 트란실바니아 지방을 통치한

코르빈 성[Author, Dan Bera]

이안쿠 데 후네도아라 영주(Iancu de Hunedoara, 1407-1456)의 아버지이다.

그런데 코르빈 가문과 관련하여 수 세기 동안 이런저런 소문이 떠돌았다. 즉, 그것은 이안쿠 데 후네도아라 영주가 지기스문트 왕과 짜라 하쩨굴루이(Țara Hațegului) 지역의 아름다운 엘리사베타 사이에서 태어난 서자라는 것이다. 지기스문트 왕은 자신과 엘리사베타와의 관계를 감추는 동시에 그녀를 보호하기 위하여 보이쿠 영주와 결혼시킨 것은 물론 훗날 태어날 아이가 성인이 되어 궁궐로 돌아올 때 그 아이를 알아보기 위한 징표로 금반지 하나를 주었다고 한다. 세월이 흐른 어느 날, 여행을 하던 보이쿠 영주 가족은 점심을 먹기 위해 길가에 멈추었는데, 그만 반지를 식탁보에 떨어트리고 말았다. 잠시 후, 반짝거리는 반지에 이끌린 까마귀 한 마리가 반지를 물고 달아나려 하자, 당시 어린아이였던 이안쿠 데 후네도아라가 재빨리 활을 쏘아 반지를 되찾았다고 한다. 이후 성인이 되어 왕실을 찾아온 후네도아라는 까마귀에 관해 이야기하였고, 이에 감동한 지기스문트 왕은 황금 반지를 물고 있는 까마귀를 코르빈 가문의 상징으로 정해 주었다고 한다. 코르빈(Corvin) 가문의 이름은 까마귀를 의미하는 라틴어 코르부스(corvus)에서 유래하며, 성안에는 이러한 전설의 내용을 담은 500년 된 벽화가 있다.

아버지 보이쿠로부터 코르빈성을 상속받은 이안쿠 데 후네도아라 영주는 1440~1446년 대대적인 보강 공사를 하였다. 그동안 방어기능이 없어 코르빈 가문의 주거지로 사용되었지만, 타워와 망루, 방어벽 그리고 개폐식 다리 등이 건설된 것은 물론 건물 안에도 의정실(Diet Hall)과 기사의 홀(Knights Hall)이 마련되었다. 어떤 사람들은 드라큘라 영주가 약 7년 동안 코르빈성 지하 감옥에 감금되었다고 하지만 역사적 근거는 없다.

역사적으로 볼 때, 이안쿠 데 후네도아라 영주는 오스만제국의 침공으로부터 크리스트교를 구원한 '서구 유럽의 영웅'이었다. 1453년 콘스탄티노플을 정복한 터키인들은 기세를 몰아 합스부르크 제국의 수도인 비엔나로 향하지만 1456년 베오그라드(Beograd)에서 후네도아라 영주에게 대패하였다. 당시 로마 교황은 종교 회의에서 후네도아라의 승리를 기념하기 위하여 매일 정오에 전 세계 모든 가톨릭 성당에서 타종할 것을 촉구했으며, 이 전통은 오늘날까지 이어지고 있다.

1456년, 후네도아라 영주가 사망하면서 코르빈성은 아들 마테이 코르빈[Matei Corvin: 1443-1490, 라틴어 마티아스 코르비누스(Mathias Corvinus)]에게 상속되었다. 이후 코르빈은 성의 한쪽 날개 부분에 르네상스 양식의 건축물을 증축하여 1480년 마침내 오늘날의 모습으로 완공되었다. 루마니아 아버지 이안쿠 데 후네도아라 영주와 헝가리 어머니 엘리사베타(Elisabeta Szilágy, 1410-1483) 사이에서 태어난 코르빈은 1458년 16세의 나이에 헝가리와 크로아티아 왕위에 오른 후 헝가리 역사상 가장 추앙받는 국왕 중 하나가 되었다.

성안에는 예배당에서 그리 멀지 않은 곳에 600년 된 우물이 있으며, 이와 관련하여 전설이 전해 내려오고 있다. 어느 날, 후네도아라 영주는 3명의 터키군 포로에게 우물을 팔 경우 고향으로 돌아갈 수 있게 석방해 주겠다고 약속하였다고 한다. 그들은 곧바로 우물을 파기 시작했지만, 땅속에 묻혀 있는 커다란 바위 때문에 작업은 아주 더디게 진행되었다. 결국, 15년이 지난 후에야 지하 30m에서 귀중한 물을 얻을 수 있었지만, 우물을 파는 도중 후네도아라 영주가 사망하였다. 약속대로라면, 누군가 그를 대신해 이들을 석방해 주어야 했지만, 영주의 아내 엘리사베타는 약속을 지키기는커녕 참수형에 처하라고 명령을 내렸다. 사형 집행 전, 튀르크 포로들은 마지막 소원을 들어달라고 간청하였고, 소원이 받아들여지자 그들은 약속을 지키지 않은 것을 비난하는 차원에서 우물 벽에다 "물을 가졌지만, 마음은 가지지 못했다(You have water, no heart: Apă aveți, suflet nu)"라는 문구를 새겼다고 한다. 루마니아 역사학자 구보글루(Mihail Guboglu)는 "이 문구를 적은 사람이 교회 근처에 있는 요새 감옥에 수감되어 있던 하산(Hassan)"이라고 주장하고 있다. 사실이 어찌되었든 간에, 실제로 비문에 적혀있는 아랍 문자는 15세기 중반에 사용되던 문자로 밝혀졌다.

규모와 화려함에서 서구 유럽의 성들에 필적하는 코르빈 성은 고딕 양식으로 건축되었지만 바로크 양식과 르네상스 양식도 혼합되어 있다. 1896년, 헝가리 정부는 896년 헝가리인들의 판노니아 평원 정복 1,000주년을 기념하기 위하여 이 성과 모양이 같은 버이드후녀디성(Vajdahunyad Castle)을 부다페스트에 건축하였다.

버이드후녀디 성

[코르빈성: www.castelulcorvinilor.ro; ☎ (+40)786.048.718; 주소: Strada Castelului 1-3, Hunedoara]

2) 루마니아에서 가장 오래된 석조 교회: 덴수쉬 교회

후네도아라(Hunedoara)주에 있는 덴수쉬 교회(Densuş Church, 길이 30m, 너비 8m, 높이 15m)는 루마니아에서 가장 특이하고 또한 가장 오래된 석조 교회로 간주된다. 루마니아 역사학자 니콜라에 이오르가(Nicolae Iorga)는 이 교회를 "루마니아 어디에도 비슷한 건물이 없는 아주 가치 있는 건축물"이라고 언급하였다. 그런데 덴수쉬 교회는 처음부터 교회로 사용된 것은 아니라고 한다. 이와 관련하여, 오늘날 루마니아 학자들 사이에 의견이 분분한데, 어떤 학자들은 고대 다치아인들의 최고신인 자몰시스(Zamolxis)를 모시던 사원이라고 말하지만, 다른 학자들은 마르스(Mars) 군신을 모시던 로마 사원 혹은 서기 2세기경 다치아인들에게 살해된 로마제국의 론지누스 막시무스(Longinus Maximus) 장군의 영묘(寧廟)라고 주장한다. 또 하나의 가설은, 모든 크리스트교 교회의 제단이 동쪽으로 향해 있지만, 이 교회는 그렇지 않아 이교도의 사원이라는 것이다. 그렇지만 한 가지 분명한 것은, 이 교회가 7세기에 건축된 이후 13세기에 복원되었으며 또한 교회로 사용된 이후 오늘날에 이르기까지 700년이 넘는 세월 동안 예배가 계속 진행되고 있다는 사실이다.

덴수쉬 교회는 규모 면에서 그리 크지 않아 14세기 중엽 지역 주민들이 더 웅장한 교회를 세우기 위해 덴수쉬 교회를 철거하려 하였다. 하지만 건물의 역사적 가치를 알고 있던 합스부르크 제국이 불허함으로써 오늘날까지 보존될 수 있었다고 한다.

덴수쉬 교회

오늘날, 이 교회는 '인류 역사상 가장 이상한 성전(聖殿, sanctuary)', '짜라 하쩨굴루이(Țara Hațegului) 지역의 기적', '루마니아에서 유일하고 가장 독특한 건축물', 세계 건축사의 아름다운 보석 '고대 발라키아 신전(Templum Valachicum Antiquum)' 등 많은 수식어가 따라 다닌다.

1991년, 루마니아 정부는 덴수쉬 교회를 세계문화유산으로 등재하기 위해 유네스코 세계 유산 위원회에 신청하였으며 2003~2005년 국가 차원에서 복원되었다. 이 교회는 하쩨그(Hațeg)시에서 울피아 트라이아나 사르미제제투사(Ulpia Traiana Sarmisegetusa, 고대 로마 제국의 다치아 수도)로 가다 보면 오른편에 위치한다.

[덴수쉬 교회: ☎ (+40)254.775.053; 주소: Densuș 337205]

3) 루마니아에서 가장 오래된 슨터머리아 오를레아 개혁교회

1270~1290년 칸데아 가문(Candea Family)이 건축한 슨터머리아 오를레아 개혁교회(Sântămăria-Orlea Reformed Church)는 오늘날 루마니아에서 가장 오래된 교회로 간주된다. 건축 양식은 로마네스크 양식에서 초기 고딕 양식으로 전환하는 시기의 특징이 나타나며, 교회 내부에는 1300~1330년에 그려진 루마니아에서 가장 오래된 벽화가 있다. 이 교회는 하쩨그

슨터머리아 오를레아 개혁교회

(Haţeg)시에서 남쪽으로 가다 보면 슨터머리아-오를레아 마을 입구에 위치한다.

[슨터머리아 오를레아 개혁교회: 주소 DN66, Sântămăria Orlea]

내부 벽화

4) 유럽에서 유일한 황금 박물관

브라드(Brad)시에는 유럽에서 유일한 황금 박물관(Gold Museum)이 있다. 박물관의 역사는 1896년 독일의 한 지질학자가 주변 광산에서 수집한 황금을 전시하면서부터이다. 현재 루마니아는 물론 전 세계에서 수집된 2,000점 이상이 작품이 전시되어 있으며, 대부분이 금세공이나 보석상이 가공하지 않은 자연금(自然金)이라 그 자체로 아주 독특한 가치를 지니고 있다. 그중 가장 귀중한 전시품으로는 '다치아인의 깃발'과 '두 마리 황금 도마뱀' 그리고 세계에서 유일한 '오각형 황금 크리스탈' 등이 있다.

5) 고대 다치아 왕국의 수도 사르미제제투사 레지아

기원전 82년, 다치아 왕국을 건설한 부레비스타 왕(Burebista: 100-44 BC)은 코스테쉬티-체터쭈이에(Costeşti-Cetăţuie)를 수도로 정하였다. 하지만 데체네우(Deceneu)가 왕위에 오르면서 수도는 사르미제제투사 레지아(Sarmizegetusa Regia)로 천도된 후 다치아 왕국이 로마 제국에게 정복되는 서기 106년까지 다치아 왕국의 정치, 행정 그리고 군사의 중심지로 남아있었다. 사르미제제투사 레지아 유적은 현재 후네도아라주 그러디쉬테아 문첼룰루이(Grădiştea

Muncelului) 마을 인근의 그러디쉬티 언덕(Grădişti hill, 해발 1,200m)에 위치한다.

이에 반해, 서기 106년 다치아 왕국을 정복한 로마제국이 새로 건설한 도읍지 울피아 트라이아나 사르미제제투사(Ulpia Traiana Sarmizegetusa)는 사르미제제투사 레지아에서 약 40㎞ 떨어져 있다.

◆ 그러디쉬테아 데 문테 – 사르미제제투사 레지아 (Grădiştea de Munte – Sarmizegetusa Regia)

요 새

(1) 서문 (2) 동문 (3) 남문 (4) 포장도로 (5) 안산암(安山岩)으로 건축된 대(大)신전 (6) 석회암으로 건축된 신전 벽기둥들 (7) 보호벽 (8) 샘물(고대에 사용한 물의 수원) (9) 석회암 석판으로 포장된 소광장 (10) 석회암으로 만든 하수도 (11) 안산암으로 건축된 제단 (12) 둥근 모양의 대신전 (13) 둥근 모양의 소(小)신전 (14) 사각형의 소신전 (15) 사각형의 대신전 (16) 오각형의 탑 (17) 석회암으로 건축된 대신전 (18) 석회암으로 건축된 소신전

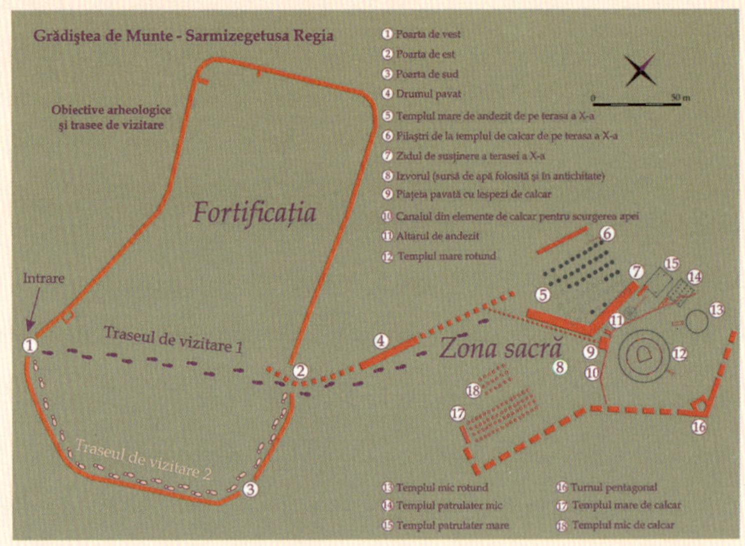

사르미제제투사 레지아 관광코스

사르미제제투사 레지아 유적지[Source: Public Service for the Administration of Historical Monuments Hunedoara]

4.5㎢ 면적에 걸쳐 있는 사르미제제투사 레지아는 3개 지역으로 나눠 있었다: (1) 거주지 (2) 요새 (3) 성지(聖地). 이 시기에 도시의 성벽 길이는 각각 600m와 500m에 이르렀으며, 민간인들은 주로 사르미제제투사 레지아 인근에 있는 그러디쉬테아강 계곡 3㎞ 이내에 거주하였다.

사1999년 다치아 왕국의 6개 요새는 유네스코 세계문화유산으로 지정되었다: (1) 코스테쉬티-체터쭈이에(Costești-Cetățuie) 요새 (2) 코스테쉬티-블리다루(Costești-Blidaru) 요새 (3) 룬카니-피아트라 로쉬에(Luncani-Piatra Roșie) 요새 (4) 버니차쉬(Bănițași) 요새 (5) 커플나(Căpâlna) 요새 (6) 사르미제제투사 레지아(Sarmizegetusa Regia) 요새.

수도 사르미제제투사 레지아는 군사·전략적 차원에서 카르파티아산맥의 울창한 숲속(해발 1,200m)에 건설되었으며, 주변의 5개 요새가 서로 연계하며 수도를 방어하였다. 수도 사르미제제투사 레지아는 군사·전략적 차원에서 카르파티아산맥의 울창한 숲속(해발 1,200m)에 건설되었으며, 주변의 5개 요새가 서로 연계하며 수도를 방어하였다. 이곳은 오늘날에도 접근이 쉽지 않지만, 고대 역사 애호가들에겐 꼭 한번 방문해볼 만한 가치 있는 곳이라 생각된다. 사료에 따르면, 다치아인들은 건축학과 천문학 그리고 의학 분야에서 아주 뛰어났던 것으로 보인다.

(1) 건축학

산 중턱에 건설된 6개의 다치아 요새에는 상·하수도 시설은 물론 다치아 특유의 방어벽이 건설되었다. 이 방어벽은 라틴 문헌에 무르무스 다치쿠스(murmus dacicus: 다치아 방어벽)로 기술되어 있으며, 높이와 두께는 각각 4~5m와 3m에 이른다. 당시, 다치아인들은 석회암 바위로 두 겹의 벽을 쌓은 다음 그 사이에 돌과 흙을 채움으로써, 기존과 다른 방식의 다치아 방어벽을 건설하였다. 이 외에도 사르미제제투사 레지아에는 7개의 사원이 있었으며, 그중 대(大) 신전(Great Sanctuary)은 규모가 38m x 26m이었던 것으로 추정된다.

(2) 천문학

다치아 신전을 연구하던 루마니아 학자들은 고대 다치아인들이 태양력을 사용했다는 사실을 밝혀냈다. 당시 그들이 계산한 1년(약 365.242197일)은 현대 천문학이 도달한 365.242198일에 아주 근접하였다. 실제로, 다치아 달력은 기원전 45년 로마인들이 만든 후, 근 1,500년 이상 유럽인들이 사용했던 줄리안(Julian) 달력보다 훨씬 더 정확해, 로마 달력의 오류가 1년에 6시간 48분 46초였던 것에 반해, 다치아 달력은 1시간 15분 3초였다.

(3) 의 학

다치아인들의 의술도 현대 의학의 개념을 가지고 있었던 것으로 보인다. 그들은 인간의 모든 기관(器官)이 서로 연결되어 있다고 생각하였으며 병을 치료할 때 몸뿐만 아니라 정신적인 요인까지 함께 치료하였다. 이와 관련하여 그리스 철학자 플라톤(Plato: 427~347 BC)은 다치아인들이 '영혼'이라는 정신 치유의 중요성을 이미 알고 있었다고 기술하고 있다.

"눈을 치료하기 위해서 먼저 머리를 치료해야 하는 것처럼, 머리를 치료하기 위해서는 먼저 몸을 치료해야 한다. 마찬가지로 몸을 치료하기 위해서는 먼저 정신을 치료해야 한다. 당시 그리스인들이 치료하지 못한 몇 가지 병이 있었는데, 그 이유는 그들이 몸과 정신을 함께 치료하지 않았기 때문이다.

◆ 고대 다치아 왕국과 다치아인

1) 다치아인과 제트인

현재 루마니아 지역에서 철기문화를 발전시킨 민족은 거대 트라키아 민족(Thracian)의 북방계통인 제토-다치아 민족(Geto-Dacian people)이다. 제트인(Getae)과 다치아인(Dacian)은 같은 민족이며, 각각 그리스 문헌과 라틴 문헌에 나타난다.

이와 관련하여, 고대 그리스 역사·지리학자 스트라보(Strabo, BC 63?~AD 20)는 "흑해 혹은 동부지역 방향으로 거주한 민족은 제트인이고, 이와 반대 방향 즉 독일 혹은 다뉴브강 수원지 방향으로 거주한 민족은 다치아인"이라고 기술하였다. 헤로도토스(Herodotos, 484~425 BC)는 다치아 민족을 "트라키아인들 중에서 가장 용감하고 정직한 민족"이라고 기술하였으며, 스트라보는 다치아 왕국을 건설한 "부레비스타 왕이 20만 명이 넘는 다치아 군대를 통솔하였다"고 기술하였다.

이처럼, 군사적으로 막강했던 부레비스타 왕은 기원전 48년, 시저(Gaius Julius Caesar)와 폼페이우스(Gnaeus Pompeius Magnus) 사이에 치렀던 로마 내전에도 개입하였다. 당시 부레비스타는 다치아에게 위협이 되었던 시저의 팽창주의 정책에 반대하여 폼페이우스와 동맹을 맺지만, 결국 시저가 로마제국의 왕위에 오르면서 차츰 다치아 침공이 가시화되었다. 하지만 기원전 44년 3월 15일, 시저가 주위 귀족들의 음모로 살해됨으로써 다치아 원정은 실행되지 않았다.

2) 다치아인들의 최고신 자몰시스

다치아인들도 다른 인도유럽인들처럼 많은 신을 믿고 있었다. 그들이 숭배한 최고신은 식물과 풍요의 신인 자몰시스(Zamolxis)였다. 헤로도토스는 「역사」에서 자몰시스에 대하여 다음과 같이 기술하고 있다.

> "자몰시스는 자기 자신과 자신을 추종하는 사람들 그리고 이들의 모든 후손들이 죽는 것이 아니라 영원히 살 수 있는 곳으로 이동하여 그곳에서 모든 호사(好事)를 누린다고 다치아인들에게 가르쳤다."

이처럼, 다치아인들은 루마니아 지역에 크리스트교가 도입되기 이전부터 이미 자몰시스 신을 통하여 '영혼 불멸'을 믿고 있었다. 따라서 그들은 당시 다리우스 I세(Darius I: 고대 페르시아를 세계 최대의 제국으로 발전시킨 왕)가 이끄는 세계 최강의 페르시아 군대에 맞서 싸운 유일한 민족이었다. 헤로도토스는 다치아인들이 자몰시스 신에게 사자(使者)를 보내기 위해 사람을 어떻게 희생시켰는지 다음과 같이 기술하고 있다.

> "그들 중 몇 명이 순서대로 앉아 3개의 창을 잡고 서 있으면, 다른 사람들은 (사자로 뽑힌 사람의: 역주) 손과 다리를 잡아서 자몰시스에게 보냈다. 즉 그들은 (사자를) 몇 차례 묶은 다음 창 끝 위로 힘차게 던졌다. 만약 사자의 몸통이 창 위에 찔려 죽으면, 신이 그들에게 호의를 가진다고 확신을 했지만, 그렇지 않으면 나쁜 짓을 해 신이 그를 받아 주지 않는다고 비난하면서 다시 사자를 뽑았다. 그들은 사자가 살아있는 동안 자신들의 요구사항을 모두 말했다. [...] 자몰시스 철학사상을 알게 된 다치아인들은 매년 사자를 선발해 반신(半神: demigod)인 자몰시스에게 보냈으며, 가장 유능한 사람이 창에 찔러 죽임을 당한다고 생각하였다. 사자로 뽑히지 못한 사람은 행복한 기회를 잃어버렸다고 슬퍼하였다."

3) 다치아 왕국과 로마제국 사이의 제1차, 제2차 전쟁

서기 98년, 왕위에 오른 트라야누스 황제(Marcus Ulpius Trajanus: 재위 98-117)는 다치아 왕국의 세력 확장을 그냥 두지 않았다. 따라서 서기 101~102년, 다치아 왕국과 로마제국 사이에 제1차 전쟁이 발발하였고, 이후 다치아 왕국의 데체발루스 왕(Decebalus,

재위 AD 87~106)이 항복함으로써 평화협정이 체결되었다.

그로부터 3년 후인 105년 여름, 로마제국의 선제공격으로 제2차 전쟁(AD 105~106년)이 시작되었다. 전쟁이 시작되자마자 코스테쉬티 성이 함락되었고, 이후 로마군대는 수도 사르미제제투사 레지아까지 진격해 성채 포위 공격을 시작하였다. 당시 다치아가 로마제국에게 패한 이유는, 요새 내에 식수가 없다는 것을 알게 된 로마 군대가 그곳으로 유입되는 식수공급원을 차단했기 때문이었다. 결국, 106년 다치아의 수도 사르미제제투사 레지아는 함락되었고, 이후 로마제국은 새로운 다치아 수도 울피아 트라이아나 사르미제제투사(Ulpia Traiana Sarmizegetusa)를 건설하였다.

로마제국의 다치아 수도, 울피아 트라이아나 사르미제제투사 원형극장 유적지[1][Author, Popescu Camelia]

“2023년 유럽의 문화수도” 티미쇼아라

800년이 넘는 역사를 간직한 티미쇼아라(Timişoara)시는 “2023년 유럽의 문화수도(European Capital of Culture)”로 지정되었다. 이 도시는 미국의 시사 전문지 US News & World Report가 발표한 “관광객들이 방문할 가치가 있는 세계의 도시”에서 제네바에 이어 세계 2위에 선정되었다. 이 시사지는 티미쇼아라를 관광하다 보면 바로크 양식의 영향을 받은 도시 건축물에 감탄할 것이라고 언급하였다. 도시의 상징이 장미인 만큼 오늘날 ‘장미의 도시’로 널리 알려져 있으며, 도심 공원에는 200여 종의 4만 송이 장미가 있다.

루마니아에서 4번째로 인구가 많은 티미쇼아라는 독일을 비롯해 그리스와 이탈리아, 헝가리, 세르비아 그리고 불가리아 출신의 다양한 민족이 사는 다문화 도시이며, 지리적으로 서유럽에 가까이 있어 문화적 측면에서 루마니아와 서유럽 사이의 가교 구실을 하고 있다. 물론 이러한 문화적 다양성은 이 도시의 커다란 장점이기도 하다. 따라서 티미쇼아라는 오늘날 부카레스트, 이아쉬와 더불어 루마니아의 3대 문화도시로 간주되며, 오래전부터 ‘리틀 비엔나(Little Vienna)’로 불리었다.

티미쇼아라는 국제 통계 데이터베이스 넘베오(NUMBEO)가 발표한 "2021 세계 최고의 생활수준" 부문에서 세계 92위(루마니아 1위)를 차지하였고, 프라하(세계 99위)와 도쿄(101위) 그리고 스톡홀름(102위) 등이 그 뒤를 이었다.

"세계에서 가장 안전한 도시" 부문에서도 세계 23위를 차지한 티미쇼아라는 클루즈-나포카(세계 9위)에 이어 루마니아에서 두 번째로 안전한 도시로 선정되었으며, 부카레스트(세계 47위)와 이아쉬(56위)가 그 뒤를 이었다. 이 분야 유럽의 주요 도시들로는 프라하(세계 24위)와 비엔나(26위), 바르샤바(35위), 부다페스트(90위), 베를린(115위) 등이 있다.

◆ 리틀 비엔나(Little Vienna) 티미쇼아라

◇ 1718년: 루마니아 최초로 맥주 공장 설립

◇ 1728년: 루마니아 최초로 항해가 가능한 베가(Bega)강 운하 개통

◇ 1732-1744년: 루마니아 최초의 파브릭 산업 지역(Fabric District)

◇ 1745년: 루마니아 최초의 시립병원 설립 (비엔나와 부다페스트보다 각각 24년 34년 먼저 설립)

◇ 1760년: 기름 램프로 가로등을 밝힌 합스부르크 제국 내 최초의 도시

◇ 1771년: 루마니아와 남·동부 유럽 최초로 Temeswarer Nachrichten 신문 발행

◇ 1815년: 요셉 클라프카(Josef Klapka) 도서관: 열람실이 있어 도서 대여가 가능한 합스부르크 제국(헝가리 왕국 포함) 내 최초의 공공 도서관

◇ 1819년: 중·동부 유럽 최초로 천연두 백신 투여

◇ 1823년: 보여이 야노스(Bolyai János), 티미쇼아라시에서 세계 최초로 비유클리드 기하학(non-Euclidean geometry) 발견

◇ 1846년: 바로크 궁전(Baroc Palace)에서 프란츠 리스트(Franz Liszt) 콘서트 개최

◇ 1847년: 티미쇼아라 맥주공장 안뜰에서 요한 슈트라우스(Johann Strauss) II세 콘서트 개최 (비엔나 제외 시 최초의 콘서트)

◇ 1857년: 가스 가로등을 밝힌 합스부르크 제국 내 최초의 도시

◇ 1869년: 루마니아 최초로 말이 끄는 노면전차 운행(Cetate와 Fabric 지역 간 6.6㎞ 거리)

◇ 1884년: 전기 가로등을 설치하여 도시 전체(10㎢의 면적에 731개 램프 설치)를 밝힌 유

럽 최초의 도시 [스톡홀름(1881년)과 베를린(1882년)은 지역 발전기를 사용하여 1~2 개의 도로를 밝힘]

◇ 1886년: 루마니아, 헝가리 최초로 구조대(Rescue Station) 설립

◇ 1899년: 루마니아 최초로 전기 시가전차(tram) 운행 (Fabric 지역과 북역 사이)

◇ 1910년: 루마니아 최초로 수력발전소 건설

◇ 1938년: 코르넬리우 미클로쉬(Corneliu Micloşi) 교수, 세계 최초로 기차 및 트램 선로용 용접기 발명 및 적용

◇ 1942년: 루마니아 최초로 트롤리버스 운행 (부카레스트, 1949년 개통)

◇ 1953년: 3개국 언어로 연극이 공연되는 유럽에서 유일한 도시: 티미쇼아라 국립극장, 헝가리 주립극장(1952년 설립), 독일 주립극장(1953년 설립)

◇ 1989년: 공산 독재체제로부터 해방된 루마니아 최초의 자유도시

◇ 1996년: 루마니아 최초로 체외 수정 아이 탄생

베가 강[3]

◇ 2001년: 루마니아 최초로 레이저 심장 수술
◇ 2001년: 루마니아 최초로 소아 골수 이식
◇ 2003년: 루마니아 최초로 줄기세포 이식
◇ 2023년, 유럽의 문화수도로 선정

1. 도시의 역사

1) 고대 시대(신석기 시대~1028년)

티미쇼아라시와 그 주변 지역에는 신석기 시대부터 인간이 거주하였다. 티미쇼아라라는 도시 이름은 고대 로마인들이 티비시스(Tibisis) 혹은 티비스쿠스(Tibiscus)라고 불렀던 티미쉬(Timiş)강에서 유래한다.

2) 헝가리 왕국 통치기(1028~1552년)

헝가리 군대가 바나트(Banat) 지방을 점령한 것은 1028년이다. 하지만 티미쇼아라 요새(Timişoara Citadel)는 그 이후인 1175년에서야 역사 문헌에 나타난다. 이 요새는 1241년, 타타르족에 의해 파괴되었으나 1308년 카롤 로버트 왕(Carol Robert de Anjou, 1288-1342)이 헝가리 왕위에 오른 이후 약 1세기 반 동안 유럽에서 가장 발전한 중세도시 중 하나였다.

티미쇼아라시는 1308~1315년 카롤 로버트 왕이 현재 바나트 박물관이 있는 곳에 성[1443~1447년 이 성이 복원되어 오늘날의 후네도아라성(Hunedoara Castle)이 된다]을 건설한 후 약 8년 동안(1315~1323년) 왕궁으로 사용함으로써 헝가리 왕국의 수도가 되었다. 이 기간에 티미쇼아라는 경제·문화적으로 많이 발전하였으며, 1342년 역사 문헌에 처음으로 도시(civitas)로 나타난다.

15세기로 접어들면서 티미쇼아라는 반오스만 투쟁의 중심지가 되었다. 당시 헝가리 왕국을 대신하여 트란실바니아를 통치하던 이안쿠 데 후네도아라 영주(Iancu de Hunedoara, 1407-1456)는 15세기 중엽까지 티미쇼아라에 머물면서 오스만제국과 전쟁을 계속하였다. 특히 1456년 베오그라드에서 대승을 거두어 유럽의 크리스트교를 구한 수호자로 널리 알려지게 되었다.

3) 오스만제국 통치기(1552~1716년)

1552년 오스만제국에게 함락된 티미쇼아라는 이후 약 164년 동안(1552~1716년) 오스만제국의 군사적 요충지이자 행정중심지였으며, 도시 내에 8개의 모스크가 건축되었다. 1552년까지 건축된 성과 교회들 그리고 그 이후에 건축되는 이슬람 사원들은 대개 석조로 건축되었으나, 일반 시민들이 거주한 가옥들은 목재로 건축되었다. 따라서 티미쇼아라는 '나무의 도시'로 불리었으며, 역사 문헌에 주기적으로 화재가 발생하였다고 기록되어 있다.

4) 합스부르크 제국 통치기(1716~1867년)

1716년, 합스부르크 제국의 티미쇼아라 요새 포위 공격으로 1718년 오스만 군대가 항복하여 평화조약이 체결되었다. 따라서 바나트 지방에는 티미쇼아라를 수도로 하는 자주 국가가 수립되었지만, 이는 합스부르크 제국으로의 병합을 의미하였다. 어쨌든, 이후 가톨릭을 기반으로 하는 대대적인 식민지 개발 사업이 진행되면서 티미쇼아라는 경제·문화적으로 많은 발전을 이루었다. 인상적인 것은, 1719~1730년 건축된 유럽에서 가장 긴 건물 중 하나인 티미쇼아라 막사(Transylvania Barracks: Cazarma Transilvania, 길이 483m)이다. 하지만 이 건물은 아쉽게도 1961~1965년 루마니아 공산주의자들에 의해 철거된 후, 그곳에 시민공원(People's Park)과 콘티넨털 호텔이 들어섰다.

자유 광장에 있는 성모 마리아(St. Mary)와 성 요한 네포무크(St. John Nepomuk) 동상

1725~1765년, 도시 체계화 사업이 진행되면서 도심 내에 주요 도로망이 구축되었고, 요새 지역[Citadel District: 오늘날 통일광장(Union Square)과 자유 광장(Freedom Square) 그리고 일부 세인트 조지 광장(St. George Square) 주변 지역]에도 많은 건축물이 들어서기 시작하였다. 오늘날 티미쇼아라에 남

아있는 건물 대부분은 이 시기에 건축된 것으로, 자유 광장에 있는 구(舊) 주둔군 사령부(Garrison Commandant's office) 건물과 통일광장에 있는 정통 가톨릭 주교 교회(Orthodox Episcopal Church, 1744-1748년: 현재 세르비아 주교 교회(Serbian Episcopal Church)] 그리고 티미쇼아라에서 가장 오래된 로마 가톨릭 주교 교회(Roman-Catholic Episcopal Church, 1736-1774년) 등이 있다.

통일광장[3]

티미쇼아라의 "심장"인 요새 지역(Citadel District: Cartierul Cetate)은 정치와 행정 그리고 문화의 중심지였다. 요새 지역은 커다란 별 모양의 요새 벨트가 세 겹으로 둘러싸여 있어 한마디로 난공불락이었다. 1732~1761년 건축된 요새 벨트는 길이가 500m였으며 그 안에 9개의 보루가 있었다.

요새 벨트 밖의 둔치 지역(Citadel esplanade: 강, 호수 따위의 물이 있는 곳의 가장자리)은 적들의 요새 접근을 차단하기 위해 건물 신축이 엄격히 금지되어 평야 지대(너비 948m)로 남아있었다. 하지만 인구가 증가하면서 도시는 점차 외곽지역으로 발전하기 시작하였고, 요새 지역에서 약 2㎞가량 떨어진 곳에 다음과 같이 세 지역이 개발되었다: (1) 파브릭(Cartier Fabric: 공장 및 주거지역) (2) 메할라(Cartier Mehala: 주거지역) (3) 마이에렐레 노이[Cartier Maierele Noi: 주거지역으로, 이후 이오세핀(Iosefin)으로 이름이 바뀜]. 따라서 1868년경 둔치 지역의 너비는 948m에서 569m로 줄어들었다.

1728~1732년, 베가(Bega)강 상류 지역의 정비사업이 완료되면서 이오세핀(Iosefin) 지역에서 하류 지역을 잇는 운하가 개통되었다. 1849년, 합스부르크 제국으로부터 독립을 꾀하던 헝가리 혁명 세력이 요새 지역을 포위 공격함으로써 티미쇼아라 요새는 많이 파괴되었다. 1860년까지 요새 내에는 3층 막사 건물[Barracks U: 통일광장과 머러쉬티 광장(Mărăşti Square) 사이에 위치]과 4층 규모의 디카스테리알 궁전(Dicasterial Palace) 등 대형 건축물들도 들어섰다.

1804년 이전까지 합스부르크 왕가는 주변 국가들(왕국, 공국, 세습국가)을 통치하고 있었지만 하나의 단일 국가를 형성한 것은 아니었다. 즉, 1804년 합스부르크 왕가는 주변의 여러 국가를 흡수하여 오스트리아제국을 설립하였고 또한 1867년 프로이센[Preussen(1701-1918년): 독일 북부의 옛 왕국]에 패하여 오스트리아-헝가리 제국(1867-1918년)이 되었다.

5) 근대 도시로의 발전(1867~1918년)

좀 전에 말한 것처럼, 1867년 오스트리아-헝가리 이중 군주국(Dualist monarchy Austria-Hungary, 1867-1918)이 설립되면서 오스트리아와 헝가리는 분리되었다. 이후 티미쇼아라시는 상업과 금융 그리고 경공업 분야에서 많은 발전을 이룩하여 1890년 요새 지역을 포함한 도시의 중심지역과 외곽지역을 연결하는 몇 개의 중앙대가 건설되었고 베가강 주변 지역에도 도로와 공원이 조성되었다.

하지만 티미쇼아라 요새는 1892년 헝가리 정부가 요새의 군사기능을 없애기로 결정하면서 1899년 이후 철거되기 시작하였다. 요새가 철거된 곳에는 오늘날 루마니아 국립 오페라 하우스와 티미쇼아라 정통 가톨릭 관구장 대성당 사이의 모든 건물들 그리고 피아리스트(Piarist) 고등학교 복합단지 등이 들어섰다. 이 시기에 티미쇼아라는 도시 내의 오스만제국 흔적들이 사라지면서 바로크 양식의 새로운 도시로 탈바꿈하였다. 이후, 티미쇼아라는 루마니아 역사에서 가장 많은 변화를 겪은 도시가 되었다.

2. 성과 요새

1) 티미쇼아라 요새

티미쇼아라 요새(Timişoara Citadel)가 역사 문헌에 처음 언급된 것은 1175년이며 라틴어 카스트룸 티멘시엔시스(Castrum Timensiensis)로 기록되어 있다. 1241년 타타르족의 침공으로 많이 파괴되었으나 1308년 헝가리 왕위에 오른 카롤 로버트 왕(Carol Robert de Anjou)이 석재로 재건하였다. 앞에서 언급한 것처럼, 당시 그는 오늘날 바나트 박물관이 있는 곳에 성[1443~1447년 이 성이 복원되어 오늘날의 후네도아라성(Hunedoara Castle)이 된다]을 건설한 후 8년 동안 왕궁으로 사용함으로써 티미쇼아라는 1315~1323년 사이 헝가리 왕

세 겹의 방어벽으로 되어 있는 티미쇼아라 요새 지도[1] [Author, Turbojet]

국의 수도가 되었다.

1552년, 오스만제국에게 정복된 티미쇼아라는 이후 요새 지역과 도시지역 그리고 교외 지역 등 세 지역으로 구분되었다. 요새 안에는 튀르크인들만 거주할 수 있어, 정통 가톨릭 및 로마 가톨릭 신자들은 요새 밖에 거주하였다.

1716년, 합스부르크 제국에 점령된 티미쇼아라는 정치, 경제, 사회 그리고 문화적으로 많이 발전하여 '리틀 비엔나'라고 불리었다. 1723~1765년, 새로운 전투 기술에 대처할 수 없던 오스만 요새(티미쇼아라 요새)는 보방식 요새로 재건되었다. 기존의 요새보다 10배 이상 큰 보방 요새는 하늘에서 보면 별 모양으로 된 3개의 벨트로 둘러싸여 있으며, 벨트 사이의 공간은 물로 채워져 해자 역할을 하였다. 당시 요새 안에는 9개의 보루와 3개의 성문이 있었으나, 지금은 1730~1735년 건축된 마리아 테레시아 보루(Maria Theresia Bastion)만 남아있다. 티미쇼아라에서 가장 중요한 관광명소인 이 보루는 오늘날 민속박물관(Village Museum)의 한 섹션과 바나트 박물관(Banat Museum)의 두 상설전시관 그리고 레스토랑, 서점 등 상업공간으로 사용된다.

[티미쇼아라 요새: 주소 Strada Hector, Timișoara]

마리아 테레시아 보루

2) 유럽 최초의 '전기 가로등'이 있는 후네도아라 성

700년 역사의 후네도아라성[Castelul Hunedoara: 혹은 후니아데성(Castelul Huniade)]은 티미쇼아라에서 가장 오래된 건축물이다. 1308년 헝가리 왕위에 오른 카롤 로버트(Carol Robert de Anjou)는 지금의 바나트 박물관(후네도아라성)이 있는 곳에 성을 건축하여 약 8년(1315-1323년) 동안 거주하였다. 하지만 1443년 발생한 지진으로 성이 많이 파손되자 1443~1447년 이안쿠 후네도아라 영주(Iancu de Hunedoara)는 이탈리아 장인들을 고용하여 오늘날의 후네도아라 성으로 건축하였다.

후네도아라 가문의 성

1551~1552년, 오스만 군대가 티미쇼아라를 포위 공격하면서 후네도아라 성도 많이 파괴되었다. 같은 해 복원작업이 시작되었고, 이후 터키 사령관이 오스만제국이 티미쇼아라를 통치하는 동안(1552-1716년) 거주하였다.

1716년, 이번에는 합스부르크 제국이 티미쇼아라 요새에 주둔하던 오스만 군대를 포위 공격하면서 후네도아라 성도 많이 파손되었고, 1727년 보수공사가 시작되면서 포병 막사와 군수창고 등 새로운 목적에 맞게 건물 구조가 약간 수정되었다.

후네도아라 성은 그로부터 133년 후인 1849년에도 헝가리 혁명 세력의 대규모 포격으로 파손되었으나 오스트리아 군대가 헝가리군을 진압한 1856년 이후 대대적인 복원사업이 진행되어 오늘날의 모습으로 되었다. 당시 후네도아라 성은 새로운 군사·전략적 요구에 따라 건물 정면에 탑과 대포를 쏠 수 있는 총안이 건축되었다. 이 성은 1948년 이후 바나트 박물관으로 사용되고 있지만 2021년 현재 복원공사가 진행되고 있어 마리아 테레시아 보루(Maria Theresia Bastion) 내에 상설전시관을 두고 있다.

후네도아라 성 앞에 4개국 언어로 적혀있는 가로등은 티미쇼아라가 전기로 가로등을 밝힌 '유럽 최초의 도시'임을 상기시킨다. 즉, 1884년 11월 12일 티미쇼아라 도심에는 유럽 최초인 동시에 뉴욕에 이어 세계 두 번째로 '전기 가로등(731개 가로등)'이 설치되었다.

[후네도아라 성: 주소 Piaţa Huniade 1]

3. 교회 건물

1) 로마 가톨릭 성당

세인트 조르지 성당(St. George's Cathedral)으로 널리 알려진 로마 가톨릭 성당(Roman-Catholic Cathedral)은 1736~1774년 비엔나 출신의 건축가 에마누엘 피셔(Josef Emanuel Fischer von Erlach)가 바로크 양식으로 건축하였다. 교회 종탑은 쇤부른 궁전(Schloss Schönbrunn)을 설계한 비엔나의 유명 건축가 베른하르트 피셔(Johann Bernhard Fischer von Erlach)가 건축하였으며, 잘츠부르크에 있는 성 삼위일체 교회 종탑과 모양이 비슷하다.

로마 가톨릭 성당이 건축된 곳은 늪지대였기 때문에 먼저 나무 기둥을 땅속 깊이 박은 다음 그 위에 건축물을 세워야 했다. 성당의 길이와 너비 그리고 높이는 각각 55m, 22m 그리고 52.4m이다. 첫 번째 종은 1763년 주조되었고 시계는 1764년 설치되었다. 성당 내부에는 비엔나 예술가 요한 묄러(Johan Müller)가 바로크, 로코코 양식으로 조각한 9개 제단과 아이콘 그리고 루이 16세 양식으로 제작된 오르간 등이 있다. 벽화 '말을 타고 용과 싸우는 세인트 조르지(Saint George on horseback, fighting the dragon, 1754)'는 비엔나 슈테판 대성당(Stephansdom: 오스트리아 최대의 고딕 양식 건물)의 벽화를 그린 이탈리아 출신의 화가 미켈란젤로 운터베르거(Michelangelo Unterberger, 1695-1758)의 작품이다.

로마 가톨릭 성당은 1756년 마리아 테레사 황후가 제정한 법령에 따라 티미쇼아라 최초의 교회가 되었지만, 1788~1790년 오스트리아제국과 오스만제국이 전쟁을 하던 시기에 소금창고로 사용되었고, 1849년에는 헝가리 혁명군들의 공격으로 심하게 파손되었다.

[로마 가톨릭 성당: 주소 Piaţa Unirii 12]

2) 티미쇼아라 정통 가톨릭 관구장 대성당

티미쇼아라 정통 가톨릭교회는 바나트 지방이 오스트리아-헝가리 제국의 영향 하에 있을 당시 종교적 박해를 받았다. 하지만 1919년 이 지방이 루마니아와 통일하면서 본격적으로 발전하기 시작하였다. 즉, 1926년 티미쇼아라 요새 지역에 있던 오래된 본당이 다시 문을 열었으며, 1939년에는 향후 바나트 지방의 정통 가톨릭 관구장(Metropolis of Banat)이 되는 티미쇼아라의 주교구(Bishopric of Timişoara)가 설립되었다.

5천 명을 수용할 수 있는 티미쇼아라 정통 가톨릭 관구장 대성당(Metropolitan Orthodox Cathedral, 길이 63m, 너비 32m, 높이 90.5m)은 1936~1946년 건축가 이온 트라이아네스쿠(Ion Traianescu, 1875-1964)가 비잔틴 양식과 몰도바 양식으로 건축하였다. 당시 대성당이 건축된 곳은 늪지대였기 때문에, 1,000개 이상의 철근 콘크리트 기둥을 20m 깊이로 박은 다음 그 위에 건축하였다. 이 대성당은 티미쇼아라에서 가장 높은 건축물이며, 11

티미쇼아라 정통 가톨릭 관구장 대성당[3]

개의 종탑 중 가장 무거운 것은 8t에 이른다. 대성당 내 박물관에는 3,000권의 희귀한 교회 서적을 비롯해 800점 이상의 아이콘과 종교화 그리고 130점 이상의 교회 물품이 소장되어 있다: 벌그라드 신약성서(New Testament from Bălgrad, 1648)와 바를라암 설교집(Homiliary of Varlaam, 1643) 그리고 세인트 요셉(Joseph the New: Iosif cel Nou)의 성유물 등.

[티미쇼아라 정통 가톨릭 관구장 대성당: 주소 Bulevardul Regele Ferdinand I]

참조 제2차 세계대전이 한창이던 1944년 8월 23일~11월 31일, 티미쇼아라는 독일 폭격기의 집중포화를 받았다. 당시, 성당으로 떨어진 6개의 폭탄 중에서 하나만 폭발하여 큰 피해를 입지 않았는데, 이를 두고 티미쇼아라 시민들은 "진정한 하늘의 기적(true divine miracle)"이라 믿고 있다.

3) 세르비아 정통 가톨릭교회 주교구

세르비아 정통 가톨릭교회 주교구(Serbian Orthodox Episcopal Palace)는 1745~1747년 세르비아 주교인 게오르기에 포포비치(Gheorghie Popovici)가 티미쇼아라에 있을 당시 건축하였다. 이후 건물 외벽에 부조가 새겨지면서 과거보다 더 화려한 비엔나 풍의 바로크 양식으로 장식되었다. 건물 1층에는 세르비아 정통 가톨릭교회 주교구 박물관이 있다.

[세르비아 정통 가톨릭교회 주교구: 주소: Piaţa Unirii 4]

4. 역사적 건축물

1) 루마니아 국립 오페라

1989년 루마니아 혁명의 상징인 루마니아 국립 오페라(Romanian National

Opera)는 혁명 당시 티미쇼아라 시민들이 집결하여 "자유", "차우셰스쿠 타도", "공산주의 타도"를 외쳤던 곳이다. 이 건물은 1871~1875년 비엔나 출신의 세계적인 건축가인 펠너와 헬머(Fellner & Helmer)가 세웠지만 두 번에 걸친 화재로 많이 파손되었다. 즉, 1880년 첫 번째 화재가 발생하여 1882년 건물 본래의 르네상스 양식으로 복원하였으나, 1920년 발생한 두 번째 대화재 때에는 건물 대부분이 붕괴하여 1923~1928년 후기 루마니아 양식으로 복원되었다. 건물 중앙의 돌출된 부분은 1934~1936년 옥상에 물탱크를 만들면서 당시 새로운 건축 양식이던 나폴레옹 3세의 돔 스타일로 재건되었다.

이 건축물은 루마니아 국립 오페라를 비롯하여 미하이 에미네스쿠(Mihai Eminescu) 국립극장, 독일 국립극장 그리고 게르게이(Csiky Gergely) 헝가리 극

국립 오페라 극장[1][Author, Camelia Vatasoiu]

장 등 4개의 예술 기관 건축 양식이 혼합되어 있어, 세계적으로도 아주 드문 사례라고 한다.

[국립 오페라: 주소 Strada Mărăşeşti.2]

1989년 루마니아 혁명의 진원지

루마니아 혁명은 1989년 12월 16일 성모 마리아 광장(St. Maria Square)에 있는 한 교회에서 시작되었다. 즉, 혁명의 시작은 당시 루마니아 공산정권에 반대하던 헝가리계 라즐로 퇴케스 목사(László Tőkés, 1952-현재)를 루마니아 비밀경찰이 강제 추방하려 하자 이에 신도들이 항의한 것이 계기가 되었다. 그로부터 4일 후, 티미쇼아라는 공산 독재체제로부터 해방되어 "루마니아 최초의 자유도시"가 되었다. 시위의 성격은 티미쇼아라에 거주하던 루마니아인들과 소수민족들이 참여했기 때문에 소수민족 운동이 아니라 차우셰스쿠 독재에 반대하는 '반체제 운동'이라고 볼 수 있다.

시위대가 티미쇼아라 공산당 본부를 공격하자, 루마니아군과 경찰 그리고 비밀경찰(Securitate)이 진압하기 시작하였다. 12월 17일 발포 명령이 떨어졌고, 그로부터 공산체제가 전복되는 12월 22일까지 총 73명의 사망자와 수백 명의 부상자가 발생하였다. 이후, 시위는 전국적으로 확산하였고, 12월 21일 부카레스트에서도 대규모 시위가 발생하였다. 따라서 차우셰스쿠 부부는 12월 22일 루마니아 공산당 중앙위원회 본부 건물 옥상에서 헬리콥터를 타고 탈출하지만 12월 25일 트르고비쉬테(Târgovişte)시에서 처형되었다.

2) 바로크 궁전

통일광장에 있는 바로크 궁전(Baroque Palace)은 1778년 건축되었다. 티미쇼아라의 대표적인 18세기 건축물 중 하나이며 오랜 기간 주청사로 사용되었다. 이 건물은 원래 있던 두 개의 건물이 합쳐진 것으로 1층에 있는 분수는 한때 그곳이 안뜰이었음을 보여준다.

바로크 궁전 건물은 300년이라는 긴 세월 동안 정부 산하의 여러 기관이 사용하였다. 1733년, 원래 광산 법률사무소였으나 1735년 이후 군 수비대 본

바로크 궁전

부 건물로 사용되었고 또한 바로크라는 궁전 이름은 1754년 오스트리아-헝가리 제국의 바나트 지방 총독이 관저로 사용하면서 붙여졌다. 이 당시 궁전은 전체적으로 바로크 양식으로 건축되었지만, 로코코 양식도 일부 혼합되어 있다.

1778년 6월 6일, 바나트 지방이 헝가리에 병합되면서 1848년까지 헝가리 백작이 통치하는 티미쉬 코미타트 청사(Timiş Comitat: 한국의 지자체 '군'에 해당)로 사용되었지만, 1849년 헝가리 혁명을 진압한 합스부르크 제국이 보이보디나주(Vojvodina: 현재 세르비아공화국 북부) 자치구와 티미쉬주 바나트(Banat) 자치구 설립을 허락하면서 1861년까지 두 자치구의 지방정부 청사로 사용되었다. 당시 바로크 궁전은 오스트리아제국의 직접적인 관할권 하에 있었다.

1861~1918년에는 티미쉬 주청사로 사용되었으며, 오늘날의 티미쇼아라 미술관(Art Museum)으로 사용된 것은 2008년 이후부터이다.

[바로크 궁전: 주소 Piaţa Unirii 1, Strada Mercy 6]

3) 바이스 궁전

빅토리아 광장에 있는 바이스 궁전(Weiss Palace)은 1912년 바이스 가문이 건물을 임대하기 위하여 건축하였다. 건물 시공은 아놀드 머블(Arnold Merbl) 社가 맡았고, 건물 정면에 있는 페디먼트(pediment)는 제켈리 라즐로(Székely László)의 작품이다. 바로 옆에 있는 로이드 궁전(Lloyd Palace)은 티미쇼아라 폴

바이스 궁전[1][Author, Turbojet]

리테크니카 대학교(Polytechnic University of Timişoara) 본관이다.

[바이스 궁전: 주소 Bulevardul Republicii 2]

[로이드 궁전: 주소 Piaţa Victoriei 2]

로이드 궁전[1][Author, Gratziela Ciortuz]

4) 물의 궁전

베가(Bega)강은 티사(Tisa)강의 왼편 지류이며 총 254㎞를 흘러간다. 티미쇼아라 늪지대의 배수 작업과 수로 준설작업은 1718년 합스부르크 제국의 머시(Mercy) 사령관의 지휘 하에 진행되었다. 이로써 티미쇼아라와 클레크(Klek) 사이의 강(70㎞)과 그곳으로 유입되는 지류(10㎞)가 준설되어 베가강 물줄기를 따라 항해가 가능해졌다. 이후 베가 운하의 전체적인 시스템을 관리하기 위하여 티미쉬-베가강 관리공사가 설립되었고, 1898~1903년에는 관리공사 건물로 물의 궁전(Water Palace)이 건축되었다. 현재 루마니아 철도공사가 사용하고 있으며, 건물의 외벽에는 물과 관련된 형상들이 후기 바로크 양식으로 장식되어 있다.

[물의 궁전: 주소 Bulevardul 16 decembrie 1989, nr. 2]

물의 궁전

5) 시청사

티미쇼아라 시청사는 원래 상업고등학교 건물이었다. 1838년, 프란츠 스티벤(Franz Stiben)이 상업 관련 강좌를 개설하여 독일어로 강의하였고, 1873년에는 비스너(Wiessner)가 헝가리어로 강의하였다. 하지만 시간이 지나면서 공간문제가 발생하자 1914~1925년 이들은 오늘날의 시청 건물을 신축하였다. 1946년 이후 티미쇼아라 시청사로 사용되었으며, 길 건너편에 티미쇼아라 시 바나트 필하모니(Banatul Philharmonic)가 있다.

[시청: 주소 Bulevardul Constantin Diaconovici Loga 1]

시청사

6) 루마니아 최초의 맥주 공장

티미쇼레아나 맥주공장

1718년 티미쇼아라 파브릭(Fabric) 지역에 루마니아 최초의 맥주 공장이 문을 열었다. 이 공장은 티미쇼아라에 주둔하는 오스트리아 군인들을 위하여 합스부르크 제국의 군사령관인 외젠 드 사부아 공자(Prince Eugene of Savoy, 1663-1736)가 세웠다. 1720년, 공장 소유권이 티미쇼아라시로 넘어갔으며 제2차 대전 이후 현대적인 생산시설을 갖추었다.

300년 전통의 '티미쇼레아나(Timişoreana)' 맥주는 한때 루마니아 왕실에 납품되었으며 오늘날 루마니아 순수 자본으로 생산되는 대표적인 루마니아 맥주이다.

[티미쇼레아나 맥주 공장: ☎ (+40)256.224.165; 주소: Strada Ștefan cel Mare, nr. 28]

7) 넵튠 공중목욕탕

데체발 다리(Decebal Bridge) 인근에 있는 넵튠 궁전은 넵튠 공중목욕탕(Neptune Public Bath)으로 널리 알려져 있다. 1912~1914년, 건축가 시케이 라슬로(Székely László)가 비엔나 분리주의 양식으로 건축하였으며 원래 이름은 훈가리아(Hungaria)였다. 황금으로 덮인 지붕은 비엔나의 유명 건축가 오토 바그너(Otto Wagner)의 작품을 모방한 것이다.

훈가리아 공중목욕탕이 개장되면서 차츰 파브릭 지역에 있던 터키식 목욕탕들이 사라지기 시작하였다. 당시 초현대식 복합건물로 건축된 넵튠 목욕탕은 우리나라 찜질방처럼 대중목욕탕과 수영장, 사우나, 마사지 시설 그리고 레스토랑 등을 갖추고 있었다. 지금은 회사 사무실과 일반 아파트 그리고 레스토랑으로 사용된다.

[넵툰 공중목욕탕: ☎ (+40)269.214.445; 주소: Splaiul Nistrului nr. 1]

넵툰 공중목욕탕

8) 반카 데 스콘트

원래 할인은행이었던 반카 데 스콘트(Discount Bank: Banca de Scont) 건물은 1906~1908년 건축가 외덴 레크너(Ödön Lechner)의 제자인 마르셀 코모르(Marcel Komor)와 데즈소 자카브(Dezső Jakab)가 건축하였다. 이 건물은 티미쇼아라 역사를 통틀어 "티미쇼아라의 가장 우아한 건물" 혹은 "티미쇼아라의 우아한 보석" 등으로 평가받고 있다. 건물의 물결 모양과 비대칭 구조가 아주 인상적이며, 건물 정면은 추상적이면서 표현주의 양식이 두드러지게 나타난다. 헝가리 도자기 제조업체인 졸나이(Zsolnay)가 만든 반원형의 박공벽(pediment) 역시 아름다운 색상의 세라믹으로 장식되어 있어 카탈루냐 출신의 세계적인 건축가 가우디(Antoni Gaudi)의 스타일이 연상된다.

[반카 데 스콘트: 주소 Strada Gh. Lazar 1]

9) 오르모스 하우스

1891년 건축된 오르모스 하우스(Ormós House)는 오늘날 루마니아 학술원의 티미쇼아라 지부 도서관으로 사용된다. 건물 이름은 원래 벨라우어 하우스(Welauer House)였으며 독일 르네상스 양식으로 건축되었다. 이후 오르모스 지그몬드(Ormós Zsigmond)는, 1872년 자신이 설립한 역사·고고학 협회(Society of History and Archeology)에 있던 서적들을 소장하기 위해 건물을 매입한 후 박물관으로 개조하였다.

[오르모스 하우스: 주소 Strada Episcop Augustin Pacha]

오르모스 하우스

10) 루마니아 최초의 티미쉬 상공회의소

티미쉬 상공회의소는 합스부르크 제국의 법령에 따라 1850년 설립된 루마니아 최초의 상공회의소이다. 설립 후, 근 100년 동안 운영되었지만, 루마니아에 공산주의가 도입되면서 1949년 폐쇄되었다. 루마니아 혁명 직후인 1990년

7월 루마니아 정부의 승인에 따라 활동을 재개하였다.

[티미쇼아라 상공회의소: ☎ (+40)372.185.285; 주소: Piața Victoriei 3]

티미쉬 상공회의소[1][Author, Radufan]

11) 브뤼크 하우스

브뤼크 하우스(Brück House)가 있는 곳에는 원래 1758년 건축된 골든 크로스 약국(Golden Cross Pharmacy)이 있었다. 하지만 세월이 흐르면서 많이 파손되어 1828년 철거되었고, 그로부터 82년 후인 1910년 건축가 라즐로 제켈리(László Székely)가 아르누보 양식과 분리주의 양식이 혼합된 새로운 건물을 세웠다. 건물 이름은 브뤼크 가문에서 유래하며, 2012년 오늘날의 모습으로 복원되었다.

[브뤼크 하우스: 주소 Strada Mercy 9]

브뤼크 하우스

12) '철로 된 축이 있는 집'

철로 된 축이 있는 집

티미쇼아라에서 주소를 가지고 건물의 위치를 식별하기 시작한 것은 18세기이다. 그래서 이전에는 건물 자체의 독창성을 부각하기 위해 뭔가 독특한 엠블럼을 붙여야 했다. 대표적인 건물로는 18세기에 건축된 '철로 된 차축이 있는 집(House with the Iron Axis)'이다. 건물의 아랫부분 모서리를 자세히 보면 2.5m 길이의 철로 된 차축이 붙어 있다. 전설에 의하면 1716년 오스만 군대를 격퇴한 합스부르크 제국의 군사령관인 외젠 드 사부아(Eugenio di Savoia, 1663-1736)가 티미쇼아라로 입성할 때 타고 들어온 전투용 마차에서 떼어 낸 것이라고 한다.

[철로 된 축이 있는 집: 주소 Piața Ionel I. C. Brătianu]

5. 박물관

1) 바나트 국립박물관과 바나트 민속박물관

1872년 설립된 바나트 국립박물관(Banat National Museum)은 선사시대부터 오늘날에 이르기까지 바나트 지방의 전 역사를 다루고 있다. 1층에 전시된 신석기 시대의 파르짜 신전(Neolithic Sanctuary of Parța)은 유럽에서 아주 독특한 건축물로 평가받는다. 제단에는 점토로 만든 육면체 모양의 받침대가 있으며 또한 그 위를 보면 머리가 두 개인 동상이 있는데, 하나는 '황소 머리'이고 다른 하나는 마스크로 얼굴을 가린 '여자의 머리'이다. 그중, '여자의 머리'는 약 6천 년 전에 제작된 것으로 다산 숭배 사상과 연관이 있다고 한다.

이 박물관은 1948년 후네도아라 성(Hunedoara Castle)으로 이전하였으나 2011년부터 복원작업이 시작되면서 박물관 내의 유물은 2021년 현재 마리아 테레시아 보루(Maria Theresia Bastion)에 전시되어 있다.

[바나트 국립박물관: www.mnab.ro; ☎ (+40)256.491.339; 주소: Bastionul Maria Theresia, str. Martin Luther, nr. 4]

1971년 개장한 바나트 민속촌 박물관(Banat Village Museum)은 티미쇼아라 북·동부에 위치한다. 퍼두레아 베르데(Pădurea Verde: 의미 '푸른 숲') 내의 17.47헥타르 부지에 조성되었으며, 바나트 지방의 농촌가옥과 교회, 방앗간, 마을 회관, 선술집 등이 있다.

[바나트 민속 박물관: www.muzeulsatuluibanatean.ro; ☎ (+40)256.225.588; 주소: Str. Avram Imbroane, nr. 31]

2) 티미쇼아라 미술관

티미쇼아라 미술관(Timişoara Art Museum)은 바로크 양식으로 건축된 이 도시의 대표적인 건물 중 하나인 바로크 궁전 안에 있다. 전체적으로 비엔나의 킨스키 궁전(Kinsky Palace)과 비슷하지만, 자세히 보면 건물 외부 장식이 약간 다르게 표현되어 있다.

바나트 국립박물관 내에 미술작품이 전시되기 시작한 것은 1872년이지만, 이후 많은 미술품이 수집되면서 공간문제가 발생하였다. 따라서 박물관에서 미술 섹션이 분리되어 1943년 문화궁전(Palace of Culture)으로, 또한 1948년에는 후네도아라 성으로 이전되었다. 뿐만 아니라 1986년에는 바로크 궁전의 서쪽 날개 부분으로 이전되었으며, 2006년 바나트 국립박물관에서 완전히 분리되어 티미쇼아라 미술관으로 승격되었다. 현재 미술관에는 8,500점의 작품이 전시되어 있다.

[티미쇼아라 미술관: www.muzeuldeartatm.ro; ☎ (+40)256.491.592; 주소: Piața Unirii nr. 1]

티미쇼아라 미술박물관

아나 루고자나(Ana Lugojana) 레스토랑

일반 레스토랑처럼 음식을 주문할 수 있지만, 뷔페 음식도 먹을 만하다. 뷔페[월~금요일(11:30~15:00), 27lei/1인]일 경우 알칼리수(pH 9.5)가 서비스로 제공된다. 레스토랑에서 사용되는 거의 모든 식자재는 주인이 직접 농장과 텃밭에서 생산하기 때문에 건강식이며, 추천하는 음식은 토마토 크림수프와 클러티테 플람바테[clătite flambate: 부풀어 오른 팬케이크]이다.

[아나 루고자나 레스토랑: ☎ (+40)726.979.219; 주소: Piaţa Consiliul Europei nr. 2]

루고자나 레스토랑

◆ 티미쉬(Timiş)주 출신의 유명 인물

1) 세계 최초의 비행기 조종사: 트라이안 부이아

트라이안 부이아(Traian Vuia, 1872-1950)는 1906년 3월 18일 세계 최초로 파리 근교에서 자신이 직접 제작한 비행기에 엔진을 탑재하여 비행(거리 6m, 높이 12m)하였다. 당시의 비행은 1903년 12월 17일 라이트 형제(Wright brothers)가 미국의 노스캐롤라이

트라이안 부이아와 그의 동상

나주 키티 호크(Kitty Hawk) 해안가에서 '나무로 된 발사 장치'를 이용하여 12초간 36m를 비행한 것과는 달리, 비행기 자체의 동력으로 이룩했다는 데 역사적 의의가 있다.

2) 영화 「드라큘라」(Dracula)의 주인공: 벨라 루고시

벨라 루고시(Bela Lugosi, 1882-1956)는 1882년 루고즈(Lugoj)시에서 태어났다. 1920년 미국으로 이민을 떠난 후 1931년 공포 영화의 고전이 된 「드라큘라」의 주인공 역을 맡아 세계적인 영화배우가 되었다.

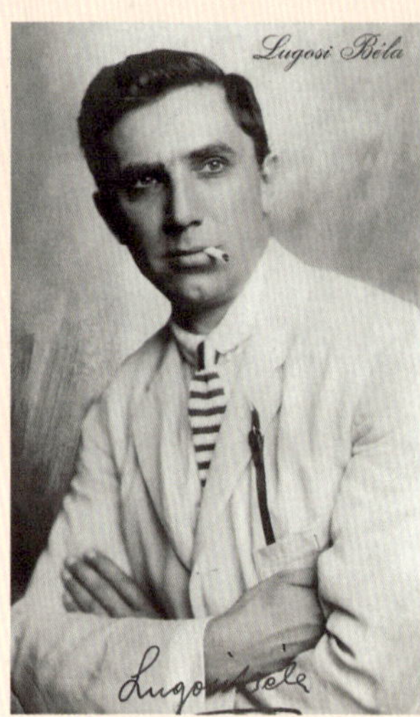

1912년 벨라 루고시[1][Author, Fortepan adományozó SALY NOÉMI]의 모습

루고즈(Lugoj) 시에 있는 벨라 루고시 영화관

3) 영화 「타잔」(Tarzan)의 주인공: 조니 바이스뮐러

1904년 티미쇼아라시 근처에서 태어난 바이스뮐러(Johnny Weismuller, 1904-1984)는 3살이 되던 해 부모를 따라 미국으로 이민을 떠났다. 1920년대 올림픽 자유형 부문에서 5개의 금메달과 총 67개의 세계 기록을 세웠으며, 1932~1948년 영화 「타잔」의 주인공 역을 맡으면서 세계적인 영화배우가 되었다.

영화 「타잔」의 조니 바이스뮐러[1][Author, trailer screenshot (MGM)]

4) 2009년 노벨 문학상 수상자: 헤르타 뮐러

2009년 노벨 문학상을 받은 헤르타 뮐러(Herta Müller, 1953-현재)는 티미쉬주 니츠키도르프(Nițchidorf)에서 태어났다. 1973~1976년 티미쇼아라 대학에서 문학을 전공하였으며, 1987년 독일로 망명한 이후 차우셰스쿠 독재체제 하에서 고통받는 사람들의 상처를 작품 속에 묘사하였다. 대표적인 작품으로는 「저지대」(Niederungen, 1982)와 「우울한 탱고」(Drückender Tango, 1984) 등이 있다.

2019년 헤르타 뮐러[1][Author, Dontworry]

티미쇼아라 주변 가볼 만한 곳

1) 천연 황금수(黃金水) 생산지 오크나 데 피에르와 레쉬짜 시

티미쇼아라시에서 남쪽으로 84㎞ 정도 가다 보면 오크나 데 피에르(Ocna de Fier)라는 작은 마을이 있다. 이 마을은 몇 년 전 천연 황금수(Natural Gold water)가 생산되면서 유명해지기 시작하였다. 오늘날 아우라(AUR'A)라는 브

랜드로 판매되며 프랑스, 독일 그리고 미국 등 세계 12개국에 수출된다. 또한, 그곳에서 남쪽으로 약 16㎞ 내려가다 보면 한때 루마니아 최대 철광석 생산지였던 레쉬짜(Reşiţa)시가 있다. 이 도시에는 1872년 생산된 루마니아 최초의 증기기관차가 전시되어 있다.

루마니아 최초의 증기 기관차

2) 아니나 시와 오라비짜 시

(1) 유럽에서 가장 깊은 아니나 광산

레쉬짜 시에서 남쪽으로 약 16㎞ 떨어진 곳에 아니나(Anina)시가 있다. 그곳에 있는 아니나 광산은 유럽에서 가장 깊은 광산(지하 1,327m)이며 갱도의 길이도 27㎞에 이른다. 흥미로운 것은, 1911~1985년 석탄 채굴 당시 사용된 엔진이 1912년 4월 14일 침몰한 세계 최대의 타이타닉(Titanic)호 증기엔진과 같은 모델이라고 한다. 아니나 광산은 현재 폐광

타이타닉호의 증기엔진과 동일 모델(작가미상)

으로 남아있지만, 아직도 엄청난 양의 석탄이 매장되어 있다고 한다. 아니나 광산은 향후 박물관으로 개장될 예정이다.

아니나 시의 겨울 풍경

참조 아니나에서 숙박을 원할 경우, 빌라 페르디난드 아니나 [Vila Ferdinand Anina, ☎ (+40)766.354.444; 주소: Strada Bufenilor nr 2]와 아니나 게스트하우스 [Pensiunea Anina, ☎ (+40)745.152.770; 주소: Strada Miniş 4]를 추천한다.

페르디난드 빌라는 루마니아 페르디난드 I세와 마리아 여왕이 머문 곳으로 유명하지만 룸이 7개밖에 되지 않아 특히 여름철에는 서둘러 예약하는 것이 좋다. 아니나 시를 여행할 경우, 가능하면 페르디난드 I세와 마리아 여왕이 머문 방에 숙박하면서 평생 기억에 남을 추억을 간직하기 바란다. 아니나 게스트하우스는 시청에서 그리 멀지 않은 곳에 있으며 건물 내부가 통나무로 아름답게 장식되어 있다.

페르디난드 I세가 묵었던 객실과 빌라 모습

(2) 비거르 폭포

아니나 시 주변에는 루마니아 최초의 부후이(Buhui) 인공호수와 미니쉬(Miniş) 호수, 비거르(Bigăr) 폭포 그리고 베우쉬니짜(Beuşniţa) 폭포 등이 있다. 세상에서 가장 작은 폭포 중 하나인 비거르 폭포는 국도 옆에 있어 접근성이 좋지만, 베우쉬니차 폭포는 자동차를 주차한 후 1시간 정도 걸어 올라가야 한다.

2013년 월드 지오그라피(The World Geography)는 비거르 폭포를 "세상에서 가장 아름다운 폭포 Top 10"에 선정하였으며, 2014년 허핑턴포스트도 "동화에서 나온 것 같은 마법의 장소"라고 언급하였다. 아니나 시를 둘러싼 국립공원에는 야생곰과 야생마 그리고 늑대들이 서식하고 있다.

비거르 폭포

이 외에도 바나트 지방에는 2,000년 역사를 자랑하는 헤르쿨라네 온천(Herculane Spa: Băile Herculane)과 븐투러토아레아 폭포(Cascada Vânturătoarea)가 있다. 헤르쿨라네 온천은 서기 2세기 고대 로마제국의 장군들이 이용한 곳이며, 븐투러토아레아 폭포는 루마니아어로 '떨어지는 폭포 물줄기가 바람에 부서진다'는 의미를 가지고 있다.

헤르쿨라네 온천

(1) 아니나(Anina)시 ↔ 비거르 폭포(Cascada Bigăr): 21㎞

(2) 아니나시 ↔ 베우니쉬니짜 폭포(Cascada Beuşniţa): 40㎞

(3) 비거르 폭포 ↔ 헤르쿨라네 온천: 70㎞

(4) 헤르쿨라네 온천 ↔ 븐투러토아레아 폭포: 12㎞

참조 구간별 거리 및 소요시간을 알고 싶다면 www.distanta.com에 접속하여 왼쪽 상단에 있는 "De la (From), Pana la (To)"의 괄호 안에 각각 출발 및 도착 장소를 루마니아어로 적으면 된다.

베우쉬니짜 폭포　　　　　　　　　　븐투러토아레아 폭포

(3) 합스부르크 제국의 엘리자베스 황후가 치료받은 마릴라 병원

아니나 시에서 오라비짜(Oravița)시로 가다 보면, 19세기 말 합스부르크 제국의 엘리자베스 왕후[Elisabeth Amalie Eugenie, 1837-1898: 애칭 시시(Sisi)]가 치료를 받은 마릴라(Marila) 병원이 있으며 또한 길 건너편에는 그녀가 머물렀던 작은 오두막집이 있다. 당시 호흡기 질환을 앓고 있던 시시는 마릴라 병원과 이 온천을 오가며 치료를 받았다고 한다.

아니나 시에서 약 90㎞ 떨어진 곳에는 서기 2세기 로마제국의 장군들이 즐겨 찾던 헤르쿨라네 온천(Herculane Baths)이 있다. 오스트리아제국의 프란츠 요제프 1세(Franz Joseph I, 1830-1916)는 이 온천을 "유럽 대륙에서 가장 아름다운 휴양지"라고 언급하였다.

바나트 지방 풍경

(4) 최초의 유럽인 "이온(Ion)"

2002년, 유럽에서 가장 오래된 사람의 뼈가 바나트 지방의 포나르(Ponar) 동굴에서 발견되었다. 발굴작업에 참가했던 미국, 독일 등 6개국 학자들은 약 42만 년 전에 존재한 호모 사피엔스(Homo sapiens)라고 결론을 내렸고, 연구 자료는 그해 네이처(Nature)지에 실렸다. 그로부터 2년 후인 2004년에도 다른 동굴에서 사람의 뼈

"최초의 유럽인" 이온(ION)

(이온보다 약 14만 년 이후인 것으로 추정)가 발견되었다. 이후, 루마니아 학자들은 이들에게 각각 '이온(Ion)'과 '바실레(Vasile)'라는 루마니아 이름을 붙여 주었다.

이 외에도 바나트 지방에서는 쥐라기 시대(Jurassic Period: 1억 8천만~1억 3천 5백만 년 전)에 서식했던 난쟁이 공룡(dwarf dinosaurs) 화석이 발견되었다.

◆ 난쟁이 공룡

하쩨그 주 공룡 지질공원(Hațeg County Dinosaurs Geopark: 면적 1,023km²)은 2005년 유네스코 유적지로 인정된 동유럽 최초의 국제지질공원이다. 특히, 짜라 하쩨굴루이(Țara Hațegului) 지역에서 발견된 '난쟁이 공룡의 알'과 '배아 상태의 공룡 알둥지' 그리고 '하늘을 나는 익룡(Hatzegopteryx)' 등은 세계 과학자들의 많은 관심을 끌었다.

이곳에 서식한 대표적인 난쟁이 공룡으로는 목과 꼬리가 긴 마기아로사우르스(Magyarosaurus)와 오리주둥이를 가진 텔마토사우르스(Telmatosaurus)이다. 백악기 후기에 살았던 마기아로사우르스는 몸길이와 키 그리고 몸무게가 각각 6m와 2m 그리고 1.1t이며 텔마토사우르스는 몸길이 5m에 몸무게가 450㎏이었다.

(5) 유럽에서 두 번째로 건설된 오라비짜-아니나 산악철도

세계 최초의 산악철도는 1848~1854년 오스트리아에 건설된 젬머링 철도(Semmering Railway, 길이 41㎞)이다. 이 산악철도는 증기기관차 철도 기술이 첫선을 보이던 시기에 완성된 것으로, 철도 건설 초기의 여러 문제점을 해결함으로써 토목공학적 측면에서 가장 큰 성과로 꼽힌다.

젬머링 산악철도 다음으로 건설된 제2의 유럽 산악철도는 1863년 루마니아 바나트 지방에 건설된 오라비짜-아니나 산악철도(Oravița-Anina, 길이 33.8㎞)이며 "바나트 지방의 젬머링(Semmering of Banat)"으로도 불린다. 현재 운행되는 차량 대부분은 1905~1915년 제작되었으나 가장 오래된 것은 1885년 제작되었다. 당시에 제작된 차량 중 네 량은 현재 오스트리아 비엔나 박물관에 그리고 한 량은 오라비짜 역 앞에 있는 기관 차고에 전시되어 있다. 차량 안에는 석탄과 나무로 불을 지피는 난로가 있다. 이 산악열차는 오라비짜 역에서 아니나 역까지 왕복 운행되며 운행시간은 편도 2시간이다.

운행시간 (산악철도)	월~일
오라비짜(Oraviţa) ···› 아니나(Anina)	11:15
아니아(Anina) ···› 오라비짜(Oraviţa)	13:30

오라비짜-아니나 산악철도

"보석처럼 빛나는" 오라데아

1. 도시의 역사

크리슐 레페데(Crișul Repede)강 하류 지역에 있는 오라데아(Oradea)시는 헝가리 국경에서 약 12㎞ 떨어져 있다. 도시 이름은 1880년대까지 우르베아 마레(Urbea Mare) 그리고 오라데아-마레(Oradea-Mare)였지만 1924년 오라데아로 바뀌어 오늘날에 이르고 있다.

오라데아와 그 주변 지역에서 고대 다치아인들의 정착지가 발견되었으며, 서기 2~3세기에 유통된 로마 시대 동전도 발견되었다.

11세기에 건설된 오라데아 요새(Oradea Citadel)는 1241년 타타르족의 침공으로 파괴되었으나 16세기 후반(1570-1589년) 트란실바니아 영주들이 재건하였다. 1660년에는 오라데아 요새를 정복한 오스만제국이 약 32년 동안 주둔하였으나, 1692년 합스부르크 군대에 패함으로써 요새는 합스부르크 제국의 통치 하로 들어갔다.

그동안 오라데아는 크리슐 레페데강의 잦은 범람과 특히 1836년 발생한 대화재로 많이 파괴되었다. 오늘날 오라데아시가 한 폭의 수채화처럼 아름

오라데아 전경

다울 수 있었던 것은 18세기 비엔나 출신의 건축가 힐러브란트(Franz Anton Hillebrandt)가 열은 핑크색과 파란색, 녹색 그리고 흰색을 많이 사용하는 비엔나의 세련된 분리파 양식으로 도시를 재건했기 때문이다. 힐러브란트는 헝가리의 부다페스트 왕궁과 슬로바키아의 브라티슬라바(Bratislava) 왕궁을 건축한 오스트리아 출신의 세계적인 건축가이다.

2012년 이후, 오라데아시는 비엔나, 바르셀로나, 브뤼셀, 낭시, 부다페스트와 함께 유럽의 아르누보 네트워크(European Art Nouveau network)에 포함되었다. 그래서 이 도시에 가보면 바로크 양식은 물론 아르누보 양식의 많은 건축물을 볼 수 있다. '새로운 예술'을 의미하는 아르누보라는 용어는 독일-프랑스 미술상(美術商)인 지크프르트 빙(Siegfried Bing, 1838-1905)이 1895년 파리에 문을 연 '메종 드 아르누보(Maison de l'Art Nouveau)'라는 화랑 이름에서 유래한다. 섬세한 꽃무늬의 반복적인 패턴이나 넝쿨장식, 구불구불하고 유연한 선으로 장식된 철제 난간 그리고 긴 실루엣의 여인 등 로맨틱한 이미지를 강조한 예술 장르이며 1890~1910년 유럽과 미국 등지에서 유행하였다.

2. 오라데아 요새

11세기에 건축된 오라데아 요새(Oradea Citadel)는 이 도시의 상징이자 문화의 중심지이다. 오라데아 요새의 방어벽은 1241년까지 흙과 나무 울타리로 되어있었지만, 1247~1569년 석재로 건축되었다. 이 요새는 오랜 세월 동안 여러 차례 복원되면서 오늘날 로마네스크 양식과 고딕 양식, 르네상스 양식 그리고 바로크 양식으로 되어있다. 오라데아 요새는 1570~1618년 이탈리아 건축가가 복원, 증축한 후 해자가 있는 오늘날의 오각형 형태로 되었다.

오라데아 요새

1092~1557년, 로마 가톨릭 주교가 거주하는 종교와 문화의 중심지였으며, 1777년에는 교황 비오 6세(Pope Pius VI, 1775-1799)가 그리스-가톨릭 교구를 설립하였다. 과거 요새 안에는 학교와 도서관, 인쇄소 그리고 천문관측소가 있었으며, 지금은 중세 축제와 야외 영화 상영 등 다양한 문화행사가 개최된다.

◆ 오라데아 요새

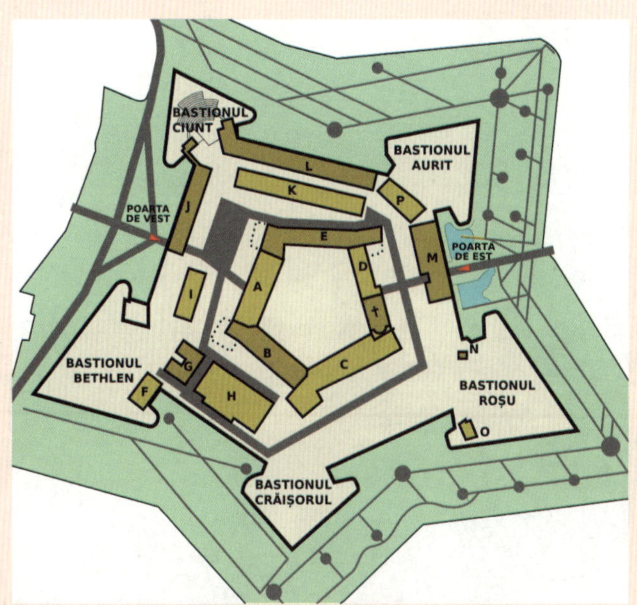

오라데아 요새 지도[1][Author, Arnold Platon]

(1) [Building A: 왕궁] (2) [Building B: 왕궁] (3) [Building C: 왕궁] (4) [Building D: 왕실수비대 건물] (5) [Building E: 왕궁] (6) [왕실수비대 교회] (7) [Building G: 식료품 창고] (8) [Building H: 베이커리] (9) [Building I: 행정실] (10) [Building J: 서문(西門)과 마구간] (11) [Building K: 군 장교 막사] (12) [Building L: 북쪽 참호(塹濠)] (13) [Building M: 동문(東門)] (14) [Building P: 아우리트 망루 참호]

하늘에서 바라 본 오라데아 요새

3. 통일광장과 주요 건축물

통일광장(Union Square)은 이 도시의 역사와 문화의 중심지이다. 1753년부터 조성되기 시작하였으며 이후 다양한 양식의 건물과 가로등이 들어섰다. 현재 이곳에는 바로크 양식을 비롯하여 고전주의, 낭만주의, 절충주의, 역사주의, 분리주의 그리고 후기 루마니아 양식 등 총 7가지 양식으로 된 다양한 건축물을 볼 수 있다. 광장 중앙에는 1924년 설치된 루마니아 페르디난드 I세(Ferdinad I)의 동상이 있었지만, 지금은 1600년 루마니아 세 지방을 통일시킨 미하이 비테아줄 영주 동상으로 대체되었다.

통일광장

미하이 비테아줄 동상

광장 주위에는 시청 건물과 그리스-가톨릭 주교 건물, 달이 있는 교회, 검독수리 건물, 세인트 니콜라스 주교 그리스-가톨릭교회 그리고 1721~1741년 건축된 세인트 라디슬라우(St. Ladislau) 교회 등이 있다.

1) 시청사

오라데아 시청 건물은 그리스-가톨릭 주교 건물(Palace of the Greek-Catholic Bishopric, 18세기)이 있던 자리에 1902~1903년 신고전주의 양식으로 건축되었다. 건물 외벽에는 4개의 작은 조각상과 도시의 상징물이 있으며, 100년 전에 설치된 시계는 지금도 작동된다.

시청사

시청사와 크리슐 레페데 강

2) 그리스-가톨릭 주교 건물

그리스-가톨릭 주교 건물(Palace of the Greek-Catholic Bishopric)은 1903년, 당시 오라데아 출신의 세계적인 건축가 칼만(Rimanóczy Kálmán Jr)이 절충주의 양식으로 건축하였다. 이 건물은 오랜 기간 통일광장에서 가장 아름다운 건물 중 하나로 간주되었으며, 오늘날 로마네스크 양식과 로코코, 바로크 그리고 아르누보 양식이 절묘하게 결합한 예술의 결정체로 평가받고 있다.

그리스-가톨릭 주교 건물

1947년 공산주의가 도입되면서 국유화되어 학교와 도서관으로 사용되었으며, 1989년 루마니아 혁명 후 다시 교회 건물로 바뀌었다.

3) 유럽에서 유일한 '달이 있는 교회'

1784~1790년 바로크 양식으로 건축된 성모 안식 성당(Cathedral of the Dormition of the Mother of God: Catedrala Adormirea Maicii Domnului)은 '달이 있는 교회(Moon Church: Biserica cu Lună)'라는 이름으로 널리 알려져 있다. 교회 이름은 건물 정면에 설치된 반은 금색이고 반은 검은색인 둥근 모양의 구(球: 지름 1m)에서 유래한다.

1793년, 기계공학자 제오르그 루에페(Georg Rueppe)는 시간에 따라 둥근 모양의 구가 조금씩 회전하는 시계의 메커니즘을 교회 정면에 적용하였다. 이 메커니즘은 달이 지구 주위를 돌면서 변화하는 모습을 형상화한 것으로 유럽에서 유일하다고 한다.

4) 검독수리 궁전

검독수리 궁전(Black Eagle Palace: Palatul Vulturul Negru)은 1907~1909년 건축가 마르셀 코모르(Marcell Komor)와 자카브 데즈소(Jakab Dezso)가 건축하였다. 이 건물은 오늘날 트란실바니아 지방에서 규모가 가장 큰 대표적인 분리주의 양식의 건물로 간주된다. 건물 이름은 1714년 현재의 건물터에 있던 독수리 여인숙(Eagle Inn)과 연관이 있으며, 이후 합스부르크 제국의 프란츠 요제프 I세(Franz Joseph I: 1830-1916)와 엘리자베스 여왕(Elisabeth: 1837-1898) 등 당대 유명 인사들의 만남의 장소였다.

건물 사이를 가로지르는 아르누보 쇼핑 아케이드는 유리 지붕으로 되어있

'달이 있는 교회'

으며, '검독수리 통로(Black Eagle Passage)'라고도 불린다. 이 통로는 2011년 도시의 상징으로 선정되었으며 오늘날 오라데아 시민들이 가장 즐겨 찾는 곳이다. 아케이드 유리창에 묘사된 건물의 상징물인 검독수리는 1909년 오라데아 출신의 조각가인 노이만 케이(Neumann K.)가 제작하였다.

현재, 검독수리 궁전에는 다양한 상점들과 호텔, 카페 그리고 영화관이 있으며, 궁전 뒤편의 카페거리[리퍼블릭 애버뉴(Republic Avenue)]에는 아름다운 건물이 즐비해 있다.

검독수리 궁전

아르누보 쇼핑 아케이드

카페 거리와 그곳에 있는 믹샤(Moskovits Miksa) 궁전

스테른(Stern) 궁전

5) 바로크 궁전

바로크 궁전(Baroque Palace)은 오라데아 기차역에서 약 5분 거리에 위치한다. 이 건물은 U자형의 3층 건물로 되어있으며 루마니아에서 규모가 가장 큰 바로크 양식의 종교 건축물이다. 건물의 길이는 102.3m이며 오늘날 오라데아 로마 가톨릭 주교구(Bishopric of Oradea)로 사용된다.

바로크 궁전은 1762~1777년 오스트리아의 건축가 힐러브란트(Franz Anton Hillebrant)가 로마의 제수 성당(Church of the Gesu: 예수회 성당의 모태가 되는 로마 최초의 예수회 성당 본부)을 모델로 하여 건축하였으며, 건물 안에는 프레스코로 장식된 100개의 룸과 365개의 창문이 있다. 힐러브란트는 부다페스트 왕궁과 슬로바키아의 브라티슬라바 왕궁을 건축한 오스트리아 출신의 세계적인 건축가이다.

6) 마리아 왕비 극장

페르디난드 I세 광장에 있는 마리아 왕비 극장(Queen Maria Theater)은 1899~1900년 비엔나 출신의 세계적인 건축가 펠너와 헬머(Fellner & Helmer)가 건축하였다. 건물 외부는 전체적으로 신고전주의 양식이 두드러지게 나타나지만, 후기 르네상스 양식과 후기 바로크 양식이 혼합되어 있으며, 내부는 로코코 풍이 강조되어 있다. 펠너와 헬머는 비엔나의 오페라 하우스(Vienna Opera House)를 비롯해 그동안 유럽의 주요 도시에 약 50개의 극장을 설계하였다. 마리아 왕비 극장에서 그리 멀지 않은 곳에 법원 건물(Palace of Justice)이 있다.

바로크 궁전

법원건물

마리아 왕비 극장

온천과 레스토랑

1) 버일레 펠릭스(Băile Felix) 온천: 류머티즘 치료에 탁월하며 오라데아시에서 약 8㎞ 떨어져 있다.
   [☎ (+40)259.318.108; 주소: Statiunea Baile Felix, Sanmartin, Bihor]

2) 님파에아 아쿠아파크(Nymphaea Aquapark): 전체 면적이 7헥타르(약 2.1만평)이다.
   [☎ (+40)771.355.322; 주소: Aleea Ștrandului 13 B]

3) 레스토랑 리보(Rivo): 크리슐 레페데 강변에 위치한다.
   [☎ (+40)359.444.445; 주소: Aleea Ștrandului 3]

님파에아(Nymphaea) 아쿠아파크

리보(Rivo) 레스토랑

“트란실바니아 제1의 도시” 클루즈-나포카

약 1,900년의 역사를 자랑하는 클루즈-나포카(Cluj-Napoca)시는 그동안 세계 수준의 뮤직 페스티벌인 언톨드(Untold)와 트란실바니아 국제영화 페스티벌(Transylvania International Film Festival)을 개최하면서 루마니아 최고의 문화도시로 변모하였다. 이에 허핑턴포스트는 “21세기 예술계를 뒤흔들 세계 12대 도시 중 하나”라고 극찬하였고, 뉴욕타임스도 세계 “예술의 중심지”로 칭하였다.

이 도시는 경제 분야에서도 많은 발전을 이룩하였다. 특히, ICT 분야에서의 괄목할 만한 성장으로 몇 년 전부터 “동유럽의 실리콘 밸리”로 불리기 시작하였다. 따라서 루마니아 포브스지는 클루즈-나포카를 “트란실바니아 지방의 경제 수도”로 칭하였고, 판도 네트워크(Pando Networks)는 “유럽연합 회원국 중 가장 좋은 인터넷 연결을 제공하며, 세계에서 두 번째로 빠른 인터넷 속도”를 자랑한다고 발표하였다.

2015년, 클루즈-나포카는 유럽 청소년 수도(European Youth Capital)로 선정되었으며, 유럽위원회(European Commission)는 “유럽에서 가장 친절한 도시”

클루즈 나포카 전경

라고 발표하였다. 이 말은 외국인이 다른 나라로 이민을 떠나 새로운 삶을 시작할 때 클루즈-나포카 시민들이 유럽에서 가장 친절하다는 의미이다. 그래서인지 이 도시는 넘베오(Numbeo)가 발표한 삶의 질 지수(Quality of Life Index 2021)에서 런던이나 파리, 브뤼셀, 바르셀로나 그리고 밀라노보다 높게 나타났다.

CNN은 클루즈-나포카를 "관광객이 붐비지 않는, 세상에서 가장 아름다운 도시 TOP 20"에 포함시켰다. 서유럽 도시로는 스위스 바젤과 벨기에 안트베르펜, 네덜란드 헤이그, 노르웨이 트론헤임 그리고 프랑스 오렌지 등이 선정

되었고, 동유럽 도시는 폴란드 바르샤바와 헝가리 데브레첸 등이 선정되었다. 이뿐만 아니라 몇 년 전에는 비엔나와 브뤼셀, 스위스 바젤, 프라하, 부다페스트, 프랑스 메츠, 폴란드 그단스크 등과 함께 유럽위원회가 발표한 "크리스마스 시장이 가장 아름다운 유럽 10대 도시" 중 8위에 선정되었다.

CNN은 또한 클루즈-나포카 인근에 있는 아푸세니산맥(Apuseni Mountains)을 "유럽에서 가장 아름다운 곳 Top 20"에 선정하였다. 당시 이 산맥은 스페인의 피코스 데 에루로파(Picos de Europa: 의미 '유럽의 봉우리')와 노르웨이의 로포텐 제도(Lofoten Islands)에 이어 3위를 차지하였다.

거리의 악사들

클루즈-나포카 야경

"아푸세니산맥은 동유럽에서 가장 잘 보존된 비밀의 장소입니다. [...] 이곳에서 시간은 멈춰 있어요. 소나무 향기가 가득한 신선한 공기를 마시면서 야생동물들을 주시하세요. 숲속을 배회하는 늑대들과 창공을 빙빙 도는 물수리를....."

아푸세니산맥에는 유럽에서 두 번째로 큰 지하 빙하인 '스커리쇼아라 동굴 빙하(Scărișoara Cave Glacier)'가 있다. 이 동굴 빙하는 루마니아의 경이로운 자연 중 하나로 간주되며 생성 연도는 3,300년이 넘는다.

1. 도시의 역사

클루즈-나포카시와 그 주변 지역에서 신석기 유물이 발견되었다. 이 도시가 역사 문헌에 처음 언급된 것은 서기 2세기이며 당시 그리스 지리학자 클라우디오스 프톨레마이오스(Claudius Ptolemaeus, AD 100-170)는 다음과 같이 기술하였다.

"나푸카(Napuca)는 다치아에서 가장 중요한 곳 중 하나이다."

서기 106년, 다치아 왕국을 정복한 로마제국은 서기 124년 사무스(Samus)강 오른편에 새로운 도시 무니치피움 아엘리움 하드리아눔 나포카(Municipium Aelium Hadrianum Napoca)를 건설하였다. 하지만 274~275년 로마제국이 다치아 지역에서 다뉴브강 이남(현재 불가리아)으로 철수하면서 쇠퇴하기 시작하였다.

클루즈(Cluj)라는 도시 이름이 사용되기 시작한 것은 1175년이며, 라틴어 카스트룸 클루스(Castrum Clus)에서 유래한다. 이 말은 언덕으로 '둘러싸여 있는 군사기지' 혹은 '산 혹은 언덕 사이의 좁은 협곡'을 의미한다.

클루즈는 1241년 타타르족의 공격으로 파괴되었으나 이후 헝가리 이슈트반 5세(István V, 1239-1272)가 독일 작센 지방에서 데리고 온 색슨족들에 의해 재건되었다. 1316년, 이 도시는 헝가리 카롤 왕(Carol Robert de Anjou, 1308-1342)의 통치기에 경제적으로 많이 발전하여 도시(civitas)의 면모를 갖추었고, 특히 1405년 신성로마제국의 지기스문트 왕(Sigismund de Luxemburg, 1368-1437)이 자유도시의 권리를 부여하면서 요새화되었다. 당시 건축된 요새와 타워 중 일부는 오늘날에도 보존되어 있다.

15세기 중엽, 클루즈 요새는 마티아스 코르비누스 왕[Mathias Corvinus: 루어 마테이 코르빈(Matei Corvin, 1443-1490)]이 통치하던 시기에 황금기를 누렸다. 당시 클루즈 요새는 위락시설을 갖추고 있었으며, 유럽에서 '보물과 같은 도시'로 불리었다.

클루즈 나포카 루마니아 학술원 도서관

1541년, 오스만제국에게 정복된 헝가리는 그로부터 1699년까지 약 158년 동안 튀르크인들의 지배를 받았다. 따라서 1541~1699년 트란실바니아 지방도 오스만제국의 파샬릭[pashalik: 파샤(pasha: 주지사, 군사령관의 관할구)]으로 병합되었다. 하지만 클루즈 요새는 여전히 트란실바니아의 경제, 정치 그리고 문화 중심지로 남아있었다.

1601년, 미러슬러우(Mirăslău) 전투에서 패한 바바 노박(Baba Novac) 장군이 헝가리 귀족들에게 체포되어 산채로 화형(火刑)되었고, 미하이 비테아줄 영주도 같은 해 8월 9일 클루즈 근처에 있는 투르다 평원(Turda Plain)에서 바스타 장군(Giorgio Basta: 오스만제국과 전쟁을 치루기 위해 신성로마제국의 황제인 루돌프 II세가 고용한 알바니아계 이탈리아 장군으로 1600~1603년 트란실바니아 지방 통치)에게 암살되었다.

1688년, 오스만제국이 합스부르크 제국에게 패하면서 트란실바니아 지방도 합스부르크 제국의 지배 하로 들어갔고, 1715년 클루즈시에 보방 요새(Cluj Citadel: Cetățuia Cluj)가 건설되기 시작하였다.

1790~1848년과 1861~1867년, 클루즈는 오스트리아제국 내 트란실바니아 대공국의 수도였다. 클루즈 요새(인구: 10,660명)는 1848년 트란실바니아 지방의 수도로 지정되면서 본격적으로 근대화하였고, '1848년 혁명'의 중심지 중 하나로 자리 잡았다.

1867년, 합스부르크 제국의 프란츠 요제프 1세(Franz Joseph I, 1830-1916)와 헝가리 귀족 사이에 대타협(Austro-Hungarian Compromise)이 이루어짐으로써 오스트리아-헝가리 제국(1867-1918년)이 설립되었다. 따라서 클루즈와 트란실바니아 지방은 다시 헝가리 왕국에 병합되었다. 당시 트란실바니아 지방의 수도였던 클루즈는 헝가리 왕국에서 부다페스트 다음으로 큰 도시였다.

19세기 후반에는 프란치스크 이오시프 대학교(Francisc Iosif University) 본관 건물과 루마니아 학술원 건물 등이 건축되었으며, 20세기 초반에는 현재 클루즈 도심에 있는 건물 대부분이 복원되거나 신축되었다. 대표적인 건물로는 유니테리언(Unitarian) 고등학교와 루마니아 오페라 하우스, 시청, 재정부 건물, 법원 건물 그리고 클루즈 주청사 등이 있다.

법원 건물

제1차 세계대전 끝난 1918년, 트란실바니아 지방은 루마니아와 통일하지만 제2차 세계대전이 시작되면서 독일의 압력으로 비엔나 명령(Dictate of Vienna, 1940년)이 체결되어 다시 헝가리에 병합되었다. 제2차 세계대전이 막바지로 치닫는 1944년 10월, 루마니아-소련 연합군은 클루즈에 주둔하고 있던 헝가리, 독일군대를 몰아냈고, 이후 1947년 파리조약(Treaty of Paris)이 체결되면서 루마니아는 다시 트란실바니아 지방을 회복하였다.

클루즈-나포카라는 오늘날의 도시 이름은 1974년 루마니아 독재자 차우세스쿠가 '클루즈'라는 기존의 이름에 고대 다치아 시대 때 사용된 '나포카(Napoca)'라는 이름를 붙이면서 불리기 시작하였다.

2. 성과 요새

1) 클루즈 요새

1715~1735년, 합스부르크 제국은 소메쉬(Someș)강 왼편에 클루즈 요새(Cluj Citadel: Cetățuia Cluj)를 건설하였다. 이 요새는 군사·전략적인 차원에서

클루즈 요새

도시 전체가 바라보이는 요새 언덕 위에 건설되었다. 근 200년 동안 감옥으로 사용되었으며, 특히 1848년 혁명 이후에는 완전히 감옥으로 사용되었다. 따라서 현재 이곳에는 그동안 희생된 많은 사람을 기리는 '영웅탑(1995년)'이 설치되어 있다.

영웅탑

오늘날 클루즈 요새의 흔적은 거의 찾아볼 수 없지만, 남·동쪽과 북쪽의 출입문을 포함하여 요새의 일부 벽면과 몇몇 건축물들 그리고 오늘날 낙하산 타워로 사용되고 있는 보루만이 보존되어 있다. 요새의 남쪽에 있던 건축물들은 아쉽게도 1970년대 벨베데레 호텔(Belvedere Hotel)이 건축되면서 철거되었다.

[클루즈 요새: 주소 Strada Emil Racoviță 60a]

2) 재단사의 보루와 탑

1241년 타타르족이 침공한 이후, 소메쉬강 유역(면적 7헥타르)에 최초의 방어벽이 건설되었다. 하지만 그보다 더 강력한 요새를 원했던 클루즈 시민들은 지기스문트 왕(Sigismund de Luxemburg, 1368-1437)에게 새로운 방어벽을 설치해 달라고 계속 요구하였다. 따라서 1405년 지기스문트 왕의 승인 하에 새로운 보방 요새(면적 약 45헥타르)가 건설되기 시작하였다. 당시 19개의 탑과 4개의 성문이 건축되었지만, 지금은 재단사의 보루와 탑(Tailors' Bastion or Tower)

요새 언덕 위의 페르골라(Pergola) 레스토랑에서 바라본 시내 전경

재단사 보루와 탑

만이 남아있다.

앞에서 언급한 것처럼, 미하이 비테아줄 영주(Mihai the Brave, 1558-1601)의 최측근 바바 노박 장군(Baba Novac, 1530-1601)이 1601년 클루즈 시에서 산채로 화형되었다. 당시의 끔찍한 처형장면과 관련하여 역사학자 투도르 설러제안(Tudor Sălăgean)은 다음과 같이 묘사하고 있다.

노박 대장 동상

"노박 장군과 그의 세르비아 성직자는 수평으로 놓인 커다란 둥근 나무에 묶여 있었고, 헝가리 사형집행자들이 불 위에서 그들을 돌렸다. 가능한 오랜 시간 고통을 주기 위해 그들은 수시로 두 사람의 몸에 물을 뿌렸다. 처형 후, 시신은 뾰족한 나무에 꽂아 도심 밖 재단사의 탑 옆에 세워두었고, 까마귀들이 살점을 떼어먹어 며칠 후 뼈만 앙상하게 남았다."

오늘날 재단사의 탑 옆에는 그의 넋을 기리는 노박 장군의 동상(1975)이 있다.

[재단사 보루와 탑: ☎ (+40)264.444.624; 주소: Strada Baba Novac 2]

3. 박물관 광장과 센트럴 파크

1) 박물관 광장

클루즈-나포카시에서 가장 오래된 박물관 광장(Museum Square)은 과거 클루즈 요새의 중심지였다. 원래 이름은 소광장(Little Square)이었으나 지금은 광장 서쪽 끝에 트란실바니아 국립 역사박물관이 있어 박물관 광장으로 불린다. 그곳에는 프란체스코 교회(Franciscan Church)와 오벨리스크 카롤리나(Carolina Obelisk), 미케스 궁전(Mikes Palace) 그리고 마테이 코르빈 하우스(Matei Corvin House) 등이 있다.

센트럴 파크

2) 센트럴 파크

센트럴 파크(면적 13헥타르)의 역사는 여성 복지협회(Women's Welfare Association)가 도시 내에 놀이공원을 만들기 위하여 토지를 임대한 1827년으로 거슬러 올라간다. 1830년, 공원 조성사업이 끝난 후 국민공원으로 개장되어 일반인들에게 공개되었으며, 1989년 혁명 이후 루마니아 역사학자이자 혁명가의 이름을 붙여 시미온 버르누찌우(Simion Bărnuțiu, 1808-1864) 센트럴 파크가 되었다.

4. 교회 건물

1) 900년 역사의 프란체스코 수도원

900년 역사를 자랑하는 프란체스코 수도원(Franciscan Monastery)은 오늘날 클루즈-나포카시에 있는 가장 오래된 건물 중 하나로 간주된다. 수도원의 역사는 현재 프란체스코 수도원이 있는 곳에 11세기에 건축된 클루즈시 최초의 로마 가톨릭교회로 거슬러 올라간다. 1241년, 타타르족에 의해 파괴된 이후, 1260~1290년 후기 로마네스크 양식으로 재건되었으며 또한 1428~1529년 이안쿠 데 후네도아라 영주(Iancu de Hunedoara, 1407-1456)와 그의 아

프란체스코 수도원

들 마티아스 코르비누스 왕(Mathias Corvinus: 1443-1490)의 지원으로 증축되었다.

세월이 흐르면서 수도원의 주인도 여러 차례 바뀌었다. 1600년 개혁교회로 사용되었으나, 이후 예수교회로 넘어갔으며 또한 화재로 교회가 붕괴한 이후에는 예수회 수도사들이 프란체스코 수도사들에게 넘겨주었다. 결국, 이 수도원은 1728~1745년 프란체스코 수도사들에 의해 복원된 후 오늘날에 이르고 있다.

[프란체스코 수도원: ☎ (+40)264.594.377; 주소: Strada Émile Zola 2]

2) 700년 역사의 세인트 미카엘 로마 가톨릭 대성당

700년 역사를 자랑하는 세인트 미카엘 로마 가톨릭 대성당(St. Michael Roman-Catholic Cathedral, 길이 70m, 너비 24m, 높이 80m)은 통일광장에 위치하며 트란실바니아에서 가장 대표적인 고딕 양식 건축물 중 하나이다.

성당의 역사는 카롤 로버트 왕(Carol Robert de Anjou)이 통치하던 1316년으로 거슬러 올라간다. 성당 높이는 루마니아에서 (1) 부카레스트의 민족구원 대성당(People's Salvation Cathedral, 127m), (2) 바이아 마레(Baia Mare)시의 성 삼위일체 주교 대성당(Holy Trinity Orthodox Episcopal Cathedral, 96m), (3) 티미쇼아라(Timişoara)시의 정통 가톨릭교회 대성당(Orthodox Cathedral, 90.5m) 다음인 4번째이고, 건물 길이는 (1) 부카레스트 민족구원 대성당(126.1m), (2) 알바 이울리아(Alba Iulia)시의 세인트 미카엘 대성당(St. Michael Cathedral, 93m), (3) 브라쇼브(Braşov)시의 검은 교회(Black Church, 89m), (4) 바이아 마레(Baia Mare)시의 성 삼위일체 주교 대성당(Holy Trinity Orthodox Episcopal Cathedral, 85m), (5) 시비우(Sibiu)시의 복음 대성당(Evangelical Cathedral, 72m) 다음인 6번째이다.

세인트 미카엘 로마-가톨릭 교회

그동안 이 성당은 세 가지 건축 양식으로 건축되었다. 즉, 전체적으로는 고딕 양식이 두드러지지만, 건물 내부는 몇 차례에 걸쳐 바로크 양식으로 복원되었고 또한 시계탑은 1837~1860년 사이 후기 고딕 양식으로 건축되었다. 교회 입구 위에는 세인트 미카엘 문장이 있으며, 아래에는 신성로마제국과 헝가리 왕국 그리고 보헤미아 왕국의 국가 문장이 있다. 1753년 바로크 양식으로 제작된 오르간은 오늘날까지 원래의 모습으로 보존되어 있다.

인상적인 것은, 세인트 미카엘 로마 가톨릭 성당 내부에 11개의 제단이 있었다고 한다. 그중 5개 제단은 중세시대 고딕 양식으로 만들어졌으며, 또한 1725~1759년 제작된 다른 5개 제단은 바로크 양식으로 되어있다. 하지만 지금은 2개 제단만이 보존되어 있으며, 그중 1870년부터 오늘날에 이르기까지 사용되고 있는 제단은 후기 고딕 양식으로 건축되었다.

이 성당은 헝가리 역사상 가장 위대한 왕으로 평가받는 마티아스 코르비누스 왕(Mathias Corvinus)이 세례를 받은 곳으로 유명하며, 이후 엘리자베스 여왕이 신성로마제국 황제인 페르디난트 I세(Ferdinand I, 1503-1564) 사절단에게 왕실 휘장을 넘긴 곳이기도 하다.

세인트 미카엘 로마 가톨릭 대성당은 루마니아에서 유일하게 그동안 서로 다른 4개의 종교 예배가 열렸다고 한다. 즉, 교회가 완공된 후 약 2세기 동안 가톨릭 방식으로 진행되었으나 종교개혁 기간에는 루터교(1545-1558년)와 캘빈교(1558-1566년) 등 개혁교회 방식으로 또한 1566~1761년 사이에는 약 150년 동안에는 유니테리언 교회 예배 방식으로 그리고 마지막으로 1761년 이후에는 다시 로마가톨릭 성당이 되면서 오늘날에 이르기까지 가톨릭 방식으로 진행되고 있다.

[세인트 미카엘 로마 가톨릭 성당:☎ (+40)264.592.089; 주소: Piața Unirii]

3) 개혁교회

늑대 거리(Wolf Street: 현재 Mihail Kogălniceanu Street)에 있는 개혁교회(Reformed Church: 길이 34m, 높이 19m)는 코르비누스 왕의 지원으로 1486~1510년 고딕 양식으로 건축되었다. 교회 안에 있는 각종 가구는 15세기 때 비스트리짜(Bistrița) 지역의 장인들이 제작한 것이며, 로코코 스타일로 제작된 오르간은 1765년 설치되었다.

1579년, 교회 안에 예수회 대학(Jesuit University)이 설립되었다. 1583년 역사 문헌에는 이곳에서 미하이 비테아줄 영주의 아들 "니콜라에 퍼트라쉬쿠(Nicolae Pătrașcu)를 포함하여 150명이 넘는 학생들이 수학하였다"라고 기록되어 있다.

개혁교회

교회 앞에는 1904년 조각가 조제프 로나(József Róna)가 제작한 '용을 죽이는 세인트 조지(Saint George killing the Dragon) 동상'이 있다. 이 동상은 1373년 신성로마제국 황제인 샤를 4세[Charles IV, 1316-1378: 카렐 4세(체코어)가 통치하던 시기에 프라하는 경제적 발전으로 파리 다음인 유럽 제2의 도시였음]의 주문으로 클루즈 출신의 두 명의 장인인 게오르게(Gheorghe)와 마르틴(Martin)이 제작한 동상의 복제품이다. 오리지널 동상은 현재 체코 프라하성(Castle Prague) 내에 설치되어 있다.

흥미로운 것은, 세인트 조지가 입고 있는 갑옷의 연결 고리가 용의 비늘 모양과 비슷하다는 것이다. 여기서 영감을 얻은 루마니아 철학자 루치안 블라가(Lucian Blaga)는 「세인트 조지 동상 앞에서」(In front of a statue of St. George)"라는 시를 창작하였다. 작품 속에서 그는 승자와 패자 그리고 선과 악이 다르지 않고 서로 유사하다는 것을 은유적으로 표현하였다.

[개혁교회: ☎ (+40)264.591.270; 주소: Strada Mihail Kogălniceanu 21]

클루즈-나포카 시의 '세인트 조지 동상'과 프라하에 있는 오리지널 '세인트 조지 동상'

4) 클루즈-나포카 정통 가톨릭 관구장 대성당

아브람 이안쿠(Avram Iancu) 광장에 있는 클루즈-나포카 정통 가톨릭 관구장 대성당(Orthodox Metropolitan Cathedral)은 1918년 트란실바니아 지방이 루마니아와 통일한 이후인 1923~1933년 건축되었다. 이 교회는 제1차 세계대전 당시 루마니아 군대가 트란실바니아 지방으로 진격하는 날짜(1916년 8월 15일)가 성모 안식 대축일(Dormition of the Mother of God)과 같아 '성모 안식 대성당'으로도 불린다.

전체적으로 루마니아 브른코베아누 양식과 후기 비잔틴 양식이 혼합되어 있으며, 외벽은 기하학적 무늬와 꽃무늬로 조각되어 있다. 또한, 대성당의 돔은 이스탄불에 있는 성 소피아 대성당(Saint Sophia Cathedral)을 모델로 하여 설계되었다. 총 4개의 종(鐘)이 설치되어 있으며 가장 무거운 것은 2t에 이른다.

이 대성당(높이 67m)은 루마니아에서 일곱 번째로 높은 교회 건축물이다: (1) 부카레스트 민족구원 대성당(Cathedral of the Salvation of the Nation, 127m), (2) 바이아 마레(Baia Mare)시의 성 삼위일체 주교 대성당(Holy Trinity Orthodox Episcopal Cathedral, 96m), (3) 티미쇼아라시의 정통 가톨릭 교회 대성당(Orthodox Cathedral, 90.5m), (4) 클루즈-나포카시의 세인트 미카엘 로마 가톨릭 대성당(Saint Michael Roman-Catholic Cathedral, 80m), (5) 시비우시의 복음 대성당(Evangelical Cathedral, 73.34m), (6) 바커우(Bacău)시의 정통 가톨릭교회 대성당(Orthodox Cathedral, 70m).

[클루즈-나포카 정통 가톨릭 관구장 대성당: ☎ (+40)264.431.004; 주소: Piața Avram Iancu]

아브람 이안쿠(Avram Iancu) 동상과 클루즈-나포카 정통 가톨릭 관구장 대성당

5) 1,000년 역사의 갈보리 로마 가톨릭교회

약 1,000년의 역사를 자랑하는 갈보리 로마 가톨릭교회(Calvary Roman-Catholic Church)는 머너쉬투르(Mănăştur) 지역에 있다. 교회의 역사는 11세기에 건축된 베네딕토회 수도원인 모나스테리움 베아타에 마리아에

(Monasterium Beatae Mariae de Clus)로 거슬러 올라간다.

1,000년의 역사를 자랑하는 만큼 역사·종교적 측면에서는 물론 건축학적 측면에서도 루마니아의 가장 중요한 건축물 중 하나로 간주된다. 원래 로마네스크 양식으로 건축되었으나 이후 고딕 양식으로 재건되었다. 교회의 공식 이름은 베네딕토회 수도원 교회(Benedictine Abbey Church)이며 수호성인은 성모 마리아이다.

베네딕토회 수도원 교회는 12세기부터 교황이 수여하는 여러 특권을 누렸다. 당시 베네딕토회 수도원장은 교황 이노센트 II세(Pope Innocent II, died in 1143)로부터 미트라(mitre: 주교가 의식 때 쓰는 모자)와 반지, 주교 휘장을 착용할 수 있는 권리를 가지고 있어 트란실바니아 지방의 주교구와 동등한 위치에 있

갈보리 교회

었다.

그동안, 이 교회는 최소 여섯 번의 공격을 받았으며, 1241년 타타르족과 1658~1661년 오스만제국의 침공 때 심하게 파손되었다. 이후, 오랜 기간 방치되다가 1787년부터 종자 보관용 헛간과 군수품 창고로 사용되었다. 특히, 1817~1821년에는 교회를 비롯하여 부속 건물이 철거되면서 클루즈시의 한 고등학교 건축자재로 사용되기도 하였다. 당시 그곳에는 제단과 예수를 안고 있는 성모 마리아 동상만 남아있었지만, 이후 제단 주위로 예배당이 건축되고 또한 1896년부터 대대적인 복원작업이 진행되면서 오늘날의 로마 가톨릭 갈보리 교회로 재탄생하였다.

'갈보리(Calvary)'라는 말은 예수의 고난과 순교를 의미하며, 예수 그리스도가 십자가에 못 박힌 예루살렘 부근의 언덕 '골고다(Golgotha, 라틴명 Calvary: 오늘날 아담의 해골이 묻혀 있다는 전설이 전해 내려오는 곳)'를 상징한다.

[갈보리 교회: ☎ (+40)364.266.073; 주소: Aleea Grădini Mănăștur]

5. 역사적 건축물

1) 클루즈-나포카 공대 본관

1904년 건축된 클루즈-나포카 공대 본관 건물은 애초 오스트리아-헝가리 은행(Austro-Hungarian Bank)으로 사용되다가 이후 수십 년 동안 광산학 연구소(Mining Research Institute)로 사용되었다. 1990년대 초, 한때 다치아 펠릭스(Dacia Felix) 은행으로 사용되었으나, 지금은 클루즈-나포카 공대(Technical University of Cluj-Napoca) 본관으로 사용된다. 클루즈-나포카 공대는 "루마니아의 매사추세츠 공과대학교(Massachusetts Institute of Technology: MIT)"로 간주되는 명문 대학이다.

[클루즈-나포카 공대: ☎ (+40)264.401.200; 주소: Strada Memorandumului 28]

클루즈-나포카 공대와 미국의 MIT 공대

2) 600년 역사의 마테이 코르빈 하우스

마테이 코르빈 하우스는 마테이 코르빈[Matei Corvin: 라틴어 마티아스 코르비누스(Mathias Corvinus), 1443년 2월 23일 클루즈에서 출생~1490년 4월 6일 비엔나에서 사망]의 생가이다. 코르빈은 루마니아인 아버지 이안쿠 데 후네도아라 영주(Iancu de Hunedoara, 1407-1456)와 헝가리 귀족 가문 출신의 어머니 실라기(Elisabeta Szilágy, 1410-1483) 사이에서 태어났으며, 16세가 되던 해 헝가리와 크로아티아의 국왕이 된 이후 32년(1458-1490년) 동안 통치하였다.

마테이 코르빈 하우스

약 600년의 역사를 자랑하는 코르빈 하우스는 클루즈시에서 주거지로 사용된 건물 중에서 가장 오래된 건물이다. 건축학적 관점에서 볼 때, 고딕 양식에서 르네상스 양식으로 바뀌는 15세기에 건축되어 전체적으로 두 양식이 조화롭게 혼합되어 있다. 건물 정면에는 1887년 오스트리아제국 프란츠 요제프

1세(Franz Joseph I)가 클루즈를 방문할 당시 제작된 기념패가 있다. 하지만 시간이 지나면서 건물의 용도는 여러 차례 변하였다. 1740년 교도소로 사용되다가 이후 군 병원으로 또한 1902~1935년에는 트란실바니아 카르파티아 협회 박물관(Museum of Transylvanian Carpathian Society)으로 사용되었다. 제2차 대전 이후에는 수십 년 동안 모리츠 지그몬드 대학(Móricz Zsigmond College)이 사용하다가 지금은 미술 및 디자인 대학교(University of Art and Design)가 사용하고 있다.

[코르빈 하우스: ☎ (+40)264.597.496; 주소: Strada Sextil Pușcariu 1]

3) 루치안 블라가 국립극장과 루마니아 오페라 하우스

루치안 블라가 국립극장(Lucian Blaga National Theater)과 루마니아 오페라하우스(Opera House)는 1918년 대(大)루마니아가 형성된 이후 루마니아 정

루치안 블라가 국립극장, 루마니아 오페라 하우스

신을 부활하기 위하여 1919년 9월 18일 설립되었다. 오늘날 이 두 기관은 1904~1906년 펠너와 헬머(Fellner & Helmer)社가 설계한 국립극장 건물 내에 있다. 1872년, 비엔나에서 설립된 펠너와 헬머社는 오스트리아-헝가리 제국이 설립된 이후 극장을 전문으로 설계하는 회사였다. 근 50년 동안 유럽에서 약 50개의 극장을 세웠으며, 그중 4개 극장은 루마니아의 이아쉬와 티미쇼아라, 오라데아 그리고 클루즈-나포카에 있다.

[루치안 블라가 국립극장: ☎ (+40)264.595.363; 주소: Piaţa Ştefan cel Mare, nr. 2-4]

4) 레두타 팰리스

레두타(Reduta)라는 말은 '무도회장(ballroom)'을 의미하는 프랑스어 러두트(redoute)에서 유래한다. 레두타 팰리스(Reduta Palace)는 16세기에 건축되었으나, 1820~1830년 신고전주의 양식으로 재건축되었다. 1910년, 건물 뒤편의 부속 건물 한 동이 증축되면서 본관과 연결되었으며, 건물 내에서 가장 화려한 곳은 2층으로 된 무도회장이다.

18세기, 이 건물은 당시 클루즈에서 가장 유명한 백마(White Horse: Calul Alb)라는 이름의 여관으로 사용되었으나, 이후 합스부르크 제국의 요제프 2세(Joseph II: 1741-1790)가 장교를 육성하는 학교로 바꾸었다. 레두타 팰리스라고 불리기 시작한 것은 19세기에 접어들면서 트란실바니아 지방의 중요한 정치, 행정 및 문화 건물로 사용하면서부터이다.

1919년, 레두타 건물 내에 음악학교(Conservatory)가 설립된 이후 독일 작곡가 브람스(Johannes Brahms, 1833-1897)와 피아노의 왕 프란츠 리스트(Franz Liszt, 1811-1886), 헝가리 작곡가 벨라 바르톡(Bela Bartok, 1881-1945) 그리고 루마니아 음악가 제오르제 에네스쿠George Enescu, 1881-1955) 등이 공연하

였다.

건물 정면에는 리스트의 콘서트(1846년, 1879년)를 기념하는 동시에 그의 탄생 200주년을 기리는 기념패가 붙어 있다. 1959년 이후 트란실바니아 민속 박물관(Ethnographic Museum of Transylvania)으로 사용된다.

[레두타 팰리스: ☎ (+40)264.592.344; 주소: Strada Memorandumului 21]

5) 붓 공장

머러쉬티(Mărăşti) 지역에 있는 붓 공장(Brush Factory)은 말 그대로 붓을 생산하는 공장이었다. 하지만 2009년, 현대 미술의 창조적 공간으로 재탄생되면서 오늘날 다양한 예술 활동이 개최되고 있다.

뉴욕타임스는 「미래의 예술 도시: 21세기 아방가르드」[Art Cities of the Future: 21st-Century Avant-Gardes (Ed. Phaidon Press, 2013)]라는 책을 인

붓 공장

용하면서, 클루즈-나포카시를 세계 "예술의 중심지"로 칭한 동시에 '세계 12개 주요 예술 도시' 중 3위로 선정하였다. 허핑턴포스트도 "21세기 예술 세계를 뒤흔들 세계 12개 도시" 중 하나라고 강조하였다.

[붓 공장: ☎ (+40)723.187.540; 주소: Strada Constantin Dobrogeanu Gherea 15A]

6) TIFF 하우스

바베쉬-보여이 대학교(Babeş-Bolyai University) 맞은편에 있는 티프 하우스(TIFF House)는 영화교육과 예술 활동을 장려하는 곳이다. TIFF 하우스는 제11회 트란실바니아 국제영화 페스티벌(Transylvania International Film Festival, TIFF)이 개최된 2012년 6월, '창의력 고취(Inspiring Creativity)'라는 모토로 설립되었다. 오늘날 트란실바니아 국제영화 페스티벌을 포함하여 다양한 문화행사와 박람회 등이 개최되며, 건물 안으로 들어가면 레스토랑이 있다.

[TIFF 하우스: ☎ (+40)745.252.452; 주소: Strada Universităţii 6]

티프 하우스

7) '거울거리'

'거울거리(Mirror Street)'는 트란실바니아 지방의 아주 독특한 관광명소이자 클루즈-나포카시의 상징이다. 그곳에 가면, 마치 파리 시내의 어느 한 지역이 그곳으로 옮겨 왔다는 인상을 받는다. 거리 이름은 이울리우 마니우 도로(Iuliu Maniu Street)를 사이에 두고 같은 모양의 건물들이 양쪽으로 배치되어 있어 그렇게 불린다.

이 거리는 19세기에 파리를 재건한 프랑스 건축가 하우스만(Georges-Eugène Hausmann)의 건축 양식에서 영감을 받아 1899년 완공되었다. 당시 하우스만의 건축 양식은 유럽 전역에서 커다란 반향을 일으켰으며, 대표적인 곳이 파리와 비엔나이다. 루마니아에는 클루즈-나포카를 포함하여 부카레스트의 마게루 거리(Magheru Boulevard)가 하우스만 양식으로 건축되었다.

전설에 의하면, 루마니아의 한 귀족이 거울 궁전을 건축하면서, 훗날 두 딸이 유산문제로 다투지 않게 하려고 모양이 똑같은 건물을 세웠다고 한다.

[거울거리: 주소: Strada Iuliu Maniu 2-6]

8) 바베쉬-보여이 대학교

바베쉬-보여이 대학교(Babeş-Bolyai University)의 역사는 예수회 전문대학(Major Jesuit College)이 창립되는 1581년으로 거슬러 올라간다. 그로부터 117년 후인 1698년, 대학 이름은 클라우디오폴리타눔 아카데미(Collegium Claudiopolitanum 혹은 Academia Claudiopolitana)로 바뀌었고, 1872년 12월 20일 오스트리아제국의 프란츠 요제프 1세(Franz Joseph I, 1830-1916)가 이곳에 클루즈 왕립 헝가리대학교(Royal Hungarian University of Cluj)를 설립하였다.

1918년에는 트란실바니아 지방이 루마니아와 통일하면서 대학 이름도

'거울거리'

1927년 루마니아 왕의 이름을 붙여 페르디난트 I세 대학교(King Ferdinand I University)로 바뀌었다.

제2차 세계대전 한창이던 1940년, 히틀러의 압력으로 루마니아-헝가리 사이에 비엔나 명령(Dictate of Vienna)이 체결되어, 과학대학은 티미쇼아라로 그리고 문과대학과 법대, 의대는 시비우로 옮겨갔다. 이후 제2차 대전이 종결되면서, 1948년 모든 대학이 다시 돌아와 빅토르 바베쉬 대학교(Victor Babeș University)로 통합되었다. 한편, 1945년 클루즈에 야노시 보여이 대학교(János Bolyai University)가 설립되었다. 이들 두 대학은 한동안 분리, 운영되다가 1959년 바베쉬-보여이 대학교로 통합되었다.

빅토르 바베쉬(Victor Babeș, 1854-1926)는 세계 최초로 현대 세균학 분야의

바베쉬-보여이 대학교

토대를 구축한 루마니아 세균학자, 병리학자이며, 클루즈에서 태어난 헝가리계 수학자 야노시 보여이(János Bolyai, 1802-1860)는 비유클리드 기하학의 창시자로 유명하다.

[바베쉬-보여이 대학교: ☎ (+40)264.405.300; 주소: Strada Mihail Kogălniceanu 1]

6. 박물관과 기념비

1) 마티아스 렉스 동상

클루즈-나포카에서 태어난 마테이 코르빈[Matei Corvin: 라틴어 마티아스 코르비누스(Mathias Corvinus)]은 16세가 되던 해 헝가리와 크로아티아의 국왕이 된 이후 32년(1458-1490년) 동안 헝가리 왕국을 통치하였다. 사망 후 "왕이 죽고 정의도 죽었다(The king died, the justice died)!"라는 말이 생겨날 정도로 집권 기간 백성들로부터 많은 사랑을 받았다. 이후 클루즈 시민들은 코르비누스 동상을 세우기 위하여 기금을 모으기 시작하였고, 결국 1900년 파리에서 개최된 세계 조각품 전시회에서 1위를 차지한 야노스 파드루스(János Fadrusz, 1858-1903)가 1902년 완성하였다.

마티아스 렉스 동상(높이 12m)은 클루즈-나포카 통일광장의 세인트 마카엘 로마 가톨릭 대성당 앞에 있다. 이 동상은 유네스코가 선정한 "역사적 가치가 높은 동상들" 중 5위를 차지할 정도로 유명하지만, 그 역사를 살펴보면 아주 복잡하다. 즉, 제1차 세계대전 이후 트란실바니아 지방이 루마니아와 통일하면서 클루즈-나포카시에도 헝가리 민족주의를 상징하는 기념물들이 철거되기 시작하였다. 당시의 여론 중 하나는 코르비누스 왕의 아버지 고향인 후네도아라(Hunedoara)시로 마티아스 렉스 동상을 옮기자는 것이었으나, 루마니아 역사학자 니콜라에 이오르가(Nicolae Iorga)가 해결책을 제시하였다. 즉, 그는 동상 비문에 코르비누스 왕이 루마니아에서 기원한다는 내용을 세 나라 언어로 새기자고 제안하였다.

> "무적 몰도바 공국을 공격할 당시 오직 바이아(Baia)에서 자기 민족에게 패한 전쟁의 승리자."

마티아스 렉스 동상

이 동상은 제2차 세계대전이 발발하고 난 이후 트란실바니아 지방이 헝가리에 병합되면서 다시 주목을 받았지만, 헝가리가 패전국이 되면서 동상 이름도 1945년 헝가리어 마차시 1세(Mátyás király)에서 라틴어 '마티아스 렉스(Mathias Rex)'로 바뀌어 오늘날에 이르고 있다. 이오르가 비문은 공산주의가 도입된 후 제거되었지만, 동유럽에서 민주화 바람이 불던 1992년, 게오르게 푸나르(Gheorghe Funar) 클루즈-나포카 시장이 다시 설치함으로써 '루-헝' 간의 민족 갈등은 증폭되었다. 현재 이오르가의 문구는 금속판에 새겨져 동상 설치대 맨 아래 부분에 있다.

이 동상에는 코르비누스 왕을 따르던 4명의 충신이 조각되어 있으며, 그들의 손에는 코르비누스가 독일, 터키, 체코 그리고 몰도바 공국과의 전투에서 승리한 것을 기념하기 위해 이들 네 나라의 국기가 들려있다. 하지만 이미 언급한 것처럼, 코르비누스 왕은 1476년 바이아(Baia) 전투에서 몰도바 공국의 슈테판 대제(Stephen the Great)에게 패하였기 때문에 이 또한 오늘날까지 논란의 대상이 되고 있다.

이러한 복잡한 역사에도 불구하고, 마티아스 렉스 동상은 오늘날 도시 젊은이들의 주된 약속 장소로 사용되고 있다. 대개 그들은 "말 꼬리에서(At the horse's tail)" 만나자고 약속한다고 한다.

2) 카롤리나 오벨리스크

카롤리나 오벨리스크(Carolina Obelisk, 높이 10m)는 과거 클루즈 요새의 중심 지역인 박물관 광장(Museum Square)에 위치한다. 이 기념물은 1817년 8월 18~27일, 오스트리아제국의 프란츠 요제프 1세(Franz Joseph I)와 황후 카롤리나 아우구스타(Carolina Augusta)의 클루즈 방문을 기념하기 위해 건축되었다.

원래 통일광장(Union Square)에 있는 마티아스 렉스 동상 앞에 설치되었으나 1898년 박물관 광장으로 옮겨졌다.

[카롤리나 오벨리스크: 주소 Piața Muzeului 2]

카롤리나 오벨리스크

◆ 클루즈-나포카 축제

1) '언톨드(UNTOLD)'

2015년 시작된 언톨드 축제는 짧은 역사에도 불구하고 오늘날 클루즈-나포카시의 대표적인 축제인 동시에 세계 최대 규모의 음악축제 중 하나로 자리 잡았다. 매년 7월 말, 축제가 시작되면 공연을 보기 위해 세계 각지에서 많은 사람이 몰려든다. 2018년 축제 때 설치된 중앙 무대의 길이와 너비는 각각 100m와 28m였다.

2) 클루즈의 날(The Days of Cluj)'

매년 5월 말이 되면, '클루즈의 날' 축제가 3일 동안 거행된다. 이 기간 클루즈 시내의 30여 곳에서 100개 이상의 다양한 행사가 개최되며, 수만 명이 축제에 참여한다. 구시가지를 비롯한 시내 곳곳에는 환상적인 퍼레이드와 특이한 분장을 한 사람들의 다양한 퍼포먼스가 진행된다. 또한, 저녁때에는 세인트 미카엘 로마 가톨릭교회(Saint Michael Roman-Catholic Cathedral) 앞 광장에 임시로 레스토랑이 문을 열어 일반 사람들에게 무료로 음식과 와인을 나눠준다. 축제의 마지막은 화려한 불꽃놀이로 끝을 맺는다.

언톨드 페스티벌

클루즈의 날

클루즈-나포카에 있는 레스토랑

1) 코르빈 레스토랑(Corvin Restaurant)
[☎ (+40)264.597.496; 주소: Strada Matei Corvin 3]

2) 바라카 레스토랑(Baracca Restaurant)
[☎ (+40)732.155.177; 주소: Strada Napoca 8A]

3) 카사 베케 레스토랑(Casa Veche Restaurant)
[☎ (+40)364.155.476; 주소: Strada Sextil Puşcariu 1]

다른 레스토랑을 찾고 싶다면 www.google.ro에서 'The 10 Best Dinner Restaurants in Cluj-Napoca'를 검색하면 이탈리아, 중국 등 다양한 레스토랑을 찾을 수 있다. 한국 레스토랑이나 한국 식품점은 'Seoul Korean Food Cluj-Napoca' 혹은 'Korean Grocery Store in Cluj-Napoca'를 검색하면 된다.

카사 베케 레스토랑

클루즈-나포카 주변 가볼 만한 곳

1) 호이아-바치우 숲

클루즈-나포카에서 서쪽으로 가면 호이아-바치우(Hoia-Baciu)라는 이름의 미스터리한 숲이 있다. 이곳이 세계적으로 널리 알려진 것은 1960년대 과학으로 설명할 수 없는 초자연적 현상들이 일어나면서부터이다.

호이아-바치우라는 이름은 1968년 그곳에서 200마리의 양 떼와 함께 사라진 목동의 이름에서 유래한다. 목동이 사라진 것도 이상하지만 그해 숲속 둥근 목초지에서 루마니아 군사전문가 에밀 바르네아(Emil Barnea)가 UFO와 비슷한 이상한 물체를 촬영하기도 하였다. 아드리안 퍼트루츠(Adrian Pătruț) 교수는 루마니아 방송국 안테나 트레이(Antena 3)와의 인터뷰에서 자신이 숲속에서 경험한 것을 다음과 같이 언급하였다.

> "2000년 부활절 무렵 아주 특별한 일을 경험했어요. 현재 독일에 사는 클루즈 출신의 한 연구원과 숲으로 갔는데, 당시 수천 그루의 나무 꼭대기에서 갑자기 무언가가 흘러나오는 것을 목격했었어요. 그것은 수액, 액체였는데, 10, 15, 30m 높이의 나무 위에서 흘러내리는 샘물 같았고 흘러내린 물은 뿌리에 모여드는 것 같았어요. 나는 공포감에 얼어붙었어요."

이 외에도 호이아-바치우 숲에서 일어나는 기이한 현상들은 주로 전자 장비와 연관이 있다. 일반 전기제품인데도 배터리가 빨리 소모되기도 하며, GPS가 작동되지 않거나 반대로 자동으로 전화가 걸리기도 한다. 지금까지 그곳을 방문한 사람들은 "숲속으로 들어가면 육안으로는 식별할 수 없지만, 누군가 지켜보고 있다는 느낌이 든다"고 말한다. 호이아-바치우 숲은 그동안 많은 외

호이아 바치우 숲[Author, Professor Adrian Pătruț]

국 언론매체들이 촬영하였고, 2017년 MBC '신비한 TV 서프라이즈'에서도 방영되었다.

호이아 바치우 숲[Author, Hoia-Baciu Project Team]

참조 호이아-바치우 숲으로 가는 길을 알고 싶다면, 웹사이트 www.hoiabaciu.com를 방문하여 '호이아-바치우 프로젝트' 팀 담당자에게 물어보면 자세하게 알려준다. 만약 가이드를 원하면 프로젝트팀 연구원이 도와주지만, 얼마의 수고비를 주어야 한다.

2) 투르다 협곡

투르다 협곡(Cheile Turda)은 클루즈-나포카시에서 동쪽으로 약 15㎞ 떨어져 있다. 신석기 시대의 유물이 발견되었으며 지금은 자연보호구역으로 지정되어 있다. 쥐라기 시대의 석회암이 침식되어 형성되었으며 협곡의 길이와 높이는 각각 2,900m와 300m 그리고 면적은 324헥타르이다.

투르다 협곡

"마라무레쉬 지방의 중심도시" 바이아 마레와 시게트

1. 바이아 마레

바이아 마레(Baia Mare)시와 그 주변 지역에는 청동기 시대 때부터 광물을 채굴한 흔적이 발견되었다. 서기 106년, 로마제국이 다치아 왕국을 정복하였지만, 당시 마라무레쉬(Maramureș) 지방은 병합되지 않아 그곳에 있던 '자유 다치아인들'은 광물 채굴을 계속하였다. 하지만 이 도시가 역사 문헌에 처음 언급된 것은 1329년이며, 시비타스 리불루스 도미나룸(Civitas Rivulus Dominarum)으로 기록되어 있다.

1446년, 도시의 소유권은 그동안 오스만제국과의 전투에서 혁혁한 성과를 거둔 이안쿠 데 후네도아라 영주(Iancu de Hunedoara)에게 보상으로 주어졌다. 이후, 그는 도시의 중앙에 세인트 슈테판 대성당(St. Stephen Cathedral)을 건축하였으나 지금은 슈테판 타워(Stephen Tower)만 보존되어 있다. 1469년, 마티아스 코르비누스 왕(Mathias Corvinus)의 승인 하에 중세요새가 건설되었지만 1490년 존 알버트 영주(John I Albert: 1459-1501)가 이끄는 폴란드 군대에 의해 점령되기도 하였다.

1526년 이후, 바이아 마레시는 존 자폴야(John Zápolya: 1487-1540)를 포함한 몇몇 영주들이 통치하였으며, 1547년에는 교회 지도자들과 행정 관리자를 양성하는 학교인 스콜라 리불리나(Schola Rivulina)가 설립되었다.

1703년, 이 도시는 마라무레쉬 지방의 의적 핀테아(Pintea the Brave)가 프란시스 라코치 2세(Francis Rakoczi II)와 함께 합스부르크 제국에 대항하던 시기에 잠시 해방되기도 하였다. 전설에 의하면, 당시 의적 핀테아는 백정의 탑(Butchers' Tower)에서 총에 맞아 사망하였다고 한다.

바이아 마레는 지난 2,000년 동안 마라무레쉬 지방에서 채굴한 금과 은, 아연 등 각종 비철금속을 제련하던 루마니아 최대의 광업도시였다. 이후 수

성 삼위일체 정통 가톨릭교회 대성당

세기 동안 경제적으로 많은 발전을 이룩하면서 마라무레쉬주의 정치와 경제 그리고 문화의 중심지가 되었다. 1989년 루마니아 혁명 이후에는 독일과 네덜란드, 이탈리아, 스위스, 이스라엘, 영국 그리고 오스트리아의 기업들이 항공기 부품과 자동차 통신 부품(전기 장비와 자동화 솔루션), 전기 장비, 동물용 의료장비 및 약품 그리고 가구산업 분야 등에 1조 원 이상 투자하였다.

1) 성 삼위일체 정통 가톨릭 대성당

마라무레쉬 주교구인 성 삼위일체 정통 가톨릭 대성당(Holy Trinity Orthodox Episcopal Cathedral)은 1989년 루마니아 공산주의가 붕괴한 직후인 1990년부터 건축되기 시작하였다. 대성당(길이 85m, 너비 50m, 높이 96m)의 높이는 부카레스트 민족구원 대성당(People's Salvation Cathedral, 길이 126.1m, 너비 67.7m, 높이 127m) 다음이며, 길이는 부카레스트 민족구원 대성당과 알바 이울리아의 세인트 미카엘 로마 가톨릭 대성당(St. Michael Cathedral, 길이 93m, 너비 38m, 높이 62m) 그리고 브라쇼브의 검은 교회(Black Church, 길이 89m, 너비 38m, 높이 65m) 다음인 4번째이다.

[성 삼위일체 대성당: ☎ (+40)262.227.599; 주소: Bulevardul Unirii 17]

2) 슈테판 타워

15세기에 건축된 고딕 양식의 슈테판 타워(Stephen Tower, 높이 20m)는 바이아 마레를 상징하는 건축물이며, 원래 세인트 슈테판 대성당의 종탑이었다. 세인트 슈테판 대성당이 역사 문헌에 처음 언급된 것은 1347년이지만 1387년 완공되었다.

교회 종탑은 1442년 이알로미짜(Ialomița)에서 있었던 오스만제국과의 전쟁 승리를 기념하기 위하여 1446년 이안쿠 데 후네도아라 영주가 건축하기 시작하여 1468년 그의 아들 코르비누스 왕(Mathias Corvinus)이 완공하였다.

[슈테판 타워: ☎ (+40)262.211.003; 주소: Piața Cetății, Centru Vechi]

슈테판 타워

3) 530년 역사의 이안쿠 데 후네도아라 하우스

역사적 측면에서, 이안쿠 데 후네도아라 하우스(Iancu de Hunedoara House)는 바이아 마레 구시가지에서 가장 중요한 건축물 중 하나로 간주된다. 1446년 이안쿠 데 후네도아라 영주가 아내 엘리사베타(Elisabeta)를 위하여 건축하기 시작하였으나 그로부터 약 45년 후인 1491년 마티아스 코르비누스 왕 통치기에 완공되었다. 이 건물은 중세 바이아 마레 요새의 일부였다.

[후네도아라 하우스: ☎ (+40)262.211.927; 주소: Strada Monetăriei, nr. 1-3]

4) 백정(白丁)의 보루

1469년 마티아스 코르비누스 왕의 승인 하에 바이아 마레에 방어벽과 7개의 탑이 건설되었다. 15세기에 세워진 백정의 보루[Butchers' Bastion: 혹은 백정의 탑(Butchers' Tower)]는 바이아 마레 요새의 7개 탑 중 하나였고, 요새의 사대문 중 남쪽에 위치하였다. 이 보루는 2층으로 되어있으며 높이와 벽두께

백정의 보루

는 각각 13m와 1~1.5m에 이른다. 백정의 탑은 각종 총기류와 탄약을 보관하던 장소로 사용되어 탄약의 탑(Ammunition Tower)으로도 불렸다. 당시 백정의 길드는 바이아 마레 요새에서 가장 강력한 조합이었다. 이미 언급한 것처럼, 마라무레쉬 지방의 의적 핀테아는 이곳에서 총을 맞고 사망한 것으로 추정된다.

[백정의 보루: ☎ (+40)262.211.924; 주소: Piaţa Izvoarelor 2]

5) 조폐국과 천문관

바이아 마레 조폐국(Mint: Monetărie)이 역사문헌에 처음 언급된 것은 1411년이며, 이후 오랜 기간 트란실바니아 지방은 물론 헝가리 왕국 내에서 가장 중요한 조폐국으로 간주되었다. 한 예로, 1463년 바이아 마레 조폐국의 연간

조폐국

수입은 헝가리 부다(Buda) 시 조폐국의 약 3배에 해당하는 2만 플로린(florin)이었다.

황금 메달

1734~1737년, 오늘날의 모습으로 완공된 후, 귀금속 제련은 물론 동전 제작과 교환을 하였으며, 지금은 마라무레쉬주 역사·고고학 박물관(Museum of History and Archeology) 본관으로 사용된다. 이곳에서는 1600년 미하이 비테아줄 영주(Mihai the Brave: Mihai Viteazul, 1558-1601)가 이룩한 루마니아 통일을 기념하기 위하여 황금메달이 제작되었다.

[조폐국: ☎ (+40)262.211.927; 주소: Strada Monetăriei, nr. 1-3, Centrul Vechi]

1969년 개장한 바이아 마레 천문관(Planetarium: Planetariu)은 트란실바니아 지방에서 유일한 루마니아 최초의 공공 천문관이다. 2011년 루마니아 최초의 디지털 멀티미디어 전시회가 개최되었으며, 2015년 최신식 광학 천문관으로 탈바꿈하였다.

[천문관: ☎ (+40)362.401.921; 주소: Strada George Coșbuc 16]

6) 바이아 마레 민속 미술관

바이아 마레 민족지 및 민속예술 박물관(Baia Mare Ethnography and Folk Art Museum)은 1965년 6헥타르 면적의 꽃동산(Dealul Florilor)에 개관한 후 1971년 지금의 건물로 옮겨왔다. 1975년 개장한 야외 섹션(12헥타르)에는 각종 가옥과 별채, 설치물 그리고 교회 등 50여개의 건축 기념물들이 전시되어 있다.

[Ethnography and Folk Art Museum, ☎ (+40)262.276.895; 주소: Strada Dealul Florilor 1]

바이아 마레 민속 박물관

참조 바이아 마레에서 가성비 좋은 숙박을 원할 경우, '화가들의 게스트하우스(Artist's Pension: Pensiunea Pictorilor)'를 추천한다. 주변에 화가들이 많이 거주하고 있으며, 객실에는 이들의 작품이 걸려있다.

[Pensiunea Pictorilor, ☎ (+40)756.420.992; 주소: Strada Pictorilor nr. 1]

2. 시게트

1918년 이후, 마라무레쉬 지방의 중심도시는 시게투 마르마찌에이[Sighetu Marmației: 간단히 시게트(Sighet)라고 함]였지만, 1968년 행정구역이 개편되면서 바이아 마레로 바뀌었다. 시게트라는 단어는 고대 다치아 언어인 '요새(seget)'에서 유래한다.

시게트 교도소는 공산주의 시절 악명 높은 교도소였다. 그곳에는 이울리우 마니우(Iuliu Maniu, 1873-1953) 루마니아 수상을 비롯하여 루마니아 농민당을 설립한 이온 미할라케(Ion Mihalache, 1882-1963), 게오르게 브러티아누(Gheorghe Brătianu, 1898-1953) 루마니아 학술원 회원, 공산주의 시절 루마니아의 대표적인 민주인사였던 코르넬리우 코포수(Corneliu Coposu, 1914-1995)와 그의 아내 아를레테 코포수(Arlette Coposu, 1915-1966) 등 많은 루마니아 민주

인사들이 감금되었다. 극한 고문에다 추운 겨울 난방이 되지 않을 때가 많았으며, 세면은 한 달에 4번 허용되었다고 한다.

이울리우 마니우가 감금된 방(왼쪽)과 고문의 방(오른쪽)

◆ 루마니아 민주인사 코르넬리우 코포수

폴란드에 바웬사(Lech Walesa, 1943-현재)가 있고 체코에 하벨(Vaclav Havel, 1936-2011)이 있다면 루마니아에는 코르넬리우 코포수(Corneliu Coposu, 1914-1995)가 있다. 이들의 공통점은 공산주의 시절 각 나라를 대표하는 민주 인사였다는 사실이다. 하지만 차이점도 있는데, 민주화 이후 바웬사와 하벨은 각각 두 나라의 대통령이 되었지만 코포수는 심한 고문의 후유증으로 1995년 사망하였다.

1914년 5월 20인, 설라즈(Sălaj)주 보보타(Bobota)에서 태어난 코포수는 클루즈-나포카(Cluj-Napoca)에 있는 바베쉬-보여이 대학교에서 법학 박사학위를 취득한 후, 1937~1947년 루마니아 민족 농민당(National Peasant Party) 당수인 이울리우 마니우의 비서로 지냈다. 하지만 1947년 루마니아에 공산주의가 도입된 이후 25년 구형을 받아 버커레쉬티(Văcăreşti)와 질라바(Jilava), 피테쉬티(Piteşti), 크라이오바(Craiova), 아이우드(Aiud), 름니쿠 서라트(Râmnicu Sărat), 포아르타 알버(Poarta Albă), 카풀 미디아(Capul Midia), 게를라(Gherla) 그리고 시게투 마르마찌에이(Sighetu Marmaţiei)에서 17년 6개월 동안 옥살이를 하였다. 그런데 정치 활동을 하지 않은 코포수의 부인 아를레테(Arlette)도 14년간 옥살이를 하였다. 이들 부부는 1964년 재회하지만, 그로부터 2년 후인 1966년 아를레테가 고문 후유증으로 세상들 떠났고, 이후 코포수는 생을 마감하는 날까지 독신으로 살았다.

공산주의 시절 오랜 기간 구금된 코포수는 차우셰스쿠 독재에 저항한 루마니아의 대표적인 민주인사였다. 특히, 1954~1962년에는 약 8년 동안 름니쿠 서라트(Râmnicu Sărat) 교도소에서 지독한 독방생활을 하였다. 하지만 1962년 병세가 급격히 악화하여 브러일라(Brăila)주 루블라(Rubla) 마을에서 약 2년 동안 자택 감금 상태에서 지내다가 1964년 석방되었다. 이후, 그는 공사장에서 막노동 일을 했으며 1964~1989년에는 루마니아 비밀경찰의 지속적인 감시 하에 27번의 가택수색을 당하였다.

공산체제의 잔혹한 탄압 속에서도 1987년 민족 농민당[National Peasant Party: 이후에 기독교 농민 국민 민주당(Christian Democratic National Peasants' Party)으로 바뀜]에 가입하였고, 1989년 혁명 직후인 1990년에는 구국 전선(National Salvation Front)의 루마니아 통치를 극렬하게 반대하였다. 1989년부터 생을 마감하는 1995년까지 기독교 농민 국민 민주당 당 대표로 지내면서, 1991~1993년 루마니아 야당 연합인 루마니아 민주협정(Romanian Democratic Convention) 대표로 지냈고, 1992년에는 루마니아 상원의원이 되었다.

코포수는 공산 시절 교도소에서 겪었던 일들을 다음과 같이 언급하고 있다.

"공산주의 시절, 나는 전국에 있는 거의 모든 교도소를 거쳤지만 그중 가장 잔인하고 끔찍한 곳을 하나 꼽으라면 바로 름니쿠 서라트(Râmnicu Sărat) 교도소였어요. 그곳에는 32명이 수감되어 있었지만 60~70명의 교도관을 비롯해 수백 명의 경찰과 세쿠리타테 요원들이 우리를 감시했어요. 당시 우리의 운명은 마치 실험용 흰쥐와 같았고, 그들은 여러 가지 타격기술을 익히기 위해 우리를 구타했어요. 물론 건강한 사람도 실신하곤 했는데, 85세의 이온 미할라케(Ion Mihalache)는 말할 것도 없고, 중풍이 걸려 거의 움직이지 못하던 빅토르 러둘레스쿠-포고네아누(Victor Rădulescu-Pogoneanu)도 심하게 구타를 당했어요. 그래서 그곳에서 살아남은 사람은 다섯 명에 불과해요.

독방에서 살아남기 위해서는 뭔가에 몰두해야 했는데 대개 단순한 수학 연산문제나 1,2차 방정식을 머릿속으로 풀 곤 했어요. 나는 독방에서 수 천 편의 시를 썼고 백과사전을 프랑스어로 번역했지만, 연필과 종이가 없어 모든 것을 머릿속에서 해야 했어요. A에서 Z까지 머릿속으로 단어를 떠올려가며 긴 세월 하나씩 하나씩 그것을 프랑스어로 번역했어요. 하지만 가장 힘든 것은 배고픔이었어요. 빵 한 조각 없는 똑같은 음식이 매일 2번 제공되었어요. 빵 대신에 배급된 머멀리거(Mămăligă: 옥수수를 빻아서 만든 것으로 루마니아에서 빵 대용으로 먹는 주식)는 옥수수가 아니라 빗자루를 만들 때 사용되는 수수나무 열매 같은 것을 빻아 만든 것 같았어요."

코포수와 부인 아를레테

농민당(Peasants' Party)을 창당한 이온 미할라케(Ion Mihalache)는 1963년 3월 6일 름니쿠 서라트 교도소에서 사망하였다. 이 외에도 제2차 세계대전 당시 외교관이던 빅토르 러둘레스쿠-포고네아누(Victor Rădulescu-Pogoneanu)는 1955년 름니쿠 서라트 교도소에 수감된 이후 1961년 버커레쉬티(Văcăreşti) 교도소로 이송되었으나 이듬해 사망하였다. 수감 도중 포고네아누는 침대에서 내려올 수 없을 정도로 심한 구타와 고문을 당했지만, 전혀 굴복하지 않았다고 한다. 계속되는 고문으로 건강이 급속하게 악화하자, 외국에서 치료해주겠다는 회유도 있었지만, "내 건강과 인생은 거래대상이 아니다."라고 말하며 단호하게 거절하였다고 한다.

석방 후 코포수 모습

젊은 시절, 코포수는 191cm의 키에 몸무게가 112㎏인 건장한 청년이었지만, 석방 당시 51㎏이었다고 한다. 1989년 루마니아 공산주의가 붕괴한 후, 그는 42년 만에 정치계로 복귀하여 기독교 농민 국민 민주당을 재창당하였다. 하지만 루마니아 혁명 이후, 그를 잘 모르던 루마니아 국민은 긴 독방생활로 모국어를 잘 구사하지 못하는 늙은이를 환대할 리 만무했다. 실제로, 당시 코포수는 약 8년 동안의 긴 독방생활로 인해 눌변에 가까웠다고 한다.

1995년 10월, 시라크(Jacques Chirac) 대통령은 그에게 레지옹 도뇌르 오피시에(Légion d'Honneur Officier)를 수여하였고, 그로부터 한 달 후인 11월 11일 코포수는 세상을 떠났다. 교도소에 있을 당시 코포수가 창작한 수많은 시들 중 몇 편이 남아있으며, 그중 「기도」(Prayer)라는 시는 다음과 같다.

"하느님, 끝없는 고통(苦痛)위로
잊혀진 마음의 평화를 밝혀주세요.
그것은 신앙(信仰)의 마음이 펼쳐지고
자비(慈悲)의 이슬방울이 커지는 것을 의미합니다.
하느님, 증오(憎惡)가 풍성하게 자라나는 곳에

사랑과 백합을 심어주세요.
평화(平和)와 용서(容恕) 그리고 마음의 평안(平安)을
산 저편 위로 펼쳐주세요."

시게트 교도소는 1997년 '공산주의에 저항한 희생자 추모관(Memorial of the Victims of Communism and of the Resistance)'으로 공식 개장하였고, 이듬해 유럽평의회(Council of Europe)에 의해 '유럽의 3대 기념관(아우슈비츠 기념관, 노르망디 평화 기념관)'으로 선정되었다. 오늘날 고통의 기념관(Memorial of Pain)이라고 불리며 "공산주의 희생자들을 기리는 세계 최초의 기념관"으로 간주된다.

바실레와 코스민 페트로바이(Vasile and Cosmin Petrovai) 부자(父子) 신부는 시게트 감옥에서 사망한 루마니아인들의 영혼을 달래기 위해 도시 내에 세인트 조셉 교회(Church of St. Joseph the Confessor)를 건축하였다.

[시게트 기념관: ☎ (+40)262.316.848; 주소: Strada Corneliu Coposu 4, Sighetu Marmației]

엘리 위젤 기념관

이 외에도 시게트에는 1986년 노벨 평화상을 받은 엘리 위젤(Eliezer Wiesel, 1928-2016) 기념관이 있다.

[엘리 위젤 기념관: ☎ (+40)262.311.521; 주소: Strada Tudor Vladimirescu 1, Sighetu Marmației]

3. 마라무레쉬 지방

바람과 구름, 꽃과 나무 등 자연으로 규정되는 마라무레쉬(Maramureş) 지방은 오늘날 루마니아 문화와 전통이 가장 잘 보존되어 있어 루마니아 농촌의 상징으로 간주된다. 마라무레쉬 지방의 국립공원의 면적은 148,850헥타르(약 4억 5천만 평)에 달하며, 그중 36개 자연보호구역은 다뉴브 삼각주 다음으로 면적이 넓다고 한다. 특히, 로드나(Rodna)산맥의 피에트로수 마레 생물권 보호구역(Pietrosul Mare Biosphere Reserve)은 다뉴브 삼각주와 더불어 유네스코 세계 프로그램인 '인간과 생물권(Man and Biosphere)'에 포함되었다.

마라무레쉬 지방의 농촌 풍경

세계적인 온라인 여행 사이트인 브라이트사이드(BrightSide)는 루마니아를 "유럽에서 가장 신비스럽고 아름다운 나라 중 하나"라고 언급하였으며, 주요 여행지로 마라무레쉬 지방과 트란스퍼거러샨 도로(Transfăgărăşan Road)를 추천하였다. 몇 년 전에는, 미국 여행 잡지 내셔널 지오그래픽 트래블러(National Geographic Traveler)가 이 지방을 유럽에서 오랜 기간 잊혀진 상태로 남아있지만 "위풍당당한 구(舊) 세계(Boldly Old World)"라고 언급하면서, "세계 최고의 여행지 TOP 20"에 포함시켰다. 루마니아 일간지 아데버룰(Adevărul: 진실) 역시 "과거로 가는 관문, 마라무레쉬"라는 기사에서 이 지방을 방문하는 것은 "동화 속의 세계로 들어가거나 혹은 과거 중세 유럽으로 되돌아가는 것과 같다"고 언급하였다.

앞에서 언급한 것처럼, 서기 106년 다치아 왕국이 로마 제국에게 정복되었지만 마라무레쉬 지방은 병합되지 않았다. 그래서 다치아인들의 전통과 문화는 이후에도 계속 보존되었다.

마라무레쉬 지방은 전체 면적의 약 ½이 숲으로 덮여 있으며, 특히 카브닉(Cavnic) 마을과 부데쉬티(Budeşti) 마을 사이에 있는 크레아스타 코코슐루산(Creasta Cocoşului: 의미 '수탉의 볏')은 독재자 차우셰스쿠가 즐겨 찾던 사냥터였다. 낚시와 사냥 외에도 이 지방에는 3개의 스키 슬로프[모고샤(Mogoşa, 2.2㎞), 카브닉(Cavnic, 1,880m), 그리고 보르샤(Borşa, 1,606m)]가 있어 겨울 스포츠도 유명하다.

최근 들어, 마라무레쉬 지방은 외국인들에게 인기가 많다. 몇 년 전, 영국의 찰스 왕세자가 브레브(Breb) 마을에 있는 가옥을 매입하여 별장으로 사용하고 있으며, 이후 프랑스와 네덜란드 그리고 이탈리아 사람들도 마라(Mara)를 비롯한 그 주변 지역에 별장을 구입하여 여름, 겨울 휴가를 보내고 있다.

다이아나 왕세자비를 마지막으로 촬영한 파파라치도 마라무레쉬 지방에 거주하고 있다고 한다.

1) 마라무레쉬 지방의 주술과 전설

(1) 사랑의 주술: '머트러구나'

'머트러구나'[1][Author, Aktron / Wikimedia Commons]

루마니아어 '머트러구나(Mătrăguna)'는 보라색 꽃에 검은 열매가 열리는 독성이 강한 식물인 벨라돈나풀(학명: Atropa belladonna)을 말한다. "숲의 여인(lady of the forest: doamna-codrului)"으로도 불리며, 루마니아 민간신앙에서 마법의 힘을 가지고 있는 것으로 알려져 있다. 주로 주문과 마법을 거는 데 사용되는데 그러기 위해서는 수확하기 전 어떤 특별한 의식이 선행되어야만 했다. 즉, 만약 누군가에게 해를 입힐 목적이라면, 소녀들은 옷을 벗고 머리를 푼 채 춤을 추었으며, 사랑을 위한 주문에 사용될 경우 보름달이 뜨는 깊은 밤 3곳의 샘물에서 깨끗한 물을 냄비에 담은 후 수확하였다.

루마니아 신학자 미르체아 엘리아데(Mircea Eliade)는 저서 「자몰세에서 징기스칸까지」(De la Zamolxe la Genghishan, 1970)"에서 대개 머트러구나를 수확하는 여성들은 다른 사람들의 눈에 띄지 않는 새벽에 떠났으며, 개가 짖을 경우 효과가 없어진다고 기술하고 있다. 특히, 결혼이 목적이면 소녀들은 자정에 출발하였으며 또한 수확하기 전 그들은 맨몸으로 포옹한 채 서로 어루만지며

키스를 한다고 한다. 이 식물은 사랑, 결혼 그리고 다산을 가져오지만, 규칙을 따르지 않으면 매우 위험할 수 있어 엘리아데는 "삶과 죽음의 식물"이라고 언급하였다.

(2) 전설 「숲속의 소녀」

숲속의 소녀[Girl of the Forest: 파타 퍼두리(Fata Pădurii)]는 마라무레쉬 지방의 여러 전설에 등장하는 인물이다. 전설 속에서, 파타 퍼두리는 아름다운 소녀의 모습으로 형상화되며, '숲의 여신' 혹은 '누구도 들어가서는 안 되는 장소의 여신'을 의미한다. 이 지방 목동들은 자연을 지배하는 파타 퍼두리가 비를 내리게 하고 폭풍우를 일으킨다고 믿고 있다. 또한, 파타 퍼두리와 관련하여 그들이 지켜야 할 금기사항은 산에서 양떼를 방목할 때, 특히 미혼 목동일 경우 절대로 여자를 데려와서는 안 되며, 사랑하는 여자 친구를 생각해서도 안 된다는 것이다. 만약 이를 어길 경우 파타 퍼두리가 해를 입힌다고 믿고 있다.

이에 반해 루마니아 전역에는 파타 퍼두리와 비슷한 무형의 존재인 '무마 퍼두리(Muma Pădurii)'도 있다. 이들의 차이점은 무마 퍼두리가 추한 외모에 성격이 나쁜 여자로 묘사되어 있는 데 반해 파타 퍼두리는 아름답지만 성격이 나쁜 소녀로 묘사되어 있다.

또 다른 전설에는, 파타 퍼두리가 숲속에서 길을 잃은 소녀의 모습으로 나온다. 어느 날, 한 남자가 그녀를 발견하지만 도와주기는커녕 그녀의 옷을 벗겨 버린 채 그곳에 남겨 두었다. 결국, 죽어서 나쁜 영혼이 된 소녀는 세상의 모든 남자에게 복수하기 시작하였다. 그래서 루마니아 남자들은 숲속으로 들어갈 때 자신을 보호하기 위해, 우리로 치면 일종의 부적(符籍)에 해당하는 '짧은 밧줄'을 가져가는 것은 물론 입안에서 혀로 99번 십자가를 그린다고 한다.

(3) 전설 「밤의 남자」

마라무레쉬 지방에서 전해 내려오는 또 다른 전설로는 밤의 남자[Man of the Night: 오물 놉치(Omul Nopții)]가 있다. 이 존재는 낮에는 잘생긴 청년의 모습으로 나타나지만, 밤이 되면 마법을 사용하여 마을 사람들에게 해를 끼치는 부정적인 인물로 묘사되어 있다.

옛날, 어느 마을에 아름다운 양치기 소녀 이리나(Irina)가 살고 있었다. 그러던 어느 날, 그녀는 밤의 남자라는 사실을 모른 채 그만 그에게 사랑에 빠져버렸다. 밤의 남자는 청혼을 받아줄 경우 자신이 직접 밤의 남자를 없애버리겠다고 말했지만 이리나는 그 전에 자신의 부모님과 한번 만나 볼 것을 청하였다. 청혼이 거절되자 밤의 남자는 자신의 부하들을 보내 그녀를 살해하려 하였다. 심한 상처를 입은 이리나는 간신히 나팔을 불어 자신의 상황을 마을에 알렸고, 이후 마을 사람들은 그곳으로 달려와 악한들을 물리친 것은 물론 밤의 남자가 사용하는 마법의 비밀을 알아내고는 그것까지 없애 버렸다.

따라서 마을 사람들은 밤의 남자로부터 마을을 구한 이리나의 희생을 기리기 위하여 매년 '슴브라 오일로르(Sâmbra Oilor)'라는 축제를 거행하고 있다. 이 축제는 오늘날로 치면 일종의 협동조합의 성격을 띠는데, 목동들이 양떼를 몰고 산으로 올라가기 전에 각자의 양들을 분리하여 그 수를 세는 것은 물론 양 두수에 따라 양젖을 짜서 가르는 풍습이다. 오늘날, 이 축제는 마라무레쉬 지방의 대표적인 풍습으로 자리 잡았으며, 매년 5월 사투 마레(Satu Mare)주의 짜라 오아슐루이(Țara Oașului) 마을에서 거행된다.

(4) 의적 핀테아

부데쉬티 목조교회

영국의 로빈후드에 해당하는 의적 핀테아(Pintea the Brave: Pintea Viteazul, 1670-1703)는 마라무레쉬 지방에 살았던 실존 인물이다. 산속에서 숨어 지내면서 귀족들의 횡포와 사회 불의에 맞서 싸웠고 빼앗은 재물은 가난한 사람들에게 나누어 주었다. 그래서 귀족들은 온갖 방법을 동원하여 핀테아를 체포하려고 하였으나 번번이 실패하였다.

1703년, 라코치 페렌츠 2세(Francisc Rákóczi)는 합스부르크 제국에 대항하기 위해 쿠르츠 반군(Kuruc Uprising)을 조직하였다. 핀테아도 반군에 가담하여 지휘관이 되지만 합스부르크 제국이 바이아 마레시를 포위 공격할 당시 총에 맞아 사망하였다.

핀테아 갑옷

사료에 따르면, 핀테아는 군사전략에 능통한 것은 물론 탁월한 협상가였으며 또한 몇 가지 외국 언어를 유창하게 구사하였다고 기록되어 있다. 따라서 마라무레쉬 사람들은 의적 핀테아의 이름에 '용감한(Viteazul)'이라는 칭호를 붙여 주었다. 부데쉬티

(Budești) 마을에는 유네스코 문화유산으로 등재된 목조 교회가 있으며, 그곳에 쇠사슬로 만든 핀테아의 갑옷이 전시되어 있다.

2) 마라무레쉬 지방 관광명소

(1) 유네스코 세계문화유산에 등재된 목조교회

현재 마라무레쉬 지방에는 약 85채의 목조교회가 있으며, 그중 8채는 루마니아의 대표적인 목조 건물인 동시에 오늘날 '유럽 목조 건축 예술의 극치'로 평가받는다.

마라무레쉬 목조교회를 처음 보는 사람들은 대개 그 규모에 놀라지만 전체적으로 비율이 잘 잡혀 있어 안정감을 주는 것은 물론 나무 조각의 통일성과 절제미에 이내 매료된다. 교회를 자세히 보면 못을 전혀 사용하지 않고 나

브르사나 수도원

무의 이음만으로 되어있어 우리나라 거북선 제조 방법과 유사하다.

'루마니아 목조 건축 예술의 걸작'으로 평가받는 8채 목조교회는 루마니아 전역에 퍼져있는 수백 채의 목조 건축물을 대표하여 1999년 유네스코(UNESCO) 세계유산에 등재되었다. 모든 교회를 관광하는 것이 좋겠지만, 여행 일정이 촉박하면 브르사나 수도원(Bârsana Monastery)을 추천한다.

[브르사나 수도원: ☎ (+40)262.331.101; 주소: DJ186 276, Bârsana]

브르사나 수도원

(2) 세계에서 유일한 "즐거운 공동묘지"

마라무레쉬 지방의 서픈짜(Săpânța) 마을에는 세계에서 유일한 "즐거운 공동묘지(Merry Cemetery)"가 있다. 이 마을이 역사 문헌에 처음 언급된 것은 1373년이며 '자판차(Zapancha)'라는 이름으로 기록되어 있다.

묘지의 역사는 루마니아 민속 예술가 스탄 퍼트라쉬(Stan Ion Pătraş, 1908-1977)가 참나무로 십자가를 만든 후 그 위에 고인(故人)과 관련하여 짧은 내용의 해학적인 시구(詩句)를 비문으로 조각하기 시작한 1935년으로 거슬러 올라간다. 조각가이면서 화가 그리고 시인이었던 그는 자신만의 독특한 스타일로 그동안 수백 개의 십자가를 만들었고 그가 사망한 이후에는 제자 두미트루 틴쿠(Dumitru P. Tincu)가 전통을 이어가고 있다.

교회 정문 앞에 있는 퍼트라쉬 무덤에는 그가 직접 제작한 십자가가 세워져 있으며, 비문에는 자신의 삶과 관련하여 적혀있다.

스탄 퍼트라쉬와 그의 무덤

"어렸을 때부터
스탄 이온 퍼트라쉬는 내 이름이었습니다.
내 말을 들어보세요, 나의 선한 사람들이여
거짓말은 안 할 테니까요.

내가 살았던 모든 날
나는 바랬어요 누구에게도 해를 끼치지 않고
누구든 상관없이
내가 할 수 있는 한 좋은 일만 하기를.

아, 나의 이 가난한 세상
한평생 살아가기가 너무 힘들었어요."

즐거운 공동묘지 모습

즐거운 공동묘지는 루마니아만의 독특한 장례문화이다. 묘지 앞에 세워져 있는 나무 십자가는 다양한 색깔(주로 푸른색)로 색칠된 것은 물론 고인의 일생과 관련한 해학적인 문구가 적혀있어, 공동묘지라는 엄숙하고 진지한 분위기에 어울리지 않게 일단 그곳에 들어가면 웃음을 띠게 된다.

즐거운 공동묘지는 루마니아인들의 선조인 고대 다치아인들이 가지고 있던 죽음과 관련한 믿음과 깊은 연관이 있다. 즉, 다치아인은 크리스트교가 현재의 루마니아에 전파되기 전에 이미 '영혼 불멸'을 믿고 있었으며, 죽음을 슬픈 것으로 생각하지 않고 단지 이 세상에서 저세상으로 건너가는 자연스러운 일이라고 생각하였다. 실제로 다치아인들은 죽어서 저세상으로 가면 그들의 최고신 '자몰시스(Zamolxis)'를 만날 수 있어 기뻐했다고 한다.

즐거운 공동묘지의 십자가에 적혀있는 몇 가지 내용을 소개하면 다음과 같다.

"나는 지금 여러분에게 작별인사를 전합니다. 왜냐하면, 우리는 다시는 볼 수 없기 때문입니다. 세상은 58세인 나를 버렸습니다."

"여기 무거운 십자가 밑에 나의 불쌍한 장모님이 누워계십니다. 장모님이 3일만 더 살아 계셨더라도 내가 여기에 누워있고 장모님이 (내 무덤의 비문을: 역주) 읽을 수 있을 텐데 말입니다. 여기에 오신 여러분! 우리 장모님이 깨어나지 않게 해주세요. 만약 장모님이 (무덤에서 깨어나) 집으로 돌아오면 또다시 내게 잔소리를 해댈게 뻔합니다. 그래서 저도 다시는 장모님이 돌아오지 않게 (조심스럽게) 행동할 것입니다. 여기에 사랑하는 나의 장모님이 쉬고 계십니다."

현재 즐거운 공동묘지에는 800개가 넘는 십자가가 있으며, 고인들의 삶에 관한 이야기와 그들이 어떻게 죽었는지에 대한 삽화가 그려져 있다. 비문의 내용이 해학적이라 방문객들은 시간이 지나면서 죽음 역시 삶처럼 중요하다는 교훈을 얻게 된다.

신축 중인 '즐거운 공동묘지 교회'

즐거운 공동묘지 안에 있는 교회는 1882~1886년 건축되었지만, 2010년 이후 그리고레 루짜이(Grigore Luțai) 신부가 새 교회(높이 78m)를 건축하기 시작하였다. 교회의 내부 벽화와 외부 모자이크는 루마니아 장인들 작품이다. 루짜이 신부는 죽음을 "다른 삶으로 가는 통로이다"라고 말한다.

1998년 미국에서 개최된 장례식 기념물 심포지엄(Funeral Monuments Symposium)에서 세계 학자들은 마라무레쉬 지방의 즐거운 공동묘지를 인류 문화의 보편적 가치를 지닌 세계적인 기념물로 평가하였다. 당시 즐거운 공동묘지는 유럽에서 1위 그리고 세계에서는 이집트 '왕들의 계곡(Vally of the King: 신왕국 시대 파라오들의 암굴무덤 63개가 모여 있는 계곡)' 다음인 2위에 선정되었다.

[즐거운 공동묘지: ☎ (+40)744.927.789; 주소: Săpânța 437305]

(3) 세계에서 가장 높은 목조 건축물

1998~2003년 건축된 서픈짜-페리 수도원(Săpânța-Peri Monastery)은 즐거운 공동묘지에서 약 1㎞ 떨어져 있다. 수도원 내안에 있는 서픈짜-페리 교회는 2019년 월드 레코드 아카데미에 의해 세상에서 가장 높은 목조 건축물로 등재되었으며, 뉴욕에 있는 자유의 여신상보다 78m 높다고 한다. 교회의

서픈짜-페리 수도원

여름 제단과 성 삼위일체 탁자

탑은 황금(8.5kg)으로 도금되어 있으며, 이후 십자가(높이 7m, 무게 4.3kg)도 황금(4kg)으로 도금되었다.

교회의 높이도 높이이지만 수도원에 속한 토지 면적 역시 300헥타르(약 90만평)에 이른다. 1947년 루마니아에 공산주의가 도입되면서 국유화되었으나 1989년 혁명 이후 법정에서 승소하여 되찾았다고 한다.

교회 2층으로 올라가다 보면 300년 된 통나무(지름 1.2m)로 된 계단과 기둥이 있으며, 교회 정면에 있는 여름 제단(Summer altar: 2003~2004년 건축)에도 300년 된 통나무로 만든 3개의 '성 삼위일체(Holy Trinity) 탁자'가 있다.

[서픈짜-페리 수도원: 주소 Sapanta, nr. 85]

(4) 세계 최대 규모의 목조 레스토랑

브르사나 수도원(Bârsana Monastery)에서 시게트시로 가다 보면 '마라무레쉬 지방 사람들의 파티 하우스(Moroşeni Party House: Casa de Petrecere a Moroşenilor)'라는 이름의 레스토랑이 있다. 이 레스토랑은 최대 1,500명이 동시 입장할 수 있으며, 오늘날 세계 최대 규모의 목조 레스토랑 중 하나로 간주된다.

[모로셰니 파티 하우스: ☎ (+40)766.225.309; 주소: Strada Principală, nr. 527 B, Onceşti]

모로셰니 파티 하우스

(5) 루마니아 대중 술 쭈이꺼와 자연 세탁기

루마니아를 여행하면서 꼭 맛보아야 할 것이 쭈이꺼(ţuică)이다. 일반적으로 루마니아 자두 브랜디를 쭈이꺼라고 하지만 루마니아 지역에 따라 트란실바니아 지방에서는 뻘린꺼(pălincă), 바나트 지방에서는 러끼에(răchie) 그리고

마라무레쉬 장인이 만든 추이커 및 알코올 도수 측정 기구

마라무레쉬 지방에서는 호린꺼(horincă)라고 한다. 물론 이중 최고로 치는 것은 호린꺼이다.

루마니아 증류주와 관련한 최초의 역사자료를 살펴보면, "1570년, 마라무레쉬 지방 사투 마레(Satu Mare)주의 투르쯔(Turț) 마을에서 쭈이꺼를 생산하였다"라고 기록되어 있다. 쭈이꺼는 사과와 배, 살구, 오디, 산딸기 그리고 체리 등과 같은 과일로도 생산하지만, 통상 자두를 원료로 하여 생산한다. 이론적으로는 자두로 만든 술을 쭈이꺼라 하고, 자두가 아닌 과일로 만들 때 뻘린꺼라고 하지만, 대개 루마니아에서는 도수에 따라 40도 이하의 약한 술을 쭈이꺼라고 하고 50도가 넘는 독주를 뻘린꺼라고 한다.

문테니아(Muntenia)와 올테니아(Oltenia) 지방의 사람들은 뻘린꺼를 두고 맛이 좋지만 "깨끗한 독"이라고 말하고, 트란실바니아 지방 사람들은 이들 두 지방에서 생산된 쭈이꺼를 도수가 너무 약해 "빗물"이라고 말한다. 이에 반해, 마라무레쉬 지방에서는 호린꺼를 "깨끗한 약"이라고 규정하면서, "호린꺼 한 병을 마시면 세상의 모든 질병을 극복할 수 있다"라고 말한다.

루마니아 자두 생산량이 세계 3~4위이지만, 전체 수확량의 75%가 쭈이꺼를 만드는 데 사용된다. 한국의 많은 가정에서 김치를 직접 담그는 것처럼 루마니아 사람들 역시 자기가 마실 쭈이꺼를 직접 담그기 때문에 집집마다 각기 다른 맛과 향기가 난다.

마라무레쉬 지방을 여행하면서, 호린꺼를 만드는 곳에 가보면 대개 방앗간과 루마니아어로 '블토아레(vâltoare)'라는 이름의 자연 세탁기도 있다. 모두 다 수력을 이용하기 때문이다. 자연 세탁기는 카펫 등 부피가 큰 세탁물을 세탁할 때 사용된다. 호린꺼를 만드는 증류기와 자연 세탁기는 마라무레쉬 지방의 거의 모든 마을에서 찾아볼 수 있지만, 바두 이제이(Vadu Izei) 마을에 있는 '니쿨라이 방앗간 게스트하우스(Pensiunea La Moara la Niculai)'를 추천한다.

[니쿨라이 방앗간 게스트하우스: ☎ (+40)740.506.425; 주소: Strada Dumbrava nr. 446]

'니쿨라이 방앗간' 게스트 하우스에 있는 블토아레

(6) 유럽에서 운행되는 마지막 증기기관차

마라무레쉬 지방의 관광명소 중 하나인 '모커니짜(Mocănița)'는 이 지방 산악지대에 건설된 협궤철도를 따라 운행되는 증기기관차를 말한다. 목재 수송을 위해 1932년 건설되었으며 현재 유럽에서 운행되는 '마지막 증기기관차'이다.

2000년 관광객들에게 개방된 이후, 오늘날 루마니아에서만 찾아볼 수 있는 독특한 관광 명물로 자리 잡았다. 이 증기기관차는 비쉐우 데 수스(Vișeu de Sus, 해발 600m)역을 출발하여 이즈보룰 코마눌루이(Izvorul Comanului, 해발 1,100m)역까지 총 43.5㎞ 구간을 운행하지만, 일반 관광객들은 중간에 있는 팔

모커니짜 증기기관차[1][Author, Nicu Farcaș]

틴(Paltin)역까지 총 21.6㎞의 구간(왕복 6시간)만 여행할 수 있다. 늦은 봄에서 늦가을까지 운행되며, 매일 오전 9시에 출발해 오후 3시경 비세우 데 수스로 돌아온다.

기관차를 타고 마라무레쉬 지방의 산악지대를 여행하다보면 증기기관차의 작동 원리를 직접 눈으로 보면서 바세르 계곡(Vaser Valley)을 따라 펼쳐지는 천혜의 비경을 감상할 수 있다. 하지만 모커나차 여행의 하이라이트는 늑대와 곰 등 야생동물들이 서식하고 있는 자연보호구역을 지나면서 느끼는 태곳적 자연의 신비일 것이다.

비세우 데 수스 산림철도역(Forest Railway from Vişeu de Sus)에는 열차 3량(1량-레스토랑, 2량-숙소)을 개조하여 만든 2성급 호텔인 카르파티아 익스프레스(Carpatia Express)가 있다. 숙박은 대개 6월 1일부터 10월 1일까지 가능하며 열차 내의 20개 객실에는 각각 이층침대와 세면대가 마련되어 있고 인터넷도 가능하다. 공용 욕실은 카르파티아 익스프레스(Carpatia Express) 옆에 마련되어 있으며, 날씨가 좋은 밤에는 야외에서 모닥불을 피워 편안하게 휴식을 취할 수도 있다. 모커니짜 여행은 바쁘게 살아가는 현대인들에게 커다란 위안이 될 수 있는 독특한 여행이 될 거라 생각된다.

[비쉐우 데 수스 산림철도역: www.cffviseu.com; ☎ (+40)744.686.716; 주소: Strada Cerbului, nr. 5, Vişeu de Sus]

(7) 말의 폭포

로드나 국립공원(Rodna National Park, 면적 46,399헥타르) 내 일부 지역은 1979년 유네스코의 인간과 생물권 프로그램(Man and the Biosphere Programme: UNESCO-MAB) 보호지역으로 지정되었다. 국립공원 북·동쪽에 있는 말의 폭포(Horses Waterfall)는 보르샤(Borşa) 리조트에서 그리 멀지 않은 곳에 있으며, 보르샤-콤플렉스(Borşa-Complex)에서 출발하는 케이블카를 타고 올라갈 수 있다. 루마니아에서 가장 큰 폭포이며 해발 1,300m에 있는 빙하 호수에서 모인 물이 총 3단계(40~20~40m)에 걸쳐 100m를 흘러내린다.

말의 폭포

폭포의 이름은, 폭풍우가 치던

어느 날 피아트라 레아(Piatra Rea)산 목초지에 있던 말들이 야생 곰의 습격을 받아 놀란 나머지 도망을 치다 절벽으로 떨어져 죽은 것에서 유래한다.

[보르샤 케이블카: ☎ (+40)741.423.311; 주소: Strada Brădet 9, Borșa]

마라무레쉬 지방 숙박 및 레스토랑

1) 알렉스 송어장 레스토랑(Păstrăvăria Alex): 숙식이 가능하며 이아쉬(Iaşi)시에 있는 레스토랑 '라 카스텔(At Castle: La Castel)'처럼 자연 친화적이다.

[☎ (+40)749.990.042; 주소: 89, Sat Mara nr. 89, Comuna Deseşti, DN 18]

'알렉스 송어장' 레스토랑

2) 카사 그라드 송어장 레스토랑(Păstrăvăria CASA GRAD): 레스토랑 옆에 아름다운 연못이 있어 분위기가 좋다.

[☎ (+40)749.301.970; 주소: Ferești nr. 143]

'카사 그라드 송어장' 레스토랑

3) 루스 오두박집(Cabanele RUS): 숙식이 가능하며 마라무레쉬 지방의 아름다운 자연을 느낄 수 있다.

[☎ (+40)758.660.941; 주소: Podul Râuşorului, nr. 266 R1 şi 266 R2, Maramureş]

루스 오두막집

4) 카사 하이두체안 게스트하우스(Pensiunea Casa Haiducean): 주인이 친절해 마라무레쉬 지방 사람들의 정(情)을 느낄 수 있다.

[☎ (+40)758.189.960; 주소: Strada Principală, nr. 172, Comuna Sârbi]

하이두체안 게스트 하우스

“루마니아 문화 수도” 이아쉬

1. 도시의 역사

루마니아 제2의 도시 이아쉬(Iaşi: 영어 Iassy 혹은 Jassy)는 15세기 이후 몰도바 공국의 정치, 경제, 문화, 예술 그리고 종교의 중심지였다. 이아쉬와 그 주변 지역에는 구석기, 신석기 시대의 유물이 발견되었으며, 특히 신석기 쿠쿠테니(Cucuteni) 문화는 오늘날 루마니아의 가장 중요한 문화 중 하나로 간주된다.

알렉산드루 러푸쉬네아누 영주

1241~1242년, 타타르족의 침공으로 도시 대부분이 파괴되었지만, 이 도시가 역사 문헌에 처음 언급된 것은 1387~1392년이며, 러시아 연대기 작가 티호미로프(N. M. Tihomirov)가 “이아쉬에서 박람회(Jasskii Torg)가 개최되었다”라고 기술하였다.

1564년, 알렉산드루 러푸쉬네아누 영주

(Alexandru Lăpuşneanu, 1499-1568)는 몰도바 지방의 수도를 수체아바(Suceava) 시에서 이아쉬로 옮겼다. 또한 1640년 바실레 루푸 영주(Vasile Lupu, 1595-1661)는 "성 세 주교" 수도원(Three Holly Hierarchs Church)에 학교와 인쇄소를 설립하여 1643년부터 종교 서적을 출판하기 시작하였다. 하지만 16~17세기, 타타르족과 튀르크족, 폴란드족 그리고 러시아인들이 침공하여 도시는 파괴되었고, 특히 1734년 전염병이 발생하여 많은 사람이 사망하였다.

1564~1859년 사이 이아쉬는 몰도바 공국의 수도였으나, 1859년 몰도바 공국과 왈라키아 공국이 통일하면서 부카레스트와 함께 몰도바-왈라키아 통일 공국(United Principalities of Moldova and Wallachia, 1859-1862)의 수도가 되었다. 하지만 1862년 몰도바와 왈라키아의 통일 공국인 '로므니아(România)'가 설립하면서 부카레스트가 단일 수도로 지정되었다.

제1차 세계대전이 한창이던 1916년 12월 6일, 독일군이 부카레스트로 진격하자 루마니아 왕실과 행정부가 이아쉬로 이전하였다. 따라서 이아쉬는 그로부터 약 2년 동안 루마니아 수도(1916-1918년)가 되었으나 1918년 11월 제1차 세계대전이 종결되면서 수도는 다시 부카레스트로 옮겨갔다.

제2차 세계대전 중인 1941년 6월 29~30일에는 이온 안토네스쿠 장군(Ion Antonescu, 1882-1946)의 지휘 하에 이아쉬 전체 유대인 수의 약 ⅓(약 14,000명)이 학살되었다. 단 이틀 동안 진행된 유대인 집단학살(Pogrom)은 오늘날에 이르기까지 도시의 아픔으로 남아있다. 1944년 5월, 이아쉬에서 치러진 '루-독' 연합군과 러시아 붉은 군대 사이의 격렬한 전투로 도시는 많이 파괴되었고, 이후 스탈린 군대에 정복되었다.

1989년 루마니아 혁명이 시작된 곳은 티미쇼아라이지만 혁명의 조짐은 그보다 하루 빠른 12월 14일 이아쉬에서 있었다. 당시 이아쉬 인민전선

이아쉬의 석양

(Popular Front)은 몰도바-바나트 지방 정통 가톨릭 관구장 대성당(Metropolis of Moldova and Bucovina)에서 울리는 타종 소리를 시작으로 대대적인 시위를 계획하였으나, 루마니아 비밀경찰 세쿠리타테(Securitate)에게 발각되어 실패하였다.

이아쉬는 교육의 도시답게 5개의 국립대학과 3개의 사립대학이 있으며, 현재 6만 명 이상의 대학생들이 거주하고 있다. 그중 알렉산드루 이오안 쿠자 대학교(Alexandru Ioan Cuza University, 1563년 설립)는 루마니아에서 가장 오래된 명문대학이다. 이아쉬가 자랑하는 인물로는 루마니아 최초의 노벨상(1974년)

수상자 제오르제 에밀 팔라데(George Emil Palade, 1912-2008)를 언급할 수 있다. 1946년 미국으로 건너간 그는 1955년 케이스 포터(Keith Porter)와 함께 세포생물학 분야에서 세계 최고의 권위를 자랑하는 「분자생물학 저널」(Journal of Cell Biology)을 출판하였으며, 전자현미경에 사용할 세포 표본 제작기술을 완성함으로써 리보솜과 마이크로솜을 처음 발견하여 1974년 노벨 생리의학상을 수상하였다.

에밀 팔라데

2. 교회 건물

중세 이후, 이아쉬는 루마니아에서 문화와 예술 그리고 종교적으로 가장 발달한 도시였다. 현재 70개 이상의 교회가 있어 인구 비율로 볼 때 루마니아에서 교회가 가장 많은 도시이다. 그중 가장 오래된 교회는 아르메니아 교회(Armenian Church, 1395년)이며, "성 세 주교" 교회(Three Holy Hierarchs Church)는 이아쉬의 상징으로 간주된다.

니콜라에 이오르가

역사학자 니콜라에 이오르가(Nicolae Iorga, 1871-1940)는 이아쉬를 "교회의 도시, 즉 루마니아 역사를 통틀어 가장 성스러운 곳이다"라고 언급하였다.

1) “성 세 주교” 수도원

"성 세 주교" 수도원

1637~1639년 건축된 “성 세 주교” 수도원(Three Holy Hierarchs Monastery: Mănăstirea Sf. Trei Ierarhi)은 바실레 루푸 영주(Vasile Lupu)가 통치하던 시기에 건축된 수도원 중 가장 아름다운 수도원으로 간주된다. 수도원 안에는 1650년 루마니아 두 공국을 방문한 안티오키아 총대주교 마카리오스(Patriarch Macarius of Antioch)가 바실레 루푸 영주에게 전달한 ‘성 바실리우스(St. Basil the Great, 330-379) 하악골’이 황금으로 도금되어 있다.

성 바실리우스는 ‘황금 입을 가진 성 요한 크리소스토모스(Ioannes Chrysostomos, 347-407)’ 그리고 ‘신학자 성 그레고리우스(Gregorius, 330-390)’와 함께 크리스트교 역사상 가장 위대한 3대 주교로 꼽힌다.

성 바실리우스 하악골

세 주교 수도원

◆ "성 세 주교" 수도원

정통 가톨릭교회에서 총대주교(Patriarch)라는 용어를 사용하기 시작한 것은 451년이다. 따라서 과거에는 총대주교라는 말이 없었고 그냥 대주교(archbishop)라고 불렀다. 초대 교회는 아래의 "위대한 세 주교"가 활동하던 시기에 5개의 교구[로마(Roma)와 콘스탄티노플(Constantinopol), 안티오키아(Antiochia), 알렉산드리아(Alexandria), 예루살렘]와 5명의 대주교(오늘날 총대주교)가 있었다.

"위대한 세 주교"

1) 성 바실리우스[Basilius(330-379), Saint Basil the Great]

성 바실리우스는 오늘날 터키에 속한 로마제국의 소아시아 카파도키아(Cappadocia)의 카이사레아(Caesarea) 주교이다. 성 파코미우스(Pachomius)와 더불어 "동방 기독교의 수도 생활의 아버지"라고 불리었으며 세계 최초로 병원을 세운 사람으로 유명하다. 그는 호스피치움(Hospicium)이라는 건물을 세워 여행자와 가난한 이들에게 숙소를 제공한 것은 물론 환자들도 보살펴 주었다. 훗날 호스피치움은 전 세계로 전파되면서 병원의 모태가 되었다.

2) 성 요한 크리소스토모스[Ioannes Chrysostomos(349-407), St. John Chrysostom Golden Mouth]

성 요한 크리소스토모스는 초기 기독교의 교부이자 제37대 콘스탄티노폴리스 대주교였다. 뛰어난 설교자였던 그는 끊임없이 크리스트교 교리에 대해 설전을 펼쳤지만 동로마 초대 황제 아르카디우스(Arcadius, 377-408)와 아내 아일리아 에우독시아(Aelia Eudoxia)의 박해로 유배지에서 사망하였다. 사망 후, 그에게 '황금의 입(Golden Mouth)'이라는 의미의 그리스어 크리소스토모스라는 별칭이 붙여졌다.

3) 성 그레고리우스[Gregorius(329-390), St. Gregory the Theologian]

카파도키아의 나지안주스(Nazianzus)에서 태어난 그레고리우스는 카파도키아의 카이

사레아에서 공부하던 도중 성 바실리우스를 만났다. 그리스의 신학자이자 카파도키아의 3대 교부 중 하나이며 378년경 콘스탄티노플로 가서 정통교회를 재건하고 주교가 되었다. 시와 산문에도 뛰어나 많은 작품을 남겼으며 대표작은 「삼위일체론」(三位一體論)이다.

"성 세 주교" 수도원 교회는 건축학적 아름다움으로 인해 "기도하는 예술 교향곡(symphony of arts in prayer)"이라는 찬사를 받았다. 1652년, 안티오키아의 마카리오스 총대주교와 함께 몰도바 공국을 방문한 안티오키아 관구장 주교 알레프의 바울(Paul of Alep, 1627-1669)은 "방문자의 마음을 놀라게 하는 예술"이며, 다양한 문양이 교회 외벽에 빼곡히 장식되어 있어 "어느 한 곳에도 손가락 하나가 들어갈 데가 없다"라고 언급하였다.

오늘날의 수도원 모습은 1882~1904년 프랑스의 유명한 건축가 안드레 르콩트 드 누이(Andre Lecomte de Nouy)가 복원한 것이다. 30가지 이상의 전혀 다른 모티프로 장식된 교회 외벽은 터키와 아랍, 조지아, 아르메니아 그리고 페르시아의 양식이 루마니아 건축 양식과 혼합되어 있어 오늘날 루마니아에서 아주 독특한 건축물로 간주된다.

원래 "성 세 주교" 수도원의 외벽은 황금으로 장식되어 있었지만, 몰도바 공국을 침공한 러시아인들이 훔쳐 갔다고 한다.

16~17세기, 오스만제국의 종교 탄압으로 전 세계 정통 가톨릭교회는 경제적으로 커다란 어려움에 처하였다. 따라서 몰도바 공국의 바실레 루푸 영주(Vasile Lupu, 1595-1661)는 예루살렘과 콘스탄티노플 총대주교의 부채를 대신 갚아주었다. 이후, 콘스탄티노플 총대주교는 감사의 표시로 성녀 파라스케바(Saint Pious Parascheva) 전신(全身)을 몰도바 공국으로 보내주었다. 애초 파라스케바 성유물은 "성 세 주교" 수도원에 안치되었지만, 그로부터 약 250년 후

인 1889년 이아쉬에서 규모가 가장 큰 몰도바-부코비나 지방 정통 가톨릭 관구장 대성당으로 옮겨졌다.

수도원 안에 있는 고딕양식의 현존하는 가장 오래된 학교 스콜라 바실리아나(Schola Basiliana)와 인쇄소는 당시 그곳의 문화가 얼마나 발전했는지를 보여준다. 한동안 루마니아 천재 시인 미하이 에미네스쿠(Mihai Eminescu, 1850-1889)가 수도원 내에 거주하였으며, 교회 안에는 바실레 루푸 영주의 첫 번째 부인인 투도스카(Tudosca)와 아들 슈테판-보더(Ştefan-Vodă), 몰도바 공국의 영주이자 대학자였던 디미트리에 칸테미르(Dimitrie Cantemir, 1673-1723) 그리고 몰도바와 왈라키아 통일공국의 첫 번째 영주로 선출된 알렉산드루 이오안 쿠자의 무덤이 있다.

[성 세 주교 수도원: www.manastireasftreiierarhi.ro; ☎ (+40)232.216.349; 주소: Bulevardul Ştefan cel Mare şi Sfânt, nr. 28]

2) 몰도바-부코비나 정통 가톨릭 관구장 대성당

몰도바 공국의 수도는 그동안 네 차례에 걸쳐 천도되었다. 14세기 중엽, 바이아(Baia)시와 시레트(Siret)시가 약 20년 동안 몰도바 공국의 수도였으나 1388년 수체아바(Suceava)시로 그리고 1564년에는 알렉산드루 러푸쉬네아누 영주(Alexandru Lăpuşneanu)가 지금의 이아쉬로 천도하였다. 몰도바 공국의 관구장 성당 역시 1381~1386년 러더우치(Rădăuţi)에서 설립되었으나 콘스탄티노플 총대주교구로부터 공식 인정을 받은 1401년 수체아바로 옮겨갔고 또한 1564년 공국의 수도가 이아쉬로 천도되면서 관구장 성당 역시 1677년 새로운 도읍지로 이전한 후 오늘날에 이르고 있다.

비엔나의 건축가인 구스타브 프레이발트(Gustav Freywald)가 설계한 몰

몰도바, 부코비나
정통 가톨릭 관구장 대성당

도바-부코비나 지방 정통 가톨릭 관구장 대성당(Metropolitan Cathedral of Moldova and Bucovina, 길이 56.7m, 너비 34.15m, 높이 52.29m)은 두 단계에 걸쳐 완성되었다. 먼저, 1833~1839년 베니아민 코스타케(Veniamin Costache) 관구장 주교의 주도 하에 당시 루마니아 최대 규모의 대성당이 완공되었다. 하지만 1857년 중앙 돔이 붕괴하자 1880~1887년 이오시프 나니에스쿠(Iosif Naniescu) 관구장 주교가 복원하였다. 당시 공사를 맡은 건축가 알렉산드루 오러스쿠(Alexandru Orăscu)는 중앙 돔을 포기하는 등 설계도면을 대폭 수정하여 결국 오늘날의 모습으로 완공하였다. 건물의 외부와 내부는 바로크 양식으로 장식되어 있으며 4개의 탑은 이탈리아 르네상스 양식의 영향을 받았다.

1887년 4월 23일, 국가 행사로 치러진 대성당 축성식에는 루마니아 국왕 카롤 I세도 참석하였다. 앞에서 언급한 것처럼, 1889년 "성 세 주교" 수도원에 있던 몰도바 지방의 수호자인 성녀 파라스케바 성유물이 이곳으로 옮겨왔다.

[정통 가톨릭 관구장 대성당: www.mmb.ro/contact; ☎ (+40)232.215.454; 주소: Bulevardul Ștefan cel Mare și Sfânt, nr. 16]

3) 골리아 수도원

골리아 수도원(Golia Monastery)은 수도원 설립자인 대귀족 이오안 골리아(Ioan Golia)의 이름을 붙여 명명되었다. 1650~1653년 바실레 루푸 영주(Vasile Lupu)는 16세기 예배당이 있던 자리에 골리아 수도원을 건축하기 시작하였으며, 1660년 그의 아들 쉬테퍼니처 보더 영주(Ștefăniță Vodă)가 완공하였다. 건축 양식은 바로크 양식과 비잔틴 양식이 혼합되어 있으며 당시에 건축된 몰도바 공국의 정통 가톨릭교회와는 전혀 다른 건축양식으로 되어 있다.

수도원 안에는 19세기 말에 건축된 작은 집이 있으며, 당시 부제였던 이온

골리아 수도원

크레안거(Ion Creangă)가 그곳에서 가족[부인 일레아나(Ileana), 아들 콘스탄틴(Constantin)]과 함께 거주하였다. 하지만 어느 날 크레안거가 교회 종탑(높이 30m) 위에 앉아있던 까마귀를 나무 새총으로 쏘는 바람에 수도원에서 쫓겨났다고 한다. 이후, 그는 현재 찌커우(Țicău) 지역에 있던 집에서 문학 창작에 몰두하여 루마니아 최고의 동화 작가가 되었다. 교회 종탑 발코니로 올라가면 도시 전경을 바라볼 수 있다.

[골리아 수도원: ☎ (+40)723.255.542; 주소: Strada Cuza Vodă nr. 51]

4) 체터쭈이아 수도원

체터쭈이아 수도원(Cetățuia Monastery: 의미 '요새 수도원')은 1669~1672년 몰도바 공국의 게오르게 두카 영주(Gheorghe Duca, 1620-1685)가 이아쉬 외곽의 체터쭈이아 언덕 위에 건설하였다. 이아쉬의 상징인 "성 세 주교" 수도원을 모델로 건축되었으며, 원래 몰도바 왕실을 방어하기 위하여 세워졌다고 한다. 그래서 수도원 담을 보면 요새처럼 탑이 있고 또한 수도원과 왕궁(현재 문화궁전) 사이에 지하터널이 만들어져 있어 위험 발생 시 수도원으로 대피하였다고 한다.

체터쭈이아 수도원[1][Author, Валерий Дед]

수도원 내에는 식당과 지하 와이너리 그리고 터키식 목욕탕이 있는 영주의 거처가 있다. 19세기 말, 건물이 많이 파손되어 방치되었으나 1930년 역사학자 니콜라에 이오르가의 노력으로 복원되었다. 1911년에는, 루마니아 항공학자 아우렐 블라이쿠(Aurel Vlaicu)가 자신이 직접 제작한 비행기를 타고 이아쉬 도심에서 출발하여 체터쭈이아 수도원 상공을 몇 바퀴 돌며 비행하였다고 한다.

[체터쭈이아 수도원: ☎ (+40)744.647.957; 주소: Strada Cetaţuia, nr. 1]

◆ '이아쉬의 휴일'

매년 10월이 되면, 종교적 측면에서 루마니아 최대 공휴일인 '이아쉬의 휴일(Holidays of Iaşi)'이 일주일 동안 개최된다. 이때가 되면 교회 종소리가 기쁨과 축복의 송가가 되어 울려 퍼지고, 국내외에서 약 30만 명의 순례자들이 성녀 파라스케바(Saint Parascheva) 성유물을 경배하기 위해 도시를 방문한다. 따라서 이아쉬 시청은 '군악대 행진'과 '화이트 나이트(White Night: 이아쉬의 모든 박물관과 기념관이 밤새 무료로 개장됨)', '가치(價値)의 저녁(Evening of Values: 매년 이아쉬를 빛낸 5명을 선정하여 포상)', '횃불 행렬' 그리고 '불꽃놀이' 등 다양한 행사를 준비한다. 이아쉬의 휴일은 "루마니아 문화수도"에서 환상적인 분위기를 경험할 특별한 기회이다.

'이아쉬의 휴일'에 성녀 파라스케바 성유물을 보기위해 줄서있는 사람들

3. 역사적 건축물

1) 문화궁전

문화궁전(Palace of Culture)은 1906~1925년 루마니아 건축가 이온 베린데이(Ion D. Berindey)가 후기 고딕 양식과 바로크 양식 그리고 낭만주의 양식으로 건축하였다. 1434년 역사 문헌에는 문화궁전이 건축된 자리에 중세 몰도바 왕궁이 있었다고 기록되어 있다.

보드 판다(Bored Panda)는 문화궁전을 "밤에 아름다운 세계 최고의 건축물 Top 10" 중 3위로 선정하였다.

◆ 밤에 아름다운 세계 최고의 건축물 Top 10

1) 마드리드 왕궁(Royal Palace of Madrid): 18세기에 건축되었으며 오늘날 '스페인 건축물의 절정'으로 평가받고 있다. 왕궁의 화려함은 물론 규모도 엄청나 왕궁 내부에는 총 3,000여 개의 룸이 있다.
2) 페테르고프 궁전(Peterhof Palace): 러시아 제국 시대의 궁전으로 상트페테르부르크에서 서쪽으로 29㎞ 떨어진 페테르고프에 위치한다. 오늘날 에르미타주 박물관으로 사용되는 '겨울 궁전'에 비해 분수가 많아 '여름 궁전'으로 불린다.
3) 이아쉬 문화궁전(Palace of Culture, Iaşi)
4) 베르사이유 궁전(Palace of Versailles): 화려함의 상징으로 대표되는 베르사이유 궁전은 절대 왕권의 상징인 루이 14세가 자신의 권력을 과시하기 위하여 50년 동안 총력을 기울여 만든 궁전이다. 1682년, 루이 14세는 국민들과 어느 정도의 거리를 두기 위하여, 왕궁을 현재 루브르 박물관으로 사용되는 루브르궁전에서 그곳으로 옮겼다고 한다.
5) 호프부르크 왕궁(Hofburg Palace): 합스부르크 왕가의 궁전으로 약 650년의 역사를 자랑한다. 1220년경 건축된 이후 여러 군주가 새로운 건물을 차례로 증축하면서 다양한 건축 양식의 집합체가 되었다.
6) 상트페테르부르크 겨울 궁전(Winter Palace of St Peterburg): 1754~1762년 로코코 양식으로 건축되었으며, 1917년 볼셰비키 정권이 그곳을 급습함으로써 '10월 혁명'

문화 궁전

이 시작되었다.

7) 켈루스 궁전(National Palace of Queluz): 18세기에 건축되었으며 포르투갈의 베르사유 궁전이라 불린다.

8) 우메이드 바완 궁전(Umaid Bhawan Palace, 1928-1944): 인도 조드푸르(Jodhpur)에 있으며 세계에서 가장 큰 개인 주택 중 하나이다. 현재 이 궁전은 조드푸르 왕가가 사용하고 있으며, 일부는 호텔과 박물관으로 사용되고 있다.

9) 쇤브룬궁(Schönbrunn Palace): 1700년 로코코 양식으로 건축되었으며, 과거 합스부르크 제국의 여름 궁전으로 1,441개의 방이 있다. 오스트리아에서 가장 큰 궁전이자 방문객이 가장 많은 곳 중 하나이다.

10) 페나 궁전(National Palace of Pena, 1854-1836): 포르투갈 신트라(Sintra)에 있는 왕궁으로 높은 바위 위에 있다.

원래 법원 건물이었으나 1955년부터 이아쉬 문화궁전으로 사용되었다. 궁전 앞에 있는 몰도바 공국의 슈테판 대제 동상(Stephen the Great: Ștefan cel Mare, 1438-1504)은 1883년 프랑스 조각가 엠마누엘 프레미에(Emmanuel Frémiet)가 청동으로 제작하였다. 궁전 정면에 있는 중앙 탑을 보면 움푹 들어간 벽면과 총안(銃眼) 그리고 거대한 독수리 동상이 있고, 시계탑에는 매시간 루마니아 통일을 노래하는 「통일의 호라」(Hora of Union)가 울려 퍼진다. 또한, 문화궁전의 모서리와 뒤쪽 중앙에는 4m 높이의 중세 기사 동상이 궁전을 지키고 있으며, 기사의 양쪽 밑에는 독수리 동상이 있다.

슈테판 대제 동상

문화궁전 안으로 들어가면 입구에 고딕 홀(Gothic Hall)이 있고, 바닥에는

시계탑

문화궁전 내부 모습과 베스티아룸

영주의 홀과 헨리 코안다 홀

중세 베스티아룸 모자이크(bestiarum: 사자 몸통에 독수리의 머리와 날개를 지닌 신화 같은 존재인 그리핀과 머리가 둘 달린 독수리, 키레라 그리고 사자 등)가 아름답게 장식되어 있다.

명예의 홀(Hall of Honor)은 2층 높이의 넓은 공간으로 되어있으며, 둥근 천장은 스테인드글라스로 장식되어 있다.

2층에 있는 영주의 홀(Hall of the Voivodes)은 다치아 왕국의 데체발루스 왕(Decebalus)을 비롯하여 로마제국의 트라야누스 황제(Marcus Ulpius Trajanus)와 아우렐리우스 황제(Marcus Aurelius) 그리고 몰도바 공국의 영주와 루마니아 국왕의 초상화가 걸려 있으며 맨 위에는 페르디난드(Ferdinand) I세의 초상화가 있다.

헨리 코안더 홀(Henri Coandă Hall)은 벽과 천장이 나무판자 모양의 '나무

시멘트(Bois Ciment)'로 장식되어 있다. 나무 시멘트는 코안더가 세계 최초로 발명한 새로운 개념의 건축자재로, 모양과 색깔 그리고 소리까지 참나무와 아주 흡사하다고 한다. 나무 시멘트에 대한 비밀은 지난 100년 동안 베일에 가려 있었으나 2008~2016년 루마니아 과학자들이 문화궁전을 복원하면서 그 구성 물질 중 일부를 밝혀냈다. 헨리 코안더 홀 천장은 루마니아 왕실 조각가인 에밀 베커(Emil Wilhelm August Becker)가 설계한 것으로, 영국 의회가 탄생한 런던 웨스트민스터 홀(Westminster Hall)의 천장을 모델로 하여 건축되었다.

오늘날 문화궁전 안에는 몰도바 역사박물관(Museum of History of Moldova, 1916)과 몰도바 민속박물관(Ethnographic Museum of Moldova, 1943), 미술관(Museum of Art, 1860), 슈테판 프로코피우 과학·기술박물관(Ştefan Procopiu Museum of Science and Technology, 1955) 그리고 문화유산 보존 및 복원 연구센터(Center for Research and Conservation-Restoration of Cultural Heritage, 1975)가 있다.

[문화궁전: www.palatulculturii.ro; ☎ (+40)232.275.979; 주소: Bulevardul Ștefan cel Mare și Sfânt 1]

2) 도소프테이 하우스

도소프테이 하우스(Dosoftei House)는 1677~1679년 세인트 니콜라스 영주 왕실 교회(St. Nicholas Princely Church)의 공동묘지가 있던 곳에 건축되었다. 이 건물은 몰도바 지방의 관구장 주교이자 대학자였던 도소프테이(1624-1693년)의 이름을 붙여 명명되었다. 중세 비잔틴 양식의 독특한 건축물로 간주되며 정면에 아케이드가 있다. 1679년, 관구장 주교의 인쇄소였으나 1970년 이후 루마니아 문학박물관 고전문학 섹션으로 사용되고 있다.

가장 오래된 서적은 14세기(1350~1380년 추정) 교회슬라브어로 된 「필사본」이며, 1508년 마카리에(Macarie) 사제가 인쇄한 「미사전서」(Missal, 루마니아 최초의 인쇄물)를 비롯해 1665년 그리고레 우레케(Grigore Ureche, 1590-1647)와 미론 코스틴(Miron Costin, 1633-1691)이 출판한 「몰도바 공국 연대기」(Moldovan Chronicles)의 가장 오래된 복사본도 있다. 건물 옆에는 1975년 설치된 도소프테이 동상이 있다.

[도소프테이 하우스: ☎ (+40)232.261.070; 주소: Strada Anastasie Panu nr. 54]

도소프타 하우스와 동상

3) 루마니아 최초의 국립극장

루마니아 최초의 국립극장인 바실레 알렉산드리 극장(Vasile Alecsandri National Theater)은 극작가 바실레 알렉산드리(1821-1890년)의 이름을 붙여 명명되었다. 이 극장은 1840년 설립되었으며 1846년 이후 코포우 지역에 있는 대극장(Grand Theater of Copou)에서 운영되었다. 하지만 1888년 발생한 대화재로 건물이 붕괴하자, 1894~1896년 비엔나 출신의 건축가 펠너와 헬머(Fellner and Helmer)가 옛 시청 터에 새로운 국립극장을 건축하였다.

BBC는 이 극장을 세계에서 "숨 막히게 아름다운 극장 Top 7" 중 2위로 선정하였다. 당시 선정된 '세계 7대 극장'은 (1) 영국의 브리스톨 히포드롬(Bristol Hippodrome) 극장, (2) 바실레 알렉산드리 극장, (3) 이탈리아 비첸차(Vicenza)의 올림픽 극장(Teatro Olimpico), (4) 셰익스피어 만든 런던 글로브 극장(Globe Theater), (5) 파리의 오페라 궁(Palais Garner), (6) 샌프란시스코의 전쟁 기념 오페라 하우스(War Memorial Opera House), (7) 베네치아의 라 페니체 극장(Teatro La Fenice)의 순서로 선정되었다. 현재, 바실레 알렉산드리 극장 건물 안에는 루마니아 국립 오페라(Romanian National Opera)도 있다.

[바실레 알렉산드리 극장: www.teatrulnationaliasi.ro; ☎ (+40)232.255.999; 주소: Strada Agatha Bârsescu nr. 18]

4) 로즈노바누 궁전

로즈노바누 가문이 거주한 로즈노바누 궁전(Roznovanu Palace)은 1830~1832년 비엔나 건축가 구스타브 프레이발트(Gustav Freywald)가 설계하였다. 당시 몰도바 지방의 대귀족인 로즈노바누(Iordache Roznovanu)에게는 3명의 부인이 있었는데, 그중 셋째 부인 마리아(Maria)는 건물을 개방하여 루마

바실레 알렉산드리 국립극장

로즈노바누 궁전

니아 예술가들을 초대하였다.

1891년에는, 당시 이아쉬의 시장이던 바실레 포고르(Vasile Pogor)가 궁전을 매입하여 시청 건물로 사용하기 시작하였다. 과거에는 궁전 안에 예배당이 있었으나 1893~1894년 페르디난드 I세(Ferdinand I)와 마리아 여왕의 숙소를 만들면서 철거되었다.

제1차 세계대전 때 독일군이 부카레스트로 진격하자, 루마니아 왕실과 행정부는 이아쉬로 옮겨왔고, 1916~1918년 사이 이 궁전은 루마니아 정부청사로 사용되었다. 이 궁전이 다시 이아쉬 시청사로 사용된 것은 1969년부터이다.

[로즈노바누 궁전: ☎ (+40)232.267.582; 주소: Bulevardul Ștefan cel Mare şi Sfânt 11]

5) 통일 박물관

오늘날 통일 박물관(Union Museum)으로 사용되는 카타르지우 저택(Catargiu House)은 1800~1806년 건축되었다. 전체적인 건축 양식은 신고전주의 양식이지만 르네상스 양식과 바로크 양식이 혼합되어 있다. 1859~1862년, 몰도바-왈라키아 통일 공국의 초대 영주인 알렉산드루 이오안 쿠자가 거주하였으며, 제1차 세계대전 중인 1916~1919년에는 페르디난드 I세가 왕궁으로 사용하였다. 오늘날 이곳에는 '1848년 혁명'과 '1859년 루마니아 통일'에 관한 문서들이 전시되어 있으며, 알렉산드루 이오안 쿠자 영주와 미하일 코걸니체아누(Mihail Kogălniceanu) 그리고 바실레 알렉산드리(Vasile Alexandri) 등이 사용하던 각종 가구와 장식품이 전시되어 있다.

통일 박물관은 '1859년 루마니아 통일' 100주년을 기념하는 1959년 이후 일반인에게 공개되었다.

[통일 박물관: ☎ (+40)232.314.614; 주소: Strada Alexandru Lăpuşneanu 14]

통일박물관

6) 몰도바 필하모니

몰도바 필하모니(Moldova Philharmonic)는 1815년 회계사 알레쿠 발쉬(Alecu Balş)가 신고전주의 양식으로 건축하였다. 1817년, 이곳에서 루마니아 최초로 연극이 공연되었으며, 1847년에는 프란츠 리스트(Franz Liszt) 콘서터가 개최되었다. 1861년, 노트르담 드 시옹 수녀회(Notre-Dame de Sion Order)가 건물을 매입하면서 여자대학(Colegiul de Fete)으로 바뀌었고 이후 노트르담 드 시옹 연구소(Institute of Notre-Dame de Sion)가 설립되었다. 연구소가 문을 닫은 후에는 근 30년 동안 제오르제 에네스쿠 음악원(George Enescu Conservatory)으로 사용되다가 1957년부터 몰도바 필하모니 콘서트홀로 바뀌어 오늘날에 이르고 있다.

[몰도바 필하모니: www.filarmonicais.ro; ☎ (+40)232.212.509; 주소: Strada Cuza Voda, nr. 29]

7) 포고르 하우스 문학박물관

포고르 하우스(Pogor House)는 1990년 이후 포고르 하우스 문학박물관(Pogor House Literary Museum)으로 사용되고 있다. 원래 이곳에는 1776년 대귀족 이오니처 체르케즈(Ioniță Cerchez)가 세운 건물이 있었으며, 그가 사망한 후 각각 아들 이안쿠(Iancu)와 손녀 조에(Zoe)에게 상속되었다. 당시 조에의 남편이던 바실레 포고르(Vasile Pogor)는 기존의 낡은 건물을 허문 다음 1850년 오늘날의 건물로 신축하였으며 이후 아들 바실레 포고르(Vasile Pogor Jr.)에게 상속되었다.

당시의 루마니아 역사를 간단히 살펴보면, 1859년 왈라키아 공국과 몰도바 공국이 통일하여 루마니아(România)가 탄생하였다. 따라서 많은 루마

포고르 하우스 문학 박물관

니아 젊은 엘리트들이 서유럽으로 유학을 떠났고, 그중 바실레 포고르 주니어(Vasile Pogor Jr.)를 포함하여 티투 마이오레스쿠(Titu Maiorescu)와 테오도르 로세티(Theodor Rosetti) 등은 귀국 후 포고르 하우스에서 19세기 루마니아 최고의 문학단체인 「쥬니메아」(Junimea, 1863년)를 설립하였다. 「쥬니메아」가 설립되면서 루마니아 문학계에는 천재 시인 미하이 에미네스쿠를 비롯하여 루마니아 최고의 동화작가 이온 크레안거(Ion Creangă), 루마니아 최고의 극작가 이온 루카 카라지알레(Ion Luca Caragiale) 그리고 산문작가 이오안 슬라비치(Ioan Slavici) 등이 출현하였다.

미하이 에미네스쿠[1][Author, Jan Tomas]

박물관 안에는 19세기 루마니아 문학과 관련된 많은 자료가 전시되어 있으며, 그중 1881년 에미네스쿠가 아버지로부터 선물 받은 스위스산 황금 시계 브레게(Breguet)도 있다. 오늘날 이곳에는 도서출판기념회를 비롯해 각종 콘서트와 전시회, 박람회 등 다양한 문화행사가 개최된다.

[포고르 하우스: www.muzeulliteraturiiiasi.ro; ☎ (+40)232.212.830; 주소: Strada Vasile Pogor, nr. 4]

8) 알렉산드루 이오안 쿠자 대학교

알렉산드루 이오안 쿠자 왕[1]

왈라키아-몰도바 통일 공국의 초대 영주인 알렉산드루 이오안 쿠자(Alexandru Ioan Cuza, 1820-1873)는 1860년 근대적인 의미에서 루마니아에 가장 오래된 알렉산드루 이오안 쿠자 대학교를 설립하였다. 하지만 이 대학의 실질적 역사는 1563년 몰도바 공국의 이오안 에라클리드 영주(Ioan Iacob Eraclid, 1527-1563)가 코트나리(Cotnari) 지역에 설립한 스콜라 라티나(Schola Latina)로 거슬러 올라간다.

쿠자 대학은 1860년 지금의 그리고레 포파 의학·약학 대학교(Grigore T. Popa University of Medicine and Pharmacy) 본관에 설립되었으나 공간문제로 인해 1897년 코포우(Copou) 지역에 있는 지금의 대학 건물로 이전되었다.

현재 쿠자 대학 본관으로 사용되는 건물은 1893~1897년 고전주의 양식과 바로크 양식으로 완공되었다. 건물 안으로 들어서면 길이가 100m가 넘는 '걸음걸이를 잃어버리는 홀(Hall of the Lost Steps)'이 있으며 복도를 따라 화가 사빈 벌라샤(Sabin Bălașa)가 그린 초현실주의 벽화가 있다.

알렉산드루 이오안 쿠자 대학교

정면에서 건물을 바라볼 때, 오른쪽 절반은 현재 게오르게 아사키 공대(Gheorghe Asachi Technical University)가 사용하고 있다. 건물 내 1층과 2층에는 각각 대강당과 도서관이 있으며, 특히 도서관은 더블린의 트리니티 칼리지(Trinity College) 도서관과 리우 데 자네이루(Rio de Janeiro)의 포르투갈 왕립도서관, 프라하의 국립도서관, 프랑스 국립도서관, 뉴욕 시립도서관 등과 함께 "세계에서 가장 장엄한(majestic) 25개 도서관" 중 하나로 선정되었다.

[알렉산드루 이오안 쿠자 대학교: www.uaic.ro; 주소: Boulevard Carol I, nr. 11]

게오르게 아사키 공대 '도서관'

게오르게 아사키 공대 '대강당'

9) 미하이 에미네스쿠 대학 중앙도서관

1930~1934년 건축된 미하이 에미네스쿠 중앙도서관(Mihai Eminescu University Library) 건물은 원래 1835년 미허일레아너 아카데미(Mihăileană Academy)가 설립된 곳이다. 이 아카데미는 시간이 지나면서 대학도서관, 울피아 도서관(Ulpia Library), 중앙도서관 그리고 미하이 에미네스쿠 대학 중앙도서관 등 몇 차례 이름이 바뀌었다. 원래 이 건물은 페르디난드 대학재단(Ferdinand University Foundation)으로 사용되었지만, 1945년 대학 중앙도서관에 양도되었다.

신고전주의 양식으로 건축되었으며, 건물 정면에는 이오니아식 기둥이 있고 또한 내부는 이탈리아 카라라 산 대리석과 베네치아 모자이크로 장식되어 있다. 오늘날 이곳에는 영국 문화원과 독일 도서관 그리고 이아쉬 풀브라이트 교육상담센터가 있다.

[에미네스쿠 중앙도서관: www.bcu-iasi.ro; 주소: Strada Păcurari, nr. 4]

미하이 에미네스쿠 대학 중앙도서관

미하이 에미네스쿠 대학 중앙도서관 내부 모습

10) 그리고레 포파 의학·약학 대학교

앞에서 언급한 것처럼, 그리고레 포파 의학·약학 대학교(Grigore T. Popa University of Medicine and Pharmacy, 1897년) 본관 건물은 1860년 루마니아 최초의 대학인 알렉산드루 이오안 쿠자 대학교가 설립된 곳이다. 하지만 1897년 쿠자 대학이 코포우 지역(Copou: 현재 알렉산드루 이오안 쿠자 대학 본관이 있는 언덕 지역)으로 옮겨가자, 그곳에 남은 의과대학은 독자적으로 발전하기 시작하였다.

최근 발표에 의하면, 전체 정원 11,000명 중 약 2,500명이 그리스와 프랑스, 독일, 영국, 이탈리아, 이스라엘, 모로코, 튀니지 그리고 한국 등 전 세계 50~60개국에서 온 외국 유학생이라고 한다. 본관 건물은 1793년 마테이 칸타쿠지노(Matei Cantacuzino)가 건축한 이후 수차례에 복원되었으며, 특히 1848년 대대적인 복원작업이 진행되면서 오늘날의 모습으로 바뀌었다.

그리고레 포파 의대

그리고레 포파 의대 해부학 연구소

본관 오른쪽에 있는 해부학 연구소는 1894~1900년 신고전주의 양식으로 건축되었으며, 정면에 도리아 양식의 기둥이 있어 그리스 사원이 연상된다. 지붕 끝에 있는 3각형 페디먼트(pediment)는 프랑스 조각가 헤겔(Wladimir Hegel)의 작품으로 해부학 수업 장면을 묘사한 것이다.

대학 광장에는 '1918년 대통일(Great Union of 1918)'을 기념하는 조각물이 설치되어 있다.

[그리고레 포파 의대: www.umfiasi.ro; 주소: Strada Universitaţii nr. 16]

11) 세계 최초의 유대인 극장 '초록 나무'

19세기 초, 폴란드 갈리치아(Galicia: 현재 우크라이나 북서부지방)에서 유대인 억압정책이 시작되면서 그곳에 거주하던 많은 유대인이 몰도바 공국으로 이주하였다. 따라서 양차 대전 사이 이아쉬에 거주하던 유대인 수는 도시 전체 인구의 약 45%(11만 명)에 이르렀다.

1876년, 유대인 드라마 작가인 동시에 감독이던 아브람 골드파던(Avram

유대인 극장 "초록 나무"에 관한 문구

Goldfaden, 1840-1908)은 이아쉬 국립 극장 근처에 세계 최초의 유대인 극장 '초록 나무(Green Tree)'를 설립하였다. 하지만 제2차 대전 당시 이아쉬에 거주하던 많은 유대인이 이스라엘로 탈출하면서 극장은 문을 닫았고 이후 건물도 철거되었다. 그곳에 가보면, 과거 유대인 극장의 앞쪽에 1976년 제작된 아브람 골드 파던 흉상이 세워져 있으며, 오벨리스크에는 "이곳에 1876년 아바람 골드파던이 세운 세계 최초의 유대인 극장이 있었다"라는 문구가 적혀있다.

4. 기념관과 기념비

1) 루마니아 최초의 문학 기념관

루마니아 최고의 동화작가 이온 크레안거(Ion Creangă, 1837-1889)는 찌커우(Țicău) 지역에 있는 한 오두막집(Bojdeuca)에서 약 17년(1872년 여름~1889년 12월 31일) 동안 거주하며 작품창작에 몰두하였다. 이온 크레안거 오두막집은 1918년 루마니아 최초의 문학 기념관으로 지정되었다.

[이온 크레안거 오두막집: www.muzeulliteraturiiiasi.ro; ☎ (+40)747.499.488; 주소: Strada Simion Bărnuţiu nr. 4]

이온 크레안거 오두막집

2) 미하이 사도베아누 기념관

코포우 지역에 있는 미하이 사도베아누 기념관(Mihail Sadoveanu Memorial House)은 원래 루마니아 역사가 미하일 코걸니체아누(Mihail Kogălniceanu)가 거주하였다. 제1차 세계대전이 끝난 후, 이아쉬에 정착한 음악가 제오르제 에네스쿠(George Enescu)가 약 3년 동안 거주하였고 또한 1919년 이후에는 소설가 미하이 사도베아누(Mihail Sadoveanu, 1880-1961)가 약 28년 동안 거주한 다음 1947년 이아쉬 농업경제연구소에 건물을 기증하였다. 봄이 되면, 기념관 안마당에 있는 꽃이 만발해, 매년 5월 첫 번째 일요일에는 라일락 꽃 축제가 열린다.

[사도베아누 기념관: www.muzeulliteraturiiiasi.ro; ☎ (+40)230.540.088; 주소: Aleea Sadoveanu Mihail, nr. 12]

3) 루마니아 최초의 기념비, 오벨리스크 사자상

오벨리스크 사자상

루마니아 최초의 기념비인 오벨리스크 사자상(Obelisk of the Lions: 높이 13m, 무게 10t)은 루마니아 최초의 헌법으로 간주되는 '레귤라멘툴 오르가닉(Regulamentul Organic)'을 제정하는 데 도움을 준 러시아에 대한 감사의 표시로 1834년 11월 코포우 공원에 설치되었다. 레귤라멘툴 오르가닉은 파벨 키셀레프(Pavel Kiseleff, 1788-1872) 러시아 장군이 루마니아 두 공국을 통치하던 시기에 도입된 정치 및 행정조직에 관한 법률규정으로, 왈라키아 공국은 1831년 그리고 몰도바 공국은 1832년에 채택하였다. 기념비를 떠받치고 있는 4마리 사자는 루마니아 독립을 인정한 유럽의 4대 강대국을 상징한다.

5. 공원과 묘지

1) 팔라스 공원

2012년 5월 31일, 과거 몰도바 영주의 정원이 있던 곳에 팔라스 공원(Palas Park)이 개장하였다. 시민공원으로 조성되기까지 약 5만 그루의 관목과 1,000

팔라스 공원

그루 이상의 나무가 사용되었으며, 공원 내에 분수대와 잔디광장 그리고 넓은 산책로가 있어 오늘날 도심 속의 휴식공간으로 자리 잡았다. 이 공원은 문화궁전과 팔라스 몰(Palas Mall) 사이에 위치한다.

2) 코포우 공원

코포우 공원(Copou Park)은 1834년 미하일 스투르드자 영주(Mihail Sturdza, 1794-1884)가 조성한 이아쉬 최초의 시민공원이다. 그곳에는 '에미네스쿠 동상'과 250년 수령의 '에미네스쿠 보리수나무' 그리고 '오벨리스크 사자상'이 설치되어 있다. 이 공원은 수년 동안 에미네스쿠와 그의 여자 친구 베로니카 미클레(Veronica Micle)가 방문한 곳으로 오늘날 이 도시의 연인들에게 낭만의 상징으로 남아있다.

참조 루마니아 천재 시인 미하이 에미네스쿠(Mihai Eminescu, 1850-1889)는 오늘날 루마니아인들로부터 가장 많이 사랑받는 작가이며, 그의 대표작 「샛별」(Morning Star, 98연)은 2009년 월드 레코드 아카데미에 의해 '세상에서 가장 긴 사랑의 시'로 등재되었다.

에미네스쿠는 보리수나무 옆에 있는 의자에 앉아 시적 영감을 얻거나 친

코포우 공원(아래)에 있는 에미네스쿠 동상과 보리수 나무(위)

구 이온 크레안거(Ion Creangă)와 대화를 나누었다고 한다. 현재 이 나무는 나이가 많아 금속으로 제작된 링과 지지대로 보강되어 있다. 인근에 크레안거 흉상(1932년)이 있고, 또한 그곳에서 그리 멀지 않은 곳에 베로니카 미클레와 다른 「쥬니메아」 회원들의 흉상도 있다. 1989년에는 공원 내에 에미네스쿠 사망 100주년을 기념하는 에미네스쿠 박물관이 개장하였다.

에미네스쿠 동상은 비엔나 시민공원(Stadtpark)에도 설치되어 있다. 2017년 10월 21일, 미하이 에미네스쿠 문화협회는 코포우 공원에 있는 보리수나무 묘목을 채취하여 비엔나 공원에 있는 에미네스쿠 동상 옆에 심었다고 한다.

아나스티에 퍼투 식물원

3) 루마니아 최초의 아나스타시에 퍼투 식물원

1856년 루마니아 의학자이자 동·식물연구가인 아나스타시에 퍼투 박사(Anastasie Fătu, 1816-1886)는 루마니아 최초의 아나스타시에 퍼투 식물원을 설립하였다. 이 식물원은 루마니아 최대 규모를 자랑하며 89.55헥타르(약 27만 평)의 면적에 약 9,876개의 식물이 재배되고 있다. 800여 종에 이르는 장미 컬렉션도 이곳의 자랑거리이다. 오늘날 국내외적으로 커다란 관심을 받고 있으며 세계 600개 이상의 기관과 협력관계를 맺고 있다.

[아나스타시에 퍼투 식물원: https://www.uaic.ro/en/gradina-botanica-anastasie-fatu; ☎ (+40)232.201.373; 수소: Strada Dumbrava Roşie nr. 7-9]

4) 유대인 공동묘지

유대인 공동묘지(Jewish Cemetery: 26헥타르)는 퍼쿠라리(Păcurari) 지역 뒤편에 위치한다. 앞에서 언급한 것처럼, 제2차 대전 당시 14,000명이 넘는 유대인들이 이틀 동안(1941년 6월 29일~30일) 이아쉬에서 학살되었다. 현재 공동묘지 안에는 이아쉬 전체 인구의 약 40%에 해당하는 15만여 명이 묻혀 있으며, '죽음의 기차(train of death)'를 암시하는 기념비도 세워져 있다.

◆ 이스라엘 애국가: 「하티크바」

'희망'을 의미하는 「하티크바」(Hatikvah)는 이스라엘 국가(國歌)이다. 1948년 이스라엘이 독립하면서 불리기 시작했고 2004년 공식 애국가가 되었다. 하티크바는 루마니아와도 연관이 있다. 노랫말은 1878년 임베르가 이아쉬에 머무를 당시 창작하였으며, 작곡은 코헨이 루마니아 민요에서 영감을 받아 1888년 완성하였다. 코헨은 "트란실바니아 북부지방의 루마니아 민요인 「우마차」(Carul cu boi)와 「잎사귀가 위로 향한 옥수수」(Cucuruz cu frunza-n sus)에서 영감을 받아 하티크바를 작곡하였다"라고 언급하였다.

작사가: 갈리시아 지방(Galicia: 우크라이나 북서부에서 폴란드 남·동부에 이르는 지역) 출생의 유대계 시인 나프탈리 임베르(Naftali Herz Imber, 1856-1909)

작곡가: 현재 몰도바공화국에 있는 운게니(Ungheni) 지역 출신의 유대인 사무엘 코헨(Samuel Cohen, 1870-1940)

(가사) "오랜 세월 가슴에 품은/ 유대인의 영혼은 외치고 있네./ 그리고 동방의 땅끝을 향하여,/ 눈은 아직 시온을 향하여 있네/ 우리의 희망은 아직 사라지지 않았네,/ 2천 년 동안의 소망이었기에,/ 우리 땅에서 자유로운 국민으로 살리라,/ 시온과 예루살렘의 땅에서/ 우리 땅에서 자유로운 국민으로 살리라,/ 시온과 예루살렘의 땅에서"

이아쉬의 노래인 「자랑스러운 요새, 이아쉬여」(Iaşule, Mândră Cetate)도 러시아의 유대인 민요 「툼발라라이카」(Tumbalalaika)를 번안한 곡이다.

이아쉬에 있는 호텔과 레스토랑

(1) 트라이안 그랜드 호텔(Grand Hotel Traian): 에펠탑을 세운 구스타브 에펠(Gustave Eiffel, 1832-1923)이 설계한 4성급 호텔로 1882년 건축되었다.

[☎ (+40)232.266.666; 주소: Piața Unirii nr. 1]

트라이안 그랜드 호텔

(2) 레스토랑 라 카스텔(La Castel): 레스토랑 이름은 '성(城)에서(At the Castle)'를 의미하여, 여름철에 방문하는 것이 좋다.

[☎ (+40)749.225.220; 주소: Aleea Mihail Sadoveanu 54]

라 카스텔 레스토랑

(3) 레스토랑 볼타 레체(Bolta Rece): 시인 에미네스쿠와 동화작가 크레안거가 함께 식사를 한곳으로 유명하다.

[☎ (+40) 232.212.255; 주소: Strada Rece nr. 10]

볼타 레체 레스토랑

◆ 프랑스 건축가 구스타브 에펠(Gustave Eiffel, 1832-1923)

이아쉬와 그 주변 지역에는 프랑스 건축가 에펠이 설계한 4개의 건축물이 있다.

(1) 트라이안 그랜드 호텔(Grand Hotel Traian, 1882년): 프랑스 신고전주의 양식으로 건축되었다. 당초 파스티아(Scarlat Pastia) 이아쉬 시장이 극장을 세우려고 했으나, 공사 도중 파산하자 채권자들이 수익성 높은 호텔로 계획을 변경하였다.

(2) 구(舊) 도매시장(Former Great Hall, 1873년): 지붕이 있는 광장식 건물로 건축되었으나 지금은 존재하지 않는다. 이아쉬 최대의 농산물 시장이었으며, 이후 그 옆에 규모가 조금 작은 수산물 시장(Fish Hall)이 건축되었다.

(3) 찌버네쉬티(Ţibăneşti) 지역의 카르프 가문 영묘(靈廟, Mausoleum of the Petre P. Carp family, 1885년): 루마니아 정치인 카르프는 에펠이 루마니아를 방문할 당시 그를 찌버네쉬티로 초대하여 건축하였다.

(4) 프루트 강 철교(Railway bridge of the Prut River, 1876년): 루마니아와 몰도바공화국 운게니(Ungheni) 지역을 연결한다. '운게니 다리'라고도 부르지만, 지역 사람들은 "누워있는 에펠탑(Recumbent Eiffel Tower)"이라고 부른다.

이아쉬 주변 가볼 만한 곳

1. 몰도바 공국의 상징: 수체아바 왕위(王位) 요새

몰도바 지방을 여행할 경우, 수체아바(Suceava)시에 있는 왕위 요새(Fortress of Suceava: Cetatea de Scaun)를 추천한다. 이 요새는 14세기 말 페트루 I세 무샤트 영주(Petru I Mușat, 1350-1391)가 건축한 후 근 200년 동안 몰도바 공국의 왕궁으로 사용되었다.

왕위 요새와 관련한 최초의 역사 문헌은 1388년 2월 10일 무샤트 영주가 폴란드 국왕 브와디스와프 2세(Władysław II Jagiełło, 1362-1434)에게 보낸 편지이다. 당시 무샤트 영주는 은화 4,000루블을 빌려 달라고 요구한 폴란드 국

수체아바 왕위 요새

왕에게 "3,000루블(현재 황금 47.49kg에 해당)을 빌려주겠지만 원금을 제때 상환하지 않을 때 포쿠치아(Pokuttya: 현재 우크라이나 남· 서부 지역) 지역을 포기해야 한다"는 내용의 편지를 보냈다.

같은 해, 무샤트 영주는 브와디스와프 2세의 여동생과 결혼한 후 몰도바 공국의 수도를 시레트(Siret)에서 수체아바(Suceava)로 옮겼다. 이후, 알렉산드루 첼 분 영주(Alexander the Good: Alexandru cel Bun, 1375-1432)는 왕위 요새 입구를 벽으로 쌓아 방어력을 강화하였고, 1475년 슈테판 대제(Stephen the Great: Ştefan cel Mare, 1438-1504)는 방어벽(높이 15m, 두께 1.5m)을 하나 더 구축하였다.

왕위 요새는 1476년 오스만제국의 7대 술탄인 메흐메트 2세(Mehmed II, 1432-1481)의 포위 공격 때 점령되지 않았으나 심하게 파손되었다. 그래서 1497년 슈테판 대제는 요새 주위로 도랑(깊이 10m, 폭 30m)을 판 다음 경사진 곳에 방어벽을 쌓은 후 7개의 반원형 보루를 세워 방어력을 극대화하였다. 즉, 적들이 요새를 공격하기 위해서는 도랑으로 내려온 이후 다시 급경사를 타고 올라가야 했기 때문에 한마디로 난공불락의 철옹성이었다. 왕위 요새는 1485년 오스만제국과 1497년 폴란드족의 공격에도 함락되지 않았으나 1538년 오스만제국의 술레이만 1세(Suleiman I, 1494-1566)가 20만 명의 대군을 이끌고 몰도바 공국을 침공할 당시 페트루 라레쉬 영주(Petru Rareș, 1483-1546)의 권위주의 정책에 불만을 품은 몰도바 귀족들의 배신으로 한차례 함락되었다.

수체아바 지방의 농촌 마을 모습

1675년, 오스만제국은 폴란드족이 이곳에 전초 기지를 세울 수 있다는 구실을 내세워 칸타쿠지노 영주(Dumitrașcu Cantacuzino, 1620-1686)에게 요새를 철거하라고 강요하였다. 따라서 이후 왕위 요새는 근 200년이 넘는 기간 동안 폐허 상태로 방치되었다.

왕위 요새의 첫 번째 복원작업은 1895~1904년 오스트리아의 건축가 카를 롬스토퍼(Karl A. Romstorfer)에 의해 진행되었고, 이후에도 두 차례(1961-1970년, 2005년) 더 진행되었다. 이 요새는 네암츠 요새(Neamț Fortress), 소로카 요새(Soroca Fortress), 오르헤이 요새(Orhei Fortress), 티기나 요새(Tighina Fortress), 킬리아 요새(Chilia Fortress) 그리고 하얀 요새(White

Fortress) 등과 함께 몰도바 공국의 주요 요새들 중 하나였다.

[왕위 요새: ☎ (+40)230.216.439; 주소: Aleea Cetății, Suceava]

2. 슈테판 대제와 「보르제쉬티 마을의 참나무」 전설

1) 슈테판 대제

2006년 실시된 여론조사에서 슈테판 대제(Stephen the Great: Ștefan cel Mare, 1438-1504)는 "루마니아 역사상 가장 위대한 인물 TOP 10" 중 1위에 선정되었다. 루마니아 역사상 가장 오랜 기간(1457-1504: 47년) 통치한 영주이며, 재임 기간 오스만제국을 비롯하여 폴란드, 헝가리 왕국과 치른 40번이 넘는 전투에서 대부분 승리하였다. 따라서 이 시기에 몰도바 공국은 국가의 자치권을 유지한 것은 물론 경제적으로도 황금기를 누렸다.

슈테판 대제 초상화

1465년, 슈테판 대제는 전략적 요충지인 킬리아 지역(Chilia, 헝가리 군대가 점령한 왈라키아 공국 영토)을 정복하였다. 그러자 1467년 헝가리 마티아스 코르비누스 왕(Mathias Corvinus)이 4만 군사를 이끌고 몰도바 공국을 공격하였다. 당시, 수적으로 열세한(12,000명) 슈테판 대제는 전면전을 피하는 대신 깊은 밤 바이아(Baia) 지역에서 기습공격을 단행하여 대승을 거두었다. 하지만 이후 오스만제국의 공격이 임박하자 당시 폴란드의 지원을 믿을 수 없었던 그는 코르비누스 왕과 화친을 맺은 후 폴란드 종주권을 파기시켰다. 당시 코르비누스 왕은 화친에 대한 화답으로 슈테판 대제에게 발터(Baltă) 요새와 치체울(Ciceul) 요새를 선물로 주었다.

1469년, 슈테판 대제는 리프닉(Lipnic) 전투에서 타타르족을 물리친 후 오스만제국의 속국이던 왈라키아 공국의 라두 첼 프루모스 영주(Radu the Beautiful: Radu cel Frumos, 1435-1475)를 몰아내고 라이오터 바사랍(Laiotă Basarab, ?-1480)을 즉위시켰다. 이로써 오스만제국과의 전쟁은 불가피하게 되었다. 수적 열세에도 슈테판 대제는 1475년 바슬루이(Vaslui)주 포둘 으날트(Podul Înalt: 의미 '높은 다리') 지역에서 대승을 거두었고, 이로써 그는 전 유럽에서 명성을 얻었고, 로마 교황도 유럽의 크리스트교를 수호한 "그리스도의 투사(Athlete of Christ)"라고 칭하였다.

그 이듬해인 1476년, 메흐메트 2세(Mehmet II)가 대군을 이끌고 몰도바 공국으로 침공하였다. 그런데 설상가상으로 같은 시기에 타타르족이 몰도바 동부지역을 침공하였다. 가뜩이나 수적으로 열세였던 그는 자신의 군대를 두 곳으로 나누어 방어해야 했기 때문에 결국 러즈보이에니(Războieni) 전투에서 오스만제국에게 패하고 말았다. 따라서 그는 수체아바 왕위 요새와 네암츠에 있는 요새(Neamț Fortress)로 후퇴해야만 했다. 그 이후에도 메흐메트 2세는 슈테판 대제를 생포하기 위하여 왕위 요새 포위공격을 단행하였지만 성공하지 못하였다.

1484년, 오스만제국의 8대 술탄인 바예지드 2세(Bayezid II, 1447-1512)가 킬리아 요새(Chilia Fortress)와 하얀 요새(White Fortress, Cetatea Albă)를 점령함으로써 몰도바 공국에 커다란 위협이 되었다. 위기에 처한 슈테판 대제는 폴란드에 도움을 요청하였다. 당시 폴란드 카지미에시 4세(Cazimir IV, 1427-1492)는 슈테판 대제에게 충성 맹세를 요구했지만 끝내 아무런 도움을 주지 않았다. 하지만 슈테판은 커트러부가 지역(Cătlăbuga, 1485년)과 쉬케이아 지역(Şcheia, 1486년)에서 오스만군대를 격퇴하였다.

1490년, 마티아스 코르비누스 왕이 사망하자 주변 국가들로부터 고립된 슈테판 대제는 결국 오스만제국과 평화조약을 체결한 후 조공을 바치기 시작하였다.

1492년, 얀 1세 올브라흐트(John I Olbrach, 1459-1501)가 폴란드 국왕으로 즉위하였다. 이후, 그는 오스만제국이 점령하고 있던 킬리아 요새와 하얀 요새를 해방시킨다는 구실로 8만 대군을 이끌고 왕위 요새를 포위 공격하지만 거의 전멸하였다.

당시의 상황을 살펴보면, 전쟁이 시작되기 전 슈테판 대제는 자신의 병사들을 미리 코스민 숲(Cosmin Forest)으로 보내 나무를 반쯤 베어두게 하였다. 이윽고 두 나라 사이에 전쟁이 시작되었다. 시간이 지나면서 전세가 불리해지자 폴란드 군대는 퇴각하기 시작하였고, 이에 슈테판은 서서히 코스민 숲으로 몰아갔다. 슈테판은 폴란드 군대가 숲속 깊숙이 들어오길 기다렸다가, 미리 잘라둔 나무를 쓰러트린 다음, 그곳에 가둬놓고 거의 전멸시켰다고 한다. 1501년, 얀 1세가 사망한 후, 쉬테판 대제가 포쿠치아(Pokuttya) 지역을 점령하였지만, 폴란드 군대는 더 이상 몰도바 공국을 침공하지 않았다.

슈테판 대제는 전투에서 승리할 때마다 교회를 세웠다고 한다. 역사자료에는 그의 통치기에 21개의 교회가 건축되었다고 기록되어 있다. 1992년, 루마니아 총대주교 테오크티스트(Teoctist, 재임 1986-2007)는 크리스트교 수호자였던 슈테판 대제를 성인품에 올리기 위하여 시성식을 거행하였고, 이후 그는 세인트 슈테판 대제(Saint Stephen the Great)로 불리었다.

2) 「보르제쉬티 마을의 참나무」 전설

「보르제쉬티(Borzeşti) 마을의 참나무」 이야기는 슈테판 대제와 연관이 있다. 전설에 따르면, 그가 보르제쉬티에서 어린 시절을 보내면서 비극적인 사건을 경험한 것으로 보인다.

어느 날, 마을 아이들이 두 그룹으로 나뉘어 전쟁놀이를 하고 있었고, 당시 슈테판이 이끄는 몰도바인들이 그의 절친인 게오르게(Gheorghe)가 이끄는 타타르족에게 승리하였다. 따라서 슈테판은 적장 게오르게를 교수형 시키기 위하여 참나무에 묶어 두었다. 그런데 바로 그때 몰도바 공국을 침입한 타타르족이 보르제쉬티 마을에 도착하였다. 아이들은 놀라 모두 도망쳤지만, 나무에 묶여 있던 게오르게는 결국 타타르족의 창에 찔러 살해되었다.

훗날, 몰도바 공국의 영주가 된 슈테판 대제는 그날의 아픔을 하루도 잊지 않았고, 이후 타타르족 장수의 아들을 사로잡아 바로 그 참나무에 매달았다고 한다.

[보르제쉬티 참나무: 주소 Calea Adjudului, Borzești]

“2,700년 역사를 자랑하는 유럽 제4대 항구도시” 콘스탄짜

1. 그리스 신화와 도시의 역사

1) 그리스 「메데이아」 신화

기원전 7세기, 그리스인들은 지금의 콘스탄짜(Constanța)시에 토미스(Tomis)라는 이름의 식민도시를 건설하였다. 토미스는 기원전 431년, 고대 그리스 3대 비극작가 중 하나인 에우리피데스(Euripides, BC 484?-406)가 창작한 그리스 신화 「메데이아」(Medea)와 연관이 있다.

그리스 신화 「황금양털」(내인생의책, 2015)

“테살리아(Thessalia)의 왕자 이아손(Iason)은 숙부 펠리아스(Pelias)에게 빼앗긴 자신의 아버지 왕국을 되찾기 위해 헤라클레스(Hercules)와 오르페우스(Orpheus), 펠레우스(Peleus) 그리고 테세우스(Theseus) 등 그리스 최고의 용사 50명과 함께 아르고(Argo) 범선을 타고 황금 양털(Golden Fleece)이 있는 흑해 연안의 콜키스(Colchis: 현재 조지아)로 떠났다.

당시 콜키스는 아이에테스 왕(Aeetes)이 통치하고 있었으며, 무시무시한 용이 황금 양털을 지키고 있어 그것을 훔치려다 살아 돌아온 사람은 단 한 명도 없었다. 그런데 이아손을 보는 순간 첫 눈에 반해버린 콜키스의 메데이아 공주(Medea)는 아버지 몰래 이아손에게 마법의 연고와 돌멩이를 선물로 주었다. 연고를 바른 이아손은 용이 뿜어내는 불길로부터 자신의 몸을 보호할 수 있었으며, 용의 이빨로 생겨난 무장 군인들에게 돌멩이를 던지자 자기들끼리 서로 싸우며 죽이는 것이었다.

마침내 황금 양털을 차지한 이아손은 메데이아 공주와 그녀의 이복동생 압시르토스(Apsyrtos)를 데리고 귀국길에 올랐다. 하지만 격노한 아이에테스 왕(Aeetes)은 군사를 보내 그들을 추격하게 하였고, 3일 후 범선을 따라잡았다. 메데이아 공주는 콜키스 군대의 추격에서 벗어나기 위해 이복동생의 시신을 토막 내어 토미스에 있는 바위 위에 던져버렸다."

신화에서처럼, 압시르토스는 토미스 요새(Tomis Fortress) 앞바다에서 희생되었다. 그래서 루마니아 학자들은 토미스라는 단어가 '희생의 장소' 혹은 '칼날'을 의미한다고 주장하고 있다.

2) 도시의 역사

흑해 최대의 항구도시인 콘스탄짜는 오늘날 네덜란드 로테르담(Rotterdam)과 벨기에 안트베르펜(Antwerpen) 그리고 프랑스 마르세유(Marseille)에 이은 유럽의 제4대 항구도시이다.

콘스탄짜시와 그 주변 지역에는 신석기 시대부터 사람들이 거주하였으며, 이 도시와 관련된 최초의 역사자료는 기원전 7세기로 거슬러 올라간다. 당시,

흑해 연안의 도브로제아(Dobrogea) 지방에 건설된 그리스 식민도시와 관련하여, 그리스 역사학자 에우세비우스(Eusebius, 263-339)는 다음과 같이 기술하고 있다.

> "기원전 657~656년, 소아시아의 밀레투스(Miletus)에서 온 그리스 식민지 개척자들이 시노에(Sinoe) 호수 옆에 이스트로스 요새[Istros: 현재 히스트리아(Histria)]를 건설하였다."

이후에도 도브로제아 지방에는 토미스(현재 콘스탄짜시)와 칼라티스[Callatis: 현재 만갈리아(Mangalia)시]와 같은 식민도시들이 건설되었다. 이 시기에, 도브로제아 지방에 거주하던 루마니아인의 선조인 제트인들(Getae)은 그리스인들과 비교적 좋은 관계를 유지했던 것으로 보인다. 토미스로 추방된 고대 로마시인 오비디우스(Publius Naso Ovidius, BC 43-17)는 이들 두 민족에 대하여 다음과 같이 언급하였다.

> "아마 당신은 토미스 인구가 얼마이고
> 또 이곳의 풍습이 어떠한지 궁금할 겁니다.
> 이곳에는 그리스인들은 제트인들과 섞여서 살고 있어요.
> 하지만 미개한 제트인들이 훨씬 더 많습니다."

토미스 요새는 그리스 문명이 도입되면서 점차 도시로 발전하였다. 하지만 로마제국이 도브로제아 지방을 지배하는 기원전 1세기부터 그리스의 영향력은 현격히 줄어들었다. 즉, 이 지방은 기원전 72~71년 마케도니아의 총독 루쿨루스(Terentius Varro Lucullus: 116-56 BC)에게 정복된 이후 약 10년 동안 로마제국의 영향을 받았으며, 기원전 62~61년에는 다치아 왕국의 부레비스타 왕(Burebista: 100-44 BC)에게 정복되었다.

서기 330년 5월, 콘스탄티노플이 동로마제국의 수도가 된 후, 토미스 요새는 콘스탄티누스 황제(Constantinus: 274-337)의 이복누이였던 콘스탄티아(Flavia Julia Constantia: 290-330)의 이름을 붙여 '콘스탄티아나(Constantiana)'로 불리었고, 15세기에 접어들면서 '콘스탄짜(Constanța)'로 바뀌어 오늘날에 이르고 있다.

흑 해

이 시기에 로마제국과 토미스 사이의 무역은 로마 시대에 건축된 모자이크 건물(Roman Mosaic Building)에서 이루어졌다. 이 도시는 제노바 상인이 흑해를 장악한 13세기에 경제적으로 많이 번성하였으나 1420년 오스만제국에게 점령되면서 쇠퇴하기 시작하였다.

1860년, 영국의 한 회사(Danube and Black Sea Railway Co. Ltd)가 체르나보더(Cernavodă)시와 콘스탄짜시를 연결하는 철도를 건설하였고, 1895년에는 안겔 살리그니(Anghel Saligny: 1854-1925)는 페테쉬티(Fetești)-체르나보더-콘스탄짜를 잇는 다리를 건설하였다.

러시아-튀르크 전쟁(1877-1878년)이 종결된 후 베를린 회의(Congress of Berlin, 1879년)가 개최되었다. 이 회의에서 루마니아는 독립을 이룩하여 도브로제아 지방을 회복하였다. 근 4세기 동안 오스만제국의 통치 하에 있던 콘스탄짜는 유럽에서 거의 알려지지 않은 채 "터키 호수(Turkish Lake: 흑해)"의 항구로 남아있었지만, 1878년 이후 전 세계로 연결되는 루마니아 최대의 항구가 되었으며, 특히 양차 대전 사이에 새로운 플랫폼이 추가로 구축되면서 유럽의 제4대 항구가 되었다.

◆ 콘스탄짜 도시 관광

부카레스트에서 기차를 타고 콘스탄짜 역에 도착할 경우, 택시를 타고 콘스탄짜 시청 옆에 있는 카피톨리나 늑대상(Capitolina Wolf)에 도착한 다음 그곳에서 관광하는 것이 좋다.

늑대상 옆에 있는 토미스대로(Tomis Boulevard)를 따라 계속 내려가다 보면, 왼쪽으로 루마니아 민속예술 박물관(Romanian Folk Art Museum)이 있고 주변에 노천카페와 레스토랑이 즐비해 있다. 오비디우스 광장(Ovidius Square)까지 도보로 약 10분가량 소요되며, 광장 주위로 오비디우스 동상과 콘스탄짜 국립 역사고고학 박물관(National History and Archeology Museum), 로마 시대의 모자이크 건물(Roman Mosaic Building)

그리고 카롤 I세 이슬람 사원(Carol I Mosque)이 있다.

또한, 카롤 I세 이슬람 사원 옆길을 따라 계속 걸어가면, 왼편에 토미스 대주교구 성당(Romanian Orthodox Archbishopric of Tomis, 1925-1932)과 성 베드로, 바울 성당(Saints Peter and Paul Cathedral, 1883-1885)이 있고, 성당 앞에는 기원전 7세기에 건설된 '토미스 요새' 유적이 있다. 토미스 요새 길 건너편에는 이온 잘레아 조각 박물관(Ion Jalea Sculpture Museum)이 있고, 도로를 건너자마자 루마니아 왕비 그리고 여류시인 카르멘 실바(Carmen Sylva, Queen and Poet of Romania) 동상과 하프를 연주하는 소녀상(Girl with the Harp)이 있다.

계속해서 해안 길을 걸어가면, 콘스탄짜 카지노와 아쿠아리움, 조각상 '어부들'과 에미네스쿠 흉상, 제노바 등대 그리고 해군사령부가 있다.

3) 토미스 요새

기원전 7세기, 밀레투스(Miletus: 현재 터키에 있는 고대 그리스 도시)에서 온 그리스인들은 폰투스 에욱시누스(Pontus Euxinus: 흑해)를 정복하여 토미스 요새를 건설하였다. 이 요새는 기원전 1세기 중엽, 로마제국이 이스토스(Istos, 다뉴브강)와 흑해 사이의 지역을 통치하던 시기에 황금기를 누렸으며, 당시 고대 사원과 대규모의 건축물, 광장, 그리고 목욕탕이 건축되고 새로운 도로와 지역들도 생겨났다. 하지만 601년 아바르족(Avar: 5~9세기에 중앙아시아와 중부 유럽 및 동유럽에서 활약했던 튀르크

토미스 요새 유적

족)이 침입하면서 요새는 황폐해졌다. 그로부터 몇 세기 후, 토미스 유적지에서 생겨난 작은 어촌 하나가 이후 수 세기 동안 발전하여 오늘날의 콘스탄짜시가 되었다.

오늘날 도시 곳곳에는 그리스·로마 유적이 있으며, 대표적인 곳이 4세기에 건축된 로마 모자이크 건축물이다. 이 건물은 높고 두꺼운 벽으로 건축되어 있으며 바닥은 기하학적인 꽃무늬의 화려한 모자이크 조각이 덮여 있다. 전문가들은 "규모는 물론 예술적 차원에서도 가치가 높아 이러한 종류의 모자이크로는 세계에서 가장 오래된 모자이크 중 하나"라고 언급하였다. 로마 모자이크 건물 지하와 1층에는 창고와 넓은 공간이 있어 상품을 보관하고 거래한 곳으로 보인다. 토미스 요새에서 발굴된 유물은 콘스탄짜 국립 역사·고고학 박물관에 전시되어 있다.

2. 오비디우스 광장과 주변 건물들

콘스탄짜 구시가지는 오비디우스 광장(Ovidius Square)을 중심으로 형성되어 있고 또한 광장 한복판에 고대 로마시인 오비디우스(Publius Ovidius Nasō, BC 43~AD 17) 동상이 있다. 오비디우스는 「사랑의 기술」(Ars Amatoria, BC 1)'과 「변신 이야기」(Metamorphoses, AD 8) 등을 창작한 연애 시인으로, 서기 8년 고대 로마제국의 초대 황제인 아우구스투스(Octavianus Augustus, BC 63~AD 14)에 의해 토미스 요새로 추방되었다. 이후, 그는 약 9년 동안 그곳에 머물면서 「비가」(Tristia, 8~12년)와 「흑해로부터의 편지」(Epistulae ex Ponto, 12~16년) 등 많은 작품을 집필했는데, 작품 속에는 고국으로 돌아가고픈 시인의 간절한 소망이 담겨 있다.

오비디우스가 추방된 이유에 대해서는 오늘날까지 밝혀지지 않았지만, 남자를 유혹하는 기술을 설명하는 「사랑의 기술」 때문으로 추정된다. 하지만 2017년 로마 시의회는 오비디우스 사망 2,000년을 기념하기 위하여 그의 추방 취소안을 만장일치로 통과시켰다. 따라서 그는 2,000년 만에 고국으로 돌아갈 수 있게 되었다.

오비디우스 동상

1887년, 이탈리아 조각가 에토레 페라리(Ettore Ferrari)는 명상하는 오비디우스의 모습을 표현하였으며, 동상 기단(基壇)에는 다음과 같은 문구가 적혀 있다.

> "이 돌 밑에 자신의 재능 때문에 죽게 된,
> 수없이 많은 감미로운 사랑을 노래한 오비디우스가 누워있다.
> 아, 여길 지나가는 당신, 만약 한 번이라도 사랑을 해보았다면,
> 그가 영면(永眠)할 수 있게 해주세요."

1925년, 오비디우스의 고향인 이탈리아 술모나(Sulmona) 마을에도 이와 똑같은 동상이 설치되었다.

1) 콘스탄짜 국립 역사·고고학 박물관

1879년 설립된 콘스탄짜 국립 역사·고고학 박물관(Museum of National History and Archeology)은 부카레스트 국립 역사박물관에 이어 루마니아에서 두 번째로 큰 박물관이다. 이 건물은 20세기 초 루마니아 건축 양식으로 건축된 이후 1921년까지 시청 건물로 사용되었다. 1977년 콘스탄짜 역사·고고학 박물관이 이곳으로 옮겨오면서 지금은 선사시대부터 오늘날에 이르는 다양한 유물(약 43만 점)이 전시되어 있다.

콘스탄짜 국립 역사·고고학 박물관

(1) 세계에서 유일한 '글리콘 뱀'

콘스탄짜 박물관에 있는 가장 대표적인 유물은 뱀의 몸체에 양의 머리, 사람의 귀와 머리카락 그리고 사자의 꼬리로 표현된 '글리콘 뱀(Glykon Serpent)'이다. 이 조각상은 1962년 구(舊) 콘스탄짜 기차역에서 13개의 다른 국보급 유물과 함께 발견되었다.

'글리콘 뱀'

약 1,800년 전, 거짓 예언자 알렉산더(False prophet Alexander: 105~170 AD)의 상상력으로 제작된 글리콘 뱀은 아시아의 신으로 추정되는 되며, 로마제국의 제15대 황제 안토니우스 피우스(Antonius Pius: 86~161 AD)의 통치기에 숭배되었다. 조각상의 높이는 70cm이지만 몸통을 펼칠 경우 6m에 이른다고 한다.

글리콘 뱀은 세계에서 단 하나밖에 없어 오늘날 그 경제적 가치를 환산할 수 없다고 한다. 발견 후, 세계의 많은 박물관이 많은 관심을 보였으나 천문학적 보험료 때문에 지금까지 한 번도 해외에서 전시되지 않았다고 한다.

하만지아의 '생각하는 사람'과 '앉아 있는 여인'

(2) 하만지아의 '생각하는 사람'과 '앉아있는 여인'

원시 보편예술의 걸작으로 평가되는 하만지아의 '생각하는 사람(The Thinker)'과 '앉아있는 여인'(The Sitting Woman)은 1956년 하만지아 지역의 공동묘지에서 발견되었다. 지금으로부터 약 8,000년 전에 제작된 것으로 추정되며, 각각 '자연의 신'과 '다산의 여신'을 상징한다. '생각하는 사람'은 타원형의 머리와 흰색 칠감으로 채워진 눈 그리고

원형 구멍으로 조각된 귀로 표현되어 있으며 입과 코도 자세하게 묘사되어 있다. 이 조각상은 발견된 지 채 5년도 되지 않아 세계적으로 유명해졌으며, 그동안 파리와 런던, 뉴욕 그리고 아테네 등 많은 박물관에서 전시되었다.

세계적인 수메르 역사학자 키피신(A. Kifisin)은 "이 조각상으로 루마니아는 그리스와 이집트, 수메르 그리고 중국 등 그동안 고대 역사로 대표되는 국가의 반열에 올랐다"고 언급하였으며, 유네스코 위원회도 "지구상에서 절대 사라져서는 안 되는 세계 10개 유물"에 포함시켰다. '생각하는 사람'은 지금으로부터 약 8,000년 전에 만들어졌으나, 작품의 조화로운 비율로 인해 오늘날 레오나르도 다빈치(Leonardo da Vinci)의 '비트루비우스 인간(Vitruvian Man)'과 비교되기도 하며, 로댕의 '생각하는 사람'과 비슷해 하만지아의 '생각하는 사람'으로 불린다. 하만지아라는 지역 이름은 1929년 바이아(Baia)로 바뀌었다.

(3) '포르투나와 폰토스'

기원전 2세기에 제작된 것으로 추정되는 포르투나와 폰토스(Fortuna with Pontos)는 토미스의 수호신을 상징한다. 포르투나와 폰토스의 높이는 각각 1.55cm, 49cm이고, 받침대는 10cm이다. 포르투나 여신은 왕관을 쓰고 있으며, 왼손에는 과일이 가득한 뿔이 있고 또한 오른손에는 현재 보존되어 있지 않지만, 왕홀(王笏)을 들고 있었던 것으로 추정된다.

'포르투나와 폰토스'

포르투나 여신의 오른쪽 밑을 보면 흑해의 신 폰토스가 묘사되어 있다. 그가 쓰고 있는 왕관은 토미스 요새의 방어벽을 상징하며, 아래의 나뭇잎은 파도를 의미한다. 또한, 왼손과 오른손에는 각각 뱃머리와 나무줄기가 들려있으며, 전자는 토미스시가 항해와 관련이 있음을 상징한다.

(4) '에디쿨라'

에디쿨라(Aedicula: 고대 로마 시대의 작은 사원)는 대리석을 조각한 것으로 서기 3세기에 제작된 것으로 추정된다. 원래 네메시스(Nemesis)는 그리스 신화에 나오는 복수의 여신이지만, 흥미롭게도 이곳에는 두 명의 네메시스가 묘사되어 있다. 이들은 "정의(正義)는 보상하고 불의(不義)는 처벌함"을 상징한다.

'에디쿨라'

2) 로마 시대 모자이크 건물

3세기 말에서 4세기 초에 건축된 모자이크 건물(Roman Mosaic Building)은 국립 역사·고고학 박물관 왼쪽 뒤편에 있다. 건물이 완공된 후 상품을 보관하고 거래하는 장소로 사용되었지만 6세기 때 토미스 요새가 함락되면서 약 1,400년 동안 방치되다가 1959년 오비디우 광장에서 공사하던 중 발견되었다.

초기 비잔틴 시대의 대표적인 건축물로 간주되며, 전 로마제국에서 동종의 건축물 중 규모가 가장 크다고 한다. 건물 내의 모자이크 바닥은 다양한 색상의 기하학적 식물 모티프로 화려하게 장식되어 있으며, 오늘날 전체 모자이크 2,000㎡ 중 400㎡만 보존되어 있다.

로마시대의 모자이크 건물과 바닥

3) 카롤 I세 이슬람 사원

카롤 I세 이슬람 사원

1910~1913년, 카롤 I세는 콘스탄짜에 거주하는 이슬람교도들을 위하여 이집트와 그리스 그리고 루마니아 양식이 혼합된 카롤 I세 이슬람 사원(Carol I Mosque)을 건축하였다. 이슬람 사원이지만, 거대한 돔은 크리스트교 양식, 더 정확하게 말하면 비잔틴 양식으로 건축되었다. 47m 높이의 첨탑(minaret)이 인상적이며, 첨탑 내부에는 나선형으로 된 140개의 계단이 있어 그곳을 따라 올라가면 도시 전경을 바라볼 수 있다. 또한, 돔과 첨탑의

양탄자

꼭대기에는 이슬람 세계의 상징인 초승달(Crescent)이 있다.

이슬람 사원과 정통 가톨릭 성당 그리고 로마 가톨릭성당의 차이점은 건물 내부의 장식을 보면 알 수 있다. 일반적으로 이슬람 사원은 내부 장식이 아주 단순해, 카롤 I세 이슬람 사원 역시 알라(Allah)와 예언자 무함마드(Muhammad)의 이름이 새겨져 있는 팔각형 모양의 물건과 그림 몇 점만 전시되어 있다. 이에 반해, 정통 가톨릭성당의 내부는 여백이 없을 정도로 프레스코화가 빼곡히 묘사되어 있으며, 로마 가톨릭성당은 정통 가톨릭과 이슬람의 중간정도이다.

오늘날 이곳은 루마니아 이슬람교 본부로 사용되고 있으며, 사원 안에는 오스만제국의 마지막 술탄인 압둘 하미드 2세(Abdul Hamid II: 1842-1918) 통치기에 제작된 카펫이 있다. 이것은 유럽에 있는 가장 오래된 중동산 카펫 중 하나이며 크기와 무게는 각각 144㎡ 그리고 500kg이다.

3. 해안가에 있는 건축물

1) 콘스탄짜 카지노

콘스탄짜 카지노(Casino) 건물은 루마니아가 오스만제국으로부터 독립

(1877-1878년)한 이후인 1880년 건축되었다. 당초 목재로 건축되어 1891년 폭풍으로 많이 파손되었다. 그래서 콘스탄짜 시의회는 1893년 카지노 건물을 다시 세웠지만, 이번에도 목재로 건축되었다. 그로부터 10년 후인 1903년, 콘스탄짜 시의원들은 프랑스 리비에라(Riviera) 해변에 있는 건물처럼 아름다운 건물을 세워야 한다는 데 의견을 모았다. 따라서 1904년 프랑스 건축가 다니엘 르나드(Daniel Renard)가 아르누보 양식의 카지노 건물을 건축하였고, 1910년 8월 15일 페르디난드 I세가 참석한 가운데 개관식이 거행되었다. 하지만 시간이 지나면서 건물 유지비용이 많이 들자 시의회는 건물 관리와 보수를 위해 카지노 개장을 허가하였다.

콘스탄짜 카지노

제1차 세계대전 동안 적십자 야전 병원으로 사용되었으며, 제2차 세계대전에는 독일군대가 주둔하였다. 두 차례의 세계대전으로 건물이 많이 파손되어,

1951년 복원작업이 진행되었다. 당시 복원 작업에 강제 동원된 사람은 정치범 수용소에 수감되어 있던 루마니아 민주인사들이었다.

1947년 공산주의 정권이 수립된 후, 카지노가 금지되면서 1948~1960년 노동조합 문화의 집(House of Culture of the Trade Unions)으로 바뀌었고, 1960~1989년에는 관광센터로 사용되었다. 또한 1989년 공산정권이 무너진 이후에는 각종 문화 행사가 개최되고 있으며, 건물 내 레스토랑은 결혼식이나 세례 등 일반인들의 기념행사를 위한 장소로도 사용된다.

2) 아쿠아리움, 돌고래 수족관

루마니아 최초의 아쿠아리움(Aquarium)은 카지노 건물 건너편에 있다. 원래 카지노 별관으로 건축되었으나 한때 레스토랑으로 사용되다가 1958년 이후 아쿠아리움으로 개장하였다. 다뉴브강과 흑해 그리고 지중해에서 서식하

아쿠아리움

는 100종 이상의 생물들이 있으며, 그중에는 크기가 1.5~1.8m에 이르는 네 종류의 철갑상어도 있다.

[아쿠아리움: www.delfinariu.ro; ☎ (+40)723.656.313; 주소: Bulevardul Elisabeta, nr. 1 (Faleza Casino Constanţa)]

1972년 개장한 돌고래 수족관(Dolphinarium)은 루마니아는 물론 남·동부 유럽 최초의 돌고래 수족관이다.

[돌고래 수족관: www.delfinariu.ro; ☎ (+40)723.656.313; 주소: Bulevardul Mamaia, nr. 255]

3) 조각상 '루마니아 왕비이자 여류시인인 카르멘 실바'와 '하프를 연주하는 소녀'

조각상 '루마니아 왕비이자 여류시인인 카르멘 실바(Carmen Sylva, Queen and Poet of Romania)'와 '하프를 연주하는 소녀(Girl with the Harp)'는 이온 잘레아(Ion Jalea, 1887-1983)의 대표작으로 간주된다. 제막식은 루마니아 해군의 날(Navy Day)인 1937년 8월 15일 콘스탄짜 방파제에서 거행되었다.

1948년, 이들 작품은 루마니아 공산주의자들에 의해 박물관 지하실에 방치

'루마니아 왕비, 여류시인 카르멘 실바' 그리고 '하프를 연주하는 소녀'

되었고, 그중 '하프를 연주하는 소녀상'은 1971년 콘스탄짜 시의회가 메드지디아(Medgidia)시에 기증하였다. 1989년 혁명 후, 콘스탄짜시는 소녀상을 돌려받기 위해 근 1년 동안 메드지디아 시와 협상하였으나 실패하자 조각가 호리아 파르카쉬우(Horia Farcașiu)에게 오리지널과 똑같은 소녀상 제작을 의뢰하였다. 2014년, 두 동상은 마침내 66년 만에 재회하였다.

카르멘 실바(Carmen Sylva)는 카롤 I세의 부인인 엘리사베타 여왕(Elisabeta, 1843-1916)의 필명(筆名)이다. 피아노 연주는 물론 문학에도 조예가 깊어 많은 시를 창작하였으며, 특히 러시아-튀르크 전쟁(1877-1878년) 기간에 병원을 세워 부상자들을 치료함으로써 훗날 "부상자의 어머니"로 불리었다.

4) 조각상 '어부들'

1959년, 조각가 코르넬리우 메드레아(Corneliu Medrea, 1888-1964)가 제작한 조각상 '어부들(Fishermen)'은 콘스탄짜 카지노 방파제에 위치한다. 원래 조각상만 설치되어 있었으나 이후 주위에 수조가 조성되어 작품 완성도가 한층 높아졌다.

5) 미하이 에미네스쿠 흉상

미하이 에미네스쿠 흉상(Bust of Mihai Eminescu: 높이 3m)은 1932년 조각가 오스카 한(Oscar Han)이 세웠다. 32세 때 병마에 시달리던 에미네스쿠는 의사의 권유로 해수욕을 하기 위해 콘스탄짜에 머물면서, 당시 드넓게 펼쳐진 바다를 처음 보고 이내 마음을 빼앗겼다고 한다. 동상이 세워지기까지 이오안 로만(Ioan Roman) 콘스탄짜 시장의 큰 노력이 있었다. 에미네스쿠와 친분이 있던 그는 기금을 모아 동상을 세우기 시작했지만, 완성 1년 전에 사망하였다.

조각상 '어부들'

미하이 에미네스쿠 흉상

이 동상은 방파제에 있어, 에미네스쿠의 시 작품인 「마지막 소망이 하나 더 있어요」(I have one more longing, 1883)의 내용과 일치한다.

> "마지막 소망이 하나 더 있어요:
> 저녁녘 고요함이 찾아들 때
> 바다 가장자리에서
> 내가 죽을 수 있게 그냥 내버려 두세요."

1934년 8월 15일, 해군의 날(Navy Day)에 거행된 제막식 때 카롤 II세도 참석하였다. 그는 에미네스쿠의 시작품 「별에서」(At the star)의 첫 구절을 낭송하였고, 성가대는 「마지막 소망이 하나 더 있어요」를 노래하였다. 에미네스쿠 동상 오른편에는 과거 카롤 호텔로 사용되었던 루마니아 해군사령부(Navy Command)가 있다.

해군사령본부

6) 제노바 등대

에미네스쿠 동상 뒤편에 있는 제노바 등대(Genoa lighthouse, 높이 8m)는 1858~1860년 아르메니아 출신의 프랑스 기술자 아르틴 아슬란(Artin Aslan)이 건축한 후 약 53년 동안 등대로 사용되었다. 하지만 1913년 인근에 더 높은 등대가 설치되면서 그 기능을 상실했지만, 2020년 콘스탄짜시의 노력으로 107년 만에 부활하였다. 제노바 등대는 이탈리아 제노바 시와는 아무런 연관이 없다고 한다.

제노바 등대

7) 곤돌라

2004년 개장한 곤돌라(Gondola)는 카지노 건물에서 북쪽으로 약 7㎞ 떨어진 곳에 있다. 시간당 수용인원은 약 1,500명이며, 페를라(Perla) 호텔과 카지노 건물 인근에서 탑승할 수 있다. 2㎞의 거리(높이 50m)를 약 8분 동안 운행하기 때문에 마마이아(Mamaia) 리조트와 흑해 주변의 아름다운 풍경을 감상할 수 있다.

라인-마인-다뉴브 운하

1992년 9월 25일, 라인강(Rhein)과 마인강(Main)을 연결하는 총 171㎞ 길이의 운하가 개통되었다. 이로써 북해(North Sea)와 흑해(Black Sea) 사이의 총 3,500㎞의 수로에 배가 다닐 수 있게 되었다. 즉, 알프스에서 발원해 북해로 유입되는 라인강과 마인강 그리고 독일의 남·서부 지역에서 발원해 흑해로 흘러가는 다뉴브강이 운하로 연결됨으로써, 네덜란드 로테르담과 루마니아 콘스탄짜 항구에서 출발한 배가 유럽 내륙을 횡단하며 서로 왕래할 수 있게 된 것이다.

당시 개통된 운하는 1961년 첫 삽을 뜬 이후 약 31년 동안, 61억 마르크(약 3조 5천억 원)의 공사비가 들어갔으며, '마인강변의 작은 베니스'라 불리는 '물의 도시' 밤베르크(Bamberg)에서 뉘른베르크(Nuremberg) 그리고 다뉴브강의 켈하임(Kelheim)까지 연결된다. 운하의 강폭과 수심은 각각 55m와 4m이고, 교량과 수문은 각각 122개, 59개 설치되었다.

운하 개통 1년 후인 1993년, 루마니아 정부는 콘스탄짜시를 경제자유구역으로 지정하였다. 이로써 역내 산업이나 상업 혹은 서비스 성격의 모든 활동이 허용되면서 항구 자체의 경제적 가치도 증가하였다. 현재 루마니아에는 콘스탄짜시 외에도 브러일라(Brăila), 갈라찌(Galați), 술리나(Sulina), 지우르지우(Giurgiu) 그리고 쿠르티치 아라드(Curtici Arad) 등 총 6개의 경제자유구역이 있다.

라인-마인-다뉴브 운하
오슬로
(Oslo)
스톡홀름
(Stockholm)
헬싱키
(Helsinki)
탈린
(Tallinn)
모스크바
(Moscow)
리가
(Riga)
코펜하겐
(Copenhagen)
빌니우스
(Vilnius)
민스크
(Minsk)
더블린
(Dublin)
런던
(London)
네덜란드
암스테르담
베를린(Berlin)
바르샤바
(Warsaw)
키예프
(Kiev)
라인강
브뤼셀
(Brussels)
라인-마인 운하
프라하(Praque)
다뉴브 삼각주
(Danube Delta)
파리
(Paris)
룩셈부르크
(Luxembourg)
브라티슬라바(Bratislava)
키쉬너우
(Chisinau)
다뉴브강
빈(Wien)
부다페스트
(Budapest)
루마니아
베른
(Bern)
바두츠
(Vaduz)
루블랴나
(Ljubljana)
자그레브
(Zagreb)
부카레스트
베오그라드(Belgrade)
다뉴브-흑해 운하
사라예보
(Sarajevo)
소피아
(Sofia)
스코페
(Skopje)
로마(Roma)
티라나
(Tirana)
마드리드
(Madrid)
리스본
(Lisbon)
아테네
(Athens)

라인-마인-다뉴브 운하

대자연의 신비를 간직한 루마니아

루마니아는 유럽연합(EU)이 공인한 11개의 생물·지리적 중요지역 중 5개를 보유하고 있는 유럽에서 유일한 나라이다. 따라서 오늘날 루마니아는 유럽 최고의 생물·지리적 다양성을 보유하고 있는 나라로 간주된다.

현재 루마니아에 서식하고 있는 식물은 총 3,630종에 이르며 그중 23종은 천연기념물로 지정되었다. 특히, 2000년에 'NATURA 2000'이 지정되면서, 루마니아 자연보호구역(지역사회 중요지역 273개 및 특별 보호구역 108개)은 전 국토의 20%로 증가하였다. 세계적으로 중요한 루마니아 지역은 다음과 같다.

1) 유네스코 세계자연유산 두 곳: 다뉴브 삼각주, 카르파티아산맥
2) 짜라 하쩨굴루이(Ţara Haţegului)에 있는 공룡 지질공원(Dinosaur Geopark)
3) 람사르 습지 다섯 곳: 다뉴브 삼각주, 버러일라(Brăila)의 작은 섬, 룬카 무레슐루이(Lunca Mureşului), 둠브러비짜 양어장(Dumbrăviţa fishery Complex), 테키르기올 호수(Techirghiol Lake)
4) 생물권 보호구역 세 곳: 다뉴브 삼각주, 로드네이산맥의 피에트로술봉(Pietros Peak of Rodnei Mts.), 레테자트산맥(Retezat Mts.)

루마니아에는 빙하 호수를 포함하여 약 3,500개의 호수가 있으며 그 중 면적이 가장 넓은 호수는 흑해 연안의 라젤름 호수[Razelm, 415㎢(약 125,235,000평)]와 시노에 호수(Sinoe, 171㎢)이다.

1. "동유럽의 알프스" 카르파티아산맥

카르파티아산맥(Carpathian Mts.)은 흑해, 다뉴브강과 함께 루마니아 영토를 규정하는데 가장 중요한 지리적 요소이다. 루마니아 중심부를 가로지르는 이 산맥은 유럽과 아시아 대륙에 걸쳐 있는 알프스-카르파티아-히말라야산맥

눈 내린 카르파티아 산맥

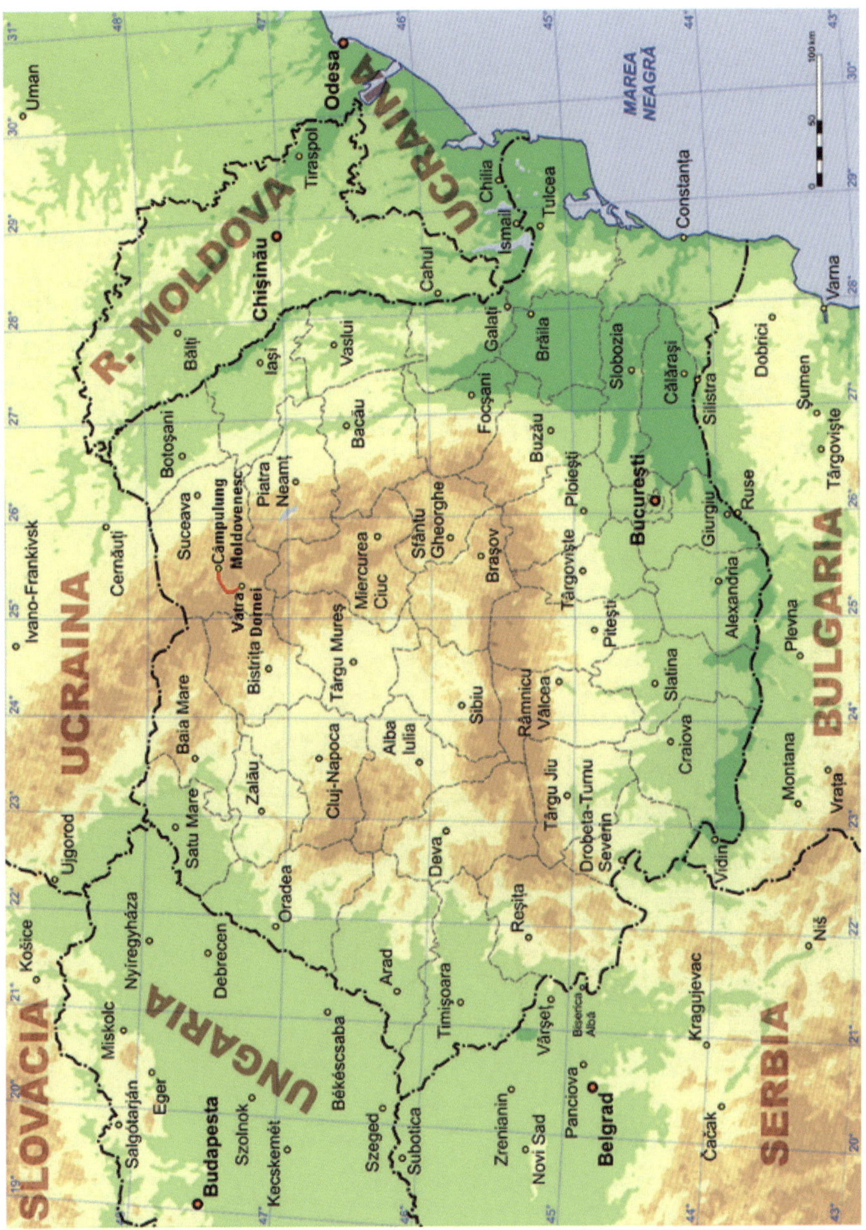

카르파티아 산맥[1][Author, Meichs]

카르파티아산맥의 석양

의 체계 내에 있으며, 슬로바키아 수도인 브라티슬라바 북쪽에서 시작하여 폴란드와 우크라이나, 루마니아 그리고 세르비아의 티모크강(Timok)까지 펼쳐져 있어 알프스산맥보다 길게 형성된다.

카르파티아산맥에서 경관이 가장 수려한 곳은 남부 카르파티아산맥이며, 최고봉은 몰도베아누봉(Moldoveanu Peak, 해발 2,544m)이다. 이 봉우리는 우리나라 한라산(해발 1,947m)보다 높고 백두산(해발 2,744m)보다 낮아 그리 높은 편은 아니지만, 이곳에는 해발 2,500m가 넘는 봉우리가 13개이고 해발 2,000m 이상은 255개나 된다. 이처럼 카르파티아산맥은 아주 웅장해 많은 야생동물이 있으며, 특히 야생 불곰은 유럽에 있는 개체 수의 60% 이상이 서식하고 있다. 영국 가디언은 "2020년 대체 목적지" 중 하나로 루마니아를 선정하였다.

"사파리(safari) 여행을 하기 위해 남아프리카 공화국까지 날아갈 필요는 없습니다. 루마니아는 아주 큰 야생 포유동물을 볼 수 있는 유럽 최고의 장소 중 하나입니다."

이 외에도 가디언은 2018년 카르파티아 보호재단(Foundation Conservation Carpathia, FCC)이 약 700만 헥타르(약 212억 평)의 루마니아 산림지대에 서식하는 야생동물들을 보호하기 위해 "유럽 최대의 국립공원을 조성하려는 야심찬 계획을 발표하였다"고 전하였다.

1) BBC가 극찬한 세상에서 가장 아름다운 트란스퍼거러샨 도로

트란스퍼거러샨 도로(Transfăgărășan Road, 해발 2,042m)는 트란스알피나 도로(Transalpina Road, 해발 2,145m)에 이어 루마니아에서 2번째로 높은 곳을 지나가는 산악도로이다. 문테니아 지방과 트란실바니아 지방을 연결하는 이 도로는 루마니아에서 가장 높은 몰도베아누봉과 두 번째로 높은 네고이우봉(Negoiu, 해발 2,535m) 사이를 통과하기 때문에 자연경관이 수려해 오늘날 세계에서 가장 아름다운 도로 중 하나로 간주된다.

2009년, BBC가 방영한 이후 세계적으로 유명해졌으며, 이후 세계의 다른 언론도 소개하기 시작하였다. 당시, BBC 톱기어(Top Gear) 진행자들은 페라리와 람보르기니 그리고 애스턴 마틴 등을 타고 트란스퍼거러샨 도로를 달리며 "세상에서 가장 아름다운 도로"라고 극찬하였다. 그로부터 5년 후인 2014년에도 BBC는 이 도로를 "아름답지만, 위험한 도로"라고 언급하면서 "세상에서 가장 위험한 도로 Top 7" 중 3위에 선정하였다.

트란스퍼거러샨 도로[1][Author, Paul Bica]

◆ 2014년 BBC가 선정한 세상에서 가장 위험한 도로 Top 7

(1) 마다가스카르(Madagascar) 5번 국도
(2) 로탕패스(Rohtang Pass, 인도)
(3) 트란스퍼거러샨 도로(Transfăgărăşan Road, 루마니아)
(4) 세계 최장의 직선 도로 에어 하이웨이(Eyre Highway, 호주)
(5) 프리트비 하이웨이(Prithvi Highway, 네팔)
(6) 세상에서 가장 추운 도로로 유명한 콜리마 하이웨이(Kolyma Highway, 러시아)
(7) 궈량 터널(Guoliang Tunnel, 중국 하남성)

2015년 독일의 자동차 전문사이트 카스루트(CarsRoute)도 트란스퍼거러샨 도로를 "세계에서 가장 아름다운 도로 Top 15" 중 1위에 선정하였다. 이 사이트는 뱀처럼 구불구불한 도로와 적은 교통량 그리고 주변의 수려한 자연경관 등을 강점으로 꼽았다. 2019년, CNN도 이 도로를 "하늘로 가는 도로(Road to the Sky)"라고 언급하면서 "세계에서 가장 아름답고 가장 위험한 도로" 중 최고로 꼽았다.

2015년, 카스루트(CarsRoute)가 선정한 "세계에서 가장 아름다운 도로 Top 15"

(1) 트란스퍼거러샨 도로
(2) 스텔비오 패스(Stelvio Pass, 이탈리아)
(3) 뤼세보튼 로드(Lysebotn Road, 노르웨이)
(4) 제벨 하피트 산간도로(Jebel Hafeet Mountain Road, 아랍 에미리트)
(5) 콜 드 투리니(Col de Turini, 프랑스)
(6) 로스 카라콜레스 패스(Los Caracoles Pass, 칠레와 아르헨티나를 연결하는 안드레아스산맥을 지나는 길)
(7) 산베르나르디노 패스(San Bernardino Pass, 스위스)
(8) 궈량 터널(Guoliang Tunnel, 중국 하남성)
(9) 트롤스티겐(Trollstigen, 노르웨이)

⑽ 죽음의 도로(Death Road, 볼리비아)

⑾ 오버알프 패스(Oberalp Pass, 스위스)

⑿ 아틀랜틱 로드(Atlantic Road, 노르웨이)

⒀ 이로하자카(Iroha-zaka, 일본)

⒁ 레드 락 시닉 로드(Red Rock Scenic Road, 미국)

⒂ 플로리다키스 - 해상고속도로[The Overseas Highway - Florida Keys, 미국)

트란스퍼거러샨 도로는 국가안보 차원에서 1970~1974년 차우셰스쿠가 건설하였다. 1968년 8월 20일, 체코슬로바키아에서 "프라하의 봄(Praque Spring: 자유민주화운동)"이 일어나자, 소련은 자국의 붉은 군대를 포함하여 바르샤바조약기구 5개국의 20만 대군을 동원하여 진압하였다. 당시 군대를 파견하지 않은 루마니아는 만약 소련이 루마니아 북부지역을 침공할 경우 도로가 없어 군대를 그곳으로 급파할 수 없었다. 그래서 루마니아 정부는 군사·전략적 차원에서 루마니아 남부와 북부를 연결하는 트란스퍼거러샨 도로를 건설하기 시작하였다. 도로가 완공되자 루마니아 공산주의자들이 '차우셰스쿠 도로'라고 불렀으나, 차우셰스쿠는 주변의 산맥 이름을 붙여 트란스퍼거러샨 도로라고 하였다.

도로의 길이는 총 90㎞이며 뱀처럼 굽어있어 시속 40㎞ 이하로 운전해야 한다. 만약 이곳에서 직접 운전을 해보고 싶으면 남쪽에서 북쪽으로, 즉 아르제쉬(Argeș)주 아레푸(Arefu) 지역에서 출발하여 시비우(Sibiu)주 크르치쇼아라(Cârțișoara) 지역으로 가는 것이 좋다.

차를 타고 트란스퍼거러샨 도로를 가다 보면 일 년 내내 녹지 않은 눈도 볼 수 있다. 도로의 공식 개통 기간은 7월 1일~11월 1일이지만, 대개 6월 말에 개통하여 10월 말 폐쇄된다.

피스쿠 네그루 봉(Piscu Negru Peak)과 호텔로 내려오는 야생 곰

주위에 들릴만한 주요 관광지로는 '진정한 드라큘라 성'으로 간주되는 포에나리 요새(Poenari Fortress)와 비드라루 댐(Vidraru dam), 블레아 빙하 호수(Bâlea glacial Lake)와 얼음호텔(Ice Hotel) 그리고 블레아 폭포(Bâlea waterfall) 등이 있다.

◆ 야생곰이 내려오는 호텔

트란스퍼거러샨 도로 주변에는 경관이 수려해 숙박 시설이 많이 있다. 여행 일정상 여유가 있으면, 이 지역에서 하룻밤 묵는 것을 추천한다. 하지만 주의할 점은 야생 곰이 출몰할 수 있기 때문에, 특히 밤 9시 이후에는 바깥출입을 삼가야 한다.

몇 년 전 '트란스퍼거러샨의 검은 봉우리(Black Peak)'를 의미하는 피스쿨 네그루 트란스퍼거러샨 호텔[Hotel Piscul Negru Transfăgărăşan: ☎ (+40)726.722.479; 주소: Transfăgărăşan km. 102, Aref 117040]에 머문 적이 있다. 도착 후, 여장을 풀고 주변 지역을 산책하려 하자 호텔 주인은 혹시 곰이 나올지도 모르니 자신의 양치기 개를 데리고 가라고 했다. 개가 있어 별 일 없었는지 모르지만, 밤 10시 정도 되자 실제로 야생 곰이 나타났다. 먹이가 부족해 개밥을 훔쳐 먹으려 내려온 것이다. 호텔 투숙객들이 사진을 찍어대기 시작했지만, 플래시 세례에도 꿈쩍하지 않고 한참 동안 양치기 개와 대치하다 사라졌다.

* 주변의 다른 호텔은 google.ro에서 'hotel pe langa transfagarasan'을 검색하면 된다.

(1) 블레아 호수

시비우(Sibiu)주 크르치쇼아라(Cârţişoara) 지역에 있는 블레아 호수(Bâlea Lake)는 퍼거라쉬산맥 중턱(해발 2,034m)에 있는 빙하 호수이다. 호수의 길이와 폭은 각각 360m와 240m이며 수심은 최대 11m이다. 호수 주변에는 산악구조를 위해 건축된 샬레(chalet: 산간 지방의 지붕이 뾰족한 목조 주택)와 기상 관측소가 있다. 6월 말에서 10월 말에는 자동차로 올라갈 수 있지만, 나머지 기간은 도로가 폐쇄되기 때문에 블레아 폭포(Bâlea waterfall)에서 출발하는 케이블카를 타고 올라가야 한다. 블레아 폭포는 해발 1,234m에 위치하며 폭포 길이는 68m이다.

[블레아 폭포 케이블카: www.balealac.ro; 월~일(09:00~17:00); 블레아 폭포(Bâlea Cascadă) ↔ 블레아 호수(Bâlea Lac) 총 거리 3,700m]

블레아 호수

(2) 얼음호텔

2005년, 블레아 호수 인근에 중·동부 유럽 최초로 얼음호텔(Ice Hotel)이 개장하였다. 커다란 얼음 침대 위에 모피로 덮은 매트리스와 모피 담요가 있지만, 내부 온도가 영하 2도에서 영상 2도이기 때문에 취침 시 침낭은 물론 두꺼운 옷과 모자, 목도리 그리고 장갑 등이 필요하다. 얼음호텔 옆에는 얼음 교회와 스케이트장도 있다. 몇 년 전 BBC가 촬영한 이후 더 유명해졌으며 호텔은 4월까지 운영된다.

(3) 비드라루 댐

1965년 완공된 비드라루(Vidraru) 댐은 전체 면적이 893헥타르에 이르며 최대 수심은 155m 그리고 길이와 너비는 각각 10.3㎞와 2.2㎞이다. 완공 당시 댐의 규모는 유럽 5위 그리고 세계 9위였다.

2) "왕의 도로"라 불리는 트란스알피나 도로

트란스알피나 도로(Transalpina Road)는 루마니아에서 가장 높은 우르델레 패스(Urdele Pass, 해발 2,145m)를 지나가는 산악도로이다. 이 도로는 "왕의 도로(King's Road)"와 "구름을 통과하는 도로(Road through the clouds)" 그리고 "악마의 도로(Devil's path)" 등 다양한 별명을 가지고 있으며, 총 길이는 148㎞이다.

고르즈(Gorj)주 노바치[Novaci: 트르구 지우(Târgu Jiu)시에서 45㎞ 떨어진 곳에 위치]에서 시작하여 남부 카르파티아산맥의 파룽산(Parâng Mt.)을 가로지른 후 알바(Alba)주 세베쉬(Sebeş)시에서 끝난다. 루마니아 4개 주[고르즈(Gorj)주와 블체아(Vâlcea)주, 시비우(Sibiu)주, 알바(Alba)주]에 걸쳐 있으며, 덴게루봉(Dengheru, 해발 2,084m)과, 퍼푸샤봉(Păpuşa, 해발 2,136m), 우르델레봉

트란스알피나 도로

(Urdele, 해발 2,228m), 이에제르봉(Iezer, 해발 2,157m) 그리고 문티누봉(Muntinu, 해발 2,062m) 주변 지역을 지나기 때문에 경치는 환상적이다.

트란스알피나 도로는 서기 2세기경 로마제국이 트란실바니아에서 채굴한 황금을 로마로 운반하기 위해 건설하였다. 이후, 1935년 카롤 II세가 돌길로 포장하여 '왕의 도로'로 불리었고, 제2차 세계대전에는 독일군에 의해 재건되었다. 종전 후, 이 도로는 이내 사람들의 기억 속에서 지워졌으나 2009년 루마니아 정부가 공사를 재개하여 2015년 8월 15일 트란스알피나 도로라는 이름으로 공식 개통하였다. 통행은 1년 중 4개월(공식 개통 기간: 7월 1일~11월 1일) 동안 허용된다.

(1) 른카 리조트

트란스알피나에서 가장 인기 있는 른카(Rânca) 리조트는 부카레스트에서 300㎞ 떨어져 있다. 이 리조트는 인형봉(Păpuşa Peak) 기슭의 해발 1,600~1,800m에 위치하며, 겨울철 스키어들이 많이 찾는다. 리조트 입구에는 산악 문명 박물관(Museum of Mountain Civilization)과 른카 어드벤처 공원(Rânca Adventure Park, 4헥타르)이 있다.

른카 리조트

(2) 글체스쿠 호수와 오아샤 호수

트란스알피나 도로를 가다 보면, 자연경관이 수려한 컬다레아 글체스쿠 자연보호구역(Căldarea Gâlcescu Reservation)을 통과한다. 해발 1,925m에 있는 글체스쿠 호수는 파릉(Parâng)산맥에 있는 가장 큰 빙하 호수이다.

오아샤(Oașa) 호수는 도로와 접하고 있어 차를 타고 가면서 경치를 감상할 수 있으며, 호수 반대편에 오아샤 수도원이 있다.

오아샤 호수와 퍼트루 봉(Pătru Peak)[1][Author, Cristi Faur]

3) 레테자트 국립공원

루마니아 서부에 있는 레테자트 국립공원(Retezat National Park)은 1935년 루마니아 최초의 국립공원으로 지정되었다. 전체 면적이 38,047헥타르에 달하며 그중 제메넬레(Gemenele) 생물권 보전지역(1,800헥타르: 약 550만 평)은 오늘날 법으로 엄격하게 보호된다. 1979년에는 유네스코 '인간과 생물권 프로그램(Man and the Biosphere: MAB)'에 의해 국제 생물권 보호구역 네트워크에 포함되었다.

국립공원 안에는 레테자트봉(Retezat Peak, 해발 2,485m)을 비롯해 해발 2,200m가 넘는 봉우리가 20개가 있으며, 봉우리 주위로 80개가 넘는 빙하 호수가 있어 환상적인 분위기를 자아낸다. 특히, 해발 2,040m에 있는 부쿠라 호수(Bucura Lake, 8.86헥타르)는 루마니아 최대 규모의 빙하 호수이며, 수심이 가장 깊은 호수는 저노아가 호수(Zănoaga Lake, 29m)이다.

레테자트 국립공원에는 루마니아에 있는 빙하 호수의 약 40%가 모여 있다. 그곳에는 수천 종의 동물이 서식하고 있으며, 루마니아 전역에 있는 3,630종의 식물 중 약 ⅓에 해당하는 1,190여 종이 있어 세계 동·식물학자들에게도 널리 알려져 있다. 포유류는 55종이며 그중 야생 곰과 늑대, 붉은 여우 등과 같은 22개 종은 오늘날 법으로 엄격히 보호된다. 몇 년 전에는 오스트리아 알프스산맥의 고산지대에서 서식하는 마멋(marmot) 20여 종이 제메넬레 호수(Gemenele Lake) 인근에 방생되었다.

레테자트 국립공원은 두 지역으로 구분된다. 한 곳은 1년 중 2개월 동안 일반 관광객들의 방문이 허용되지만, 다른 곳은 수렵과 채취, 방목, 캠핑 등과 같은 모든 행위가 엄격히 금지되기 때문에 방문을 원할 시 천연기념물 위원회(Natural Monuments Commission)의 허가를 받아야 한다.

맥레테자트산맥(위)과 빙하호수(아래)

2007년 7월 7일, 스위스의 세계 7대 신 불가사의 재단(New 7 Wonders Foundation)은 '세계 7대 신 불가사의'를 선정하기 위해 인터넷상에서 투표하였다. 당시 레테자트 국립공원은 '세계 7대 불가사의'에 선정되진 않았지만, 세계 21대 후보 명단에 포함되었다. 이 국립공원은 2008년 유럽평의회(Council of Europe)로부터 보호지역 우수상을 받았다.

2. 루마니아 산림지역

루마니아 산림지역은 루마니아 전체 면적의 약 29%에 이른다. 지역별로 비율을 살펴보면, 트란실바니아 지방이 37%, 몰도바 지방 31% 그리고 문테니아 지방은 20%이다.

트란실바니아(Transylvania)라는 단어는 "숲 너머의 땅[trans(너머) + silva(숲) + nia(땅)]"을 의미한다. 즉, 수도 부카레스트가 있는 문테니아 지방에서 바라볼 때 "카르파티아산맥 숲 너머에 있는 땅"을 의미한다. 오늘날 루마니아 정부는 서울시 면적의 약 36배에 해당하는 경작되지 않는 농경지 약 220만 헥타르(약 67억 평)를 숲으로 조성하려고 계획하고 있다.

1) 루마니아 원시림

카르파티아산맥에는 유럽의 '숨겨진 보물'인 원시림(原始林)이 있다. 그동안 인류 문명이 발전하면서 전 세계의 원시림도 많이 파괴되었다. 루마니아에서도 지난 20년 동안 많이 파괴되어, 1974년 루마니아 전체 산림지역의 12%를 차지했던 원시림이 지금은 3%에 불과한 것으로 알려져 있다. 그런데도 세계 자연보호 기금(World Wide Fund for Nature)은 아직까지 카르파티아산맥에는 약 32만 헥타르(약 9억 7천만 평)의 원시림이 보존되어 있으며, 그중 25만 헥타르(7억 6천만 평)가 루마니아 지역에 분포되어 있다고 발표하였다. 이 수치는, 오늘날 유럽 전역에 있는 원시림의 약 65%가 루마니아에 분포하고 있음을 의미한다.

루마니아 원시림은 수천 년 동안 인간의 발길이 닿지 않아 약 13,000종의 동·식물이 살고 있으며, 식물의 경우 유럽 전체 식물군의 약 ⅓이 서식하고 있다. 따라서 2017년 유네스코 위원회는 루마니아 원시림 중 특히 마라무레쉬(Maramureş) 지역과 퍼거라쉬(Făgăraş) 지역에 분포된 24,000헥타르의 원시림을 유네스코 세계자연유산으로 등재하였다. 루마니아에서 가장 오래된 나무는 브라쇼브(Braşov)주 메르케아샤(Mercheaşa) 지역에 있는 900년 된 참나무(둘레길이 9.2m)와 수체아바(Suceava)주 카즈바나(Cajvana) 지역에 있는 800년 된 참나무(둘레길이 11m)이다.

2) 하버드대학교와 이케아

2004년 미국의 하버드대학교는 부카레스트에 자회사 스콜로팍스(Scolopax SRL)를 설립하여 루마니아 전역에 있는 엄청난 면적의 숲(서울시 면적의 약 55%)을 사들였다. 하지만 그 과정에서 중개인의 뇌물수수와 자금세탁 등이 문제가 되어 루마니아 검찰의 조사를 받았다. 특히, 브란체아(Vrancea) 지방의 산림(약 3,400헥타르)은 매입 초기부터 문제가 있었던 것으로 드러났다. 따라서 2013년 하버드대학교는 또 다른 자회사인 그린골드(GreenGold)를 만들어 그동안 사들인 숲을 모두 매각하겠다고 공식 발표하였다. 처음에는 루마니아 산림공사인 롬실바(Romsilva)에게 적정 매매가를 제시했지만 받아들여지지 않자, 그동안 사들인 산림지역 중 일부를 2015년 이케아(IKEA)에게 매각하였다. 당시 충분한 원자재를 확보한 이케아는 2020년까지 회사의 연 매출을 기존의 2배가 넘는 500억 유로로 늘리겠다고 발표하였다.

3. “유럽의 아마존” 다뉴브 델타

다뉴브강(Danube River)은 유럽에서 러시아 볼가강(Volga River, 3,700㎞) 다음으로 긴 강이며 세계에서는 20번째이다. 강 길이는 총 2,850㎞에 이르며 그 중 1,075㎞는 루마니아 영토를 지나간다.

다뉴브강은 독일 남·서부 지역의 슈바르츠발트(Schwarzwald, 의미 ‘검은 숲’)에서 발원하여 오스트리아와 슬로바키아, 헝가리, 크로아티아, 세르비아, 불가리아, 몰도바, 우크라이나 그리고 루마니아 등 유럽 10개국을 지나 흑해로 흘

데체발루스 조각상

러가며, 그중 4개국은 수도(비엔나, 브라티슬라바, 부다페스트, 베오그라드)를 통과한다.

다뉴브강변에 있는 '유럽 최대 규모의 돌 조각상'은 다치아 왕국 데체발루스 왕(Decebalus, 재위 AD 87~106)의 모습을 조각한 것으로, 뉴욕에 있는 자유의 여신상보다 6m 낮고 리우데자네이루의 예수상보다 8m 높다. 이 조각상은 12명의 조각가가 총 10년(1992-2001년) 동안 작업한 끝에 완성되었다. 전체 얼굴의 높이와 너비는 각각 55m, 25m이고, 눈 길이는 4.3m 그리고 코의 길이와 폭은 각각 7m, 4m이다.

다뉴브 삼각주 지도[1][Author, Spiridon Manoliu]

다뉴브 삼각주(Danube Delta)는 다뉴브강이 흑해로 유입되기 직전에 3개의 지류[支流: 킬리아(Chilia, 120㎞), 술리나(Sulina, 64㎞), 스픈투 게오르게(Sfântu Gheorghe, 70㎞)]로 갈라지며 형성된다. 약 1만 전에 형성되기 시작하였으며 계속되는 퇴적작용으로 매년 새로운 땅[약 40㎡ (약 12평)]이 생겨나 오늘날 유럽에서 "가장 젊은 땅"으로 간주된다.

유럽에서 가장 습한 지역인 동시에 고도도 가장 낮아, 전체 면적의 약 21%가 해발 0m 이하이고 평균 고도는 0.52m이다. 고도가 가장 높은 곳은 레테아 지역(Letea, 해발 13m)이다.

다뉴브 삼각주는 1991년 유네스코 세계자연유산과 람사르(Ramsar) 습지로 등재되었다. 세계에서 23번째로 큰 다뉴브 삼각주(면적 4,340㎢)는 서울시 전체 면적의 약 7.2배에 해당하며, 그중 유네스코가 지정한 생물권보전지역(Biosphere Reserve, 3,124㎢)은 법으로 엄격히 보호된다. 세계 최대 규모를 자랑하는 다뉴브 삼각주 갈대밭(면적 1,560㎢)은 창녕 우포늪의 약 182배에 이른다.

다뉴브 삼각주는 현재 생물권 보호구역으로 지정된 세계 유일의 삼각주이며, 생태학적 측면에서 볼 때 전 세계에 있는 약 300개의 자연보호구역 중 3번째로 중요한 곳이기도 하다. 실제로, 이 삼각주는 호주의 그레이트 배리어 리프(Great Barrier Reef)와 에콰도르의 갈라파고스 군도(Galapagos archipelago)에 이어 세계에서 3번째로 다양한 생물들(5,500종 이상)이 서식하고 있다. 따라서 세계의 학자들은 다뉴브 삼각주를 두고 인류가 미래 세대에게 물려주어야 할 "보편적 자연 유산(universal natural heritage)"이며 돈으로 "환산할 수 없는 가치

다뉴브 삼각주의 석양

를 지닌 천연 유전자은행(Natural Gene Bank of inestimable value)"이라고 주장하고 있다.

유럽에 있는 조류의 약 50%가 서식하고 있는 것은 물론 세계적으로도 가장 많은 종류의 새들이 살고 있어 '새들의 천국'으로 불린다. 약 200마리의 달마치안 펠리컨(몸통 길이 1.8m, 날개 3.2m)과 수천 마리의 분홍 펠리컨이 살고 있어 오늘날 유럽 최대의 펠리컨 서식지(약 8,000마리 서식)이며, 특히 난쟁이 가마우지와 붉은 가슴 기러기의 경우 전 세계 개체수의 약 60%(약 6,000마리)와 50%(겨울철 약 4만 마리)가 서식하고 있다.

인간이 살기에 척박한 땅이라 루마니아에서 인구밀도[5명/㎢: 서울시 인구밀도 16,492명/㎢]가 가장 낮은 지역이다. 툴체아(Tulcea: 약 7만 4천 명)시를 제외할 경우, 다뉴브 삼각주 내에 거주하는 인구수는 15,000명 이하이다. 이들은 주로 두 도시[툴체아(Tulcea)와 술리나(Sulina, 인구 약 3,500명)]와 15개 마

다뉴브 삼각주 펠리컨

을에서 거주하고 있으며, 민족 분포는 루마니아인이 87%, 리포반 러시아인(lipovean)이 10% 그리고 우크라이나인과 기타 민족이 3%이다.

그동안, 다뉴브 삼각주에서 잡힌 가장 큰 물고기는, 1890년 스픈투 게오르게(Sfântu Gheorghe)에서 잡힌 철갑상어(882㎏)이며, 메기(400㎏)와 잉어(46.5㎏), 강치(1m, 16㎏), 농어(1.3m, 15㎏) 등도 낚시로 잡은 대표적인 대형 어류들이다.

과거 다뉴브 삼각주에 거주하던 사람들 모습

◆ 다뉴브 삼각주의 야생마

1980년대, 말고기를 좋아하는 이탈리아인들은 다뉴브 삼각주에서 서식하는 말을 수입하기 시작하였다. 하지만 스픈투 게오르게(Sfântu Gheorghe) 지역의 한 농장에서 구제역이 발생하자, 툴체아(Tulcea) 주정부는 행정명령을 내려 말을 도살하게 하였다. 당시 농장 주인은 말 대부분을 도살했지만, 일부는 불쌍해서 그냥 풀어주었는데, 이들이 지난 40년 동안 다뉴브 삼각주에 서식하며 야생마가 되었다.

2007~2008년 실시된 연구조사에 의하면, 당시 다뉴브 삼각주에 서식하는 야생마 수는 약 3,540마리였으며, 주요 서식지는 레테아(Letea)와 술리나(Sulina) 그리고 킬리아(Chilia) 지역이었다. 그런데 이들 지역 중, 레테아 지역에 서식하는 약 2,000마리의 야생마는 겨울철 시베리아 한파를 피해 레테아 숲속으로 들어가 그곳에 있는 세계적인 희귀종 식

물들을 먹어 치워버려 국내외적으로 큰 논란거리가 되었다.

여의도 면적의 약 18배에 해당하는 레테아 숲(5,246헥타르)은 세계 최북단에 있는 아열대숲이며 루마니아에서 가장 오래된 자연보호구역이다. 따라서 1930년 루마니아 정부는 레테아 지역에서 보존가치가 높은 2,825헥타르를 특별 자연보호구역으로 지정하였다. 하지만 야생마들이 그곳 생태계를 파괴하면서 세계적으로 커다란 논란이 되었다.

다뉴브 삼각주 야생마

2002년 이후 이탈리아인들은 다시 다뉴브 삼각주의 야생마를 수입하기 시작하였다. 하지만 2009년, 이번에는 야생마가 전염성 빈혈에 감염되었다는 사실이 밝혀지면서 루마니아 정부는 세계자연보호 기금(World Wide Fund for Nature)과 협력하여 해결책을 모색하려 하였다. 그런데 2010년 루마니아 환경론자들은 모든 야생마를 제거해야 한다고 주장하였다. 그러자 이번에는 국제동물보호단체 포포스(Four Paws)가 반대하기 시작하였다. 따라서 루마니아 정부는 포포스와 협력하여 암말에게 피임 백신을 투여해 점차 개체 수를 줄여나갔으며, 2017년 다뉴브 삼각주에 서식하고 있는 야생마의 개체 수가 500마리 미만이라고 발표하였다.

4. 흑 해

지구상의 바다 이름에 색깔이 들어간 것은 황해(Yellow Sea)와 백해(White Sea), 홍해(Red Sea) 그리고 흑해(Black Sea)이다. 한국과 중국 사이의 황해(서해)는 중국에서 홍수가 발생할 때 황토색의 강물이 황하강을 통해 바다로 유입되면서 그렇게 보이고, 러시아 북쪽에 있는 백해는 바다가 얼음으로 하얗게 덮여 있어 그렇게 불린다. 또한, 아프리카와 아라비아반도 사이에 있는 홍해는 잦은 적조 현상으로 인해 실제로 붉은색을 띤다고 한다.

흑해의 석양

그렇다면 흑해는 왜 검은 바다로 불리게 되었을까? 흑해의 최대 수심은 2,212m이지만, 해저 200m에도 산소가 거의 없어 혐기성 박테리아만이 살 수 있다고 한다. 그런데 이 박테리아가 죽을 때 물을 검게 만드는 기체가 발생하여 그렇게 보인다고 한다.

루마니아 면적의 약 1.73배에 해당하는 흑해는 남·동부 유럽과 소아시아 사이에 위치하며 총 6개 국가(루마니아, 우크라이나, 러시아, 조지아, 터키, 불가리아)와 접한다. 루마니아 해안선 길이는 총 245㎞이며, 그중 70㎞가 아름다운 백사장으로 덮여 있다. 흑해에 있는 주요 해수욕장으로는 마마이아(Mamaia)와 에포리에 노르드(Eforie Nord), 에포리에 수드(Eforie Sud), 코스티네쉬티(Costineşi), 올림프(Olimp), 넵툰(Neptun), 주피테르(Jupiter), 베누스(Venus), 사투른(Saturn) 그리고 바마 베케(Vama Veche) 등이 있다.

2019년 유럽 최고의 해변 중 하나로 선정된 마마이아(Mamaia)는 황금빛 모래해변이 길게 펼쳐져 있어 미국의 마이애미비치와 비슷하다.

에포리에 노르드(Eforie Nord) 해수욕장

1) 흑해의 기원

흑해는 지구상에서 염도가 가장 낮고 또한 가장 늦게 형성된 바다 중 하나이지만, 과거에는 염도가 더 낮았다고 한다. 흑해의 기원은 고대 테티스해(Tethys Sea)와 연관이 있다. 즉, 트라이아스기와 쥐라기 시대(Triassic and Jurassic epochs: 2억5천~1억9천만 년 전)에 로라시아 대륙(Laurasia: 지금의 북미, 그린란드, 유럽, 아시아 대부분 지역을 포함하던 거대 대륙)과 곤드와나 대륙(Gondwana: 지금의 아라비아, 남미, 남극, 오스트레일리아, 인도를 포함한 지구 남반구에 있었던 대륙)이 분리되면서 보스포러스(Bosporus) 해협과 다르다넬스(Dardanelles) 해협이 형성되었고, 그때 고대 테티스해의 바닷물이 오늘날의 흑해로 흘러 들어가면서 바다가 형성되었다. 하지만 지금도 흑해는 다뉴브강과 드네스테르(Dniester)강 그리고 부크(Bug)강에서 유입되는 엄청난 양의 담수로 인해 다른 바다에 비해 염도가 현저히 낮다고 한다.

그동안 흑해의 이름은 누가 그곳을 지배했느냐에 따라 다르게 불리었다.

흑해 인근 해바라기 밭

기원전 7세기, 흑해 연안에 식민도시를 건설하던 많은 그리스인이 원주민들에게 살해되어, 그리스어로 폰토스 악세이노스(Pontos Axeinos, 의미 '이방인에게 비우호적인 바다')라고 불리었고, 기원전 2세기 초에는 로마제국이 흑해를 지배하면서 폰투스 에욱시누스(Pontus Euxinus)라고 불리었다. 또한, 15~16세기에는 오스만제국이 흑해를 지배하기 시작하였다. 당시 튀르크인들은 지중해를 "밝고 하얀 바다[Bright, White Sea: 터키어 아크데니즈(Akdeniz)]"라고 부른 데 반해 흑해를 "북쪽의 어두운 바다[Dark, Northern Sea: 터키어 카라데니즈(Karadeniz)]"라고 불렀다.

2) 세계 유일의 해저 자연박물관

일반적으로 지구상의 깊은 바다에도 소량이지만 산소가 존재한다고 한다. 그런데 흑해의 경우 수심 200m에도 해류의 상하 이동이 거의 없어 산소 대신 황화수소만 있다고 한다. 그래서 일반 생물은 살아갈 수 없고 혐기성 박테리아만 존재한다. 따라서 흑해는 산소가 공급되는 '살아있는 바다'와 그렇지 않은 '죽은 바다'로 이루어져 있다.

세계적인 생물학자 그리고레 안티파(Grigore Antipa)는 "흑해는 생물이 사는 층과 그렇지 않은 층으로 나누어져 있으며, 이들 두 층 간에 해류의 움직임이 거의 없어 지질학상 세계에서 유일한 곳"이라고 주장하였다.

그동안 많은 사람들은 흑해 해저에 쌓여있는 다량의 황화수소가 수소폭탄처럼 폭발하지 않을까 걱정하였지만 머르무레아누(Gheorghe Mărmureanu) 루마니아 지구물리학 연구소 명예소장은 "자연적으로 폭발할 가능성이 아주 작으므로 불안해할 필요는 없다"고 언급하였다.

흑해의 해저 면에는 산소가 없어 모든 것이 화석화되어 있으며, 수천 년 전에 난파된 배들도 산화되지 않고 완벽하게 보존되어 있다고 한다. 그래서 흑해는 "지구상에서 유일한 해저 자연박물관"으로 간주되며 오늘날 세계적인 관심을 받고 있다.

3) 흑해에 서식하는 해양 동물과 쓰나미

흑해에서 해조류가 가장 많이 있는 곳은 다뉴브강이 흑해로 유입되는 지역이다. 흑해와 접하는 6개국 해양 연구원들은 그동안의 연구 끝에 160종의 해양 동·식물이 멸종위기에 처해 있다고 주장하였다. 흑해 레드북(Red Book: 발간 연도 구분이나 다른 문서와의 판별을 쉽게 하려고 표지를 빨간색으로 통일한 문서)에 기록되어 있는 멸종위험 해양생물은 3종류의 철갑상어와 칼리아크라(Kaliakra) 물개, 돌게 그리고 돌고래 등이다.

흑해 연안도 거대한 쓰나미가 덮칠 위험이 있다고 한다. 기원전 6세기에 발생한 거대한 쓰나미가 고대 그리스 식민도시 칼라티스[Callatis: 현재 만갈리아(Mangalia)시]를 덮쳤으며, 1901년 3월에도 루마니아 샤블라(Şabla) 지역에서 지진해일(리히터 규모 7.2도)이 발생해 만갈리아시가 물에 잠기기도 하였다. 하지만 게오르게 머르무레아누(Gheorghe Mărmureanu) 교수는 위와 비슷한 규모의 지진은 "향후 400~500년 이후에나 발생할 가능성이 있다"고 주장하였다.

◆ 독도와 뱀섬

한국에 '독도'가 있다면 루마니아에는 '뱀섬(Serpents Island)'이 있다. 루마니아와 우크라이나 사이에 있는 뱀섬은 원래 루마니아 영토였지만 1947년 루마니아가 공산화되면서 소련에 의해 강점(强占)되었고 또한 1991년 소련연방 해체 이후 우크라이나에 편입되었다.

독도보다 면적이 조금 작은 뱀섬은 1980년대 초, 섬 주변에 상당량의 원유와 천연가스가 매장되어 있다는 사실이 밝혀지면서 1990년대 들어 영토분쟁이 심화하였다. 그런데, 1990년대 초 NATO는 동유럽 국가들에 나토가입 조건으로, 인접하는 모든 국가와 상호불가침조약을 체결하라고 요구하였다. 따라서 루마니아는 우크라이나와 상호불가침조약(1997년)을 체결하였다. 하지만 이 조약에는, 향후 2년 동안 양국이 뱀섬 주위의 해상 국경선 문제와 관련하여 합의점을 찾지 못할 경우, 쌍방 누구나 국제 사법재판소에 제소할 수 있다는 조건부 항목이 포함되어 있었다.

결국, 뱀섬을 둘러싼 '루-우'간 영토 갈등은 2004년 헤이그에 상정되었고, 2009년 2월 3일 국제 사법재판소는 '2009년 제9번 안건 판결문(Decision No. 9/2009)'에 따라 뱀섬 주변 평균수심 50m 이상의 9,700㎢에 해당하는 79.34%의 해저 면을 루마니아에 그리고 평균수심 50m 이하의 2,300㎢에 해당하는 20.26%의 해저 면과 뱀섬 자체를 우크라이나에 할당하였다. 이것은 국제 사법재판소 창립 이후 100번째 판결이었다.

루마니아 속담에 "개는 짖고 곰은 지나간다!"라는 말이 있다. 이 속담처럼 우리 역시 일본 정부가 독도와 관련하여 계속 "짖어대더라도" 그냥 무시하고 곰처럼 가던 길을

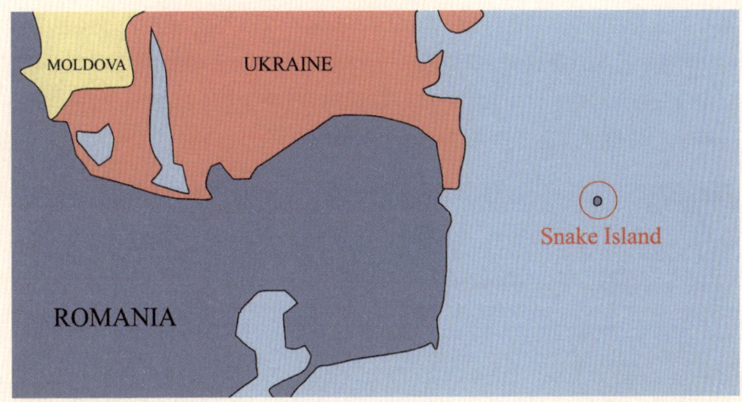

뱀섬(앞 페이지)과 뱀섬지도

가는 게 상책이다. 뉘앙스는 조금 다르지만, 이것이 우리 정부가 지금까지 추구해온 '조용한 외교'였다.

일본 정부가 독도 영유권을 주장하기 시작한 것은, 1952년 독도를 불법 상륙하면서부터이며, 이후 정권이 바뀔 때마다 독도를 국제적으로 분쟁화하려 하였다. 따라서 독일의 유력 일간지 프랑크푸르트 알게 마이네 차이퉁(Frankfurter Allgemeine Zeitung)은, "오늘날 민주화된 산업국가 가운데 이웃 국가와 영토분쟁을 벌이는 나라는 일본이 유일하다"라고 지적하였다. 일본이 독도 영유권을 주장하는 이유 중 하나는 독도 주변에 매장되어 있는 엄청난 양의 가스 하이드레이트(Gas Hydrate) 때문이다. 이것은 차세대 에너지원으로 떠오르고 있으며 '불타는 얼음(Burning Ice)'으로도 불린다. 오늘날 세계 곳곳에 매장되어 있는 이 에너지원은 천연가스의 100배에 해당하는 약 10조 톤에 이른다고 한다. 독도 주변에도 최소 6억 톤 이상이 매장되어 있는 것으로 추정되며, 이를 금액으로 환산하면 약 170조 원이다.

고려 말, 대학자 이암(李嵒) 선생은 "나라는 인간으로 치면 몸과 같고(國猶形), 역사는 혼과 같다(史猶魂)"라고 언급하였다. 이암 선생의 말대로, 일본이 한국의 역사(영혼)에 상처를 주고 영토(신체)를 떼어가려고 한다면 절대 용납할 수 없는 일이다.

최근 들어, 한국에는 독도 문제를 국제 사법재판소에 상정하여 정정당당하게 한번 따져보자고 하는 사람도 있은데 위험한 생각이다. 국제사회에서 차지하는 위치가 일본보다 높지 않을뿐더러 독도를 바라보는 국제 여론도 우리에게 그렇게 우호적이지 않다. 뿐만 아니라 뱀섬의 판결에서 알 수 있듯이 국제 사법재판소는 'all-or-nothing'이 아니라 대개 몇 대 몇으로 판결을 내리기 때문에 절대 헤이그로 가는 일은 없어야 한다. 만약 독도 영유권이 99%(한국): 1%(일본)로 판결이 났다고 가정하면, 어쨌든 우리는 지금보다 1%를 잃게 되고, 일단 한번 판결이 나면 다시는 원점으로 되돌릴 수 없게 된다. 일본의 노림수는 결론이 어떻게 나든 일단 한번 헤이그로 끌고 가보자는 심산이다. 밑져봐야 본전이라는 식이다. 절대 일본의 꼼수에 말려서는 안 되고, 루마니아 속담처럼 조금 시끄럽고 성가시더라도 "그러려니" 생각하며 그냥 가던 길 가는 것이 상책이다.

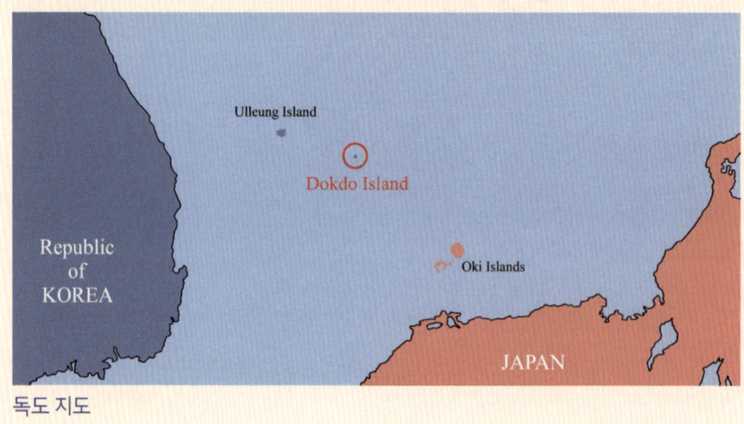

독도 지도

5. 테키르기올 진흙 호수

흑해 연안에 있는 테키르기올 마을(Techirghiol: 인구 7,000명)은 콘스탄짜시에서 남쪽으로 약 16㎞ 떨어진 에포리에 데 노르드(Eforie de Nord)시 인근에 위치한다. 테키르기올은 터키어로 "테키르(Techir)라는 사람의 호수(ghiol)", 즉 '테키르의 호수(Techir's Lake)'를 의미한다.

오늘날 테키르기올 호수가 세계적으로 유명해지게 된 것은 호수 진흙이 류머티즘은 물론 빈혈과 구루병(곱사병), 척추굳음증, 부인병, 갑상선 기능 저하증과 기타 신경질환, 피부병 그리고 내분비 치료에 탁월하다고 알려지면서부터이다. 과거 이집트인들이 나일강 진흙을 치료용으로 사용한 것처럼, 테키르기올 진흙 역시 오늘날 치료용으로 사용되고 있다. 이 호수와 관련하여 전설이 전해 내려오고 있다.

"옛날, 앞을 보지 못하는 테키르라는 사람이 살고 있었다. 그는 한쪽 다리가 불편해 겨울만 되면 뼈마디가 쑤시는 통증 때문에 아주 힘들어하였다. 그러던 어느 날, 테키르기올 진흙 호수를 건너던 중 당나귀가 호수 안에서 나오려 하지 않아 한참 동안 그곳에 있어야 했다. 그런데 시간이 지나면서 희미한 빛이 감지되었고 움직이지 않던 다리도 조금씩 말을 듣기 시작하였다. 그뿐만 아니라 당나귀 등에 있던 보기 흉한 상처도 눈에 띄게 호전되었다."

이후, 테키르기올 호수의 진흙에 기적의 효력이 있다는 소문이 퍼지면서 많은 사람들이 몰려들기 시작하였다.

테키르기올 진흙 호수

6. 소바타에 있는 세계 최대 규모의 태양열 호수

79헥타르 면적의 소바타 리조트(Sovata, 해발 475~600m)는 트란실바니아 지방의 무레쉬(Mureş)주에 위치한다. 이곳이 유명해지게 된 것은 리조트 안에 있는 유럽에서 유일한 '곰 호수(Bear Lake: Lacul Ursu)' 때문이다.

곰 호수가 역사 문헌에 처음 언급된 것은 1597년이며, 이후 부인병은 물론 류머티즘과 같은 다양한 유형의 염증 치료에 탁월한 것으로 알려졌다. 특히, 1901년 "태양열로 곰 호수의 물이 데워지는 현상(heliothermal phenomenon)"이 과학적으로 밝혀지면서 세계적으로 유명해졌다.

이 호수는 두 개의 층으로 이루어져 있다. 즉, 아래에 있는 '소금물 층'이 낮 동안 태양열을 흡수하면, 위에 있는 '담수 층(10~15cm)'이 단열재 역할을 하여 온도가 유지된다. 호수의 온도는 하루 동안 소금물이 얼마만큼 태양열을 축적하느냐에 따라 다르지만, 대개 섭씨 40도에 이르며, 입욕은 1년 중 3개월(6월 중순~9월 중순) 동안 허용된다. 현재 곰 호수는 루마니아 자연유산으로 등재되어 있으며 '유럽에서 유일한 태양열 소금호수'로 간주된다.

미국의 월드 레코드 아카데미와 비즈니스 매거진(Business Magazin)은 이 호수를 "세계 최대 규모의 태양열 소금호수인 동시에 화산 토양으로 이루어진 주변의 울창한 산림지대에 형성된 세계 유일의 소금호수"라고 언급하였다. 소바타에는 다음과 같이 6개의 소금호수와 2개의 일반 호수 그리고 소금호수가 늪지대로 변한 뱀 호수(Lake of the Snakes)가 있다.

1) 소금호수: 곰 호수(Bear Lake: 깊이 18.10m, 너비 170m, 면적 40,235㎡, 염도 250g/l), 붉은 호수(Red Lake), 초록 호수(Green Lake), 검은 호수(Black Lake), 블랙버드 호수(Blackbird Lake), 헤이즐넛 호수(Hazel Lake)
2) 일반 호수: 파라스키바 호수(Paraschiva Lake), 둘체 호수(Sweet Lake: Lacul Dulce)

곰 호수 근처에 있는 붉은 호수는 붉은색의 소형 갑각류인 아르테미아 살리나(Artemia salina)가 서식하고 있어 그렇게 불리며, 소바타에서 가장 오래된 검은 호수의 진흙은 류머티즘 관절염 치료에 탁월한 것으로 알려져 있다.

이 외에도, 소바타에는 프라이드(Praid) 소금광산에서 소금산[졸탄봉(Zoltan Peak, 555m)과 사레아봉(Sarea Peak, 533m)]에 이르기까지 거대한 소금 단층지괴가 형성되어 있으며, 단층의 길이와 너비는 각각 1,600m와 500m이다. 그곳에 있는 소금산도 유럽에서 유일하다고 한다.

소바타 리조트

◆ 루마니아 5대 온천

루마니아는 미네랄워터와 온천으로 유명하다. 유럽에 있는 전체 '미네랄워터의 약 60%'가 루마니아에 매장되어 있으며, 역사 문헌에는 서기 2세기부터 로마제국의 장군들이 미네랄이 풍부한 루마니아 온천을 즐겼다고 기록되어 있다.

(1) 헤르쿨라네 온천(Herculane Baths): 루마니아에서 가장 오래된 헤르쿨라네 온천은 서기 106년, 고대 다치아 왕국을 정복한 로마 장군들이 즐겨 찾던 곳이다.

(2) 테키르기올(Techirghiol): 흑해 연안에 위치하며 테키르기올 호수 진흙은 퇴행성 류머티즘이나 신경계 질환, 피부 및 부인 질환에 탁월한 것으로 알려져 있다.

(3) 소바타(Sovata): 세계 최대 규모의 태양열 소금호수이다.

(4) 보르섹(Borsec): 루마니아에서 가장 유명한 미네랄워터인 '보르섹(Borsec)' 생산지이다.

(5) 바트라 도르네이(Vatra Dornei): "부코비나(Bucovina) 지방의 진주"라고 불리며 루마니아 미네랄워터 '도르나(Dorna)' 생산지이다.

7. 루마니아 3대 소금광산

1) 세계에서 가장 아름다운 지하 세계: 투르다 소금광산

2,000년 역사를 자랑하는 투르다 소금광산(Turda Salt Mine: Salina Turda)은 클루즈-나포카시에서 남쪽으로 약 30㎞ 떨어져 있다. 로마 시대부터 소금을 채굴하기 시작한 이래 중세 때 트란실바니아 지방에서 가장 큰 소금광산이었으나 1932년 채산성 약화로 폐쇄되었다. 제2차 세계대전 이후, 폭탄에서 치즈에 이르기까지 각종 물건 보관 창고로 사용되었으나, 몇 년 전 아름다운 지하 테마파크로 탈바꿈한 이후 루마니아 관광명소가 되었다.

투르다 소금광산은 CNN이 선정한 "세상에서 가장 흥미로운 지하 세계 TOP 10"에서 '필리핀의 지하 강'에 이어 2위를 차지하였고, 내셔널 지오그래픽

투르다 소금광산

(National Geographic)은 트란실바니아 지방의 "지하 세계"로 120m 내려갈 수 있으며, 2010년 개조된 "미래적인 공간"은 박물관 이상이라고 언급하였다. 뉴욕의 비즈니스 인사이더(Business Insider) 역시 이곳을 "세상에서 가장 아름다운 지하 세계"라고 언급하면서 "살아생전 꼭 방문해야 할 지하 명소 25곳"에 포함시켰으며, 이탈리아 온라인 사이트 에스콰이어(www.esquire.com)도 "세상에서 가장 믿을 수 없는 놀이공원 중 하나"라고 소개하였다.

투르다 소금광산에는 30억 톤 이상의 소금이 채굴된 공간에 원형경기장과 볼링장, 탁구장, 미니 골프장 등이 있다. 지하 호수에는 직접 노를 저어 탈 수 있는 소형 보트도 준비되어 있으며, 소리를 지르면 잔향을 들을 수 있는 에코룸(Echoes Room)도 있다. 일 년 내내 방문이 가능하며 주차장 입구에는 사레안 부카터 레스토랑(Sarea-n bucată, 의미 '소금 조각')이 있다.

[투르다 소금광산: www.salinaturda.eu; ☎ (+40)364.260.940; 주소: Aleea Durgăului 7, Turda]

2) 루마니아 최대 규모의 슬러닉 프라호바 소금광산

'소금 궁전(Salt Palace)'이라 불리는 슬러닉 프라호바(Slănic Prahova) 소금광산은 부카레스트에서 북쪽으로 약 100㎞ 떨어져 있다. 지하 208m에 있어 일년 내내 13°C의 온도와 60%의 습도를 유지하며, 방사능과 공해가 거의 없어 지구상에서 가장 깨끗한 공기를 마실 수 있다고 한다. 그동안 290만 세제곱미터의 소금이 채굴되었으며 1970년 이후 관광지로 개방되었다.

[슬러닉 소금광산: www.salrom.ro; ☎ (+40)244.240.558; 주소: Strada Salinei, nr. 1, loc. Slanic, Prahova]

3) 프라이드 소금광산

하르기타(Harghita)주에 있는 프라이드(Praid) 소금광산은 소바타에서 약 10㎞ 정도 떨어져 있다. 소금을 채굴하기 시작한 것은 로마 시대로 거슬러 올라가지만, 본격적인 채굴 작업은 1700년부터이다. 지하에 매장되어 있는 타원형의 소금 덩어리는 지름이 각각 1.2km와 1,4km이고 높이는 2.7km이다. 일년 내내 14~16°C의 온도와 66~70%의 낮은 습도를 유지하며, 고도로 이온화된 내부의 공기는 호흡기 질환에 좋은 것으로 알려져 있다.

소금광산 안으로 들어가기 위해서는 먼저 버스를 타고(30분마다 운행) 1,500m 터널을 통과한 다음 300개의 계단을 내려가야 한다. 지하 120m에 형성된 미니 도시에는 인터넷 카페와 당구장, 도서관, 작은 교회 그리고 어린이 놀이터 등이 갖춰져 있다.

[프라이드 소금광산: www.salrom.ro; ☎ (+40)266.240.200; 주소: Strada Minei 44, Praid]

8. “자라는 돌” 트로반찌

트로반찌 박물관 자연보호구역(Trovanți Museum Nature Reserve)은 루마니아 남·서부지역의 블체아(Vâlcea)주 코스테쉬티(Costeşti) 마을[름니쿠 블체아(Râmnicu Vâlcea)시와 호레주(Horezu) 마을 사이에 위치]에 위치한다. 이곳이 유명해지게 된 것은 트로반찌(Trovanți)라는 이름의 ‘자라나는 돌’ 혹은 ‘살아있는 돌’ 때문이다. 돌의 단면을 보면 나이테와 비슷한 것이 있어 지역 주민들은 트로반찌가 스스로 자란다고 생각하였다.

트로반찌는 강력한 지진 활동으로 모래가 굳게 결합하여 형성된 것으로 추정되며, 크기는 6~8mm에서 최대 10m에 이르기까지 다양하다. 그동안 트로반찌의 비밀을 알아내기 위해 많은 학자들이 코스테쉬티 마을에서 연구를 시작하였다. 가장 오래된 돌은 약 600만 년 전에 형성된 것으로 밝혀졌지만 대부분은 모석(母石)에서 떨어진 작은 조각들이 다시 자라났기 때문에 생성연대는 각기 다르다고 한다.

코스테쉬티 마을의 트로반찌

흥미로운 것은, 캘리포니아 데스밸리(Death Valley)에 있는 움직이는 거대한 바위처럼 트로반찌도 '스스로 움직인다'는 것이다. 이와 관련하여, 일부 학자들은 코스테쉬티 마을이 강력한 지진 활동대에 있어 지표면 아래의 미세한 진동 때문에 움직인다고 주장하지만, 이 또한 베일에 가려져 있다.

◆ 미국 데스밸리에 있는 '움직이는 돌'의 비밀이 밝혀지다!

미국 캘리포니아 데스밸리(Death Valley)에는 최대 320㎏에 이르는 바위가 스스로 움직인 자국이 여러 개 남아있다. 길게는 180m를 움직인 자국이 있지만, 누군가 민 흔적이 없어 지난 100여 년 동안 미스터리로 남아있었다. 그런데 최근 미국 항공우주국(NASA)의 랄프 로렌스(Ralph Lawrence) 지질학 박사가 한 가지 가설을 제시해 화제가 되고 있다. 그는 겨울에 "날씨가 풀리면 지표면이 녹아 진흙상태가 되고, 이때 돌을 감싸고 있는 미끄러운 얼음 때문에 약한 바람에도 거대한 바위가 진흙 위를 '떠다닌다(float)"라고 주장하였다.

어떤 학자들은 트로반찌를 지구상에 떨어진 운석이라고 주장하지만 다른 학자들은 빗물과의 화학작용 때문에 트로반찌가 자란다고 주장하고 있다. 즉, 돌의 표면이 물에 젖게 되면 화학물질이 퍼지게 되고 또한 그곳에 달라붙은 모래에 압력이 가해져 돌이 "자라게 된다"는 것이다. 이처럼, 그동안 트로반찌와 관련하여 다양한 가설이 제기되었으나 어떤 학자도 정확한 원인을 밝혀내지 못하고 있다.

오늘날 특이한 지질 형성을 보여주고 있는 코스테쉬티 지역은 학문적 차원에서 보존할 가치가 있어, 유럽에서 유일하게 자연보호구역으로 지정되었으며, 지금은 유네스코의 보호 하에 있다. '자라는 돌'은 코스테쉬티 지역 외에도 루마니아의 부저우(Buzău)주와 수체아바(Suceava)주에서 찾아볼 수 있다. 코스테쉬티 마을의 '자라는 돌' 트로반찌는 2014년 2월 MBC '신비한 TV 서프라이즈'에서 방영되었다.

부저우 주에 있는 '고래'라는 이름의 트로반찌

부저우 주에 있는 '기둥'이라는 이름의 트로반찌

9. 베르카 진흙 화산군

전 세계에 존재하는 진흙 화산은 총 1,000여 개에 이르며, 그중 25%는 알프스산맥과 카르파티아산맥 그리고 히말라야산맥에서 발견된다. 유럽에 있는 진흙 화산은 주로 바렌츠해(Barents: 북극해 바깥쪽의 해역으로 노르웨이해와 접하는 바다)와 카스피해 등 심해에서 발견되기 때문에 루마니아 부저우(Buzău)주 베르카 지역의 진흙 화산군(Berca Muddy Volcanoes)은 유럽 대륙에서 볼 수 있는 유일한 자연보호구역으로 간주된다.

베르카 진흙 화산군은 1867년 프랑스인 코냐르(H. Cognard)가 석유를 탐사하던 중 발견되었으며, 1924년 자연보호구역(면적 약 24헥타르)으로 지정되었다. 베르카 진흙 화산군은 이 지역 유전지대 지하의 천연가스나 화산가스가 분출할 때 진흙이 같이 나오면서 형성되었으며, 지금도 용암처럼 진흙이 흘러내리고 있다.

지역 주민들은 진흙화산을 프클렐레(pâclele: 의미 '증기' 혹은 '김')라고 말하며, 다음과 같이 2개의 진흙화산이 있다: (1) 프클렐레 마리(Pâclele Mari: '큰 증기') (2) 프클렐레 미치(Pâclele Mici: '작은 증기')

프클렐레 마리

프클렐레 미치

위의 두 지역은 부저우 시에서 북쪽으로 약 20㎞ 떨어져 있다. 만약 시간상 여유가 없어 한 곳만 방문해야 한다면, 이름과는 반대로 진흙 화산이 더 크고 멋있는 '작은 증기'를 추천한다.

[베르카 진흙 화산군: ☎ (+40)722.623.021; 주소: Pâclele 127041]

10. 비거르 폭포

북위 45도에 걸쳐 있는 비거르 폭포(Bigăr Falls, 높이 7m)는 카라쉬-세베린(Caraş-Severin)주 수도 레쉬짜(Reşiţa)시에서 남쪽으로 55㎞ 떨어진 곳에 있으며 루마니아 국도(DN57B) 바로 옆에 있어 접근이 용이하다.

2013년 월드 지오그라피(World Geography)는 "세상에서 가장 독특한 폭포 Top 10" 중 1위로 선정하였으며, 2014년 허핑턴포스트도 "동화 속에서 나온 것 같은 마법의 장소"라고 언급하였다. 이처럼 오늘날 비거르 폭포는 지구상에서 가장 작고 아름다운 폭포 중 하나로 간주된다. 이 폭포와 관련하여 아름다운 전설이 전해 내려오고 있다.

"옛날, 알마즈 계곡(Valea Almajului)에 있는 어느 마을에 후손이 없어 매일 근심·걱정으로 살아가는 가족이 있었다. 그러던 어느 날, 노파가 꿈속에 나타나 두 세계가 만나는 곳에 있는 바위 위로 흐르는 샘물을 마시면 아이를 잉태할 것이라고 말해주었다. 또한, 만약 딸이 태어나 사랑에 빠진다면 그것은 죽음을 의미하기 때문에 절대 금물이라고 거듭 일러두었다. 이후, 귀엽고 예쁜 딸이 태어나 아름다운 소녀로 성장하면서 주변 사람들로부터 많은 사랑을 받았다.

하지만 노파가 우려했던 것처럼, 소녀는 비거르(Bigăr)라는 소년과 사랑에 빠졌다. 죽음을 예견한 아버지는 딸을 보호하기 위하여 두 세계가 만나는 곳에 있는 동굴 속에 가둬버렸다. 절망으로 가득한 소녀의 울음소리가 끊이질 않았고, 어느 날 노파가 찾아와 다음과 같이 말해주었다. '너를 위해 해줄 수 있는 것은 너의 머리카락으로 폭포를 만들어 그 위로 너의 눈물을 흐르게 하는 것뿐이다. 훗날 소년이 폭포 소리를 듣고 네 곁으로 오겠지만, 너희들은 결코 이 세상에서 함께 할 수 없을 것이다. 하지만 두 사람이 진정으로 다시 만나 사랑하길 원한다면 다른 세상에서 환생한 후에야 가능하므로 그러기 위해서는 소년이 너의 흐르는 눈물 속에 빠져 죽어야 하고, 너 역시도 그와 함께 죽어야 할 것이다.' 이후 노파가 말 한대로 모든 일이 이루어졌고, 두 사람은 다른 세상에서 환생하여 영원히 변치 않는 사랑을 이룰 수 있었다."

차츰, 비거르 폭포에 대한 전설이 '인간의 한계를 극복한 영원한 사랑'을 의미하면서, 오늘날 그곳을 방문하는 루마니아 젊은 연인들은 비거르 폭포의 흐르는 물을 마신다고 한다.

비거르 폭포

3

루마니아 기본 정보 및 음식

루마니아 기본 정보

1. 기본 정보

국호 로므니아(România): 1859년 왈라키아(Wallachia) 공국과 몰도바(Moldova) 공국이 통일한 후 1862년 채택되었다. 루마니아는 UN(1955년), NATO(2004년), 유럽연합(2007년) 회원국이다.

국제약어 ROU

수도 부쿠레쉬티București: 영어 부카레스트(Bucharest)]

국토면적 대한민국 면적의 약 2.37배(2,375헥타르)이며, EU 회원국 중 8번째이다.

인구 1989년 혁명 이전 루마니아 인구는 약 2,300만이었으나, 2007년 EU 가입 이후 많은 사람들이 일자리를 찾아 서유럽으로 떠나면서 지금은 2,000만 명으로 줄었다. 루마니아는 인구수에서 27개

EU 회원국 중 6번째이며, 수도 부카레스트는 유럽 내에서 6번째로 큰 도시이다. 루마니아에는 총 263개의 도시가 있으며 그중 25개 도시는 인구 10만 명 이상이다. 루마니아 전체 인구 중 남성 인구는 48.7%이고 여성은 51.3%이다.

국적 루마니아인 89.5%; 헝가리인[세쿠이족(Szeklers) 포함] 6.6%; 로마인(집시) 2.5%; 기타 1.4%

종교 정통 가톨릭(정교회) 86.7%; 로마 가톨릭 4.7%; 개신교 3.2%; 그리스-가톨릭 0.9%; 유니테리언 0.3%; 복음주의자 0.1%; 기타 0.4%

루마니아 국가 문장

루마니아 국가 문장은 1989년 혁명 이후 기존의 국장을 개발하여 1992년 9월 10일 루마니아 의회에서 채택되었다. 루마니아 국장은 십자가를 물고 있는 황금 독수리를 중심으로 이루어져 있다. 황금 독수리는 아르제쉬(Argeş)주를 포함하여 피테쉬티(Piteşti)시와 쿠르테아 데 아르제쉬(Curtea de Argeş)시의 문장에도 나타난다.

루마니아 국기[1][Author, AdiJapan]와 국장

루마니아 국장은 다음과 같이 구성된다.

1. 십자가를 물고 있는 황금 독수리: 아르제쉬(Argeş)주는 1330년 바사랍 I세(Basarab I,

1270-1352)가 왈라키아(Wallachia, 1330-1859) 공국을 건설한 곳으로 "바사랍인들의 둥지(nest of the Basarabs)"라는 상징적인 의미를 지니고 있다.

2. 황금 독수리 뒤에 있는 푸른색 방패: 푸른색은 하늘을 상징하며, 독수리가 움켜쥐고 있는 칼과 왕홀(王笏)은 각각 몰도바 공국의 슈테판 대제(Stephen the Great)와 1600년 루마니아 세 지방을 처음 통일한 왈라키아 공국의 미하이 비테아줄 영주(Mihai the Brave)를 연상케 한다. 또한, 독수리의 가슴에 새겨져 있는 문장은 루마니아 다섯 지방의 역사를 상징적으로 표현하고 있다.

(1) 왈라키아(Wallachia) 공국: 십자가를 물고 있는 황금 독수리

(2) 몰도바(Moldova) 공국: 뿔 사이에 별이 있는 검은 황소

(3) 바나트(Banat) 지방 및 올테니아(Oltenia) 지방: 두 개의 아치와 황금 사자가 있는 노란색 다리로마 황제 트라야누스(Marcus Ulpius Trajanus, AD 98~117)의 다리를 상징]

(4) 트란실바니아 지방: 검독수리와 그 아래 총안에 있는 7개 탑[트란실바니아 지방의 7개 주요 도시를 상징]

(5) 도브로제아(Dobrogea) 지방: 흑해가 연상되는 두 마리 돌고래

통화 루마니아 공식 통화 레우(leu)는 1867년부터 사용되기 시작하였다. 루마니아어로 레우는 동물 '사자(leu)'를 의미하기도 한다. 레우라는 이름은 16세기부터 네덜란드에서 유통된 은화 뢰벤탈러(Löwentaler: 게르만어 Löwen은 사자를 의미하고 taler는 독일의 옛 3마르크 은화)에서 유래한다. 이후, 1952년 시행된 화폐개혁으로 루마니아 화폐단위는 레우에서 롤(ROL: "2번째 Leu")로 그리고 2005년에는 롤(ROL)에서 론(RON: "3번째 Leu")로 바뀌었다. 2005년 루마니

아 정부는 제로를 4개 제거하여 10,000ROL을 1RON으로 정하였다. 현재 루마니아에는 지폐 1, 5, 10, 50, 100, 200, 500레이(lei)와 동전 1, 5, 10, 50바니(bani)가 있다. 루마니아 공식 화폐는 론(ron)이지만, 대부분의 루마니아 사람들은 습관적으로 레이라고 말한다.

언어 루마니아어(91%), 헝가리어(6.5%), 기타(2.5%)

시간대 동유럽 표준시(GMT+2)

1979년 이후 3월 마지막 일요일부터 10월 마지막 일요일까지 서머 타임(GMT+3)이 적용된다. 루마니아와 같은 시간대에 있는 국가는 핀란드, 몰도바공화국, 그리스, 이스라엘, 이집트 그리고 남아프리카 공화국 등이다. [한국보다 6~7시간 느림]

기후 전형적인 대륙성기후를 보이며, 4계절이 뚜렷해 전체적으로 한국과 비슷하다. 다만 여름철에 습도가 낮아 한국보다 쾌적한 편이며 겨울철에는 한국보다 눈이 많이 내린다.

전기 한국처럼 220V 사용

전화 루마니아에서 유심칩을 구입하여 스마트폰을 사용할 수 있다. [유심칩 구입은 68쪽 참조]

인터넷 루마니아 인터넷 속도는 유럽에서 아주 빠른 편에 속한다. 호텔은 물론 게스트하우스나 유스호스텔, 맥도날드나 KFC와 같은 패스트푸드점 그리고 카페나 레스토랑 등에서 파롤라[parola: 패스워드(password)]를 물어보고 입력하면 무선 인터넷을 사용할 수 있다. 최근에는 패스워드를 입력하지 않고 인터넷을 사용할 수 있는 곳이 늘고 있다.

환전 루마니아가 유럽연합(EU)에 가입한 것은 2007년이지만 현재 자국 화폐를 사용하고 있다. 그래서 루마니아에서 여행할 때 유로나 달러를 루마니아 화폐로 환전해야 한다. 환전은 공항이나 호텔 그리고 은행보다 시내 곳곳에 EXCHANGE(환전) 혹은 AMANET-EXCHANGE(전당포-환전)이라고 적혀있는 곳에서 환전하면 된다. 최근 들어, 한국 관광객들은 신용카드를 사용하거나 혹은 루마니아 ATM기에서 현금을 직접 찾아 사용하기도 한다. 루마니아인들도 환전소에서 환전하기 때문에 별문제가 없지만 그래도 환전소가 대로변에 있는 만큼 최소한의 주의를 요한다. 환전소 대부분은 커미션(commission)이 0%라고 적혀있다.

교통 루마니아와 국경을 접하고 있는 나라는 헝가리와 세르비아, 불가리아, 몰도바 그리고 우크라이나이다. 루마니아 교통인프라는 유럽에서 아주 열악한 편이다. 현재 한국에서 루마니아로 가는 직항로가 없으므로 프랑크푸르트나 암스테르담, 모스크바, 이스탄불 그리고 도하 등을 경유해야 한다.

유럽 각지에서 루마니아 주요 도시들 특히 수도 부카레스트를 잇는 항공편은 많이 있다. 물론 서유럽 주요 도시에서 버스나 기차로 루마니아에 도착할 수도 있지만, 그동안 도로 인프라 개선사업 부족으로 시간이 오래 걸리기 때문에 가능하면 비행기로 입국하는 것이 좋다.

2. 루마니아 법정 공휴일(■)과 일반 기념일(□)

■ 1월 1일/2일, 신정(New Year): 새해 아침이 되면 어린아이들은 색종이로 형형색색의 꽃다발을 나뭇가지에 묶어 어른들의 몸을 툭툭 치면서 새해의 건강과 행복을 기원하는 「소르코바」(Sorcova) 노래를 불러준다. 노래가 끝나면 어른들은 대개 작은 선물이나 동전 몇 닢을 주지만, 어떤 경우 쌀 낱알을 아이들에게 던지기도 하는데 이것은 행운을 상징한다.

■ 1월 24일, 통일기념일(Union Day): 왈라키아 공국과 몰도바 공국이 통일한 것은 1862년 1월 24일이며, 1866년 신(新)헌법이 제정되면서 국가 명칭도 로므니아(România)로 바뀌었다. 통일기념일은 2014년 루마니아 정부가 법정 공휴일로 제정한 이후 2015년부터 시행되고 있다.

□ 2월 19일, 콘스탄틴 브른쿠쉬의 날(Constantin Brâncuşi Day): 브른쿠쉬(1876-1957)는 로댕(Auguste Rodin, 1840-1917)에 버금가는 루마니아 출신의 세계적인 조각가이다.

□ 2월 24일, 드라고베테(Dragobete): 루마니아 밸런타인데이(Valentine's Day)

□ 3월 01일, 머르찌쇼르(Mărţişor): 2017년 유네스코 무형문화유산으로 등재된 머르찌쇼르는 루마니아어 '3월(Martie)'의 축소형이다. 매년 3월 1일이 되

면, 루마니아 사람들은 봄의 시작을 축하하는 의미에서 가슴에 '머르찌쇼르'라고 하는 장신구를 달고 다닌다. 이러한 풍습은 광범위한 의미에서 머르찌쇼르라고 부르며, 대개 금속 물질이나 뼈, 나무, 천, 새의 깃털 등과 같은 작은 물건에 흰색 실과 붉은색 실을 함께 엮어 만든다. 이것은 겨울의 영혼(spirit of winter)으로 형상화되는 나쁜 기운으로부터 보호하기 위한 일종의 부적(符籍)과 같은 것이다. 즉, 겨울에서 봄으로 건너가는 3월 초에 머르찌쇼르를 달아 마지막 맹위를 떨치는 겨울의 나쁜 기운(한국의 꽃샘추위에 해당)으로부터 보호하려는 것이다.

□ 3월 08일, 세계 여성의 날(International Women's Day)

■ 4월 중, 부활절(Easter) 연휴

■ 5월 01일, 노동절(Labour Day)

□ 5월 07일, 어머니 날(Mother's Day)

□ 5월 14일: 아버지 날(Father's Day)

□ 5월 25일, 영웅의 날(Heroes' Day)

■ 6월 01일, 어린이날(Children's Day)

■ 6월의 이틀, 오순절(五旬節, Pentecost) 연휴: 루마니아어로는 '루살리(Rusalii)' 혹은 '루살리일레(Rusaliile)'라고 한다. 오순절은 고대 이스라엘의 축제 중 하나로 팔레스티나에서 밀 수확기가 끝나는 무렵에 거행된 추수 감사절이다. 크리스트교의 역사가 오순절 성령 강림을 통해 시작되었기 때문에 오늘날 크리스트교 오순절은 '성령 강림 대축일'을 의미한다.

□ 6월 26일, 루마니아 국기의 날(Romanian Flag day)

□ 7월 29일, 루마니아 국가(國歌)의 날(National Anthem Day)

■ 8월 15일, 성모 안식 축일(Dormition of the Virgin Mary): 성모 마리아의 '잠듦'을 의미하는 성모 안식(聖母安息)은 성모 마리아가 하늘나라로 승천하기 이전에 죽음에서 육신이 '부활'했다고 믿는 정통 가톨릭교회의 가르침이다.

■ 11월 30일, 사도 안드레 축일(Apostle Andrew's Day): 루마니아 수호자(Protector of Romania) 사도 안드레는 예수 그리스도의 열두 제자 중 한 사람이며 베드로(St. Peter)의 동생이다. 형과는 달리 성격이 따뜻하고 신중했으며, 러시아에 최초로 복음을 전파하였다. 서기 60년, 로마 황제 네로(재위 54-68년)가 크리스트교를 박해할 당시 아카이아(Achaia: 오늘날 그리스 전역)에서 체포되어 에게오(Aegeus) 총독에게 심문을 받은 후 X자 십자가에 못 박혀 순교하였다. 당시 그가 X자형 십자가를 선택한 이유는 그리스어로 X가 그리스도라는 단어의 첫 글자였기 때문이라고 한다.

■ 12월 01일, 건국기념일(National Day): '1918년 대(大)통일 기념일(Great Union of 1918)'으로도 불린다. 루마니아가 오스만제국으로부터 독립한 것은 1877~1878년이지만 트란실바니아 지방을 비롯해 크리샤나(Crişana) 지방과 바나트(Banat) 지방 그리고 마라무레쉬(Maramureş) 지방과 통일한 것은 1918년 12월 1일이다. 즉, '1918년 통일'로 '대(大)루마니아(Greater România)'를 이룩하여 '대(大)통일'이라고도 한다. 1989년 루마니아 혁명 직후인 1990년 법정 공휴일로 제정되었다.

□ 12월 08일, 제헌절(Constitution Day)

□ 12월 24일, 크리스마스이브(Christmas Eve)

■ 12월 25일/26일, 크리스마스(Christmas) 연휴

□ 12월 31일, 새해 전날(New Year's Eve): 새해 전날 어린아이들이 작은 종을 들고 새해의 행복과 건강을 기원하는 노래를 부르면, 어른들은 아이들에게 사과나 파이 혹은 동전을 준다.

루마니아 음식

1. 음식(Mâncare, 믄까레)

유럽을 대표하는 음식으로는 프랑스와 이탈리아 음식을 언급할 수 있지만, 발칸지역 국가들 음식도 로마제국과 오스만제국 그리고 합스부르크 제국의 영향을 받아 풍미가 있다. 루마니아 음식 역시 이들 제국으로부터 영향을 받았으며, 특히 19세기 말에는 프랑스로부터 많은 영향을 받았다.

참조 발칸반도는 유럽 대륙의 남쪽과 지중해 동쪽에 있는 삼각형 모양의 반도이다. 발칸(Balkan)이라는 지명은 터키어로 '산맥'을 의미하며, 발칸산맥을 따라 형성된 국가는 루마니아를 비롯하여 그리스, 구(舊) 유고슬라비아(슬로베니아, 크로아티아, 보스니아-헤르체고비나, 세르비아, 몬테네그로, 코소보, 마케도니아), 불가리아, 알바니아 그리고 터키 등이 있다. 사람들은 루마니아가 발칸지역에 속한다고 생각하지만, 엄밀하게 말하면 발칸산맥이 아닌 카르파티아산맥을 따라 형성된 국가이다.

대개 사람들은 레스토랑에서 음식을 주문할 때 많은 고민을 한다. 물론 루마니아인들 역시 음식을 고르는 데 시간이 오래 걸린다. 음식 종류가 다양해서 그렇기도 하지만, 호기심 많은 루마니아인이 메뉴판을 보면서 뭔가 색다른 음식이 있나 살펴보기 때문이다. 여기서는 간단하게나마 루마니아 음식에 대하여 알아보고자 한다.

'C', 'P', 'T'와 같은 루마니아 철자의 발음은 경음(ㄲ, ㅃ, ㄸ)과 격음(ㅋ, ㅍ, ㅌ)의 중간 정도이지만 루마니아 사람들이 하는 말을 들어보면 경음에 가까워 가능한 여기서는 경음으로 표기하였다. 다른 루마니아 철자의 발음은 다음과 같다: [ă: 어], [â, î: 으], [ş: 쉬] 그리고 [ţ: 쯔].

먼저 아침, 점심, 저녁 식사는 루마니아어로 다음과 같다.

(1) 아침 식사: 미꿀 데준(micul dejun) 혹은 구스따레아 데 디미네아쩌(gustarea de dimineaţă)

(2) 점심 식사: 쁘른즈(prânz) 혹은 마싸 데 쁘른즈(masa de prânz)

(3) 저녁 식사: 치너(cină) 혹은 마싸 데 써아러(masa de seară)

루마니아 식사는 다음과 같이 4가지로 구성된다.

(1) 안뜨레우(Antreu): 애피타이저(appetizer, 식욕을 돋우는 전채요리)

(2) 펠룰 은뜨이(Felul întâi): 퍼스트 디쉬(First Dish: 수프 혹은 샐러드)

(3) 펠룰 알 도일레아(Felul al doilea): 메인 디쉬[Main Dish(주요리: 고기나 생선)]

(4) 데쎄르트(Desert): 디저트(dessert: 후식)

참조 펠룰 은뜨이(Felul întâi)와 펠룰 알 도일레아(Felul al doilea)를 영어로 직역하면 첫 번째 종류(First kind), 두 번째 종류(Second kind)이다.

◆ 루마니아 여행할 때 먹어봐야 할 10가지 음식!

(1) 미네랄워터(Mineral Water)와 천연 황금수(Natural Gold Water): 미네랄워터는 보르섹(Borsec)과 도르나(Dorna) 그리고 아쿠아 카르파티카(Aqua Carpatica)를 추천하며, 황금수는 아우라(AUR'A)와 도라(DORA)를 추천한다.

(2) 100% 생과일주스(오렌지 주스, 레모네이드, 산딸기 주스 등): 여름철에는 거의 모든 레스토랑에서 주문이 가능하다.

(3) 루마니아 와인과 쭈이꺼(Ţuică: Romanian Plum Brandy): 와인은 쿠베 우베르란트(Cuvee Überland, 레드와인)와 솔로 퀸타(Solo Quinta, 화이트와인), 코트나리(Cotnari, 화이트와인) 페테아스커 네아그러(Fetească Neagră, 레드 & 화이트와인), 소아레(Soare, 레드와인), 네그루 데 푸르카리(Negru de Purcari, 레드 & 화이트와인) 등을 추천한다. 그리고 쭈이꺼는 루마니아의 거의 모든 전통 레스토랑에서 맛볼 수 있지만 가능하면 마라무레쉬 지방에서 생산되는 호린꺼(horincă)를 추천한다.

(4) 머멀리거(Mămăligă: Polenta): 머멀리거는 루마니아인들이 빵 대용으로 먹는 음식이다. '치즈와 햄이 들어있는 머멀리거(Mămăligă cu Brânză şi Jumări: Polenta with Cheese and Pork Greaves)'를 추천한다.

(5) 미띠떼이(Mititei: Grilled Meat Rolls): 대부분의 루마니아 전통 레스토랑에서 주문할 수 있지만, 부카레스트에 있는 '라 꼬꼬샤뚜 레스토랑(La Cocoşatu Restaurant: 꼽추의 집에서)'이 유명하다.

[☎ (+40)212.328.796; 주소: Strada Neagoe Vodă 52A]

(6) 싸르말레(Sarmale: Cabbage Rolls): 약간 신맛이 나지만 우리 입맛에 맞다.

(7) 곰 스테이크(Bear Steak): 루마니아 국립은행 맞은편에 있는 테라싸 도암네이(Terasa Doamnei) 레스토랑에서 주문할 수 있지만, 포이아나 브라쇼브(Poiana Braşov)리조트를 여행할 경우 슈라 다칠로르(Şura Dacilor, 의미 '다치아인의 마굿간') 레스토랑을 추천한다. 루마니아 음식은 우리 입맛에 살짝 짜기 때문에, 음식을 주문할 때 소금을 조금만 넣어 달라고 미리 말하는 것이 좋다.

(8) 내장탕(Ciorbă de burtă: Beef Tripe Soup) 혹은 토마토 크림수프(Supă Cremă de Roşii)

(9) 자쿠스꺼(Zacuscă): 가지와 토마토로 만든 루마니아 전통음식으로 주로 빵에 발라 먹는다.

(10) 디저트 끌러띠떠(Clătită: Pancake)와 빠빠나쉬(Papanaş: Donut): 끌러띠떠는 우리나라 호떡과 비슷하고 빠빠나쉬는 큰 도너츠라고 생각하면 된다.

1) 안뜨레우(Antreu)

루마니아어 안뜨레우(antreu)는 프랑스어 '앙뜨레(entrée: 들어가기, 시작, 개시)'와 연관이 있다. 또한, 영어 애피타이저(appetizer: 술, 전채 등 식욕을 돋우는 것)는 루마니아어로 아뻬리띠브(aperitiv)라고 한다. 즉 '안뜨레우'와 '아뻬리띠브'는 식욕을 돋우기 위하여 식사 전에 가볍게 먹는 전채요리를 말한다.

플라토우

이 외에도 안뜨레우와 연관이 있는 루마니아 단어로는 간단하게 먹는 음식인 구스따레(gustare, snack)와 플라또우(platou: platter)가 있다. 구스따레는 '스낵'을 의미하고 플라또우는 '커다란 접시'에 다양한 종류의 돼지고기와 치즈, 햄, 소시지 그리고 야채 등을 수북이 담아서 나온다. 이들 음식 중 돼지고기를 튀긴 주머리(Jumări, Pork Greaves)는 루마니아 대중 술인 쭈이꺼(țuică, 40~50도)와 궁합이 잘 맞는다.

2) 첫 번째 음식(Felul întâi, 수프 혹은 샐러드)

(1) 샐러드(salată, 쌀라떠)

레스토랑 메뉴의 각종 샐러드

· 그린 샐러드: 쌀라떠 데 베르데(salată verde)

· 모둠 샐러드: 쌀라떠 아쏘르따떠(salată asortată)

· 양배추 샐러드: 쌀라떠 데 바르저(salată de varză)

· 토마토와 오이 샐러드: 쌀라떠 데 로쉬 쉬 까스트라베찌(salată de roșii și castraveți)

· 그리스 샐러드: 쌀라떠 그레체아스꺼(salată grecească)

· 불가리아 샐러드: 쌀라떠 불거레아스꺼(salată bulgărească)

· 가지 샐러드(salată de vinete)

· 채소구이 샐러드(legume la grătar)

· 구운 고추 샐러드(salată de ardei copți)

· 소고기 샐러드(salată de boeuf)

· 피클(pickle): 무러뚜러(murătură)

- 양배추 피클(varză murată)
- 오이 피클(castraveți murați)
- 모둠 채소 피클(murături asortate)

(2) 수프(Supă, 쑤뻐)

루마니아에서는 두 종류의 수프가 있다. 하나는 우리가 흔히 말하는 일반적인 '수프'이고 다른 하나는 약간 신맛이 나는 '치오르버(ciorbă)'이다. 치오르버는 고기, 생선, 야채 등에다 식초를 살짝 넣고 끓인 '신맛이 약간 나는 수프'라고 생각하면 된다. 이 외에도 루마니아에는 러시아식 수프인 '보르쉬(borș)'

도 있다.

① 일반적인 수프

- 소고기 수프: 쑤뻐 데 비떠(supă de vită)
- 돼지고기 수프: 쑤뻐 데 까르네 데 뽀르크(supă de carne de porc)
- 치킨 수프: 쑤뻐 데 뿌이(supă de pui)
  - 만두를 넣은 치킨수프(supă de pui cu găluşte)
  - 국수를 넣은 치킨수프(supă de pui cu tăiței de casă)
- 생선수프: 쑤뻐 데 뻬쉬테(supă de peşte)
- 야채수프: 쑤뻐 데 레구메(supă de legume)
  - 야채 크림수프(supă cremă de legume)
  - 토마토 수프(supă de roşii)
  - 닭고기를 넣은 야채수프(supă de legume cu pui)
  - 감자를 넣은 야채수프(supă de legume cu cartofii)
  - 쌀을 넣은 야채수프(supă de legume cu orez)

② 약간 신맛 나는 수프: 치오르버

- 내장탕: 치오르버 데 부르떠(ciorbă de burtă)
- 소고기 치오르버: 치오르버 데 버꾸쩌(ciorbă de văcuță)
- 치킨 치오르버: 치오르버 데 뿌이(ciorbă de pui)

내장탕

- 야채 치오르버: 치오르버 데 레구메 (ciorbă de legume)
  - 야채 크림 치오르버(ciorbă de legume cu smântână)
  - 쌀을 넣은 야채 치오르버(ciorbă de legume cu orez)
  - 닭고기를 넣은 야채 치오르버(ciorbă de legume cu pui)
  - 돼지고기를 넣은 야채 치오르버(ciorbă de legume cu carne de porc)

소고기 치오르버

- 미트볼 치오르버(ciorbă de perişoare)
- 생선 치오르버(ciorbă de peşte)
- 콩 치오르버(ciorbă de fasole)

③ 러시아식 수프: 보르쉬(borş)

- 생선 보르쉬: 보르쉬 데 뻬쉬테(borş de peşte)
- 닭고기 보르쉬: 보르쉬 데 거이너(borş de găină)
- 양고기 보르쉬: 보르쉬 데 미엘(borş de miel)

3) 두 번째 음식[Felul al doilea: Main Dish, 고기나 생선)

(1) 가르니뚜러(Garnitură: Side dish)

루마니아에서 주요리를 시킬 때, 예를 들어 비프스테이크를 주문할 때 소고기만 나오는 것이 아니라 접시에 가르니뚜러에 해당하는 야채나 감자튀김, 머멀리거(mămăligă, Polenta), 으깬 감자 그리고 콩이나 완두콩 등이 같이 나온다. 그래서 음식을 주문할 때 웨이터는 가르니뚜러로 무엇을 원하는지 물어본다.

- 빵: 쁘이네(pâine, bread)
- 머멀리거(mămăligă, Polenta): 옥수수 가루를 쪄서 만든, 빵 대용으로 먹는 루마니아 전통음식
  - 치즈와 햄이 들어있는 머멀리거(mămăligă cu brânză şi jumări)
- 쌀 혹은 밥: 오레즈(orez, rice)
  - 야채 볶음밥: 오레즈 꾸 레구메(orez cu legume)
  - 버섯 볶음밥: 오레즈 꾸 치우뻬르치(orez cu ciuperci)
- 감자: 까르또피(cartofi)
  - 감자튀김: 까르또피 쁘러지찌(cartofi prăjiţi)
  - 으깬 감자: 삐우레 데 까르또피(piure de cartofi)
  - 화덕에서 구운 감자(cartofi la cuptor)
  - 농촌 식 삶은 감자(cartofi țărăneşti)
- 기름·버터에 데친 버섯(ciuperci sote)

(2) 메인 디쉬(Main Dish, 고기나 생선)

- 미띠떼이(mititei, griled meat rolls): 고기를 다져 둥글고 긴 어묵 모양으로 만든 음식이라 생각하면 된다. '미치(mici)'라고도 말하며 다른 나라에서 찾아

볼 수 없는 루마니아 고유 음식이다.

미띠떼이와 싸르말레

- 싸르말레(sarmale, cabbage rolls): 돼지고기, 양파, 토마토 등을 소금에 절인 양배추나 포도 잎에 싸서 찐 음식으로 만두와 모양이 비슷하다.
- 소고기: 까르네 데 비떠(carne de vită)
- 돼지고기: 까르네 데 뽀르크(carne de porc)
- 닭고기: 까르네 데 뿌이(carne de pui)
- 꼬치구이: 프리거루이(frigărui)
- 스테이크: 프립뚜러(friptură)
- 양고기: 까르네 데 오아이에(carne de oaie)
- 칠면조 스테이크: 프립뚜러 데 꾸르깐(friptură de curcan)
- 거위 스테이크: 프립뚜러 데 그스꺼(friptură de gâscă)
- 튀긴 간 요리: 피카트 쁘러지트(ficat prăjit)
  - 프라이팬에 튀긴 돼지 간 요리(ficat de porc prăjit la tigaie)
  - 그릴로 구운 돼지 간 요리(ficat de porc prăjit la grătar)

- 프라이팬에 튀긴 소 간 요리(ficat de vită prăjit la tigaie)
- 그릴로 구운 소 간 요리(ficat de vită prăjit la grătar)
- 새 간 요리(ficat de pasăre)

루마니아 소시지

· 소시지: 끄러나찌(cârnați)

· 쉬니쩰(şnițel): '비엔나 슈니첼(Wiener schnitzel, 송아지 고기로 만든 커틀릿)'에서 영향을 받았으며 연육제 등을 이용해 고기를 연하게 한 뒤 밀가루나 빵가루, 달걀 등을 섞어 고기의 표면에 바르고 기름에 튀겨 만든다. 우리나라 돈가스와 비슷하다.

- 닭고기 쉬니쩰(şniţel de pui)
- 비엔나 돼지고기 쉬니쩰(şniţel vienez de porc)

· 까쉬까발 빠네(caşcaval pane): 빵가루를 입혀서 튀긴 루마니아식 치즈

· 끼프뗼레(chiftele, meatball): 우리나라 동그랑땡(미트볼)과 비슷하다.

- 닭고기 미트볼(chiftele de pui)
- 돼지고기 미트볼(chiftele de porc)
- 소금에 절인 미트볼(chiftele marinate)

· 튀긴 생선요리: 뻬쉬테 쁘러지트(peşte prăjit)

· 해산물: 프룩떼 데 마레(fructe de mare)

4) 디저트(Desert)

디저트라는 프랑스어 '데세흐비(desservir: 식탁을 치우다, 정돈하다)'와 연관이 있으며, 루마니아어로 데쎄르트(desert)라고 한다.

- 끌러띠떠(clătită): 팬케이크(우리나라 호떡)와 비슷하다. 레스토랑에서 주문하면 웨이터가 둘체아쩌(dulceață, 잼)나 은게짜떠(înghețată, 아이스크림), 브른저(brânză, 치즈), 초콜라떠(ciocolată, 초콜렛) 등 어떤 것을 내용물로 넣을지 물어본다.
- 빠빠나쉬(papanaş): 둥근 도넛처럼 생겼으며, 후식치곤 양이 많아서 하나를 주문해 두 명이 나눠 먹을 수 있다. 대개 잼이 들어있는 빠빠나쉬(Papanaşi cu dulceață)를 선호한다.

끌러띠떠와 빠빠나쉬

- 뻘러친떠(plăcintă): 대표적인 것이 사과 파이(plăcintă cu mere)이다. 참고로, 호박파이(plăcintă cu dovleac)와 감자 파이(plăcintă cu cartofi)는 루마니아에서 디저트가 아닌 메인 음식으로 먹는다.

· 꼴쭈나쉬(colțunaș): 효모가 든 반죽으로 만든 러시아식 파이이며, 우리나라 왕만두라고 생각하면 된다. 치즈가 들어있는 파이(colțunași cu brânză)를 주로 먹는다.

· 꼬조낙(cozonac, 영어 Sweet Bread): 크리스마스와 부활절에 많이 먹는 루마니아 전통 디저트

· 쁘러지뚜러(prăjitură): 케이크

· 또르트(tort): 둥근 케이크

· 은게짜떠(înghețată): 아이스크림

커피(cafea, 까페아)와 에스프레소(ristreto, 리스트레또) 그리고 차(ceai, 체아이) 등은 대개 식후에 마신다. 한국 사람들이 선호하는 아메리카노 커피는 몇 년 전부터 생기기 시작한 스타벅스나 커피전문점에서 주문할 수 있다.

루마니아 레스토랑에서 마시는 일반적인 커피는 '에스프레쏘 룽(Espresso lung: Big Espresso)'과 '에스프레쏘 스꾸르트(Espresso scurt: Small Espresso)'이다. 이것은 한국에서 마시는 그런 에스프레소가 아니라 아메리카노보다 조금 진한 유럽식 일반 커피라고 생각하면 된다. 만약 한국에서 말하는 진짜 에스프레소를 마시고 싶다면 스타벅스나 커피 전문점에서 '리스트레또(ristreto)'라고 말하면 된다.

◆ 커피 이야기

동양에 차(茶)가 있고 서양에 맥주와 와인이 있다면 아랍에는 커피가 있다. 커피의 유래는 다양하지만, 아프리카의 에티오피아 고원지대에서 유래한다는 것이 정설로 받아들여지

고 있으며 커피라는 단어 역시 에티오피아의 지명인 카파(Kaffa)에서 유래한다. 하지만 커피가 오늘날 우리가 마시는 음료로 발전한 곳은 아랍 지역이다.

지금으로부터 약 1400년 전, 에티오피아의 카파 지방에서 염소를 치던 칼디(Kaldi)라는 소년은 염소 떼가 평소와 달리 흥분하여 날뛰는 것을 보고 목장 근처에 있는 빨간색 나무 열매를 먹어 그렇다는 사실을 알게 되었다. 그래서 수도원 원장에게 그 사실을 알렸고, 이후 수도사들이 열매를 따서 직접 끓여 먹어 보니 정신이 맑아지면서 온몸에 기운이 솟는 것을 느꼈다.

이후 커피에 대한 소문이 퍼져 나가면서 11~12세기에 홍해를 건너 아라비아반도의 예멘 지역으로 또한 그 이후에는 터키와 베네치아, 런던, 파리, 비엔나 등 세계 각 지역으로 전파되었다.

터키의 슐레이만(Süleyman) 대제가 통치하던 1554년에 '키바 한(Kiva Han)'이라는 세계 최초의 커피하우스가 콘스탄티노플에 문을 열었다. 이곳은 커피 제국인 터키의 심장을 상징하는 동시에 오늘날 커피문화의 원형이 만들어진 곳이다.

커피가 유럽에 전해진 초기에는 이교도의 음료라는 이유로 종교적 박해를 받았지만, 교황 클레멘트 8세(Clement VIII, 1536-1605)가 커피에 세례를 하면서 크리스트교인들도 마실 수 있게 되었다.

1720년, 유럽 최초의 커피하우스인 '카페 플로리안(Caffe Florian)'이 베네치아 산마르코(San Marco) 광장에 문을 열었다. 당시 스탕달과 바그너, 릴케, 모네, 괴테 그리고 니체 등 유럽 최고의 문인들이 방문했으며, 한때 카사노바가 뭇 여인들을 유혹한 장소로도 유명하다. 카페 플로리안은 "caffe"라는 단어가 고유 명사화된 곳이다. 프랑스에서는 피카소와 르느아르, 졸라, 사르트르 그리고 모파상 등이 파리의 몽마르트 주변에 모여 있는 카페를 즐겨 찾았다고 한다. 바하는 '커피 칸타타'를 작곡했고, 발자크는 하루 50여 잔의 커피를 마시며 18시간 동안 소설 창작에 몰입했다고 한다.

세계 3대 커피는 커피의 황제인 '자메이카 블루마운틴(Blue Mountain)'과 '하와이안 코나(Kona)' 그리고 커피의 귀부인 '예멘의 모카(Mocha)'이다. 국제 커피기구(ICO)의 통계자료에는, 세계 제일의 커피 생산국인 브라질이 한때 전 세계 커피 생산량의 절반을 차지하였으며 이어 베트남과 콜롬비아 그리고 인도네시아가 각각 2위에서 4위 그리고 커피의 원산지인 에티오피아는 5위를 차지하였다.

세계 11위의 커피 소비국인 한국은 전체 수입량의 약 40%를 베트남에서 수입하고 있다. 한국에 커피가 도입된 지도 근 140년이란 세월이 지났다. 우리나라에

서 처음으로 커피를 마신 사람은 고종(高宗)으로 알려져 있다. 커피가 국내 문헌에 처음 언급된 것은 1884년 한성순보(漢城旬報)이며 중국식 한자인 '가배(咖啡)'라고 기록되어 있다. 또한, 한국에서 가장 오래된 다방은 1888년 당시 개항지였던 인천의 대불(大佛)호텔과 그 맞은편에 있던 슈트워드(Steward)호텔에서 문을 연 것으로 알려져 있다.

일제 강점기에는 우리나라 문인들이 직접 다방을 운영하기도 하였다. 1933년, 시인 이상(李箱)은 종로 1가에 '제비(燕)'라는 이름의 다방을 열었지만 본래 사업에는 관심이 없던 터라 2년 만에 문을 닫았고, 이후 '식스나인(69)'이라는 다방을 열려고 했지만, 당시로는 퇴폐적인 상호가 문제가 되어 아예 개업을 하지 못했다고 한다.

2. 음료수와 술

1) 미네랄워터(Apă, 아뻐)

일반적으로 루마니아 천연 광천수(natural mineral water)는 탄산가스의 유무에 따라 두 가지로 나뉜다. (1) 생수: 아뻐 쁠라떠(apă plată) (2) 탄산수: 아뻐 미네랄러 까르보가조아써[apă minerală carbogazoasă].

◆ 보르섹

루마니아의 대표적인 탄산 광천수 '보르섹(Borsec)'은 1429년 루마니아 사냥꾼에 의해 발견되었다. 16세기에 이르러 위궤양 치료에 뛰어나다는 소문이 돌면서 비엔나와 프라하 왕실에 공급되었으며, 1873년 비엔나 세계 박람회에서 "미네랄워터의 여왕(Queen of Mineral Waters)"으로 선정되면서 오늘날 세계 최고의 미네랄워터 중 하나로 평가받고 있다.

다양한 종류의 루마니아 미네랄워터

현재 보르섹은 루마니

아에서 시장점유율 1위(26.1%)를 기록하고 있으며, 한국을 비롯해 미국, 캐나다, 오스트리아, 독일 등 전 세계 20개국에 수출되고 있다. 루마니아 미네랄워터는 보르섹 외에도 도르나(Dorna)와 아쿠아 카르파티카(Aqua Carpatica), 부코비나(Bucovina), 지진(ZIZIN) 등 아주 다양하다.

2) 주스(Suc, 쑥)

루마니아에는 과일이 풍부하고 가격도 저렴해 특히 여름철에는 100% 생과일주스나 레몬주스를 추천한다. 주스는 루마니아어로 '쑥(suc)'이라고 하지만 100% '생과일주스'를 주문하고 싶으면 그냥 영어로 '프레쉬(fresh)'라고 말하면 된다. 프레쉬는 오렌지 생과일주스(fresh de portocale, 프레쉬 데 뽀르또깔레)는 물론 몇 가지 과일을 섞어서 만들기도 한다. 레모네이드[루어 리모나더(limonadă)]를 주문하면 웨이터는 벌꿀(miere) 등 내용물을 무엇으로 넣을 건지 물어본다.

다양한 종류의 레몬에이드

3) 맥주(Bere, 베레)

1989년 혁명 이후, 루마니아에서 처음으로 사유화된 회사는 독일 자본이 투자한 우르수스(URSUS)社이다. 오늘날 유럽연합에 있는 맥주회사는 약 6,500개에 이

루마니아 맥주

르지만, 루마니아에는 아래의 4개 회사가 과점하다시피 하고 있다. 루마니아의 1인당 맥주 소비량은 조사기관과 시기에 따라 약간의 차이가 있지만, 세계 10~12위이다.

[루마니아에 있는 4대 맥주회사]

(1) 하이네켄 루마니아(Heineken România, 네덜란드)

(2) 우르수스 브루어리(Ursus Breweries, 영국)

(3) 베르겐비어(Bergenbier, 미국)

(4) 투보르그 루마니아(Tuborg România, 덴마크)

참조 오늘날 순수 루마니아 자본으로 생산되는 대표적인 루마니아 맥주는 300년 전통의 '티미쇼레아나(Timişoreana, 1718년)'이다.

◆ 체코 맥주 이야기

체코 하면 아름다운 프라하와 1402년 완공된 유럽에서 가장 오래된 돌다리 '카를교' 그리고 보헤미아 지방에서 생산되는 '크리스털 제품' 등이 떠오른다. 물론 맥주도 빠뜨릴 수 없는 체코의 자랑이다.

대개 맥주라고 하면 독일을 비롯하여 벨기에와 네덜란드 등을 떠올리지만, 체코 역시 이들 국가 못지않은 맥주 강국이다. 세계 최대의 맥주 소비국은 미국과 중국 그리고 독일 등을 꼽을 수 있지만 1인당 맥주 소비량만 놓고 따져보면 체코가 단연 세계 1위이다. 2009년 체코에서 소비된 전체 알코올 중 80%가 맥주였으며, 체코의 1인당 맥주 소비량은 161.4ℓ 그리고 매일 맥주를 마시는 사람도 전체 인구의 약 16%에 달한다. 이처럼 체코인들의 맥주사랑은 체코문화의 중요한 부분으로 자리 잡고 있다. 그래서 그들은 맥주를 '흐르는 빵'이라고 말하고 일상생활에서도 '저녁을 마신다'라는 표현을 사용한다.

중세 양조장을 개조하여 세계 최초로 맥주박물관을 개관한 나라, 세계 최초로 라거(Larger) 맥주, 즉 플젠 맥주(Plzenské Pivo)를 생산한 나라, 맥주 공장 종업원이 한 나라의 대통령이 된 나라! 이 모든 것들은 체코와 관련된 말이다.

1989년, 체코슬로바키아 대통령으로 선출된 바츨라프 하벨(Václav Havel, 1936-

2011)은 1968년 소련의 붉은 군대가 침공하자 농촌 지역에 은둔하면서 맥주 양조장 직원으로 일하였다. 체코 민주화의 상징이던 그는 대통령이 된 이후에도 사회 각계 인사들을 프라하 시내의 호프집으로 초대해 현안들을 논의하였다. 한 예로, 1994년 그는 체코를 국빈 방문한 빌 클린턴(Bill Clinton) 미국 대통령을 프라하 시내의 한 작은 재즈클럽인 레두타(Reduta)에 초대했는데, 오늘날 이곳은 클린턴 대통령이 색소폰을 연주한 곳으로 유명하다.

'황제의 맥주'로 자칭하는 체코의 크루쇼비체(Krušovice) 맥주는 16세기 초 왕실에서 즐겨 마셨던 순한 흑맥주(알코올 도수 최대 3.8%)이고, 라데가스트(Radegast) 맥주는 3년 연속 '올해의 체코 맥주'로 선정되기도 하였다. 또한, 흑맥주 중 가장 인기 있는 코젤(Kozel)은 1995년, 1996년 시카고에서 개최된 세계 맥주 대회에서 금메달을 획득하였다.

하지만 뭐니 뭐니 해도 세계에 가장 널리 알려진 체코 맥주는 필스너 우르켈(Pilsner Urquell: 의미 '플젠 지역에서 만든 오리지널 필스너 맥주')이다. 1842년, 체코 맥주의 수도라 불리는 플젠[Plzěn, 영어 필센(Pilsen)]에서 탄생한 필스너 우르켈은 오늘날 전 세계 라거 맥주의 원조이다. 필스너 우르켈은 오늘날 우리가 알고 있는 황금빛 라거 맥주의 원조이며, 한국에서 생산되는 대부분의 맥주 역시 바로 이 라거 맥주이다. 이처럼 19세기 중엽, 체코는 황금빛을 내는 필스너 맥주(Pilsner 혹은 Pils), 즉 플젠 맥주를 생산하면서 맥주의 천국으로 알려지기 시작하였다.

필스너 우르켈[1][Autor Manecke]

체코가 세계 맥주 시장에서 강국으로 도약하게 된 것은 '새로운 발효법'을 개발하면서부터이다. 전통적으로 체코는 고온 발효법으로 맥주를 생산하였지만 19세기 중반 저온 발효법이 개발되면서 기존의 맥주 생산방식도 완전히 바뀌었다. 즉, 고온 발효법은 발효 후 효모가 표면에 떠오를 때까지 20~25도의 온도로 5~6일간 숙성시키는 데 반해 저온 발효법은 발효 후 효모가 바닥에 가라앉을 때까지 약 15도의 온도에서 약 3개월 동안 숙성시키는 방법이다. 이 저온 발효법으로 생산된 세계 최초의 맥주가 바로 체코의 필스너 우르켈이다.

오늘날, 많은 사람들은 세계 최대 판매량을 자랑하는 버드와이저 맥주(Budweiser)를 미국상표로 알고 있지만, 사실은 체코의 부드바르 맥주(Budvar)에서 유래한다. 부드바르는 체코의 부제요비체(Budějovce) 지역에서 생산되는 맥주를 의미하지만, 미국의 앤호이저부시(AnheuserBusch)社가 지난 100년 동안 체코 부드바르의 독일 명칭인 버드와이저를 자사 맥주 이름으로 사용하였다. 따라서 1970년대 체코정부는 상표권 문제를 제기하였고, 1997년 체코 부드바르社가 승소하여 결국 앤호이저부시社는 '버드와이저' 대신 '버드

(Bud)'라는 상표를 사용해야 했다.

2008년, 세계 최대 맥주회사인 벨기에 인베브(Inbev)社는 미국 최대 맥주회사 앤호이저부시社를 합병하여 AB인베브社(AnheuserBusch Inbev, 당시 세계 맥주 시장의 23% 차지)가 되었다. 또한, 2015년에도 AB인베브社(버드와이저와 스텔라, 코로나, 호가든, 레페 등 보유)는 세계 2위 업체인 영국의 사브밀러社(SAB Miller: 밀러와 페로니, 필스너 우르켈 등 보유)를 690만 파운드(약 122조 원)에 인수함으로써 세계 최대의 맥주 공룡기업으로 탄생하였다. 하지만 공정거래를 저해한다는 문제가 불거지면서, 결국 AB인베브社는 자사의 동유럽사업부(체코 필스너 우르켈과 코젤, 폴란드 레흐, 헝가리 드레흐 등: 약 9조 1,500억 원)를 일본 아사히 맥주에 넘겼다. [김규진, 김신규(1999), 「체코의 맥주 문화」, 국제지역연구 참조]

4) 쭈이꺼(Ţuică: Romanian Plum Brandy)

오늘날 술의 기원과 관련하여 알려진 건 없지만 초기 신석기 시대(BC 10,000)에 인류가 자연 상태에서 발효된 알코올을 우연히 섭취했을 것으로 추정된다. 증류주가 처음 만들어진 시기와 장소도 명확하진 않지만, 기원전 3,000년 경 바빌론이나 그리스 혹은 중국에서 시작되었을 것으로 추정된다.

중국술은 색깔에 따라 홍주(紅酒), 황주(黃酒) 그리고 백주(白酒)로 구분된다. 홍주는 와인과 같은 과실주를 말하고, 황주는 노란빛이 도는 곡물을 원재료로 하는 발효주이며 또한 백주는 오곡을 발효시켜 만든 증류주이다. 그중 알코올 도수가 가장 높은 것은 백주이며, 우리에게 익숙한 고량주(高粱酒)가 그것이다.

일부 학자들은 중국에서 시작된 증류기술이 시간이 지나면서 차츰 인도와 이집트, 그리스 그리고 루마니아 등지로 전파되었다고 주장하고 있다. 이후, 아랍인들은 증류된 액체를 '알콜(alcool: 아랍어 al-kuhl)'이라고 불렀으며, 초기에는 술이 아닌 의약품과 향수를 만드는 데 사용하였다. 서기 8세기, 아랍인들이 유럽을 침략하면서 자연스럽게 증류기술도 유럽으로 전파되었고, 이후 유럽의 연금술사와 수도사들이 더욱더 발전시켰다.

루마니아에서 처음으로 술을 증류한 것은 "1570년, 마라무레쉬(Maramureș) 지방, 사투 마레(Satu Mare)주의 투르츠(Turț) 마을에서 쭈이꺼를 생산하였다"라고 기록되어 있다. 일반적으로 과실을 증류하여 만든 술을 브랜디(brandy: rachiu)라고 하는데, 루마니아 브랜디는 지역에 따라 다음과 같이 네 가지로 불린다.

헨리 코안더 공항에서 판매하는 쭈이꺼

(1) 쭈이꺼(Țuică): 루마니아 브랜디의 대명사이며, 루마니아 전역에서 사용된다.

(2) 호린꺼(Horincă): 마라무레쉬 지방

(3) 뻘린꺼(Pălincă): 트란실바니아 지방

(4) 러끼아(Răchia): 바나트(Banat) 지방

쭈이꺼는 대중 술이라는 점에서 한국의 소주에 해당하지만, 대개 자두를 원료로 하여 생산한다. 물론 지역에 따라 사과와 배, 살구, 오디, 산딸기 그리

고 체리 등과 같은 과일을 증류하여 생산하기도 한다. 이론적으로는 자두를 증류시킬 경우 쭈이꺼라고 하고 자두가 아닌 과일을 사용할 경우 빨린꺼라고 하지만, 대개 루마니아 사람들은 도수가 약한 술을 쭈이꺼(40도 이하) 그리고 50도 전후의 독주를 빨린꺼라고 한다. 빨린꺼는 "1630년 슬로바키아의 어느 지역"에서 생산되었다고 기록되어 있으며, 이후 헝가리를 거쳐 트란실바니아 지방 즉 루마니아로 전해진 것으로 추정된다.

루마니아 브랜디 중에서 최고로 치는 것은 호린꺼이다. 구리로 제작된 증류기(alambic: 아랍어 Al-ambiq)에 자두와 설탕을 넣은 후 충분히 발효되면 그때 증류를 시작한다. 한번 증류하면 약 40도가 되지만, 그것을 다시 한 번 더 증류하면 50~65도(법적 허용 도수 52%)까지 올라간다. 한번 증류한 것도 순도가 높지만 두 번 증류한 것은 순도가 아주 높아 숙취가 거의 없다. 어떤 루마니아 가정집을 방문하면 참나무통에 10년 이상 숙성시킨 쭈이꺼를 권하는데, 은은한 갈색빛에 그윽한 향기가 혀끝을 감돈다.

올테니아(Oltenia) 지방에서는 트란실바니아 지방에서 생산된 빨린꺼를 "깨끗한 독"이라고 하고, 트란실바니아 지방에서는 문테니아 지방과 올테니아 지방에서 생산된 쭈이꺼를 두고, 맛은 좋지만 도수가 약해 "빗물"이라고 말한다. 또한, 쭈이꺼의 본고장인 마라무레쉬 지방에서는 호린꺼를 "깨끗한 약"이라고 규정하면서, "호린꺼 한 병을 마시면 세상의 모든 질병을 극복할 수 있다"라고 말한다.

루마니아 자두 생산량은 세계 4위이지만 그중 약 75%가 쭈이꺼를 만드는데 사용된다. 한국에서 집집마다 김치를 담그는 것처럼 루마니아의 많은 가정에서도 직접 쭈이꺼를 담그기 때문에 제각기 다른 맛과 향이 난다. 따라서 루마니아를 여행하게 되면 꼭 한번 맛보아야 할 것이 쭈이꺼이다.

대개 루마니아 사람들은 쭈이꺼를 그냥 마시지만, 우리나라 매실 액기스처럼 블루베리나 체리와 같은 과일을 액기스로 만들어 쭈이꺼와 섞어 마시기도 한다: 블루베리 맛이 나는 쭈이꺼(blueberry plum brandy), 체리 맛이 나는 쭈이꺼(cherry plum brandy), 살구 맛이 나는 쭈이꺼(apricot plum brandy) 등.

◆ 보드카 이야기

'3무(無)의 술' 보드카(vodka)는 무색, 무취 그리고 무미의 술이다. 스코틀랜드의 스카치위스키나 독일의 맥주 그리고 프랑스 와인처럼 보드카라고 하면 러시아가 떠오른다. 오늘날 한국인들이 즐겨 마시는 폭탄주 역시 보드카와 연관이 있다. 제정 러시아 시대 때, 시베리아 벌목공들이 혹한을 이기기 위해 보드카를 맥주와 섞어 마신 것이 폭탄주의 시초로 알려져 있다.

술을 좋아하는 러시아인들은 잔을 들 때마다 '원샷(bottoms up)!'을 할뿐만 아니라 인사불성이 될 때까지 마신다. 한국에서는 보통 건배할 때 '위하여!'라고 하지만, 러시아인들은 "쭉 들이켜라, 불행을 남기면 안 돼!"라고 말한다. 러시아인들의 보드카 사랑은 보리스 옐친(Boris N. Yeltsin) 대통령을 보면 쉽게 알 수 있다. 1994년 그는 국가원수 자격으로 아일랜드를 방문하지만, 만취해서 그만 정상회담을 펑크 내고 마는데, 이것은 세계 외교사에서 전례가 없는 일화로 남아있다.

일반적으로 보드카는 40도이다. 물론 이보다 더 약한 것도 있고 밀주의 경우 60도가 넘는다. 하지만 보드카의 도수를 40도로 정착시킨 사람은 원소 주기율표를 확립한 19세기 러시아 화학자 멘델레프(Dmitrii I. Mendeleev, 1834-1907)이다. 1865년 그는 자신의 박사 논문 「알코올과 물의 합성에 관하여」에서 40도 보드카가 가장 이상적임을 밝혀냈다. 즉, 물과 알코올 원액의 혼합 비율에 따라 보드카의 맛이 달라진다는 사실을 발견한 후 끊임없는 과학적 실험을 통하여 결국 사람의 몸에 가장 잘 흡수되면서 최고의 맛을 내는 40도 보드카를 만들었다.

다양한 종류의 보드카

러시아 보드카는 종류가 아주 다양하지만 그중 수도(capital)을 의미하는 스톨리치나야(Stolichnaya)와 러시아 최고급 보드카인 벨루가(Beluga)가 유명하다. 물론 러시아에서만 보드카가 생산되는 것은 아니다. 스웨덴이나 핀란드와 같은 북유럽 국가들은 물론 폴란드와 발트 3국, 몽골 그리고 미국 등지에서도 생산된다.

세계적으로 유명한 보드카는 스웨덴의 앱솔루트(Absolut)와 핀란드의 핀란디아(Finlandia) 폴란드의 쇼팽(Chopin)과 주브롭카(Zubrow□ka) 그리고 미국의 스미노프(Smirnoff) 등이 있다. 세계 2위의 보드카 브랜드인 앱솔루트는 병 모양이 독특한데 흔히 병원에서 볼 수 있는 링거병과 비슷하고, 핀란디아는 병속의 맑고 투명한 액체를 보이게 하여 차고 순수한 보드카의 이미지를 강조하였다. 폴란드 역시 몇 년 전부터 '쇼팽'이라는 고급 보드카를 생산하고 있지만, 폴란드 보드카의 원조는 주브롭카이다. 주브롭카는 유럽 들소(European bison)를 의미하는 폴란드 말인 '주브르(Zubr)'와 연관이 있다. 그래서 병에 들소 사진이 붙어 있으며, 그 안에 들소가 좋아하는 풀이 하나 들어있어 옅은 초록색을 띤다.

세계 제1의 보드카 생산국은 러시아가 아니라 미국이며, 전 세계 150여 개국에서 가장 많이 판매되고 있는 스미노프도 미국 회사 제품이다. 이 보드카는 스미르노프(Piotr Smirnov)라는 러시아 사람이 자신의 이름을 붙여 생산한 것으로, 1886년 알렉산드르 3세(Aleksandr III) 때 러시아 황실에 납품된 러시아 최고의 보드카였다. 하지만 1917년 볼셰비키 혁명이 발생하자, 그는 프랑스로 망명하여 보드카의 이름을 프랑스식인 스미노프(Smirnoff)로 바꾸었고, 이후 숱한 우여곡절 끝에 1938년 상표권이 미국 회사로 넘어갔다.

5) 와인(Vin, 빈)

와인의 역사는 너무 오래되어 그 유래를 알 순 없지만, 고대부터 중·동부 유럽과 발칸반도 그리고 흑해 연안 등지에서 시작된 것으로 추정된다. 일부 학자들은 조지아(Georgia)에서 와인이 시작되었다고 주장하지만, 본격적으로 와인의 역사가 시작된 것은 헬레니즘 문화가 꽃피는 기원전 6~7세기 그리스였다.

'북위 45도'는 와인을 생산하는 데 있어 '축복의 선'으로 간주된다. 이 선은 북극과 적도 사이의 서로 다른 자연환경이 만나는 중간 지역이라 최고의 와인이 생산된다. 그래서 북위 45도가 지나가는 프랑스 보르도(Bordeaux) 지방과 론(Rhône) 지방, 이탈리아 피에몬테(Piemonte) 지방 그리고 루마니아 브란체아(Vrancea) 지방 등이 세계 최고의 와인 생산지로 꼽힌다.

대개 와인은 포도품종과 토양, 기온, 강수량, 일조시간 그리고 양조법에 따라 맛과 향이 결정된다. 일반적으로 와인의 맛을 결정하는 3대 요소는 '포도품종'과 '재배지' 그리고 '양조법'이지만, 그중 가장 중요한 것은 '포도품종'이다.

포도주 제조 과정을 보면, 먼저 수확한 포도를 으깨기 시작할 때 생산되는 포도즙, 즉 발효되기 전의 포도즙을 영어로 머스트[must: 루어 무스트(must)]라고 한다. 머스트라는 말은 라틴어 비눔 무스툼(Vinum Mustum)에서 유래하며, 이것은 '젊은 와인(young wine)'을 의미한다. 물론 머스트 상태(포도주스)에서 소비되기도 하지만, 머스트가 발효하면서 만들어지는 새로운 포도주를 루마니아어로 툴부렐(Tulburel: 영어 thick new wine)이라고 한다.

와인은 색깔에 따라 화이트와 레드 그리고 로제와인으로 나뉜다. 일반적으로 알코올 함유량이 10~13%인 화이트와인은 섭씨 8도 정도로 차게 해서 마시는 게 좋지만, 알코올 함유량이 12~14%인 레드와인은 섭씨 18~20도에서 제맛이 난다. 또한, 보존 기간이 짧아 오랜 기간 숙성하지 않고 마시는 로제와인은 식사 때보다는 특별한 분위기를 연출할 때 사용된다. 로제와인은 레드와인처럼 껍질을 같이 넣고 발효시키다가 어느 정도 우러나면 껍질을 제거한 후 과즙만으로 만들기 때문에, 색깔과 성질은 화이트와 레드와인의 중간 정도이며 맛은 화이트와인에 가깝다. 와인은 당분 함유량에 따라 다음과 같이 4가지로 분류된다.

(1) 드라이 와인[dry wine: vin sec(빈)]: 당분 0~4g/ℓ

(2) 미디엄 드라이 와인[medium-dry wine: vin demi-sec(빈 데미-)]: 당분 4~12g/ℓ

(3) 미디엄 스위트 와인[medium-sweet wine: vin demi-dulce(빈 데미-둘체)]: 당분 12~50g/ℓ

(4) 스위트 와인[sweet wine: vin dulce(빈 둘체)]: 당분 50g/ℓ이상

◆ 와인과 디오니소스

와인은 넓은 의미에서 산스크리트어 베나(vena: 의미 '사랑받는')이고 좁은 의미에서는 라틴어 비넘(vinum: '포도나무에서 나온 술')에서 유래한다. 와인은 이탈리아어로 비노(vino)이고 프랑스어 뱅(vin), 독일어 바인(wein) 그리고 루마니아어로는 빈(vin)이다.

지구상에 존재하는 포도품종은 약 1만 종이지만 그중 300여 종만이 와인을 만드는 데 사용된다. 야생 포도나무는 약 2백만 년 전부터 지구상에 존재했으며, 인류가 자연 상태에서 발효된 포도주를 마시기 시작한 것은 지금으로부터 약 1만 년 전인 신석기 시대로 거슬러 올라간다. 그렇다면 인류가 처음으로 와인을 생산한 것은 언제부터일까? 일부 학자들은 약 7천 년 전 흑해 연안의 조지아(Georgia)라고 주장한다.

과거에 와인은 약인 동시에 독으로 간주하였다. 기원전 5세기경, 히포크라테스(Hippocrates)는 와인이 원기회복에 탁월한 것은 물론 살균과 이뇨작용에 효능이 있다고 언급하였다. 따라서 와인은 환자를 치료하는데 사용되기도 하였다. 예수가 최후의 만찬에서 "마시라. 이것은 내 피이니라!"라고 말한 것처럼, 18세기까지만 해도 사람들은 와인이 사람 몸속으로 들어가면 피가 된다고 믿었다. 소크라테스(Socrates)는 와인을 "꺼져가는 불꽃에 기름과 같은 것"이라고 말했고, 플라톤(Plato)은 "신이 인간에게 준 최고의 선물"이라고 극찬하였다. 프랑스에서 레드와인은 '노인의 우유'로 간주되며, "9월의 와인은 여자를 눕게 한다"라는 속담도 있다.

세계에서 가장 비싼 와인 '로마테 콩티(Romanée-Conti)'는 '전설이 함께하는 와인의 완벽체', '신이 내린 와인' 그리고 '죽기 전에 꼭 마셔야 할 첫 번째 와인' 등 많은 수식어가 따라 붙는다. 로마네 콩티는 1.63헥타르(4,900평) 포도밭에서 생산되며, 기후에 민감하고 수확량이 적은 피노 누아르(Pinot Noir) 품종을 주로 쓴다. 그래서 한 해에 생산되는 양은 평균 5,000병 안팎이고 작황이 좋지 않을 때는 3,000병 남짓이다. 한 병에 보통 수백만 원에서 수천만 원을 호가하며, 2018년 뉴욕 소더비경매장에서 팔린 1945년 빈티지 로마

네 콩티 한 병 가격이 55만8000달러(약 6억 2,000만 원)였다.

와인을 이야기할 때 빼놓을 수 없는 것이 디오니소스(Dionysos)이다. 1872년 니체(Nietzsche)는 자신의 저서 「비극의 탄생」에서 비극의 근원을 논하면서 예술적 충동의 유형을 아폴론적인 것과 디오니소스적인 것으로 나누었다. 태양의 신 아폴론이 절제와 이성, 균형과 조화를 상징한다면, 와인의 신 디오니소스는 도취와 무질서, 본능과 광란을 상징한다.

그리스의 최고신 제우스(Zeus)와 레토(Leto) 사이에서 태어난 아폴론은 올림푸스(Olympus) 신전의 12신 중 하나였지만, 제우스와 세멜레 공주(Semele) 사이에서 태어난 디오니소스는 12신에 포함되지 않았다. 이후, 그는 화덕의 여신 헤스티아(Hestia)가 빠지면서 신의 반열에 올랐다. 이처럼 디오니소스는 그리스 신들 가운데 유일하게 신과 인간 사이에 태어났다.

어느 날, 제우스와 세멜레의 관계를 알게 된 헤라(Hera)는 질투심에 불타 계략을 꾸몄다. 즉, 그녀는 세멜레를 키운 늙은 유모로 변신한 다음 세멜레에게 접근하여 제우스가 가짜일 수 있으니 천상에 있을 때의 신 본연의 모습을 꼭 확인해야 한다고 일러두었다. 헤라의 간계에 넘어간 세멜레는 제우스에게 청하였고 제우스도 선뜻 응하였다. 하지만 인간인 세멜레는 제우스가 신의 모습을 드러내자 엄청난 광휘(光輝) 때문에 순식간에 타 죽고 말았다. 그런데 세멜레의 몸속에는 작은 생명이 잉태되고 있었다. 제우스는 세멜레의 자궁에서 아기를 꺼내 자신의 넓적다리에 넣어 금실로 꿰맸다.

디오니소스가 태어나자 제우스는 헤라 몰래 니사(Nysa)의 님프(Nymph, 요정)의 손에 자라게 하였고, 니사에서 성장하는 동안 포도를 발견하여 술을 빚는 법도 알게 되었다. 하지만 뒤늦게 디오니소스의 존재를 알게 된 헤라는 디오니소스에게 광기를 불어넣어 세상을 떠돌게 하였다. 비록 여신 레아(Rhea)가 그의 광기를 치료해 주었지만, 이후에도 그는 이집트와 시리아 등 아시아 전역을 방랑하면서 가는 곳마다 포도재배 및 포도주 빚는 법을 가르쳐 주었다. 태생부터 신과 인간이라는 양면성 때문에 디오니소스는 와인을 통해 하늘과 땅을 연결하는 운명을 떠맡게 되었다. 디오니소스처럼 와인 역시 양면성을 가지고 있는데, 와인이 사람의 가슴을 뜨겁게 만들어 용기와 자신감을 불어넣어 주기도 하지만 취기가 만들어내는 광기 때문에 자제력을 잃고 짐승처럼 난폭해지기도 한다.

와인과 관련하여 다음과 같은 '디오니소스 신화'가 전해진다. 어느 날, 길을 가다 나뭇가지 하나를 발견한 디오니소스는 그것을 주워 새의 뼛속에 넣어두었다가 다시 사자의 뼛속에 그리고 마지막에는 당나귀의 뼛속에 감추어 두었다. 훗날, 이 나뭇가지는 낙소스(Naxos: 그리스의 섬)에 심어져 최초의 포도나무로 자라났고 그 열매로 와인이 만들어진 것이다. 그래서 와인을 마신 사람들은 처음에는 새처럼 재잘대다가 서서히 사자처럼 난폭해지고 또한 마지막에는 당나귀처럼 우매해진다고 한다.

쉬어가기
루마니아 및 몰도바공화국 와인

1. 루마니아 와인

1) 루마니아 와인의 역사

루마니아 와인의 역사는 기원전 7,000년부터 재배되던 야생 포도나무인 비티스 비니페라 실베스트리스(Vitis vinifera silvestris)와 연관이 있으며 이 나무에서 유래하는 루마니아 포도 품종 중 하나가 페테아스커 네아그러(Fetească Neagră)이다. 고대 다치아인들도 오래전부터 포도주 만드는 법을 알고 있었다. 기원전 8세기에 창작된 고대 그리스 서사시 「일리아드」(Iliad)에는 "그리스인들이 포도주를 찾으러 트라키아(Thracia: 발칸반도의 남동쪽)로 떠났다"라고 기록되어 있다.

기원전 7세기, 그리스인들이 루마니아 도브로제아 지방을 식민지로 개척함으로써, 다치아인들의 포도 제조방식은 그리스 방식과 합쳐 발전하였다. 하지만 기원전 82년 다치아 왕국을 건설한 부레비스타 왕(Burebista: 100~44 BC)이 포도나무 뿌리를 모조리 뽑으라는 명령을 내려, 한때 커다란 타격을 입었다.

서기 8년, 고대 로마시인 오비디우스(Ovidius, BC 43~AD 17)는 아우구스투스 황제(Octavianus Augustus, BC 27~AD 14)에 의해 토미스 요새(현재 콘스탄짜)로 추방되었다. 당시 그는 자신의 저서에서 다치아인들이 도브로제아(Dobrogea) 지방 평원에서 포도를 재배하여 "고체 상태로 있던 것(와인: 역주)을 겨울에 먹었다"라고 기술하였다.

서기 106년, 다치아 왕국은 로마제국의 트라야누스 황제(Marcus Ulpius Trajanus, AD 53~117)에게 정복되었다. 당시 와인은 곡물과 함께 다치아 왕국 제1의 수출품 중 하나였으며 이후 로마인들이 현재의 루마니아 지역에 새로운 품종의 포도나무를 가져와 재배하기 시작하였다. 서기 274~275년, 로마제국이 다치아에서 철수한 이후에도 포도재배와 와인 제조는 계속되었고, 15세기 오스만제국이 통치하던 시기에도 발전하였다. 1862년경 10만 헥타르였던 루마니아 포도밭은 1883년 15만 헥타르로 증가하였으나, 필록세라(phylloxera: 포도나무 뿌리 진딧물)가 전 유럽을 강타하면서 루마니아도 큰 피해를 입었다. 1900년대 접어들면서 루마니아 포도재배 면적은 계속 증가하였고, 특히 양차 대전 사이에는 22만 헥타르에 이르렀다. 하지만 1947년 이후 공산주의자들이 외래 포도품종을 제거하면서 루마니아의 포도 생산량은 급속도로 감소하였다.

1989년 루마니아 혁명 이후에도 루마니아 포도재배 면적은 계속 줄어들었지만 최근 들어 와인 산업에 대규모 투자가 이루어지면서 과거의 영광을 되찾고 있다. 오늘날 루마니아의 포도재배 면적(18만 헥타르)은 유럽연합 내에서 5위이며 포도 및 와인 생산량은 각각 5위와 6위이다. 또한, 루마니아 와인 생산량은 현재 세계에서 13위이지만 몰도바공화국(Republic of Moldova)을 합치면 순위는 더 올라간다.

순위	포도재배 면적	포도 생산량	와인 생산량
1	스페인	이탈리아	이탈리아
2	프랑스	스페인	프랑스
3	이탈리아	프랑스	스페인
4	포르투갈	독일	포르투갈
5	루마니아	루마니아	독일
6			루마니아

2) 주요 생산지

(1) 문테니아 지방

와인을 연구하는 연구기관이 루마니아에서 처음 설립된 시기는 1893년이다. 이후 1907년 루마니아 최초의 포도재배 초급학교(Elementary School of Viticulture)가 설립되었고 1924년에는 포도재배 및 양조 연구소(Viticultural and Oenological Research Station)가 설립되었다. 오늘날 문테니아에서 가장 유명한 포도 산지는 데알루 마레(Dealu Mare)이며, 그곳에서 생산되는 대표적인 품종은 페테아스커 네아그러(Fetească Neagră)이다.

(2) 몰도바 지방

몰도바 지방의 주요 포도 생산지는 코트나리(Cotnari)와 이아쉬(Iași), 후쉬(Huși), 오도베쉬티(Odobești), 판치우(Panciu), 코테쉬티(Cotești) 그리고 니코레쉬티(Nicorești) 등이다. 몰도바 지방은 화이트와인이 유명하며 대표적인 와인은 코트나리(Cotnari)이다.

(3) 도브로제아 지방

1907년, 무르파틀라르(Murfatlar) 지역에 10헥타르의 포도밭이 조성되면서 루마니아의 주요 포도 생산지 중 하나가 되었다. 이곳은 단일 포도 생산지만 놓고 볼 때 유럽에서 최대 규모를 자랑한다. 이곳에서 양질의 와인이 생산되는 이유는 토양이 가볍고 돌이 많으며 또한 흑해의 영향을 받은 온화한 기후 때문이다. 주요 포도 생산지는 바바다그(Babadag)와 이스트리아(Istria) 그리고 사리카 니쿨리쩰(Sarica Niculițel)이다.

(4) 올테니아 지방

올테니아 지방은 포도를 재배하는 데 있어, 지리적 위치와 토양 성분 그리고 따뜻한 기후 등 최상의 조건을 가지고 있다. 올테니아 지방에서 유명한 포도 생산지는 데알루릴레 크라이오베이(Dealurile Craiovei), 포드고리아 드러거샤니(Podgoria Drăgăşani), 세베린(Severin), 슴부레쉬티(Sâmbureşti) 그리고 플라이우릴레 드른체이(Plaiurile Drâncei)이다. 그중 포드고리아 드러거샤니 지역은 1867년 루마니아 최초로 까베르네 쏘비뇽(Cabernet Sauvignon)이 도입된 곳이다.

올테니아 지방이 세계적인 와인 생산지로 알려지기 시작한 것은 1887년 터므이오아서 로므네아스커(Tămâioasă Românească) 와인이 파리 박람회에서 금메달을 받으면서부터이다. 이 지방에서 생산되는 대표적인 와인은 네그루 데 드러거샤니(Negru de Drăgăşani)와 페테아스커 네아그러(Fetească Neagră), 까베르네 쏘비뇽 그리고 쏘비뇽 블랑 등이다.

(5) 바나트 지방

바나트 지방에서 가장 유명한 와이너리는 티미쉬(Timiş)주의 레카쉬 와이너리(Recaş winery, 포도밭 면적 1,300헥타르)이다. 1447년부터 와인을 생산하기 시작하였으며, 최근에는 '쿠베 우베르란트(Cuvee Überland)' 레드와인과 '솔로 퀸타(Solo Quinta)' 화이트와인이 세계 와인 경연대회에서 좋은 평을 받고 있다.

쿠베 우베르란트는 2008년 '콩쿠르 몽디알 드 브뤼셀(Concours Mondial de Bruxelles, CMB)'에서 금메달을 수상하여 루마니아 최초로 '와인 오스카상'을 받았으며, 솔로 퀸타(Solo Quinta)는 2011년 프랑스 '비날리 국제전(Vinalies Internationals)'에 출품된 1,000개 이상의 화이트 드라이 와인을 제치고 금메달을 획득하였다. 오늘날 세계적인 와인 경진대회는 아래와 같이 5개가 있으며, 그중 세계의 3대 와인 대회는 (1)번과 (2)번 그리고 (3)번이다.

(1) 콩쿠르 몽디알 드 브뤼셀(Concours Mondial De Bruselles)

(2) 영국의 디캔터 와인 어워드(Decanter Wine Awards)

(3) 독일의 문두스 비니(Mundus Vini)

(4) 프랑스 비날리 국제전(Vinalies Internationals)

(5) 인터내셔널 와인 앤 스피릿 컴피티션(International Wine and Spirits Competition, IWSC)

쿠베 우베르란트(오른쪽에서 두번째)

솔로 퀸타

(6) 트란실바니아 지방

트란실바니아 지방은 드라이 화이트와인의 천국으로 꼽힌다. 이 지방에서 가장 유명한 포도밭은 트르나베(Târnave) 지역이며, 그 외에도 알바(Alba), 세베쉬-아폴드(Sebeş-Apold), 아이우드(Aiud), 미니쉬-머데라트(Miniş-Măderat) 그리고 디오시그(Diosig) 등이 있다. 트란실바니아 지방에서 재배되는 품종은 페테아스커 알버(Fetească Albă)와 페테아스커 레갈러(Fetească Regală), 쏘비뇽 블랑(Sauvignon Blanc), 샤르도네(Chardonnay), 뮈스까 오또넬(Muscat Ottonel) 그리고 이탈리아 리슬링(Riesling Italian) 등이다.

루마니아 비스트리짜-너서우드(Bistriţa-Năsăud)주의 레킨짜(Lechinţa) 마을에서 생산된 와인은 1989년 루마니아 혁명 이전까지만 해도 비엔나 황실에서 애용해 '황제의 와인(Wine of the Emperor)'이라고 불리었다. 이 지역 포도밭은 1989년 루마니아 혁명 이후 황폐해져 점차 세계 시장에서 잊혀졌으나, 몇 년 전 오스트리아 와인회사(Amb Wine Company)가 투자한 이후 옛 명성을 되찾고 있다. 릴리아크 와이너리(Crama Liliac)에서 생산되는 레드와인 티탄(Titan)이 유명하다.

2. 몰도바공화국 와인

원래 루마니아 영토였던 몰도바공화국은 제2차 세계대전 후 소련군이 점령하여 몰도바 사회주의 공화국이 되었으며, 1991년 구소련이 해체하면서 몰도바공화국으로 독립하였다. 그래서 오늘날 루마니아는 우리나라 남·북한처럼 몰도바공화국과 분단 상태로 남아있다. 현재 몰도바공화국 내의 전체 인구 중 78% 이상이 몰도바인(루마니아인)이다.

1989년 혁명 이후, 루마니아는 한때 몰도바공화국과 통일을 시도했지만, 당시 옐친 러시아 대통령이 군대를 급파하겠다고 위협하여 중단되었다. 그렇지만 지금도 루마니아는 몰도바공화국에 대한 경제 원조를 계속하면서 미래에 있을 통일을 준비하고 있다.

와인을 사랑하는 몰도바공화국 사람들은 한때 키시너우(Chişinău) 국제공항의 이름을 "몰도바 와인 공항(Wine of Moldova Airport)"으로 바꾸려고 하였다. 흥미롭게도, 이 나라 지도를 살펴보면 포도송이 모양과 비슷하며, 주요 포도 생산지는 세계 최고의 와인 생산지인 프랑스 부르고뉴(Bourgogne) 지방과 같은 북위 45~47도 사이에 걸쳐 있다.

몰도바공화국은 흑해의 영향을 받아 한겨울에도 영하 5℃ 밑으로 내려가지 않을 뿐만 아니라 여름에도 19~22℃를 유지해 포도를 재배하는데 이상적인 조건을 갖추고 있다. 특히 전 국토의 75%가 검은 흙(black soil)으로 덮여 있어 오늘날 지구상에서 농작물을 재배하는데 최고의 조건을 가지고 있다. 2019년, WHO는 전 세계 국가의 술 소비량을 분석하여 발표하였다. 몰도바공화국과 리투아니아 그리고 체코가 각각 1위(하루 15.2ℓ), 2위, 3위를 차지하였다. 이 외에도 독일이 6위(하루 13.4ℓ), 프랑스와 루마니아 공동 11위(하루 12.6ℓ), 러시아 16위, 폴란드 19위 그리고 한국은 38위(하루 10.2ℓ)를 차지하였다. 따라서 몰도바공화국은 '음주의 나라'라는 오해를 받을 수도 있지만, 몰도바공화국의 와인 관련 산업은 국내총생산(GDP)의 3.2%를 차지하며 현재 25만 명 이상이 140개의 와인 관련 업체에서 일하고 있다. 몰도바공화국은 전 세계에서 국토 면적 대비 포도밭이 차지하는 비율이 가장 높은 나라이며, 포도밭 비율은 전 국토의 3.8% 그리고 전 경작지의 7%에 이른다.

몰도바공화국의 국토면적은 우리나라 경상남북도보다 조금 크지만, 그곳에 있는 지하 와이너리의 길이는 400㎞ 이상이며, 1천만 리터 이상의 와인이 보관되어 있다. 사실, 몰도바공화국의 지하 와이너리 규모는 우리의 상상을 초월하는데, 서울-부산 간 경부고속도로 지하 전체가 와이너리로 만들어져 있다고 생각하면 이해가 쉽다.

와인은 몰도바공화국 전체 수출의 7.7%를 차지하며, 매년 6,700만 병 이상이 영국과 프랑스, 덴마크, 미국, 러시아, 중국, 일본, 대만 그리고 한국 등 30개국이 넘는 나라로 수출되고 있다.

1) 몰도바공화국 와인의 역사

(1) 다치아 왕국 시기

다치아인들은 오래전부터 포도주 제조 기술을 알고 있었다. 당시 포도주는 부의 상징인 동시에 최고의 교역품이었다. 기원전 7세기, 그리스인들이 루마니아 도브로제아 지방을 식민지화함으로써, 다치아인들의 포도주 제조방식은 그리스 방식과 합쳐 발전하였다.

(2) 중세 15세기 슈테판 대제 통치기

중세 때에도 포도재배는 몰도바 지방(현재 루마니아 몰도바 지방 + 몰도바공화국)에서 계속되었고 슈테판 대제(Stephen the Great)가 통치하는 시기에 황금기를 누렸다. 유럽의 역사에서 슈테판 대제는 오스만제국의 침략으로부터 유럽의 크리스트교를 구한 인물로 널리 알려져 있다. 또한, 이 시기에 몰도바 지방의 요새들은 타타르족과 튀르크족들의 유럽 진출을 막은 저항의 상징이었다. 전설에 따르면, 수개월 동안 지속된 타타르족의 소로카 요새(Soroca Fortress) 포위 공격으로 루마니아 병사들이 굶어서 죽어가고 있었는데, 황새 무리가 포도 줄기를 요새 안으로 물어 날라 살 수 있었다고 한다. 따라서 황새는 훗날 몰도바 지방에서 화합의 상징이 되었다.

15세기에 접어들면서 몰도바 지방은 오스만제국의 지배하에 들어갔지만 와인 생산은 계속되었다. 디미트리에 칸테미르(Dimitrie Cantemir)는 저서 「몰도바 지방 묘사」(Descrierea Moldovei)에서 "와인은 몰도바 경제에서 가장 중요한 분야 중 하나였다"고 기술하였다.

(3) 19세기 러시아 황제 통치기

1812년, 베사라비아 지방(Besarabia: 현재 몰도바공화국)이 러시아 제국에게 병합되면서 이 지방에서 생산된 와인은 러시아 귀족들의 큰 관심거리였다. 1837년 베사라비아 지방에서 생산된 와인의 양(1천만 리터)은 러시아 제국 전 지역에서 생산된 와인의 절반을 차지하였다. 몰도바 와인이 세계적으로 유명해진 것은 1878년 파리에서 개최된 세계 와인박람회에서 '네그루 데 푸르카리(Negru de Purcari)' 와인이 금메달을 획득하면서부터이다.

(4) 현 재

제1, 2차 세계대전과 1989년 루마니아 혁명은 몰도바 지방의 와인 산업에 커다란 타격을 주었다. 하지만 최근 들어 몰도바공화국 정부가 '몰도바 와인 프로그램'을 진행하면서, 1조 원 이상의 자본이 와인 산업 현대화에 투자되었다. 특히 몰도바 의회에서 와인 관련 개혁 법안이 통과되면서 와인 생산지 4곳이 보호구역으로 지정되었다. 현재 몰도바 지방에는 포도재배 및 와인 제조를 가르치는 학교들이 있으며, 그중 최고의 기관은 국립 스터우체니 칼리지(Stăuceni National College)이다.

2) 몰도바 4대 와이너리

몰도바공화국에는 아래와 같이 4개의 와인 생산지가 있다.

(1) 북쪽에 있는 벌찌(Bălţi) 지역

(2) 중부지역에 있는 코드루(Codru) 지역

(3) 남·동부에 있는 슈테판 보더(Ştefan Vodă) 지역

(4) 최남단에 있는 발룰 루이 트라이안(Valul lui Traian) 지역

(1)번 지역은 세계 최대 규모의 밀레쉬티(Mileştii Mici) 와이너리와 크리코바(Cricova) 와이너리가 유명하며, (3)번 지역은 몰도바 지방에서 토양이 가장 좋은 흑토와 회백토인 포드졸인 동시에 흑해의 영향으로 온화한 대륙성기후를 띠고 있어 네그루 데 푸르카리(Negru de Purcari)와 페테아스커 네아그러(Fetească Neagră) 등 세계 최고의 와인이 생산된다.

(1) 밀레쉬티 미치

키쉬너우 시내에서 남쪽으로 약 14㎞ 가다 보면 세계에서 가장 긴 밀레쉬티 미치 지하 와이너리(Mileştii Mici Winery, 총 길이 200㎞)가 있다. 이곳에 있는 세계 최대 규모의 황금 컬렉션(Gold Collection)은 총 55㎞의 지하저장고에 150만 병의

밀레쉬티 미치 와이너리

와인이 보관되어 있어 2007년 기네스북에 등재되었다. 지하 와인 투어는 전기 카트로 진행된다.

[밀레쉬티 미치 와이너리: 투어 관련 정보 및 예약은 www.milestii-mici.md/ro 참조]

(2) 크리코바

규모 면에서 세계 2번째인 크리코바 와이너리(Cricova, 길이 약 100㎞, 지하 35~80m)는 키쉬너우 시내에서 북쪽으로 약 16㎞ 떨어져 있다. 1952년 설립되었으며 오늘날 유럽 최고의 시설을 자랑한다. 그동안 존 F. 케네디 미국 대통령과 장쩌민(江澤民) 국가주석, 앙겔라 메르켈 독일 총리와 존 케리 미 국무장관 등 많은 외국 인사들이 방문하였으며, 특히 블라디미르 푸틴 러시아 대통령은 크리코바에 있는 자신의 와인 셀라(wine cellar)에서 50세 생일 파티를 열기도 하였다. 크리코바 와이너리에 보관된 가장 오래된 와인은 1902년산이다.

크리코바 와이너리

[크리코바 와이너리: www.cricova.md 참조]

크리코바 와이너리

(3) 푸르카리

푸르카리(Purcari) 와이너리는 키쉬너우에서 약 110㎞ 떨어져 있어 자동차로 약 2시간 반 소요된다. 몰도바 최고의 와인으로 간주되는 네그루 데 푸르카리(Negru de Purcari)는 1847년 파리 국제박람회 블라인드 테이스팅에서 프랑스, 이탈리아 등 와인 강국을 제치고 금상을 차지하여 전 세계 와인 업계의 주목을 받았으며, 2013년 러시아 푸틴 대통령이 한국을 국빈 방문할 당시 마셨던 와인으로 유명하다.

푸르카리 와인은 러시아의 마지막 황제인 니콜라이 2세는 물론, 특히 영국의 빅토리아 여왕에서 조지 5세 그리고 엘리자베스 여왕에 이르기까지 3대에 걸쳐 사랑을 받으면서 "영국 와인의 여왕(Queen of England's Wine)"으로 불리기 시작하였다.

[푸르카리 와이너리: www.purcari.winerun.md/ro 참조]

(4) 아스코니

1994년 개장한 아스코니(Asconi) 와이너리는 키쉬너우에서 약 32㎞ 떨어져 있으며 지하저장고의 길이는 약 58㎞이다. 상대적으로 후발주자이지만 맛과 향기가 풍부해 최근 몰도바공화국의 대표 와이너리 중 하나로 자리 잡았다. 이외에도 몰도바에는 피브니체 브러네쉬티(Pivnițe Brănești) 와이너리와 샤토 코주쉬나(Chateau Cojușna) 와이너리 그리고 1996년 설립된 샤토 바텔리(Chateau Vartely) 와이너리 등이 있다.

아스코니 와이너리

3) 몰도바공화국 가는 방법 및 예약

밀레쉬티 미치와 크리코바 와이너리는 키쉬너우 시내에서 약 14~16㎞정도 떨어져 있어 택시로 약 30~40분 소요된다. 예약은 와이너리에 도착한 이후에도 할 수 있다. 투어 시간과 비용은 와인 시음 여부에 따라 다르며 최소 1시간가량 소요된다. 몰도바 와인투어는 다른 나라와 비교해 볼 때 저렴한 편이며, 그곳에서 판매하는 1980~90년대 와인 가격도 약 10~20유로이다. 그곳에서 빈티지 와인을 한 병 구입하여 한국으로 가지고 오는 것도 몰도바를 여행하면서 느낄 수 있는 특별한 재미일거라 생각된다.

◆ 몰도바공화국 가는 방법

몰도바공화국 비자는 키쉬너우 공항이나 국경에서 받을 수 있다. 부카레스트와 키쉬너우를 연결하는 항공편이 있지만, 요금이 조금 비싼 것이 흠이다. 그래서 여행 일정상 여유가 있으면, 루마니아 제2의 도시인 이아쉬(Iaşi)를 관광한 다음 자동차나 버스로 키쉬너우에 도착하여 밀레쉬티 미치나 크리코바 와이너리 중 한 곳을 방문하는 것을 추천한다. 참고로 이아쉬에서 키쉬너우로 가는 기차 편은 없다.

1) 렌터카 예약

자동차를 렌트하여 몰도바공화국 와이너리를 방문할 경우 한결 여유롭다. 예를 들어, 오전 9시경 이아쉬를 출발한다면 와이너리 중 한 곳을 방문한 다음 저녁 6~7시에 이아쉬로 돌아와 저녁 식사를 할 수 있다. 이아쉬에서 키쉬너우까지 거리는 154㎞(약 2시간 30분 소요)이지만 국경에서 비자를 받고 세관을 통과하기 때문에 약 3시간~3시간 30분 정도 예상해야 한다. 렌터카는 아래의 사이트에서 예약할 수 있다.

(1) TRAVIS Tourism: www.travis.ro/en

(2) ROLANDIA Travel: www.rolandia.eu

2) 버 스

이아쉬 버스터미널(bus terminal, autogară) 출발 ⋯→ 키쉬너우 버스터미널 도착 ⋯→ 그곳에서 택시를 타고 밀레쉬티 미치 혹은 크리코바 와이너리 도착 및 관광.

키쉬너우로 가는 버스는 하루에 5~6번 운행되지만, 시간대에 따라 요금[35~40lei(약 7~8유로)]과 소요시간(3시간~4시간 30분)이 다르므로 사전에 체크하는 것이 좋다. 버스 예약은 www.autogari.ro에 접속한 다음 "din (from), către (toward), zi plecare (departure day), pasageri (passengers)"의 빈칸에 출발 장소와 도착 장소, 출발 날짜 그리고 승객 수 등을 입력하면 된다.

[이아쉬 버스터미널: ☎ (+40)232.250.985; 주소: Strada Garii nr. 22, Iaşi]

루마니아어로 간단히 말하기

로망스 언어(프랑스어, 이탈리아어, 스페인어, 포르투갈어, 루마니아어)는 통속 라틴어에서 파생되었으며, 오늘날 유럽과 남미 그리고 아프리카에서 약 7억 명 이상이 사용하고 있다. 그중 루마니아어는 전 세계적으로 3천만 명 이상이 사용하고 있으며 발음은 스펠링을 그대로 읽으면 된다.

언어학상, 루마니아 철자 'C', 'P', 'T'의 발음은 경음(ㄲ, ㅃ, ㄸ)과 격음(ㅋ, ㅍ, ㅌ)의 중간 정도이다. 하지만 루마니아 사람들이 하는 말을 들어보면 경음에 가까워 이 장에서는 가능한 경음으로 표기하였다. 다른 루마니아 철자의 발음은 다음과 같다: [ă: 어], [â, î: 으], [ş: 쉬] 그리고 [ţ: 쯔].

Da [다] 예

Nu [누] 아니오

Domnul Park [돔눌 빠르크] Mr. Park

Doamna Kim [도암나 킴] Mrs. Kim

Domnişoara Lee [돔니쇼아라 리] Miss Lee

인사

Bună dimineața. [부너 디미네아짜] 아침 인사

Bună ziua. [부너 지우아] 낮 인사

Bună seara. [부너 쎄아라] 저녁 인사

Noapte bună. [노압떼 부너] 안녕히 주무세요.

Bună. [부너] 안녕(친한 사람들이 하는 인사).

Salut. [쌀루트] 안녕(친한 사람들이 하는 인사).

Sărut mâna. [써루(트) 므나] 안녕하세요(부인에게 하는 정중한 인사).

헤어질 때 인사

La revedere. [라 레베데레] 안녕히 가세요.

Pa. [빠] 안녕(친한 사람끼리 헤어질 때).

Pe mâine. [뻬 므이네] 내일 만나요.

Pe curând. [뻬 꾸른드] 조만간에 만나요.

Ne mai auzim. [네 마이 아우짐] 서로 연락합시다.

O zi bună. [오 지 부너] 좋은 하루 되세요.

Numai bine. [누마이 비네] 잘 지내요.

Cu bine. [꾸 비네] 잘 지내요.

감 사

A: Mulțumesc (frumos). [물쭈메스크 (프루모스)] (대단히) 감사합니다.

* 친구 사이에는 간단하게 프랑스식으로 Mersi[메르씨]!라고도 말한다.

B: Cu plăcere. [꾸 쁠러체레] 천만에요.

B: N-aveți pentru ce. [나베찌 뻰트루 체] 천만에요.

B: Pentru puțin. [뻰트루 뿌찐] 천만에요.

B: Pentru nimic. [뻰트루 니믹] 천만에요.

부탁

Vă rog! [버 록] 제발!(존칭)

Te rog! [떼 록] 제발!(비존칭)

사과

Scuzați-mă! [스쿠자찌-머] 혹은 Scuze! [스쿠제] 죄송합니다!

Pardon! [빠르돈] 미안합니다!

Îmi pare rău. [음 빠레 러우] 유감입니다.

Regret. [레그레트] 후회합니다.

A: Vă rog să mă scuzați. [버록 써 머 스쿠자찌] 용서하십시오.

B: Nu-i nimic. [누이 니믹] 괜찮습니다.

B: Nu face nimic. [누 파체 니믹] 괜찮습니다.

식사와 건배

A: Poftă bună. [뽀프떠 부너] 맛있게 드세요.

B: Mulțumesc, la fel. [물쭈메스크, 라 펠] 감사합니다. 당신도 맛있게 드세요.

Noroc! [노록] 행운을 빕니다!

Sănătate! [써너따떼] 건강하세요!

축하와 기원

Spor la treabă! [스포르 라 뜨레아버] 당신의 일에 진척이 있기를 바랍니다!

Succes. [쑥체스] 성공을 빌어요.

Vă doresc (mult) succes. [버 도레스크 (물트) 쑥체스] (커다란) 성공을 빕니다.

Baftă! [바프떠] (시험 합격 등) Good luck!

Felicitările mele! [펠리치떠릴레 멜레] 축하합니다!

Petrecere frumoasă! [뻬뜨레체레 프루모아써] 좋은 시간 보내세요!

Distracție plăcută! [디스트락찌에 쁠러꾸떠] 좋은 시간 보내세요!

Sărbători fericite! [써러버또리 페리치떼] 행복한 휴일 보내세요!

Vacanță plăcută! [바깐쩌 쁠러꾸떠] 즐거운 방학 보내세요!

Călătorie plăcută! [껄러또리에 쁠러꾸떠] 좋은 여행 하세요!

Drum bun! [드룸 분] 좋은 여행 하세요!

Ai grijă (de tine). [아이 그리저 (데 띠네)] 몸조심하세요.

La mulți ani! [라 물찌 아니] (생일 등) 축하합니다. 오래오래 사세요.

Sănătate! [써너따떼] 건강하세요!

Să trăiți! [써 뜨러이찌] 무병장수하세요!

Un an nou fericit! [운 안 노우 페리치트] 새해 복 많이 받으세요!

장소

Unde? [운데] 어디?

Aici [아이치] 여기

Acolo [아꼴로] 저기

비행기

A: Doriți loc la geam sau la culoar? [도리찌 록 라 제암 싸우 라 꿀로아르] 창가 자리를 원하세요, 아니면 복도 자리를 원하세요?

B: La culoar. [라 꿀로아르] 복도 자리를 원합니다.

A: Cât bagaj e permis în avion? [끝 바가즈 이에 뻬르미스 은 아비온] 얼마의 짐이 기내에 허용됩니까?

A: Câte kilograme sunt permise la bagajul de mână? [끄떼 킬로그라메 쑨트 뻬르미쎄 라 바가줄 데 므너] 기내 수하물은 몇 킬로그램까지 허용됩니까?

B: 10 kilograme. [제체 킬로그라메] 10㎏입니다.

A: Câte kilograme sunt permise la bagajul de cală? [끄떼 킬로그라메 쑨트 뻬르미쎄 라 바가줄 데 깔러] 위탁 수하물은 몇 킬로그램까지 허용됩니까?

B: 20 de kilograme. [도우어제치 데 킬로그라메] 20㎏입니다.

A: Unde ați făcut escala? [운데 아찌 퍼쿠트 에스깔라] 어디를 경유하셨습니까?

B: Am făcut-o la Istanbul. [암 퍼쿠또 라 이스탄불]. 이스탄불을 경유했습니다.

Bagaj de mână [바가즈 데 므너] 기내 수하물

Bagaj de cală [바가즈 데 깔러] 위탁 수하물

Timp de zbor [띰프 데 즈보르] 비행시간

Zbor fără escală [즈보르 퍼러 에스깔러] non-stop flight

Bilet de avion [빌레트 데 아비온] 비행기표

Numărul locului [누머룰 로꿀루이] 좌석번호

Centură de siguranță [첸뚜러 데 씨구란쩌] 안전벨트

호텔

Recepție [레첸찌에] 호텔 프론트

Lift [리프트] 엘리베이터

Cheia de la cameră [께이아 델 라 까메러] 방열쇠

Cameră cu un pat [까메러 꾸 운 빠트] 싱글침대 방

Cameră cu pat dublu [까메러 꾸 빠트 두블루] 더블침대 방

Camere cu două paturi [까메러 꾸 도우어 빠투리] 침대가 2개 있는 방

Cameră cu baie [까메러 꾸 바이에] 욕실이 있는 방

Cameră liniștită [까메러 리니쉬띠떠] 조용한 방

A: Aveți o cameră liberă? [아베찌 오 까메러 리베러] 빈방 있습니까?

B: Ați făcut o rezervare? [아찌 퍼쿠트 오 레제르바레] 예약을 하셨나요?

A: Nu, n-am făcut-o. [누, 남 퍼꾸또] 아니, 하지 않았습니다.

A: Da, am făcut-o pe booking.com. [다, 암 퍼꾸또 뻬 부킹 뿡트 꼼] 네, 부킹 닷컴에서 예약했습니다.

A: Cât costă camera pe noapte? [끝 꼬스떠 까메라 뻬 노압떼] 하루 방값이 얼

마입니까?

B: Costă 60 de Euro cu micul dejun inclus. [꼬스떠 샤이제치 데 에우로 꾸 미꿀 데준 인클루스] 조식포함 60유로입니다.

Vă rog să mă treziți mâine dimineața la ora 7. [버록 써 머 뜨레지찌 므이네 디미네아짜 라 오라 샵떼] 내일 아침 7시에 깨워주세요.

Vă rog să pregătiți nota de plată. [버록 써 쁘레거띠찌 노따 데 쁠라떠] 계산서를 준비해 주세요.

Vă rog să-mi comandați un taxi. [버록 썸 꼬만다찌 운 딱씨] 택시를 불러주세요.

요 일

월요일 Luni [루니], 화요일 Marți [마르찌], 수요일 Miercuri [미에르꾸리], 목요일 Joi [조이], 금요일 Vineri [비네리], 토요일 Sâmbătă [씀버떠], 일요일 Duminică [두미니꺼]

달

1월 Ianuarie [이아누아리에], 2월 Februarie [페브루아리에], 3월 Martie [마르띠에], 4월 Aprilie [아쁘릴리에], 5월 Mai [마이], 6월 Iunie [이우니에], 7월 Iulie [이울리에], 8월 August [아우구스트], 9월 Septembrie [쎕뗌브리에], 10월 Octombrie [옥똠브리에], 11월 Noiembrie [노이엠브리에], 12월 Decembrie [데쳄브리에]

숫자

1 **Unu** [우누], 2 **Doi** [도이], 3 **Trei** [뜨레이], 4 **Patru** [빠트루], 5 **Cinci** [친치], 6 **Şase** [샤쎄], 7 **Şapte** [샵떼], 8 **Opt** [옵트], 9 **Nouă** [노우어], 10 **Zece** [제체]

날씨

A: Cum e vremea azi? [꿈 이에 브레메아 아지] 오늘 날씨가 어떻습니까?

B: E cald. [이에 깔드] 따뜻합니다.

B: E frig. [이에 프리그] 춥습니다.

B: E senin. [이에 쎄닌] 맑습니다.

B: E soare. [이에 쏘아레] 해가 있어요(해가 있는 좋은 날입니다).

B: Plouă. [쁠로우어] 비가 옵니다.

B: Bate vâtul. [바떼 븐뚤] 바람이 붑니다.

B: Ninge. [닌제] 눈이 옵니다.

여행관련 단어

Azi [아지] 오늘

Ieri [이에리] 어제

Mâine [므이네] 내일

Intrare [인뜨라레] 입구

Ieşire [이에쉬레] 출구

Împinge [은삔제] Push

Trage [뜨라제] Pull

Închis [은끼스] Closed

Deschis [데스끼스] Open

Avion [아비온] 비행기

Aeroportul internațional [아에로뽀르뚤 인떼르나찌오날] 국제공항

Plecări [쁠레꺼리] 출발

Sosiri [쏘씨리] 도착

Tren [뜨렌] 기차

Gară [가러] 기차역

Gara de Nord [가라 데 노르드] 북역

Peronul număr 1. [뻬로눌 누머르 우누] 1번 플랫폼

Bilet [빌레트] 티켓

Unde e casa de bilete? [운데 이에 까사 데 빌레떼] 매표소가 어디에 있습니까?

Clasa întâi [끌라싸 은뜨이] (기차)1등칸

Clasa a doua [끌라싸 아 도우아] (기차)2등칸

Autobuz [아우또부즈] 버스

Autogară [아우또가러] 버스터미널

Stația de autobuz [스타찌아 데 아우또부즈] 버스정류장

Metro [메뜨로] 지하철

Locul [로꿀] 좌석

Rezervare [레제르바레] 예약

Taxi [딱씨] 택시

Tarif [따리프] 요금(표)

Toaletă [또알레떠], W.C. [베체우] Baie [바이에: 욕실] 화장실

Bărbați [버르바찌] 남자

Femei [페메이] 여자

종교 관련 단어

수도원[mănăstire(-i): f. 머너스띠레], 교회[biserică(-i): f. 비쎄리꺼], 정통 가톨릭교회[biserica ortodoxă: 비쎄리까 오르또독써], 가톨릭 성당[biserica catolică: 비쎄리까 까똘리꺼], 개신교회(biserica protestantă: 비쎄리까 쁘로떼스딴떠), 십자가[cruce(-i): f. 끄루체], 예배[slujbă(-e): f. 슬루저버], 성찬 예배[liturghie(-i): f. 리뚜르기에], 정통 가톨릭 신부[preot(-ți): m. 쁘레오트], 수도사[călugăr(-i): m. 껄루거르], 수녀[călugăriță(-e): f. 껄루거리쩌]

cf. 불교 [budism: n. 부디슴], 불교 신자 [budist(-iști): m. 부디스트], 공자 [Confucius: m. 꼰푸치우스], 유교 [Confucianism: n. 꼰푸치아니슴], 가톨릭교 [Catolicism: n. 까똘리치슴], 가톨릭 신부 [preot(-ți): m. 쁘레오트], 개신교 [Protestantism: n. 쁘로떼스딴띠슴], 목사 [pastor(-i): m. 빠스또르], 무신론자 [ateu(-ei): m. 아테우]

카롤동상

4

루마니아 여행하기

교통편 및 예약

현재 한국과 루마니아를 연결하는 직항노선은 없다. 그래서 프랑크푸르트나 암스테르담, 모스크바, 바르샤바, 파리, 바르셀로나 그리고 로마 등 유럽의 주요 도시들을 경유하던가 아니면 이스탄불이나 도하 등 중동지역을 경유해야 한다. 이중 가장 빠른 것은 모스크바나 이스탄불을 경유하는 노선이지만 대개 한국 여행객들은 프랑크푸르트 혹은 이스탄불 노선을 선호한다.

루마니아는 사계절이 뚜렷해 우리나라 기후와 아주 유사하지만, 습도가 낮아 상대적으로 여름이 쾌적한 편이며 겨울에는 눈이 조금 더 많이 내린다. 하지만 오늘날 전 세계를 휩쓸고 있는 기후변화로 인해 루마니아에도 스콜성 호우가 자주 발생하며 또한 트란실바니아 지방을 여행할 경우 저녁 때 제법 쌀쌀하기 때문에 가벼운 우산과 소매가 긴 점퍼를 준비하는 것이 좋다.

부카레스트 시내 관광은 유럽의 다른 주요 도시들과 마찬가지로 버스로 하는 시티투어가 가장 쉽다. 이 외에도 택시와 대중교통(시내버스, 트롤리버스, 시가전차, 지하철)을 이용하든가 아니면 자전거 그리고 스마트 스쿠터를 빌려서 할 수 있다.

1. 버스 시티투어

부카레스트 버스시티투어는 겨울철에는 운영되지 않는다. 대개, 시티투어는 매일 오전 10시에 시작하여 저녁 9시 50분에 끝난다. 마지막으로 운행하는 버스는 밤 9시 자유 언론광장(Free Press Square)에서 통일광장(Union Square)으로 출발한다. 투어 소요시간은 약 50분이며 배차 간격은 20~25분이다. 여행하다가 마음이 드는 장소가 있으면 하차한 후 사진 촬영 등을 한 다음 이어서 오는 버스를 이용하여 계속하면 된다.

시티투어 방법은, 아래의 사이트 Information에서 MAP을 클릭하면 버스가 정차하는 모든 장소가 표시되어 있다. 묵고 있는 호텔에서 가장 가까운 정류장에서 기다리고 있다가 버스가 오면 요금(성인 25lei)을 지불하고 승차하면 된다.

[부카레스트 시티투어: 자세한 내용은 www.bucharestcitytour.stbsa.ro 참조]

2. 렌터카

여러 명이 여행할 경우 자동차 렌트가 훨씬 편리하다. 하지만 부카레스트 구시가지와 혁명광장 주변은 주차가 어려울뿐더러 교통체증도 심하기 때문에 추천하지 않는다. 자동차 렌트는 부카레스트를 벗어나 다른 지방으로 여행할 때 이용하는 것이 좋다.

◆ 자동차 렌트와 내비게이션

자동차 렌트를 원하면 www.google.ro에서 'Bucharest rent a car'를 클릭하면 많은 렌터카 회사를 검색할 수 있다. 유의해야 할 점은, 루마니아를 포함한 유럽에는 수동기

어를 많이 사용하기 때문에 자동 변속기어인지 꼭 체크하기 바란다.

루마니아인들이 가장 많이 다운받는 내비게이션은 '웨이저(WAZE: 이스라엘 웨이즈 모바일에서 만든 사용자 참여형 내비게이션 앱)'이다. 이 내비게이션은 운전자들이 유용한 교통 정보를 실시간으로 올리기 때문에 정확성 면에서 아주 뛰어나다.

◆ 렌터카 이용 시 유의사항

(1) 부카레스트를 벗어나 다른 도시를 여행할 때 버스나 기차 편을 이용할 수 있지만, 교통 편이 좋지 않을뿐더러 시간도 오래 걸리기 때문에 가능하면 렌터카를 추천한다.

(2) 구간별 거리 및 소요시간을 알고 싶다면 www.distanta.com에 접속하여 왼쪽 상단에 있는 "De la (From)와 Pana la (To)"에 각각 출발 및 도착 장소를 루마니아어로 적으면 된다. 예를 들어, 괄호 안에 Bucureşti와 Sinaia를 입력하면 '총 거리(Distanta totala: 127.4㎞)'와 '소요시간(Timpul de deplasare: 1시간 51분)' 등이 표시된다.

(3) 루마니아를 포함하여 유럽을 여행할 때 여권과 같은 중요한 서류들을 직접 소지해야 하며 자동차 내부가 보이는 곳에도 물건을 두지 않는 것이 좋다. 부피가 큰 여행용 가방은 사람들의 눈에 띄지 않는 자동차 트렁크에 넣어 두는 것이 좋다.

(4) 루마니아는 동유럽에서 자동차 사고 발생률이 가장 높은 나라 중 하나이다. 이 때문인지 최근 들어 교통 법규 위반 범칙금(ex. 과속 약 150~250유로)이 많이 올랐다. 그래서 안전 및 방어 운전은 물론 특히 시골 마을을 지날 때 제한속도(농촌 마을 통과 시 제한속도: 50㎞)를 준수하기 바란다.

3. 대중교통

부카레스트 시내 관광을 할 때 버스나 지하철 등 대중교통을 이용하는 것도 하나의 방법이지만 복잡한 대중교통 노선을 숙지하기에 어려움이 많다. 그래서 먼저 버스로 부카레스트 시티투어를 한 다음, 구시가지(Old Town: Centru Vechi)와 혁명광장(Revolution Square: Piața Revoluției) 주변의 관광명소들은 도보로 구석구석 둘러보는 것이 좋다.

빅토리아 광장(Victoria Square: Piața Victoriei)에서 시작되는 부카레스트 북

쪽 지역은 도보로 다니기에 꽤 거리가 되기 때문에 앞에서 언급한 것처럼 버스시티투어나 아니면 다른 방법[택시, 자전거, 전기 스쿠터 라임(Lime)]을 강구해야 한다.

◆ 교통카드 및 지하철 승차권 구입

부카레스트 교통공사(Bucharest Transit Corporation)에 속하는 시내버스와 트롤리버스(trolleybus) 그리고 시가전차[트램(tram)]는 하나의 교통카드로 이용할 수 있다. 이 카드는 헨리 코안더 공항버스 정류소나 부카레스트 시내 곳곳에 있는 키오스크(kiosk)에서 구입할 수 있다. 부카레스트 시내버스와 트롤리버스 그리고 시가전차의 요금은 1.3lei(한화 약 355원)이라 한국과 비교하면 아주 저렴하다.

이에 반해, 지하철 승차권은 역에 가서 직접 사야 한다. 1회 승차권은 판매하지 않고, 최소 2회 승차권[가격: 5lei(약 1,365원)]부터 판매한다.

◆ 대중교통 예약하기

루마니아 대중교통체계는 한국과 비교하면 아주 열악한 편이다. 특히 여름철 성수기에는 외국인 관광객을 포함하여 이용 승객이 많기 때문에 아래의 사이트에서 예매해야 하는 것이 좋다.

1) 비행기표 예매: www.vola.ro

루마니아 저가 항공사인 블루 에어(Blue Air)를 비롯하여 그 외 몇몇 외국 저가 항공사를 이용하여 루마니아 주요 도시로 이동할 수 있다.

[유의사항] 저가 항공사를 이용할 경우, 다음의 두 가지 사항을 유의해야 한다.

⑴ 기내수하물 크기

외국을 여행할 때, 대개 우리는 기내수하물(hand baggage, 10㎏)과 위탁수하물(checked baggage, 20㎏)을 가지고 탑승한다. 저가 항공사 요금이 저렴한 것은 기내수하물만 허용하기 때문이다. 그런데 온라인 예약 시, 저가 항공사가 제시하는 수하물 유의사항(information)을 자세히 보면, 기내수하물의 규격과 무게가 40x25x20cm/10㎏으로 적혀있다. 그런데 이것은 우리가 여행할 때 들고 다니는 기내수하물이 아니라 한국의 중·고등학생들이 메고 다니는 배낭 정도의 크기이다. 만약 배낭 크기가 아닌 일반 기내수하물을 가지고 탑승할 경우, 항공사마다 다르겠지만 대개 65유로의 추가 요금을 요구한다.

⑵ 온라인 탑승권 출력하기

출발 며칠 전, 저가 항공사가 메일을 보내 온라인 체크를 요구하면, 첨부파일에 있는 온라인 탑승권(boarding pass)을 출력하거나, 아니면 스마트폰으로 탑승권을 캡처한 후 보여줘도 된다. 만약 깜박 잊고 공항에서 보딩패스를 받아야 할 경우, 이때도 추가 요금(약 25유로)을 요구한다.

2) 기차표 예매: www.cfrcalatori.ro

기차표 예매는 위의 사이트에서 개인정보 몇 가지(이메일 주소, 전화번호, 카드번호)만 입력하면 되지만 여름철 성수기에는 시간을 두고 며칠 전에 예매하는 것이 좋다. 현재 루마니아에서 운행되는 기차들 중에는 1960년대 제작된 것도 있어, 열차 내 화장실이 열악할 뿐만 아니라 침대칸에 에어컨 시설이 없다는 것도 염두해야 한다.

[참고] 기차표 예매 인터넷사이트에는 부카레스트 중앙역인 북역(Bucureşti, Gara de Nord)은 'Bucureşti Nord'로 표기되어 있다.

⑶ 버스표 예매: www.autogari.ro

최근 루마니아에서 버스를 이용하는 사람들의 수가 늘어나고 있다. 하지만 아직 전국적인 망과 시스템을 갖추고 있지 않을뿐더러 도로 인프라도 열악해 버스로 여행을 할 때 이런저런 불편이 따른다. 버스표 구매 시 유의해야 할 점은, 출발 당일 버스터미널(autogara: 아우토가라)에 가서 직접 표를 사는 것 보다, 최소 하루 전에 위의 사이트에 접속하여 해당 버스회사 예약담당자에게 직접 전화를 걸어 예약하는 것이 확실하다.

⑷ 카풀: www.blablacar.ro

루마니아를 여행할 경우 비행기와 기차, 시외버스 외에도 카풀(carpool)이나 히치하이킹(hitchhiking) 등도 생각해야 한다. 거듭 말하지만, 루마니아 대중교통체계가 한국처럼 잘 되어 있을 거라 생각하면 오산이다. 루마니아 카풀과 히치하이킹은 루마니아인들도 이용하고 있어 신변 안전상 별문제가 없지만 그래도 외국인이니만큼 최소한의 주의를 요한다.

블라블라카(BlaBlaCar)라고 말하는 카풀도 이용방법이 아주 간단하다. 먼저 위의 카풀 사이트에 접속한 후, Găseşte o cursă(항로 찾기)에서 Plecare(출발지), Destinaţie(목적지), Data(날짜)를 입력하면 된다. 만날 장소는 운전자에게 전화를 걸어 상의하면 된다. 대개 카풀 요금은 일반 대중교통보다 저렴하다.

4. 스마트 스쿠터 공유서비스: 라임

최근 들어, 서울을 비롯하여 교통체증이 심한 전 세계 주요 도시에 스마트 스쿠터 공유서비스가 도입되고 있다. 부카레스트에 스마트 스쿠터 공유서비스 라임(Lime)이 도입된 것은 2019년 6월이다. 이 서비스를 이용하기 위해서는 스마트폰(Android, IOS)에 라임 앱을 설치한 후 계정을 만들 때 결제수단으로 카드번호를 등록하면 된다. 앱을 설치했으면, 부카레스트 시내에 있는 스마트 스쿠터 QR코드를 스캔하면 이용이 가능하고, 사용 중지는 다시 앱에 접속하여 스쿠터가 있는 위치를 사진으로 찍어 보내면 된다.

라임은 기본요금 3lei(약 0.63유로=약 819원)에 1분당 0.60lei(약 0.13유로=약 164원)이지만 공휴일이나 축제가 있는 날에는 요금이 다소 변경 될 수 있다. 요금은 한 시간에 대략 1만 원 정도이기 때문에 한국과 비교하면 조금 비싼 편이다.

라임은 부카레스트의 복잡한 도심지역을 여행할 때 아주 편리하다. 정해진 장소에 반납하지 않아도 되고, 한번 라임 계정을 만들면 유럽의 다른 도시에서도 이용할 수 있다. 라임 스쿠터 속도는 시속 22~27㎞이다.

5. 자전거 렌트

부카레스트에서 자전거 이용하기 위해서는 먼저 자전거 카드를 만들어야 한다. 카드는 부카레스트 북쪽 샤를 드골 광장(Charles de Gaulle Square)에 있는 아비아토릴로르 지하철역(Aviatorilor Metro Station) 입구에서 만들 수 있다. 여권이 필요하며 그곳에서 일하는 루마니아 사람이 이메일 주소 등을 물어보면서 대신 계정을 만들어 주기 때문에 약간의 수고비를 줘야 한다.

자전거 카드는 이용 기간에 따라 1일용 카드(10lei: 한화 약 2,730원)에서 1년용 카드(100lei: 한화 약 27,300원)에 이르기까지 다양하다. 한 가지 주의할 점은, 렌트한 자전거는 계속 사용할 수 없고, 45분 이용한 후 반드시 부카레스트 시내의 자전거 대여 장소 중 한곳에 반납해야 한다. 만약 계속 이용하고 싶으면, 일단 반납한 후 15분이 경과한 다음 다시 빌려야 한다. 반납을 정해진 시간에 하지 않을 경우 다소의 추가비용이 발생한다.

물론, 자전거 카드를 만들지 않고 1~2시간 혹은 하루 종일 렌트할 수 있다[요금: 1시간(6lei), 2시간(10lei), 1일(30lei)]. 이 경우 45분마다 반납하지 않아도 되지만 이용이 끝나면 반드시 처음 렌트한 샤를 드골 광장에 반납해야한다.

[자전거 렌트: www.ivelo.ro 참조]

루마니아 관광일정 짜보기

아래의 루마니아 관광 일정은 여름철을 기준으로 하여 조금 빠듯하게 잡은 것이다. 만약 관광 가이드나 루마니아 사정을 잘 아는 사람이 동반하지 않을 경우, 예상 시간보다 더 많이 걸릴 수 있으므로 출발 전 미리 관람 시간이나 구글 맵 등을 보면서 추후 일정을 충분히 숙지하기 바란다.

1) 매주 금/토요일에는 부카레스트에서 시나이아(Sinaia)시와 브라쇼브(Braşov)시 그리고 포이아나 브라쇼브(Poiana Braşov)리조트로 휴가를 떠나는 사람들이 많기 때문에 가능하면 아침 일찍 출발하는 것이 좋다.

2) 여행 일정에 트란스퍼거러샨 도로(Transfăgărăşan Road, DN7C)나 혹은 트란스알피나 도로(Transalpina Road, DN67C)가 포함될 경우, 출발 전에 미리 도로 개통 여부를 체크해보는 것이 좋다. 이들 도로의 공식 개통 기간은 7월 1일~11월 1일이지만 대개 6월 말에 개통하여 10월 말 폐쇄된다.

3) 구간별 거리 및 소요시간을 알고 싶다면 www.distanta.com에 접속하여 왼쪽 상단에 있는 "De la (From)과 Pana la (To)"에 각각 출발 및 도착 장소를 루마니아어로 적으면 된다.

1. [1박 2일]

관광 장소: 부카레스트 구시가지

- 부카레스트 도착
  - (1) 오전 도착: 호텔에 도착하여 여장을 풀었으면, 부카레스트 주요 관광지 몇 곳을 방문한 다음 구시가지에서 저녁 식사하면서 부카레스트 밤 문화를 즐길 수 있다.
  - (2) 오후 혹은 밤 도착: 부카레스트 구시가지에는 새벽까지 영업하는 레스토랑도 있기 때문에 그곳에서 식사하거나 아니면 간단하게 맥주나 와인을 한잔한 후 호텔로 돌아올 수 있다.

- 호텔 도착 [1박]

- 다음날 출국

부카레스트 시내 관광

부카레스트 시내 관광은 먼저 버스로 시티투어를 한 다음, 부카레스트 구시가지(Bucharest Old Town: Centrul Vechi 혹은 Centrul Istoric)와 혁명광장(Revolution Square: Piața Revoluției) 주변의 관광명소들은 도보로 다니면서 구석구석 관광할 것을 추천한다.

이 책에서 부카레스트 관광은 남·서쪽에서 출발하여 북쪽으로 방향을 잡아보았다. 즉 루마니아 민족구원 대성당(People's Salvation Cathedral)과 의회궁(Palace of the Parliament)을 출발점으로 하여 루마니아 총대주교구(Romanian Orthodox Patriarchal Cathedral), 듬보비짜강(Dâmbovița R.), 법원 건물(Palace of Justice), 구시가지(Bucharest Old Town), 혁명광장(Revolution Square), 루마니아 아테네 음악당(Romanian Athenaeum), 아테네 팔라스 힐튼호텔(Athénée Palace Bucharest Hilton Hotel), 칸타쿠지노 궁전(Cantacuzino Palace), 빅토리아

광장(Victoria Square), 그리고레 안티파 자연사 박물관(Grigore Antipa National Museum of Natural History), 루마니아 비행 조종사 기념물(Monument to the Heroes of the Air), 차우셰스쿠 호화저택(Ceauşescu House), 개선문(Arch of Triumph), 디미트리에 구스티 국립 농촌박물관(Dimitrie Gusti National Village Museum), 자유 언론회관(House of the Free Press) 그리고 헤러스트러우 공원(Herăstrău Park) 등의 순서로 잡아보았다.

의회궁에서 빅토리아 광장까지는 도보로 여행하는 것이 가능하지만, 그 이후부터는 구간 거리가 꽤 멀어 도보가 아닌 다른 방법을 강구해야 한다.

2. [2박 3일]

관광 장소: 부카레스트 시내

1. [1박 2일: 부카레스트 구시가지 관광]

2. [다음 날]

- 의회궁 개장시간이 오전 10시이기 때문에, 그 전에 잠깐 루마니아 민족구원 대성당을 들릴 수 있다.
- 10:00: 의회궁 관람(약 1시간 10분 소요): 방문 전 최소 하루 전에 반드시 예약(전화, 인터넷)해야 하며 당일 여권을 지참해야 한다.
- 11:30: 도보로 루마니아 총대주교(생략 가능), 듬보비짜강, 법원 건물 관광
- 12:30: 구시가지 관광 및 점심 식사(약 3시간 30분)
  (1) 루마니아 국립 역사박물관(National Museum of Romanian History)
  (2) CEC 궁전(CEC Palace)
  (3) 카루 쿠 베레 레스토랑(Caru' cu Bere Restaurant)
  (4) 스타브로폴레오스 교회(Stavropoleos Church)
  (5) 루마니아 국립은행(National Bank of Romania)

(6) 커르투레쉬티 회전목마 서점(Cărtureşti Carusel Bookstore)
(7) 보리수여인숙(Linden Tree Inn)
(8) 카피톨리나 늑대상(Capitoline Wolf)
(9) 마눅 여인숙(Manuc's Inn)
(10) 중세 왕궁박물관(Old Princely Court Museum)

- 16:00: 빅토리 애버뉴(Victory Avenue: Calea Victoriei)를 따라 도보로 북쪽으로 이동하면서 군인회관(Palace of National Military Circle), 부카레스트 대학교(Bucharest University), 이온 민쿠 부카레스트 건축 대학교(Ion Mincu University of Architecture) 등 관광

- 부카레스트 혁명광장(Revolution Square: Piața Revoluției)
  (1) 이울리우 마니우(Iuliu Maniu, 1873-1953) 동상
  (2) 코르넬리우 코포수(Corneliu Coposu, 1914-1995) 동상
  (3) 크레쭐레스쿠 교회(Kretzulescu Church)
  (4) 부활 기념비(Memorial of Rebirth)
  (5) 구(舊)루마니아 공산당 중앙위원회 본부(Building of the headquarters of the former Romanian Communist Party's Central Committee)
  (6) 구(舊)국가보안부 제5국 건물(Former Directorate V of Department of State Security: Currently the headquarters of the Union of Architects in Romania)
  (7) 카롤 I세(Carol I) 동상
  (8) 카롤 I세 대학재단 건물(Palace of the Carol I University Foundation)
  (9) 루마니아 국립 미술박물관(National Museum of Art of Romania: Former Royal Palace of Bucharest)

- 루마니아 아테네 음악당(Romanian Athenaeum)

- 아테네 팔라스 힐튼호텔(Athénée Palace Bucureşti Hilton Hotel)

- 칸타쿠지노 궁전(Cantacuzino Palace)

- 빅토리아 광장(Victoria Square, Piața Victoriei)
  (1) 빅토리아 궁전(Victoria Palace): 내부 관람 불가
  (2) 그리고레 안티파 자연사박물관(Muzeul Național de Istorie Naturală Grigore

Antipa)

(3) 국립 루마니아 농민박물관(National Museum of the Romanian Peasant)

- 루마니아 비행 조종사 기념물(Monument to the Heroes of the Air)

- 차우셰스쿠 저택(Ceauşescu House, 약 1시간 소요): 최소 하루 전에 반드시 전화나 인터넷으로 예약을 해야 하며 당일 여권을 지참해야 한다.

- 개선문(Arch of Triumph)

- 디미트리에 구스티 국립 농촌박물관(Dimitrie Gusti National Village Museum, 약 1시간 30분 소요)

- 자유 언론회관(House of the Free Press)

- 헤러스트러우 공원(Herăstrău Park): 공원 안에는 남·동부 유럽에서 규모가 가장 큰 'H 맥주집(H Brewery)'이 있다.

※ 모고쇼아이아 궁전(Mogoşoaia Palace): 자동차나 택시를 타고 이동할 것을 추천한다. 자유 언론회관에서 모고쇼아이아 궁전까지 거리는 약 9㎞이다.

- 식사 후 레스토랑에서 콜택시를 불러 호텔로 이동 [2박]

3. [다음 날] 출국

3. [3박 4일]

관광 장소: 부카레스트/ 시나이아 펠레쉬성, 드라큘라 성, 브라쇼브, 부카레스트

1. [2박 3일: 부카레스트 시내 관광]

2. [다음 날]

- 08:00: 부카레스트 호텔에서 시나이아 펠레쉬성(Peleş Castle)으로 출발

- 09:50: 펠레쉬성 도착 및 관람(1시간 50분)

- 11:40: 펠레쉬성에서 브란성(Bran Castle: 드라큘라 성)으로 출발

- 12:30: 드라큘라 성 도착 후 식사 및 관람(약 2시간 40분)

- 15:10: 드라큘라 성에서 브라쇼브(Braşov)시로 출발

※ 르쉬노브 요새(Râşnov Fortress)와 포이아나 브라쇼브(Poiana Braşov)리조트도 유명하지만 [3박 4일] 일정에는 시간상 여유가 없어 생략한다. 르쉬노브 요새와 포이아나 브라쇼브 리조트는 드라큘라 성에서 브라쇼브시로 가는 도중에 있다. 포이아나 브라쇼브 리조트는 자동차로 한번 둘러보고 나올 수 있지만 르쉬노브 요새를 관광할 경우 브라쇼브 시내 관광 시간을 줄여야 한다.

- 15:40: 브라쇼브 도착 및 관광 그리고 식사(약 4시간)

- 19:40: 브라쇼브에서 부카레스트로 출발

- 22:00: 부카레스트 호텔 도착 [3박]

3. [다음 날] 출국

(1) 부카레스트(Bucureşti) ↔ 펠레쉬성(Castelul Peleş): 약 141㎞/1시간 40분

(2) 펠레쉬성 ↔ 브란성(Castelul Bran: 드라큘라 성): 약 48㎞/50분

(3) 드라큘라 성 ↔ 르쉬노브 요새(Cetatea Râşnov): 약 13㎞/15분

* 르쉬노브 요새 ↔ 포이아나 브라쇼브(Poiana Braşov): 약 10㎞/10분

* 드라큘라 성 ↔ 포이아나 브라쇼브(Poiana Braşov) ↔ 브라쇼브(Braşov): 약 23㎞/25분

* 포이아나 브라쇼브 ↔ 브라쇼브: 약 14㎞/20분

* 드라큘라 성 ↔ 브라쇼브: 약 29㎞/30분

(4) 브라쇼브 ↔ Bucureşti: 약 182㎞/2시간 20분

4. [4박 5일: 플랜A]

관광 장소: 부카레스트/ 시나이아 펠레쉬성, 브란성(드라큘라 성), 르쉬노브 요새, 포이아나 브라쇼브, 브라쇼브/ 시비우, 트란스퍼거러샨 도로, 포에나리 요새, 쿠르테아 데 아르제쉬 수도원

1. [2박 3일: 부카레스트 시내 관광]

2. [다음 날]

- 08:30 부카레스트 호텔에서 시나이아 펠레쉬성(Peleş Castle)으로 출발

- 10:20 펠레쉬성 도착 및 관광(1시간 50분)

- 12:10 펠레쉬성에서 브란성(Bran Castle: 드라큘라 성)으로 출발

- 13:00 드라큘라 성 도착 후 식사 및 관광(약 2시간 40분)

- 15:40 드라큘라 성에서 르쉬노브 요새(Râşnov Fortress)로 출발

- 16:00 르쉬노브 요새 도착 및 관광(약 1시간)

- 17:00 르쉬노브 요새에서 포이아나 브라쇼브(Poiana Braşov)리조트로 출발

- 17:10 포이아나 브라쇼브 도착: 여행 일정상 여유가 없으면 자동차로 한번 둘러보고 떠날 수도 있다.

- 17:20 포이아나 브라쇼브에서 브라쇼브(Braşov)시로 출발

- 17:40 브라쇼브 도착 및 관광 그리고 식사(약 4시간)

- 21:40 호텔 도착 [3박]

---

(1) 부카레스트(Bucureşti) ↔ 펠레쉬성(Castelul Peleş): 약 141㎞/1시간 40분
(2) 펠레쉬성 ↔ 브란성(Castelul Bran: 드라큘라 성): 약 48㎞/50분
(3) 드라큘라 성 ↔ 르쉬노브 요새(Cetatea Râşnov): 약 13㎞/15분
* 르쉬노브 요새 ↔ 포이아나 브라쇼브(Poiana Braşov): 약 10㎞/10분

* 드라큘라 성 ↔ 포이아나 브라쇼브(Poiana Braşov) ↔ 브라쇼브(Braşov): 약 23㎞/25분
* 포이아나 브라쇼브 ↔ 브라쇼브: 약 14㎞/20분

⑷ 브라쇼브 ↔ Bucureşti: 약 182㎞/2시간 20분

3. [다음 날]

- 08:30 브라쇼브 호텔에서 시비우(Sibiu)시로 출발

- 10:30 시비우 도착 및 시내 관광 그리고 점심 식사(약 3시간 30분)

- 14:00 시비우에서 쿠르테아 데 아르제쉬 수도원(Curtea de Argeş Monastery)으로 출발

[중간 경유지]

⑴ 트란스퍼거러샨 도로(Transfăgărăşan Road, DN7C)

트란스퍼거러샨 도로의 공식 개통 기간은 7월 1일~11월 1일이지만 대개 6월 말에 개통하여 10월 말 폐쇄된다. 만약 트란스퍼거러샨 도로가 폐쇄될 경우, 블레아 빙하 호수(Bâlea Glacial Lake)와 블레아 폭포(Bâlea Waterfall), 비드라루 댐(Vidraru Dam) 그리고 포에나리 요새(Poenari Fortress)도 경유할 수 없다. 이 경우, 시비우시에서 름니쿨 블체아(Râmnicul Vâlcea)시로 우회하여 쿠르테아 데 아르제쉬 수도원으로 가야 한다.

⑵ 블레아 호수 및 폭포

※ 피스쿨 네그루 트란스퍼러러샨 호텔(Piscul Negru Transfăgărăşan Hotel): 이 호텔은 블레아 호수에서 비드라루 댐 방향으로 조금 내려가다 보면 있다. 여행 일정상 여유가 있으면, 이곳에서 숙박할 것을 추천한다. 밤 9시 이후에는 야생 곰들이 호텔 바로 앞에까지 내려오기 때문에 외출 시 주의해야 한다. [☎ (+40)726.722.479; 주소: Transfăgărăşan Km. 102, Aref 117040]

⑶ 비드라루 댐

⑷ 포에나리 요새: 포에나리 요새 도착까지 1,480개의 계단(400m)이 있으며 입장료를 지불해야 한다. 굳이 올라가지 않더라고 도로에서 요새 사진을 찍을 수 있다.

- 17:20: 쿠르테아 데 아르제쉬 수도원 도착 및 관광(50분)

※ 방문시간: 여름 08:00~20:00/겨울 09:00~17:00 [☎ (+40)248.721.735; 주소: Bulevardul Basarabilor, nr. 1]

- 18:10 아르제쉬 수도원에서 부카레스트로 출발: 여행 일정상 여유가 있으면, 부카레스

트 근처에 있는 모고쇼아이아 궁전을 추천한다.

- 20:00 부카레스트 서울 레스토랑 도착 및 저녁 식사

- 21:30 호텔 도착 [4박]

(1) 브라쇼브(Braşov) ↔ 시비우(Sibiu): 142㎞/2시간

(2) 시비우 ↔ 트란스퍼거러샨 도로 경유↔ 쿠르테아 데 아르제쉬 수도원(Mănăstirea Curtea de Argeş): 약 140㎞/약 2시간 40분

(3) 쿠르테아 데 아르제쉬 수도원 ↔ 피테쉬티(Piteşti) 경유 ↔ 부쿠레스트(Bucureşti): 155㎞/1시간 50분

(4) 쿠르테아 데 아르제쉬 수도원 ↔ 피테쉬티 경유 ↔ 모고쇼아이아 궁전(Mogoşoaia Palace): 153㎞/1시간 40분

(5) 모고쇼아이아 궁전 ↔ 서울식당(Restaurant Korean Seoul): 12㎞/25분

4. [다음 날] 출국

5. [4박 5일: 플랜B]

관광 장소: 부카레스트/ 시나이아 펠레쉬성, 브란성(드라큘라 성), 르쉬노브 요새, 포이아나 브라쇼브, 브라쇼브/ 프레즈메르 요새교회, 슬러닉 프라호바 소금동굴, 돌체 비타 스나고브, 모고쇼아이아 궁전, 부카레스트

1. [2박 3일: 부카레스트 시내 관광]

2. [다음 날]

- 08:30 부카레스트 호텔에서 시나이아 펠레쉬성(Peleş Castle)으로 출발

- 10:20 펠레쉬성 도착 및 관광(1시간 50분)

- 12:10 펠레쉬성에서 브란성(Bran Castle: 드라큘라 성)으로 출발

- 13:00 드라큘라 성 도착 후 식사 및 관광(약 2시간 40분)

- 15:40 드라큘라 성에서 르쉬노브 요새(Râşnov Fortress)로 출발

- 16:00 르쉬노브 요새 도착 및 관광(약 1시간)

- 17:00 르쉬노브 요새에서 포이아나 브라쇼브(Poiana Braşov)리조트로 출발

- 17:10 포이아나 브라쇼브 도착: 시간상 여유가 없으면 자동차로 한번 둘러보고 떠날 수도 있다.

- 17:20 포이아나 브라쇼브에서 브라쇼브(Braşov)시로 출발

- 17:40 브라쇼브 도착 및 관광 그리고 식사(약 4시간)

- 21:40 호텔 도착 [3박]

3. [다음 날]

- 08:30 브라쇼브 호텔에서 프레즈메르 요새교회(Prejmer Fortified Church)로 출발

- 09:00 프레즈메르 요새교회 도착 및 관광(약 50분)

- 09:50 프레즈메르 요새교회에서 슬러닉 프라호바 소금동굴(Slănic Prahova Salt Mine)로 출발

- 11:40 슬러닉 프라호바 소금동굴 도착 후 관광 및 점심 식사(약 2시간 30분): 점심 식사는 소금동굴에서 남쪽으로 약 1㎞ 떨어진 곳에 위치하는 그로타 미레세이 레스토랑(Grota Mireseai: 의미 '신부의 동굴')에서 가능하다.

- 14:10 그로타 미레세이 레스토랑에서 돌체 비타 스나고브(Dolce Vita Snagov) 레스토랑으로 출발

- 15:20 돌체 비타 스나고브 레스토랑 도착한 후 커피를 마시면서 스나고브 호수(Snagov Lake) 구경

- 16:00 돌체 비타 스나고브에서 모고쇼아이아 궁전(Mogoşoaia Palace)으로 출발

- 16:30 모고쇼아이아 궁전 도착 및 관광(약 1시간 30분)

- 18:00: 모고쇼아이아에서 부카레스트 레스토랑으로 출발

- 19:00 부카레스트에 있는 레스토랑에서 저녁 식사

- 호텔 도착 [4박]

4. [다음 날] 출국

(1) 브라쇼브 ↔ 프레즈메르 요새(Cetatea Prejmer): 18㎞/20분
(2) 프레즈메르 요새 ↔ 슬러닉 프라호바 소금동굴(Salina Slănic Prahova): 92㎞/1시간 50분
(3) 신부의 동굴 레스토랑(Grota Miresei Restaurant) ↔ 돌체 비타 스나고브(Dolce Vita Snagov): 73㎞/1시간 10분
(4) 돌체 비타 스나고브 ↔ 모고쇼아이아 궁전(Palatul Mogoşoaia): 34㎞/35분

6. [4박 5일: 플랜C]

관광 장소: 부카레스트/ 이아쉬 시내 관광, 몰도바공화국 와인투어

1. [2박 3일: 부카레스트 시내 관광]

2. [다음 날]

※ 부카레스트를 관광한 다음, 이아쉬(Iaşi)로 가기 위해서는 여러 가지 방법이 있지만, 비행기나 밤기차(침대칸)를 이용하는 것이 좋다.

(1) 비행기: 부카레스트에서 이아쉬 왕복 비행기 편은 날짜에 따라 차이가 있지만 대개 아침에서 밤까지 출발 시각이 아주 다양하다. [참조] 비행기표 예매사이트: www.vola.ro

(2) 밤 기차: 부카레스트에서 밤 10시 55분에 출발하는 기차(침대칸)를 타고 이아쉬로 출발하면 이튿날 새벽(05시 47분)에 도착한다. 이 경우, 새벽부터 이아쉬 시내 관광을 할 수 있을 뿐만 아니라 오후에 이아쉬에서 출발하는 버스를 타고 몰도바공화국의 수도 키쉬너우(Chişinău)에 도착할 수 있다. 또한 키쉬너우의 한 호텔에서 1박한 다음 이튿

날 몰도바 와이너리를 관광한 이후 이아쉬로 돌아와 비행기나 밤 기차를 타고 부카레스트로 돌아올 수 있다. [참조] 기차표 예매사이트: www.cfrcalatori.ro

여기서는 부카레스트에서 오전 비행기를 타고 이아쉬에 도착하는 것을 기준으로 잡았다. 이아쉬에서 키쉬너우까지 거리는 149㎞(약 2시간 30분 소요)이나 국경 세관에서 시간이 지체되기 때문에 약 3시간~3시간 30분 정도 예상해야 한다.

- 아침에 부카레스트 호텔에서 헨리 코안더 공항으로 출발

- 부카레스트-이아쉬 비행시간(1시간)

- 오전에 이아쉬 도착한 후 시내 관광 시작(약 5~6시간 소요 예상)

※ 이아쉬 시내 관광
출발: 문화궁전(Palace of Culture) ···› 도소프타 하우스(Dosoftei House) ···› "성 세 주교" 수도원(St. Three Holly Hierarchs Monastery) ···› 몰도바-부코비나 지방 정통 가톨릭 관구장 대성당(Metropolitan Cathedral of Moldova and Bucovina) ···› 로즈노바누 궁전(Roznovanu Palace) ···› 바실레 알렉산드리 국립극장(Vasile Alecsandri National Theater) ···› 트라이안 호텔(Traian Hotel) ···› 통일박물관(Union Museum) ···› 그리고레 포파(Grigore T. Popa) 의학·약학 대학교 ···› 미하이 에미네스쿠(Mihai Eminescu) 대학 중앙도서관 ···› 포고르 하우스(Pogor House) ···› 알렉산드루 이오안 쿠자(Alexandru Ioan Cuza)대학교 및 게오르게 아사키(Gheorghe Asachi) 공대 대강당과 도서관

※ 이아쉬 근처에 있는 와이너리
이아쉬 주변에는 아래와 같이 와이너리가 몇 군데 있지만 [4박 5일: 플랜C]에는 일정상 여유가 없어 생략한다.

(1) 코트나리(Cotnari): 이아쉬 북서쪽(약 59㎞)
(2) 헤르메지우(Hermeziu): 이아쉬 북쪽(약 40㎞)
(3) 아베레쉬티(Avereşti): 이아쉬 남동쪽(약 63㎞)
(4) 그람마(Gramma): 이아쉬 남서쪽(약 5㎞)
(5) 부치움(Bucium): 이아쉬 남동쪽(약 5㎞)

[참조] 이아쉬에서 몰도바공화국의 수도인 키쉬너우(Chişinău)로 가는 방법은 버스와 렌터카를 타고 갈 수 있으나 여기서는 렌터카를 기준으로 잡았다. [몰도바공화국 가는 방법은 700쪽 참조]

- 늦은 밤, 몰도바공화국 수도 키쉬너우에 도착 및 호텔 숙박 [3박]

3. [다음 날]

- 09:00 호텔에서 크리코바(Cricova) 와이너리로 출발

- 09:30 크리코바 와이너리 도착 및 투어

[몰도바공화국 4대 와이너리 투어]

(1) 밀레쉬티 미치(Mileşti Mici): 2007년 기네스북에 등재된 세계 최대 규모의 와이너리 (길이 200㎞)이다

(2) 크리코바(Cricova): 외국 관광객이 가장 많이 찾는 곳이다.

(3) 아스코니(Asconi): 와인의 맛과 아로마가 아주 풍부해 최근 급부상하고 있다.

(4) 푸르카리(Purcari): 몰도바공화국 최고급 와인 생산지이나 거리가 멀어 접근성이 떨어진다.

※ 위의 와이너리 중에서 크리코바 와이너리(Cricova Winery: 월~금, 09:00~21:00)를 추천하며, 키쉬너우 시내에서 자동차로 약 20분(16㎞) 소요된다. 크리코바 와이너리 투어는 와인을 시음하지 않으면 1시간가량 소요된다. 시음하는 와인 수에 따라 총 7개 종류의 패키지가 있으며 그중 가장 기본적인 것은 비용이 350mdl(약 20U$)이며 샴페인 1병 및 레드와인 1병 포함 시 500mdl(약 30U$)이다. 가이드는 와이너리에 대한 내용을 영어, 루마니아어, 프랑스어, 러시아어로 설명한다. [크리코바 와이너리: www.cricova.md; ☎ (+373)22.453.659; 주소: Strada Petru Ungureanu 1, Cricova]

- 크리코바 투어 이후: 버스를 타고 이아쉬로 출발 및 도착

- 비행기로 부카레스트 도착 및 호텔 숙박[4박]

4. [다음 날] 출국

7. [5박 6일]

관광 장소: 부카레스트/ 시나이아 펠레쉬성, 브란성(드라큘라 성), 르쉬노브 요새, 포이아나 브라쇼브, 브라쇼브/ 비스크리 요새교회, 시기쇼아라, 알바 이울리아/ 시비우, 트란스퍼거러샨 도로, 블레아 호수 및 폭포, 비드라루 댐, 포에나리 요새, 쿠르테아 데 아르제쉬 수도원, 모고쇼아이아 궁전, 부카레스트

1. [2박 3일: 부카레스트 시내 관광]

2. [다음 날]

- 08:30 부카레스트 호텔에서 시나이아 펠레쉬성(Peleş Castle)으로 출발

- 10:20 펠레쉬성 도착 및 관광(1시간 50분)

- 12:10 펠레쉬성에서 브란성(Bran Castle: 드라큘라 성)으로 출발

- 13:00 드라큘라 성 도착 후 식사 및 관광(약 2시간 40분)

- 15:40 드라큘라 성에서 르쉬노브 요새(Râşnov Fortress)로 출발

- 16:00 르쉬노브 요새 도착 및 관광(약 1시간)

- 17:00 르쉬노브 요새에서 포이아나 브라쇼브(Poiana Braşov)리조트로 출발

- 17:10 포이아나 브라쇼브 도착: 시간상 여유가 없으면 자동차로 한번 둘러보고 떠날 수도 있다.

- 17:20 포이아나 브라쇼브에서 브라쇼브(Braşov)시로 출발

- 17:40 브라쇼브 도착 및 관광 그리고 식사(약 4시간)

- 21:40 호텔 도착 [3박]

(1) 부카레스트(Bucureşti) ↔ 펠레쉬성(Castelul Peleş): 약 141㎞/1시간 40분

(2) 펠레쉬성 ↔ 브란성(Castelul Bran: 드라큘라 성): 약 48㎞/50분

(3) 드라큘라 성 ↔ 르쉬노브 요새(Cetatea Râşnov): 약 13㎞/15분

* 르쉬노브 요새 ↔ 포이아나 브라쇼브(Poiana Braşov): 약 10㎞/10분

* 드라큘라 성 ↔ 포이아나 브라쇼브(Poiana Braşov) ↔ 브라쇼브(Braşov): 약 23㎞/25분
* 포이아나 브라쇼브 ↔ 브라쇼브: 약 14㎞/20분

⑷ 브라쇼브 ↔ Bucureşti: 약 182㎞/2시간 20분

3. [다음 날]

- 08:30 브라쇼브 호텔에서 출발

- 09:40 비스크리 요새교회(Viscri Fortified Church) 도착 및 관광(1시간)

- 10:40 비스크리 요새교회에서 시기쇼아라(Sighişoara)시로 출발

- 11:15 시기쇼아라 도착 및 관광 그리고 점심 식사(약 4시간)

- 15:15 시기쇼아라에서 알바 이울리아(Alba Iulia)시로 출발

- 16:55 알바 이울리아 도착 및 관광, 저녁 식사 그리고 숙박 [4박]

4. [다음 날]

- 09:00 알바 이울리아 호텔에서 시비우(Sibiu)시로 출발

- 09:50 시비우 도착 및 관광 그리고 점심 식사(약 4시간)

- 13:50 시비우에서 쿠르테아 데 아르제쉬 수도원(Curtea de Argeş Monastery)으로 출발

[중간 경유지]

⑴ 트란스퍼거러샨 도로(Transfăgărăşan Road, DN7C)

트란스퍼거러샨 도로의 공식 개통 기간은 7월 1일~11월 1일이지만 대개 6월 말에 개통하여 10월 말 폐쇄된다. 만약 트란스퍼거러샨 도로가 폐쇄될 경우, 블레아 빙하 호수(Bâlea Glacial Lake)와 블레아 폭포(Bâlea Waterfall), 비드라루 댐(Vidraru Dam) 그리고 포에나리 요새(Poenari Fortress)도 경유할 수 없다. 이 경우, 시비우시에서 름니쿨 블체아(Râmnicul Vâlcea)시로 우회하여 쿠르테아 데 아르제쉬 수도원으로 가야 한다.

⑵ 블레아 호수 및 폭포

※ 피스쿨 네그루 트란스퍼러러샨 호텔(Piscul Negru Transfăgărăşan Hotel): 이 호텔

은 블레아 호수에서 비드라루 댐 방향으로 조금 내려가다 보면 있다. 여행 일정상 여유가 있으면 이곳에서 숙박할 것을 추천한다. 밤 9시 이후에는 야생 곰들이 호텔 근처까지 내려오기 때문에 외출 시 주의해야 한다. [☎ (+40)726.722.479; 주소: Transfăgărăşan Km. 102, Aref 117040]

(3) 비드라루 댐

(4) 포에나리 요새: 포에나리 요새 도착까지 1,480개의 계단(400m)이 있으며 입장료를 내야 한다. 굳이 올라가지 않더라고 도로에서 요새 사진을 찍을 수 있다.

- 17:10: 쿠르테아 데 아르제쉬 수도원 도착 및 관광(50분)

※ 방문시간: 여름(08:00~20:00), 겨울(09:00~17:00) [☎ (+40)248.721.735; 주소: Bulevardul Basarabilor, nr. 1]

- 18:00 아르제쉬 수도원에서 부카레스트로 출발

여행 일정상 여유가 있으면 부카레스트 근처에 있는 모고쇼아이아 궁전을 추천한다.

- 20:00 부카레스트 서울 레스토랑 도착 및 저녁 식사

- 호텔 도착 [5박]

5. [다음 날] 출국

---

(1) 브라쇼브(Braşov) ↔ 비스크리 요새교회(Biserica fortificată din Viscri): 90㎞/1시간 10분

(2) 비스크리 요새교회(Biserica fortificată din Viscri)↔ 시기쇼아라(Sighişoara): 43㎞/35분

(3) 시기쇼아라 ↔ 알바 이울리아(Alba Iulia): 120㎞/1시간 40분

(4) 알바 이울리아 ↔ 시비우(Sibiu): 76㎞/50분

(5) 시비우 ↔ 트란스퍼거러샨 도로 경유 ↔ 쿠르테아 데 아르제쉬 수도원(Mănăstirea Curtea de Argeş): 약140㎞/약 2시간 40분

(6) 쿠르테아 데 아르제쉬 수도원 ↔ 피테쉬티(Piteşti) 경유 ↔ 부카레스트: 155㎞/1시간 50분

(7) 쿠르테아 데 아르제쉬 수도원 ↔ 피테쉬티 경유 ↔ 모고쇼아이아 궁전(Palatul

Mogoşoaia): 153㎞/1시간 40분
⑻ 모고쇼아이아 궁전 ↔ 서울 레스토랑: 12㎞/25분

8. [6박 7일]

관광 장소: 부카레스트/ 펠레쉬성, 브란성(드라큘라 성), 르쉬노브 요새, 포이아나 브라쇼브, 브라쇼브/ 비스크리 요새교회, 시기쇼아라, 클루즈-나포카/ 투르다 소금광산, 알바 이울리아, 코르빈성, 페트로샤니/ 트란스알피나, 른카 리조트, 후레지 수도원, 쿠르테아 데 아르제쉬 수도원, 모고쇼아이아 궁전, 부카레스트

1. [2박 3일: 부카레스트 시내 관광]

2. [다음 날]

- 08:30 부카레스트 호텔에서 시나이아 펠레쉬성(Peleş Castle)으로 출발

- 10:20 펠레쉬성 도착 및 관광(1시간 50분)

- 12:10 펠레쉬성에서 브란성(Bran Castle: 드라큘라 성)으로 출발

- 13:00 드라큘라 성 도착 후 식사 및 관광(약 2시간 40분)

- 15:40 드라큘라 성에서 르쉬노브 요새(Râşnov Fortress)로 출발

- 16:00 르쉬노브 요새 도착 및 관광(약 1시간)

- 17:00 르쉬노브 요새에서 포이아나 브라쇼브(Poiana Braşov)리조트로 출발

- 17:10 포이아나 브라쇼브 도착: 시간상 여유가 없으면 자동차로 한번 둘러보고 떠날 수도 있다.

- 17:20 포이아나 브라쇼브에서 브라쇼브(Braşov)시로 출발

- 17:40 브라쇼브 도착 및 관광 그리고 식사(약 4시간)

- 21:40 호텔 도착 [3박]

⑴ 부카레스트(Bucureşti) ↔ 펠레쉬성(Castelul Peleş): 약 141㎞/1시간 40분
⑵ 펠레쉬성 ↔ 브란성(Castelul Bran: 드라큘라 성): 약 48㎞/50분
⑶ 드라큘라 성 ↔ 르쉬노브 요새(Cetatea Râşnov): 약 13㎞/15분
* 르쉬노브 요새 ↔ 포이아나 브라쇼브(Poiana Braşov): 약 10㎞/10분
* 드라큘라 성 ↔ 포이아나 브라쇼브(Poiana Braşov) ↔ 브라쇼브(Braşov): 약 23㎞/25분
* 포이아나 브라쇼브 ↔ 브라쇼브: 약 14㎞/20분
⑷ 브라쇼브 ↔ Bucureşti: 약 182㎞/2시간 20분

3. [다음 날]

- 08:30 브라쇼브 호텔에서 출발

- 09:50 비스크리 요새교회(Viscri Fortified Church) 도착 및 관광(1시간)

- 10:50 비스크리 요새교회에서 시기쇼아라(Sighişoara)시로 출발

- 11:25 시기쇼아라 도착 및 관광 그리고 점심 식사(약 4시간)

- 15:25 시기쇼아라에서 비에르탄 요새교회(Biertan Fortified Church)로 출발

- 15:50 비에르탄 요새교회 도착 및 관광(1시간)

- 16:50 비에르탄 요새교회에서 클루즈-나포카(Cluj-Napoca)시로 출발

- 19:00 클루즈-나포카 도착 및 관광 그리고 저녁 식사(4시간)

- 23:00 호텔 도착 [4박]
⑴ 브라쇼브(Braşov) ↔ 비스크리(Viscri): 90㎞/1시간 20분
⑵ 비스크리 ↔ 시기쇼아라(Sighişoara): 42㎞/35분
⑶ 시기쇼아라 ↔ 비에르탄(Biertan): 30㎞/25분
⑷ 비에르탄 ↔ 클루즈-나포카(Cluj-Napoca): 146㎞/2시간 10분

4. [다음 날]

- 09:00 클루즈-나포카시의 중앙광장인 통일광장(Union Square: Piaţa Unirii)를 한번 둘러보고 투르다 소금광산(Turda Salt Mine: Salina Turda)으로 출발

- 10:00 투르다 소금광산 도착 및 관광(1시간 10분)
투르다 소금광산 마지막 입장(오후 4시); 자세한 내용은 www.salinaturda.eu 참조

- 11:10 투르다 소금광산에서 알바 이울리아(Alba Iulia)시로 출발

- 12:10 알바 이울리아 도착 및 관광 그리고 점심 식사(총 3시간 30분)

- 15:40 알바 이울리아에서 코르빈성[Corvins' Castle: 혹은 후네도아라성(Hunedoara Castle)]으로 출발

- 16:50 코르빈성 도착 및 관광(약 30분): 코르빈성 마지막 입장 시간이 16시 15분이기 때문에 성 내부 관람은 어려울 수도 있다. 자세한 내용은 www.castelulcorvinilor.ro 참조

- 17:20 코르빈성에서 페트로샤니(Petroşani)시로 출발

- 18:30 페트로샤니 도착 및 저녁 식사 그리고 숙박 [5박]
페트로샤니 근처에는 파릉산(Parâng Mt.)이 있어 경관이 아주 수려하다.

※ 게스트하우스 추천 (Booking.com에서 예약 가능)
(1) Coliba de la Rapa [☎ (+40)722.514.722; 주소: Strada Jiet nr. 28C, Petrila]
(2) Mellodge Parang [☎ (+40)720.827.532; 주소: Strada Bujorului nr. 10, Petroşani]

5. [다음 날]

- 09:00 페트로샤니에서 후레지 수도원(Hurezi Monastery)으로 출발(소요시간 1시간 45분)

[중간 경유지]

(1) 오브르쉬아 로트룰루이(Obârşia Lotrului)
(2) 트란스알피나 도로(Transalpina Road)
(3) 트란스알피나에서 가장 인기 있는 른카(Rânca) 리조트: 점심 식사(1시간 30분)
(4) 노바치(Novaci)

- 12:00 후레지 수도원 도착 및 관광(약 1시간)

- 13:00 후레지 수도원에서 쿠르테아 데 아르제쉬 수도원(Curtea de Argeş Monastery)으로 출발

- 14:20 아르제쉬 수도원 도착 및 점심 식사 그리고 관광(약 2시간 20분)

※ 방문시간: 여름 08:00~20:00/겨울 09:00~17:00 [☎ (+40)248.721.735; 주소: Bulevardul Basarabilor, nr. 1]

- 16:40 아르제쉬 수도원에서 피테쉬티(Piteşti)시를 경유하여 모고쇼아이아 궁전으로 출발

- 18:30 모고쇼아이아 궁전 도착 및 관광(약 50분)

- 19:20 모고쇼아이아 궁전에서 부카레스트에 있는 서울 레스토랑으로 출발

- 19:40 서울 레스토랑 도착 및 저녁 식사

- 21:30 호텔 도착 [6박]

---

(1) 클루즈-나포카(Cluj-Napoca) ↔ 투르다 소금동굴(Salina Turda): 33㎞/30분
(2) 투르다 소금동굴 ↔ 알바 이울리아(Alba Iulia): 73㎞/1시간
(3) 알바 이울리아 ↔ 코르빈성(Castelul Corvinilor): 84㎞/1시간 10분
(4) 코르빈성 ↔ 페트로샤니(Petroşani): 70㎞/1시간 10분
(5) 페트로샤니 ↔ 오브르쉬아 로트룰루이(Obârşia Lotrului): 29㎞/25분
(6) 오브르쉬아 로트룰루이 ↔ 노바치(Novaci): 49㎞/1시간 35분
(7) 노바치 ↔ 후레지 수도원(Mănăstirea Hurezi): 39㎞/45분
(8) 후레지 수도원 ↔ 쿠르테아 데 아르제 수도원(Mănăstirea Curtea de Argeş): 80㎞/1시간 25분
(9) 쿠르테아 데 아르제쉬 수도원 ↔ 피테쉬티(Piteşti) 경유 ↔ 모고쇼아이아 궁전(Palatul Mogoşoaia): 158㎞/1시간 50분
(10) 모고쇼아이아 궁전 ↔ 서울식당(Restaurant Korean Seoul): 12㎞/25분

---

5. [다음 날] 출국

9. [7박 8일]

관광 장소: 부카레스트/ 시나이아 펠레쉬성, 브란성(드라큘라 성), 르쉬노브 요새, 포이아나 브라쇼브, 브라쇼브/ 비스크리 요새교회, 시기쇼아라, 비에르탄 요새교회, 클루즈-나포카/ 투르다 소금광산, 알바 이울리아, 코르빈성, 페트로샤니/ 트르구 지우, 트란스알피나, 른카 리조트, 시비우/ 트란스퍼거러샨, 블레아 호수, 비드라루 댐, 포에나리 요새, 쿠르테아 데 아르제쉬 수도원, 모고쇼아이아 궁전, 부카레스트

1. [2박 3일: 부카레스트 시내 관광]

2. [다음 날]

- 08:30 부카레스트 호텔에서 시나이아 펠레쉬성(Peleş Castle)으로 출발

- 10:20 펠레쉬성 도착 및 관광(1시간 50분)

- 12:10 펠레쉬성에서 브란성(Bran Castle: 드라큘라 성)으로 출발

- 13:00 드라큘라 성 도착 후 식사 및 관광(약 2시간 40분)

- 15:40 드라큘라 성에서 르쉬노브 요새(Râşnov Fortress)로 출발

- 16:00 르쉬노브 요새 도착 및 관광(약 1시간)

- 17:00 르쉬노브 요새에서 포이아나 브라쇼브(Poiana Braşov)리조트로 출발

- 17:10 포이아나 브라쇼브 도착: 시간상 여유가 없으면 자동차로 한번 둘러보고 떠날 수도 있다.

- 17:20 포이아나 브라쇼브에서 브라쇼브(Braşov)시로 출발

- 17:40 브라쇼브 도착 및 관광 그리고 식사(약 4시간)

- 21:40 호텔 도착[3박]

(1) 부카레스트(Bucureşti) ↔ 펠레쉬성(Castelul Peleş): 약 141㎞/1시간 40분

(2) 펠레쉬성 ↔ 브란성(Castelul Bran: 드라큘라 성): 약 48㎞/50분
(3) 드라큘라 성 ↔ 르쉬노브 요새(Cetatea Râşnov): 약 13㎞/15분
* 르쉬노브 요새 ↔ 포이아나 브라쇼브(Poiana Braşov): 약 10㎞/10분
* 드라큘라 성 ↔ 포이아나 브라쇼브(Poiana Braşov) ↔ 브라쇼브(Braşov): 약 23㎞/25분
* 포이아나 브라쇼브 ↔ 브라쇼브: 약 14㎞/20분
(4) 브라쇼브 ↔ Bucureşti: 약 182㎞/2시간 20분

3. [다음 날]

- 08:30 브라쇼브 호텔에서 출발

- 09:50 비스크리 요새교회(Viscri Fortified Church) 도착 및 관광(1시간)

- 10:50 비스크리 요새교회에서 시기쇼아라(Sighişoara)시로 출발

- 11:25 시기쇼아라 도착 및 관광 그리고 점심 식사(약 4시간)

- 15:25 시기쇼아라에서 비에르탄 요새교회(Biertan Fortified Church)로 출발

- 15:50 비에르탄 요새교회 도착 및 관광(1시간)

- 16:50 비에르탄 요새교회에서 클루즈-나포카(Cluj-Napoca)시로 출발

- 19:00 클루즈-나포카 도착 및 관광 그리고 저녁 식사(4시간)

- 23:00 호텔 도착[4박]

(1) 브라쇼브(Braşov) ↔ 비스크리(Viscri): 90㎞/1시간 20분
(2) 비스크리 ↔ 시기쇼아라(Sighişoara): 42㎞/35분
(3) 시기쇼아라 ↔ 비에르탄(Biertan): 30㎞/25분
(4) 비에르탄 ↔ 클루즈-나포카(Cluj-Napoca): 146㎞/2시간 10분

4. [다음 날]

- 09:00 클루즈-나포카시의 중앙광장인 통일광장(Union Square: Piaţa Unirii)를 한번 둘러보고 투르다 소금광산 (Turda Salt Mine: Salina Turda)으로 출발

- 10:00 투르다 소금광산 도착 및 관광(1시간 10분)

※ 투르다 소금광산 마지막 입장(오후 4시); 자세한 내용은 www.salinaturda.eu 참조

- 11:10 투르다 소금광산에서 알바 이울리아(Alba Iulia)시로 출발

- 12:10 알바 이울리아 도착 및 관광 그리고 점심 식사(총 3시간 30분)

- 15:40 알바 이울리아에서 코르빈성[Corvins' Castle: 혹은 후네도아라 성(Hunedoara Castle)]으로 출발

- 16:50 코르빈성 도착 및 관광(약 30분): 코르빈성 마지막 입장 시간이 16시 15분이기 때문에 성 내부 관람은 어려울 수도 있다. 자세한 내용은 www.castelulcorvinilor.ro 참조

- 17:20 코르빈성에서 페트로샤니(Petroşani)시로 출발

- 18:30 페트로샤니 도착 및 저녁 식사 그리고 숙박[5박]

페트로샤니 근처에는 파릉산(Parâng Mt.)이 있어 경관이 아주 수려하다.

※ 게스트하우스 추천 (Booking.com에서 예약 가능)

(1) Coliba de la Rapa [☎ (+40)722.514.722; 주소: Strada Jiet nr. 28C, Petrila]

(2) Mellodge Parang [☎ (+40)720.827.532; 주소: Strada Bujorului nr. 10, Petroşani]

---

(1) 클루즈-나포카(Cluj-Napoca) ↔ 투르다 소금동굴(Salina Turda): 33㎞/30분

(2) 투르다 소금동굴 ↔ 알바 이울리아(Alba Iulia): 73㎞/1시간

(3) 알바 이울리아 ↔ 코르빈성(Castelul Corvinilor): 84㎞/1시간 10분

(4) 코르빈성 ↔ 페트로샤니(Petroşani): 70㎞/1시간 10분

---

5. [다음 날]

- 09:00 페트로샤니에서 트르구 지우(Târgu Jiu)시로 출발

- 10:00 트르구 지우 도착 및 브른쿠쉬 조각품 관광(1시간 10분)

※ 세계적인 조각가 콘스탄틴 브른쿠쉬(Constantin Brâncuş)의 조각품

⑴ 침묵의 탁자(The Table of Silence: Masa Tăcerii)
⑵ 키스의 문(The Kiss Gate: Poarta Sărutului)
⑶ 무한의 기둥(The Endless Column: Coloana Infinitului)

- 11:10 트르구 지우에서 시비우(Sibiu)시로 출발(실제 소요시간 4시간 10분)

[중간 경유지]
⑴ 노바치(Novaci)
⑵ 트란스알피나 도로(Transalpina Road)
⑶ 트란스알피나에서 가장 인기 있는 른카(Rânca) 리조트: 점심 식사(1시간 30분)
⑷ 오브르쉬아 로트룰루이(Obârşia Lotrului)

- 17:30 시비우 도착 및 관광 그리고 저녁 식사(4시간)

- 21:30 호텔 도착 [6박]

⑴ 페트로샤니(Petroşani) ↔ 트르구 지우(Târgu Jiu): 56㎞/55분
⑵ 트르구 지우 ↔ 노바치(Novaci): 46㎞/50분
⑶ 노바치 ↔ 오브르쉬아 로트룰루이(Obârşia Lotrului): 49㎞/1시간 35분
⑷ 오브르쉬아 로트룰루이 ↔ 시비우(Sibiu): 130㎞/1시간 50분

6. [다음 날]
- 09:00 시비우에서 쿠르테아 데 아르제쉬 수도원(Curtea de Argeş Monastery)으로 출발(소요시간: 2시간 40분)

[중간 경유지]
⑴ 트란스퍼거러샨 도로(Transfăgărăşan Road, DN7C)
트란스퍼거러샨 도로의 공식 개통 기간은 7월 1일~11월 1일이지만 대개 6월 말에 개통하여 10월 말 폐쇄된다. 만약 트란스퍼거러샨 도로가 폐쇄될 경우, 블레아 빙하 호수(Bâlea Glacial Lake)와 블레아 폭포(Bâlea Waterfall), 비드라루 댐(Vidraru Dam) 그리고 포에나리 요새(Poenari Fortress)도 경유할 수 없다. 이 경우, 시비우시에서 름니쿨 블체아(Râmnicul Vâlcea)시로 우회하여 쿠르테아 데 아르제쉬 수도원으로 가야 한다.

⑵ 블레아 호수 및 폭포

※ 피스쿨 네그루 트란스퍼거러샨 호텔(Piscul Negru Transfăgărăşan Hotel): 이 호텔은 블레아 호수에서 비드라루 댐 방향으로 조금 내려가다 보면 있다. 여행 일정상 여유가 있으면 이곳에서 숙박할 것을 추천한다. 밤 9시 이후에는 야생 곰들이 호텔 근처까지 내려오기 때문에 외출 시 주의해야 한다. [☎ (+40)726.722.479; 주소: Transfăgărăşan Km. 102, Aref 117040]

⑶ 비드라루 댐

⑷ 포에나리 요새: 포에나리 요새 도착까지 1,480개의 계단(400m)이 있으며 입장료를 지불해야 한다. 굳이 올라가지 않더라고 도로에서 요새 사진을 찍을 수 있다.

- 13:20: 쿠르테아 데 아르제쉬 수도원 도착, 관광, 점심 식사(2시간 20분)

※ 방문시간: 여름(08:00~20:00), 겨울(09:00~17:00) [☎ (+40)248.721.735; 주소: Bulevardul Basarabilor, nr. 1]

- 15:40 아르제쉬 수도원에서 피테쉬티(Piteşti)시 경유하여 모고쇼아이아 궁전으로 출발

- 17:30 모고쇼아이아 궁전 도착 및 관광(약 1시간 10분)

- 18:40 모고쇼아이아 궁전에서 부카레스트에 있는 서울 레스토랑으로 출발

- 19:00 서울 레스토랑 도착 및 저녁 식사

- 21:00 호텔 도착[7박]

7. [다음 날] 출국

⑴ 시비우(Sibiu) ↔ 트란스퍼거러샨 도로 경유 ↔ 쿠르테아 데 아르제쉬 수도원(Mănăstirea Curtea de Argeş): 약 140㎞/약 2시간 40분

⑵ 쿠르테아 데 아르제쉬 수도원 ↔ 피테쉬티(Piteşti) 경유 ↔ 모고쇼아이아 궁전(Palatul Mogoşoaia): 158㎞/1시간 50분

⑶ 모고쇼아이아 궁전 ↔ 서울식당(Restaurant Korean Seoul): 12㎞/25분

교황이 극찬한 "성모 마리아의 정원"

루마니아 여행

초판 1쇄	2022년 2월 28일
초판 2쇄	2022년 9월 9일
지은이	박정오
발행인	고윤성 Director, University Knowledge Press
편집장	신선호 Executive Knowledge Contents Creator
도서편집	장혜정 Contents Creator
	노재은 Contents Creator
디자인	김대욱 Designer
	최선아 Designer
인사행정	이근영 Managing Creator
재무관리	조아라 Managing Creator
	정예찬 Managing Creator
	김문규 Managing Creator
캐릭터	정정은 Contents Creator
발행처	한국외국어대학교 지식출판콘텐츠원
	02450 서울특별시 동대문구 이문로 107
	전화 02)2173-2493-7
	FAX 02)2173-3363
	홈페이지 http://press.hufs.ac.kr
	전자우편 press@hufs.ac.kr
	출판등록 제6-6호(1969. 4. 30)
인쇄·제본	(주)케이랩 053)583-6885

ISBN 979-11-5901-886-2 [03920] 정가 28,000원

* 잘못된 책은 교환하여 드립니다.

HU;NE 은 한국외국어대학교출판부의 어학도서, 사회과학도서, 지역학 도서 Sub Brand 이다. 한국외대의 영문명인 HUFS, 현명한 국제전문가 양성(International+Intelligent)의 의미를 담고 있으며, 휴인(携引)의 뜻인 '이끌다, 끌고 나가다'라는 의미처럼 출판계를 이끄는 리더로서, 혁신의 이미지를 담고 있다.